A la intemperie

Roberto Bolaño

A la intemperie
Colaboraciones periodísticas
Discursos y conferencias
Lecturas y relecturas

Papel certificado por el Forest Stewardship Council®

Primera edición: enero de 2019
Segunda reimpresión: febrero de 2024

© 2019, Herederos de Roberto Bolaño. Todos los derechos reservados
© de «La nueva poesía latinoamericana: ¿crisis o renacimiento?»:
1977, 2019, Jorge Alejandro Boccanera y Herederos de Roberto Bolaño
© 2019, Penguin Random House Grupo Editorial, S. A. U.
Travessera de Gràcia, 47-49. 08021 Barcelona
© del prólogo: 2019, Jorge Volpi
© De las imágenes: Herederos de Roberto Bolaño

© Diseño: Penguin Random House Grupo Editorial, inspirado en un diseño original de Enric Satué

Penguin Random House Grupo Editorial apoya la protección del *copyright*.
El *copyright* estimula la creatividad, defiende la diversidad en el ámbito de las ideas y el conocimiento,
promueve la libre expresión y favorece una cultura viva. Gracias por comprar una edición autorizada
de este libro y por respetar las leyes del *copyright* al no reproducir, escanear ni distribuir ninguna
parte de esta obra por ningún medio sin permiso. Al hacerlo está respaldando a los autores
y permitiendo que PRHGE continúe publicando libros para todos los lectores.
Diríjase a CEDRO (Centro Español de Derechos Reprográficos, http://www.cedro.org)
si necesita fotocopiar o escanear algún fragmento de esta obra.

Printed in Spain – Impreso en España

ISBN: 978-84-204-3159-8
Depósito legal: B-25779-2018

Compuesto en Arca Edinet, S. L.
Impreso en Liber Digital, S. L., Casarrubuelos (Madrid)

AL3159B

Cuál Bolaño

Quien ansíe hallar en estas páginas a Roberto Bolaño, al *verdadero* Roberto Bolaño —como si un libro fuese el registro público de la personalidad, las notas secretas de un psicoanalista o una máquina de rayos X— de seguro terminará decepcionado, pues en los textos reunidos en *A la intemperie* no cabe un solo Bolaño, acaso porque la idea de un Bolaño unívoco sea imposible o intolerable, sino decenas de Bolaños distintos, de Bolaños contradictorios y mal amalgamados, de Bolaños vivos y muertos, de Bolaños acerbos y generosos, de Bolaños punzantes y meditabundos, de Bolaños jugando al escondite y Bolaños sentenciosos como ancianos, de Bolaños ardilla y Bolaños tigre de Bengala, de Bolaños chilenos y Bolaños mexicanos —e incluso de Bolaños de Blanes— y, en fin, de Bolaños circunspectos y prudentes y Bolaños hirientes e iracundos. ¿Una autobiografía intelectual? Difícilmente. ¿Un espejo o un ovillo de sus intereses, sus pasiones, sus placeres culpables, odios singulares? Un catálogo, tal vez, como el que enumera las conquistas de Don Juan, donde se enhebran sus lecturas pasadas y presentes, sus recelos e infatuaciones, su tentación un tanto pueril por provocar a rivales y enemigos —y conseguir enfurecerlos—, así como un inventario de escritores muertos, a los que admiraba, y de escritores vivos, casi siempre coetáneos o más jóvenes, a quienes leía con tanta suspicacia como devoción. ¿Bolaño de cuerpo entero? Mejor: Bolaño lanzando la piedra sin esconder la mano, señalando a sus héroes y villanos —y a sus compañeros de batallas—, pontificando aquí y seduciendo allá, manoteando acá y suspirando acullá, incisivo y desgarbado, escribiendo sin tregua, sin tregua alguna, hasta que se le agotaron los años.

Imaginémoslo frente a su mesa de trabajo en Blanes: fantasmas y libros revolotean a su alrededor mientras él perturba el silencio de la página, obligado a pergeñar la mayor parte de estos textos con el digno objetivo de ganarse la vida y mantener a su familia —también se valía de los infinitos premios literarios concedidos por los ayuntamientos españoles— y aspirar a concentrarse en esas otras líneas, las de *Estrella distante* o *Nocturno de Chile*, las de *Los detectives salvajes* o *2666* —cuatro obras maestras en un suspiro—, que de veras le importaban y pasarían a la historia, pero a la vez concibiendo éstas, sus piezas de ocasión, sus colaboraciones periodísticas y sus conferencias (en España las llaman *bolos*), como tubos de ensayo o conejillos de indias, pequeños experimentos de concentración y eficacia argumentativa, miniaturas como las bagatelas de Beethoven o los valses de Chopin, argamasa entre los ladrillos, nunca mejor dicho, de sus monumentos narrativos.

A la intemperie, las páginas que se presentan ahora, nos permite esa mezcla de curiosidad y espionaje que los *millenials* llaman *estalqueo:* la ocasión de escudriñar cuanto Bolaño pensaba —o acaso no pensaba, pero sí escribía— sobre sus caballitos de batalla, sus próceres y enemigos literarios, con una mirada hacia su extravagante mundo interior, con solo ojear y hojear este volumen. Al entrar aquí, lector, te conviertes en *voyeur:* perverso mirón de los días y las horas de Bolaño o, más bien —insisto—, de los Bolaños que convivían en Bolaño. Si todos somos legión, esta recopilación constata que él lo era a manos llenas, como todos los grandes escritores que se han ocupado de su entorno tanto como de sí mismos. Escribir piezas de ocasión para ganarse la vida: una profesión como cualquier otra. Escribir piezas de ocasión que nunca te traicionen y nunca dejen de representar lo mejor y lo peor de ti mismo: la apuesta de

Bolaño concentrada en esta recopilación. Fragmentos, borrones, esbozos, bosquejos: ideas para la acción o reflexiones para el futuro. Un laboratorio abierto frente a nuestros ojos. Material en bruto para ensamblar, contra viento y marea, su obra mayor.

Bolaño, lo sabemos, era un chileno con acento español; sabemos, también, que su vida estaba en otra parte: el México de su juventud, ese infierno y ese paraíso perdido al cual, sabio y previsor, jamás quiso regresar. De su mítica etapa mexicana, cuando era un guerrillero y una sibila al lado de Mario Santiago y los demás miembros de su cofradía de barbajanes, poetas y sicarios, *A la intemperie* rescata su valoración del movimiento estridentista lanzado por Manuel Maples Arce, Germán List Arzubide y otros poetas revolucionarios en 1923, clara inspiración de su propio batallón infrarrealista, así como un recuento de la nueva poesía latinoamericana, ambos publicados en la revista *Plural* en 1976 y 1977, pero no, claramente, la *Plural* de Octavio Paz, a quien entonces ansiaba abofetear, sino en la que había caído en manos de Jaime Labastida tras el golpe de Estado contra *Excélsior*. A partir de allí, unas cuantas reseñas dispersas y luego un hiato de dos décadas: quizás nada en este libro sea más significativo que ese prístino silencio que brilla aquí como un elefante en medio de la estancia. Dos décadas en las que el belicoso y fantasmagórico poeta se transforma, sin que nadie pudiese anticiparlo, en uno de los escasos novelistas que han sacudido los cimientos de su empeño.

Debemos esperar a los noventa para que, como ese olvidado sobreviviente japonés de la Segunda Guerra, Bolaño resucite de entre los muertos. Pero quizás este nuevo Bolaño sea *otro*, un impostor o un travesti, el Bolaño que publica tímidamente *La pista de hielo* (1993) y luego, con más brío, *La literatura nazi en América* y, ya dueño de todos sus recursos, esa novelita perfecta que es *Estrella distante* (ambas de 1996) y que no tardará en convertirse, al fin, en el Bolaño que mejor conocemos con la inagotable *Los detectives salvajes* (1998). A partir de entonces, sus textos breves se multiplican como una epidemia o un cáncer: aparecen por doquier, en medios españoles y medios mexicanos y medios chilenos y al cabo en medios del mundo entero. El primero de ellos, «¿Quién es el valiente?», suena casi a una poética: el recuento de los libros que robó en México entre los dieciséis y los diecinueve: de Pierre Louÿs a Samuel Pepys —clásicos raros— a Rulfo y Arreola —su eterna pasión mexicana—, pasando por Gilberto Owen o José Juan Tablada —otros raros— y por *La caída*, de Camus: ¿quién hubiera dicho que en el existencialista francés encontraría el abismo moral que trasladaría a sus grandes relatos y novelas? En ese mismo artículo rememora también los libros que encontró en Chile, a los veinte, poco antes del golpe de Estado: aquí Bolaño es un punto más previsible, pues serán los mismos autores que defenderá siempre, Parra y Lihn, frente a las decenas de compatriotas de quienes hará mofa o escarnio, por ejemplo en los textos que publicó tras su escandalosa visita a Chile en 1999, donde yo tuve la ocasión de verlo batirse en público por primera vez. Bolaño era, claramente, un chileno a disgusto, que acaso sea la única forma de ser chileno o de ser escritor. Luego, otro atisbo de poética: sus «Consejos sobre el arte de escribir cuentos», una más de sus potentes y jocosas enumeraciones borgianas, que yo aquí sigo para referirme al conjunto de textos reunidos en *A la intemperie*.

Con una buena dosis de mala fe, que busca emular la suya, éstos se podrían dividir en las siguientes categorías: 1) Textos memoriosos, quizás los menos, donde repasa episodios de sus vidas pasadas, en donde Bolaño se persigue a sí mismo, incluyendo algunas desopilantes crónicas de viaje, en especial de esas excursiones de turismo literario que se veía forzado a realizar y que tanto esfuerzo le costaban (canceló decenas de invitaciones en el último segundo). 2) Pullas, troleos y *bullyings* variopintos, sobre todo contra escritores chilenos (con lúcidos análisis perdonavidas de monstruos como Neruda o Donoso). 3) Artículos bicéfalos, que son más bien pequeños cuentos o relatos, ácidos o tiernos, disfrazados de columnas o reflexiones al desgaire. 4) Atisbos de una poética propia. («Mi cocina literaria es, a menudo, una pieza vacía en donde ni siquiera hay ventanas.») 5) Lúcidas y chispeantes relecturas de clásicos inesperados: Burroughs, Daudet, Swift, Turgueniev, Borges, Dick. 6) Heroicas y militantes defensas de escritores desconocidos o menospreciados o no tan apreciados como él querría: Wilcock, Tomeo, Aira, Castellanos Moya, Lamborghini. 7) Elogios hiperbólicos y amorosos hacia sus amigos, que aparecen citados una y otra vez, como si Bolaño no pudiera dejar de invitarles un *gin tonic* o un café: Fresán, Cercas, Vila-Matas, Lemebel, Villoro, Boullosa, Brodsky, Pauls. («A veces eso es un amigo: la silueta de un dinosaurio que atraviesa un pantano y a la que no podemos asir ni llamar ni advertirle nada.») 8) Textos que no caben en ninguna de las categorías anteriores (desde una vindicación de Thomas Harris, el de *Hannibal Lecter,* a reflexiones sobre artistas tan improbables como Braque o Il Sodoma). Y 9) Sus discursos oficiales, como el pronunciado cuando obtuvo el Premio Rómulo Gallegos, en la época en que el Premio y Venezuela aún existían, o su burlona y truncada despedida de nosotros, los jóvenes que entonces lo admirábamos, en Sevilla, justo una semana antes de morir.

Tenemos, pues, al Bolaño maledicente y al Bolaño sonriente y osado, al Bolaño erudito y al Bolaño adivino, al Bolaño apacible y al Bolaño iracundo como profeta bíblico, al Bolaño locuaz y al Bolaño taciturno: que cada lector elija al suyo. Apostado en su sillón de brazos, con el cabello tan ensortijado como sus múltiples personalidades, Bolaño, entretanto, atisba el humo de su cigarro y, con esa socarrona dulzura que conserva en ultratumba, nos recuerda: «La literatura, al contrario que la muerte, vive en la intemperie, en la desprotección, lejos de los gobiernos y las leyes, salvo la ley de la literatura que sólo los mejores entre los mejores son capaces de romper.»

JORGE VOLPI
*Guadalajara,
25 de noviembre de 2018*

Nota de los editores

A la intemperie recopila las colaboraciones en prensa, los discursos y conferencias y otros textos de no ficción escritos por Roberto Bolaño entre 1975 y el momento de su muerte en 2003. La mayor parte de ellos —los datados entre los años 1998 y 2003— fueron publicados en 2004 en *Entre paréntesis*. El lector los encontrará aquí, junto con los textos publicados en las décadas anteriores y algún otro que quedó fuera de la recopilación antes mencionada por diferentes motivos, organizados atendiendo en primera instancia a la naturaleza de los textos. A este criterio responden los tres grandes apartados: «Colaboraciones periodísticas», que engloba las piezas publicadas por el autor en revistas y diarios españoles y latinoamericanos; «Conferencias y discursos» y «Lecturas y relecturas», apartado misceláneo que engloba las reseñas, los prólogos y otros trabajos similares. El orden cronológico en el que aparecen las piezas dentro de cada sección es el de escritura, lo que permite conocer qué temas de la actualidad política, social o cultural interesaban a Roberto Bolaño en cada momento.

Al final del volumen el lector puede encontrar los datos de procedencia de cada uno de los textos incluidos en este libro.

Colaboraciones periodísticas

El estridentismo

Yo no pienso, yo muerdo. Para Alain Jouffroy, el artista de vanguardia es el primero en *arriesgarse,* el primero en tirarse al agua. El que pone la maquinita peluda del amor y la aventura a toda velocidad. Para Alain Jouffroy, y en esto se toca con los situacionistas, el artista de vanguardia es el que, por sobre todo, subvierte la cotidianidad, transformando y transformándose. *Yo no muerdo, yo me araño.* Y se necesitaba tener un espíritu muy heroico para sobrevivir y crear y difundir una poesía nueva en el México de 1928: un movimiento que no antecede a la revolución, pero que se va extinguiendo con esta revolución. Los sabrosos veinte, la visión de Huidobro jugando chirlitos con Reverdy, Pablo de Rokha construyendo una de las más hermosas ballenas de este siglo —la que muchos años después le daría un revólver para que se suicidara—. Alberto Hidalgo haciendo antologías con Borges (el primero murió riéndose de su pobreza y su olvido; el segundo todavía hace chistes públicos de un humor macabro). Girondo era bailarín y pudo ser actor de Hollywood. Vallejo pensaba en Rita. Oquendo de Amat escribía a los diecisiete años sus cinco metros de poesía y ya no escribiría nunca más. Martín Adán ponía coma final a *La casa de cartón,* y pululaban por América unos jóvenes que tenían facha de terroristas (además, lo eran), y que hacían poesía. Ante esa obra lo que se escribe, por ejemplo, por los cuarenta o cincuenta (para no hablar de los sesenta, en donde la cosa *parece,* hasta nueva orden, que volviera a brotar), se ve definitivamente asqueroso, pero por suerte (suerte para los malos, como dijo el Bosco y Billy the Kid) surge un grupo de poetas y/o ensayistas que se encargan de darle algunos retoques a la historia, quedando todos al final dentro de la misma familia. *Yo ya me cansé de arañarme; mejor me voy.* En México los estridentistas se van, los «contemporáneos» se quedan, la paz vuelve a casa.

Del período 1921-1928 quedan sin embargo libros que son útiles. Algunos como *Andamios interiores* y *Poemas interdictos,* de Maples Arce, y *Esquina,* de List Arzubide, nos sirven para comenzar a ver de una manera diferente la tradición de la poesía mexicana. Estrellas bailadoras que sólo tuvieron una edición, pero que nos esperan en la garganta tibia de una hada muerta hace mucho. Y *Avión* (1917-poemas-1923), de Luis Quintanilla, poeta «casi» estridentista. Quedan también revistas de las que sólo conocemos los nombres (aquí la palabra quedan es nada más una manera de decir): *Actual, Irradiador, Horizonte.*

«No sólo se gastan los partidos en el poder, sino también las escuelas artísticas. Los procedimientos de la creación se agotan y cesan de herir los sentimientos del hombre: es el signo inconfundible de que una escuela está madura para entrar en el cementerio de las posibilidades agotadas: es decir, en la Academia. La creación viva no puede salir adelante sin desviarse de la tradición oficial, de las ideas y sentimientos canonizados, de las imágenes y giros impregnados de la lacra de la costumbre. Cada nueva orientación busca un nexo más directo y sincero entre las palabras y las percepciones. La lucha contra la simulación en el arte se transforma siempre, más o menos, en lucha contra la falsedad de las relaciones sociales. Porque es evidente que si el arte pierde el sentido de la hipocresía social, cae inevitablemente en el preciosismo.»

«Cuanto más rica y compleja es una tradición cultural nacional, más brutal es la ruptura»: León Trotski.

Los estridentistas no pudieron sostener esas barricadas ácidas de la nueva poesía, pero nos enseñaron más de una cosa sobre los adoquines. A los versos de Maples Arce escritos en 1922.

*Y 200 estrellas de vicio a flor de noche
escupen pendejadas y besos de papel*

podemos *meditarlos* con estos de José Peguero escritos hace tres meses:

*Corre corre Valerina
Que me da el Rimbaud
Que me da el Rimbaud*

Manifiesto estridentista

Irreverentes, afirmales, convencidos, excitados a la juventud intelectual del estado de Puebla, a los no contaminados de reaccionarismo letárgico, a los no identificados con el sentir medio colectivo del público unisistematizal y antropomorfo para que vengan a engrosar las filas triunfales del estridentismo.

Y afirmemos:

Primero: Un profundo desdén hacia la ranciolatría ideológica de algunos valores funcionales, encendidos pugnazmente en un odio caníbal para todas las inquietudes y todos los deseos renovadores que conmueven la hora insurreccional de nuestra vida mecanística.
Segundo: La posibilidad de un arte nuevo, juvenil, entusiasta y palpitante, estructuralizado novidimensionalmente, superponiendo nuestra recia inquietud espiritual al esfuerzo regresivo de los manicomios coordinados con

reglamentos policiacos, importaciones parisienses de reclamo y pianos de manubrio en el crepúsculo.

Tercero: La exaltación del tematismo sugerente de las máquinas, las explosiones obreriles que estrellan los espejos de los días subvertidos. Vivir emocionalmente. Palpitar con la hélice del tiempo. Ponerse en marcha hacia lo futuro.

Cuarto: La justificación de una necesidad espiritual contemporánea. Que la poesía sea poesía de verdad, no babosadas como las que escribe Gabrielito Sánchez Guerrero, caramelo espiritual de chiquillas engomadas. Que la pintura sea también pintura de verdad con una sólida concepción del volumen. La poesía, una explicación sucesiva de fenómenos ideológicos, por medio de imágenes equivalentistas orquestalmente sistematizadas. La pintura, explicación de un fenómeno estático, tridimensional, redactado en dos latitudes por planos colorísticos dominantes.

Caguémonos:

Primero: En la estatua del general Zaragoza, bravucón insolente de zarzuela, William Duncan del filme intervencionista del imperio, encaramado sobre el pedestal de la ignorancia. Horror a los ídolos populares. Odio a los panegiristas sistemáticos. Es necesario defender nuestra juventud que han enfermado los merolicos exegísticos con nombramiento oficial de catedráticos.

Charles Chaplin es angular, representativo y democrático.

Segundo: En don Felipe Neri del Castillo, fonógrafo interpretativo del histerismo primaveral tergiversado, que hace catrinas de pulque con cenizas de latines para embriagar a sus musas rezanderas; en don Manuel Rivadeneyra y Palacio, momia presupuestiva de veinte reales diarios; en don José Miguel Sarmiento, recitador de oficio en toda clase de proxenetismos familiares en que la primavera y el «jazz band» se zangolotean en los espejos, y en algunos estanquilleros literarios, como don Delfino C. Moreno y don Enrique Gómez Haro.

Tercero: En nuestro compatriota Alfonso XIII, el Gaona de los tenderos usuarios, Tío Sam de los intelectuales de alpargata, salud de los enfermos, consuelo de los afligidos, rosa mística, vaso espiritual de elección, agente viajero de una camotería de Santa Clara, ¡la gran cháchara!

Proclamando:

Como única verdad, la verdad estridentista.
Defender el estridentismo es defender nuestra vergüenza intelectual. A los que no estén con nosotros se los comerán los zopilotes. El estridentismo es el almacén de donde se surte todo el mundo. Ser estridentista es ser hombre. Sólo los eunucos no estarán con nosotros. Apagaremos el sol de un sombrerazo. Feliz año nuevo.

¡Viva el mole de Guajolote!

Puebla, enero, 1 de 1923

Manuel Maples Arce, Germán List Arzubide, Salvador Gallardo, M. N. Lira, Mendoza, Salazar, Molina; siguen doscientas firmas.

En el número 62 se publicarán las entrevistas que concedieron a Plural Arqueles Vela, Manuel Maples Arce y Germán List Arzubide.

La nueva poesía latinoamericana: ¿crisis o renacimiento?

Jorge Alejandro Boccanera[*]: Abordar un tema tan espinoso presupone referirse a un arte inmerso en un contexto sociopolítico en crisis y a la incomunicación y desconocimiento de obras que de ello derivan. En todos los casos eludiré cualquier mención a tal o cual generación, término sumamente arbitrario, para ir a las voces que en los últimos diez años, aproximadamente, se perfilan con cierta importancia.

Por aquellos libros que tuve oportunidad de leer y por conversaciones personales con distintos poetas latinoamericanos, deduzco una poesía que se desarrolla con aciertos y altibajos, en grado a establecer según de qué país se trate. El caso de la nueva poesía chilena es significativo. Enriquecida por el ascenso de la Unidad Popular, lo que obviamente produjo un vasto movimiento intelectual, pareciera que los jóvenes comienzan a observar con más detenimiento las obras de grandes poetas como Huidobro y De Rokha. Aunque algunos caen bajo las influencias de poetas posteriores como Gonzalo Rojas, Teillier, Lihn, y sobre todo bajo la influencia de Parra y sus *artefactos*. Algunas voces se alejan de estos alineamientos, en especial los novísimos, para intentar una obra de características propias. Tal es el caso de Gonzalo Millán, Oliver Welden y Bruno Montané.

---

[*] Obviamente no estoy de acuerdo con algunas cosas que manifesté en estos escritos de 1976; apenas habíamos pasado los veinte años y algunas líneas suenan demasiado concluyentes para tratar nada menos que un panorama tan vasto; aunque en general —y esto sí me parece positivo— queda de manifiesto nuestra voracidad como lectores y como poetas incipientes, aunque ya con un criterio, sobre todo en la búsqueda de nuevos caminos. (*Jorge Alejandro Boccanera, diciembre de 2018.*)

En el Perú aparece a comienzos de esta década el grupo Hora Zero, que amenazó en su momento con romper —salvo Vallejo— todos los moldes existentes en materia poética. De ese movimiento sobresalen el poeta Jorge Pimentel y un poeta cercano al grupo, Enrique Verástegui, quien escribía por esos años en un periódico limeño: «Los muchachos del setenta son los nuevos bárbaros, los Acilas que desaforadamente irrumpen en la conquista de un paraíso que se perdió en los ajetreos de las academias de la lengua», para continuar más adelante expresando que «la poesía del setenta no sublima al hombre, lo expresa. La poesía del setenta no reprime al cuerpo, lo libera. La poesía del setenta marca el inicio de nuestra contemporaneidad en el paraíso del placer». Si bien no existe una gran obra que respalde de alguna manera los manifiestos petardistas de este grupo, su irrupción produce una saludable agitación dentro del anquilosado ambiente intelectual. A los nombres mencionados habría que agregar los de Mario Montalbetti, Marco Martos, Elqui Burgos, Hildebrando Pérez, Edgar O'Hara, Manuel Morales y Carlos Orellana.

En la Argentina aparece en el año 64 la revista *La Rosa Blindada* (nombre de uno de los libros de González Tuñón), que de algún modo continuaría la militancia cultural de una publicación que data del 58 y que se llamó *Nueva Expresión*. En *La Rosa Blindada* encontramos poetas que habían pertenecido al grupo El Pan Duro y a otros como Alberto Szpunberg, Julio Huasi, Eduardo Romano y Ramón Plaza. Habría que agregar a otros poetas que sitúan su obra en estos años, como Roberto Santoro, Juana Bignozzi, Roberto Díaz y Gianni Siccardi. Los voceros de la literatura se multiplican a partir del 60 —*Agua Viva, Cero, Cuadernos de Poesía, Eco Contemporáneo, Hoy en la Cultura, Ensayo Cultural, Sunda, Tiempos Modernos, Testigo, Zona de la Poesía Americana, Barrilete, Momento, El Escarabajo de Oro, El Lagrimal Trifurca, Suburbio, Buenos Aires Tango y Nuevos Aires*, entre otras—

para declinar a fines del 74, como una muestra más de la asfixia cultural acentuada por la represión ejercida por el entonces agónico gobierno de Isabel M. de Perón y que continúa hasta nuestros días. Los poetas surgidos a partir del 70 están influidos por la poesía de Vallejo, González Tuñón, José Portogalo, Mario Jorge de Lellis, Nicolás Olivari; de poetas que además de situarse en un entorno urbano, tienen una relación estrecha con el tango, como es el caso de Manzi, Discépolo, Castillo y posteriormente Homero Expósito; del carácter irónico-crítico de la obra de Mario Benedetti (emparentada en su lenguaje narrativo y en su establecer un interlocutor con la poesía del argentino Humberto Constantini); del realismo sentimental de Gelman y de diversos autores extranjeros. De este grupo formado en una misma atmósfera intelectual sobresalen los nombres de Vicente Muleiro, Daniel Freidemberg, Julio Ricardo, Adrián Desiderata, María del Carmen Colombo, Hugo Diz, José Cedrón y Marta Molina.

El caso de Brasil, donde intuyo una poesía fresca y vigorosa, no voy a tocarlo por conocerlo a través de poesías leídas en diversas antologías, lo cual no me parece suficiente para dar una opinión. En cuanto a la poesía centroamericana, considero importantes las voces de los nicaragüenses Beltrán Morales y Gioconda Belli, del salvadoreño Alfonso Quijada Urías, de los costarricenses Alfonso Chase y Diana Ávila y del panameño Manuel Orestes Nieto. A esta larga —y desde luego incompleta— lista habría que agregar los nombres de dos poetas ecuatorianos, Cazón Vera y Fernando Nieto Cadena, que considero importantes en el mapa de la poesía latinoamericana.

ROBERTO BOLAÑO: Si por panorama general entendemos a una promoción emergente de jóvenes poetas que vienen a llenar algunos huecos surgidos en el aparato oficial de la literatura latinoamericana, a mí me parece definitivamente mediocre. Ahora que si por panorama general entendemos un movimiento al menos estéticamente al margen del aparato oficial o un subpanorama ética y estéticamente al margen, un estado de ánimo común a muchos jóvenes, una interpretación transformadora (y esto es más contradictorio que el diablo) de una realidad cotidiana sangrienta, en donde es imposible verdaderamente crear sin subvertir, en donde es imposible subvertir sin ser apaleado, en donde es imposible ser apaleado sin adoptar por el momento, aunque sólo sea visceralmente, posturas de rechazo total a situaciones culturales burguesas (y cualquier postura de rechazo total significa comenzar a experimentar y pensar nuevas formas de acción, a intuir nuevas sensaciones), el *panorama general* se me presenta como el segundo cartucho de dinamita de la poesía latinoamericana en lo que va de este siglo: el primero fue la vanguardia de los veinte: Huidobro, Vallejo, De Rokha, Oquendo de Amat, César Moro, Maples Arce, Alberto Hidalgo, Borges, Girando, Martín Adán, etcétera. Por un lado escriben los jóvenes decentes, los de la cotidianidad de *toilette,* los caligrafistas, los que buscan un estatus de escritor. Por el otro están los anarquistas, los poetas narrativos y los nuevos líricos marxistas, los vagabundos, los que *viven poesía,* los que se pasean vestidos de erizos por la cotidianidad pequeñoburguesa, a los que les importa un comino el oficio de escritor. Dos líneas bastante numerosas, bastante heterogéneas. Para aclarar un poco, dentro de la primera tendencia (y decir tendencia es un decir) puedo mencionar a los hijos de Paz, en México; a los hijos de Girri, en Argentina; a los pésimos parrianos, a los peores nerudianos, a los definitivamente perversos rokhianos, en Chile; a los Cobo Borda *trepadores* (como diría Scott Fitzgerald), de Colombia; a los jóvenes poetas de la República del Este, de Venezuela; a los hijos de Stalin y Westphalen, del Perú; a los exterioristas católicos, de Nicaragua, etcétera. Dentro de la otra tendencia sólo puedo manejar un *hit parade* internacional, que agruparía gente muchas veces contraria entre sí, pero emparentada en un primer punto: la poesía ya no como un cubículo universitario, ya no como un flujo circular de información, sino como experiencia viva, lenguaje vivo, autopista de cabellos largos. Me es inevitable mezclar poetas de los que ya no espero nada o casi nada, gente que después de haber dado dos saltos mortales se cayó del trapecio o bajó a recibir su cheque o su beca, o tuvo miedo, o se le acabó la inspiración, qué sé yo: con poetas de los que espero todo o casi todo, tránsfugas, iconoclastas, adolescentes, personajes fidelísimos que entran como Pedro en su casa tanto al país de los cronopios como a las redes subterráneas de Bakunin y Barbarella. Los nombro indistintamente (para su curiosidad y regocijo): Hinostroza, Bruno Montané, Luis Rogelio Nogueras, Mara Larrosa, José Peguero, Orlando Guillén, Waldo Rojas, Julián Gómez, José Rosas Ribeyro, Enrique Verástegui, Mario Santiago, Gonzalo Millán, Rubén Medina, José de Jesús Sampedro, Óscar Málaga, Fernando Nieto Cadena, Jorge Pimentel, Juan Ramírez Ruiz, Beltrán Morales, Víctor Casaus, Cuauhtémoc Méndez, David Malfavón, Eloy Jáuregui, Fanor Téllez, Vladimiro Herrera y Antonio Cisneros. De los uruguayos sólo conozco mayores de cuarenta. Poeta joven que aparece es asesinado por la dictadura. Ibero Gutiérrez, por ejemplo. De Argentina puedo decir lo mismo que de Uruguay, con la salvedad de que recién ahora estoy empezando a leer, gracias a Jorge Alejandro, a algunos poetas de las promociones recientes. Imagino que la urgencia de sobrevivir es mayor casi siempre a la urgencia de escribir poesía; ya no hablo de difundirla, aunque sea a niveles subterráneos. Se me vienen muchos nombres a la cabeza: Paco Urondo, a quien todos conocemos, muerto en la guerrilla: Diana Bellesi, a quien sólo unos pocos conocemos (¿dónde está Diana?, nos preguntó Hinostroza, no sé, le dije), perdida en esa especie de *flipper* electrónico que es el cono sur. Pienso en el gueto de poetas peruanos en el edificio de Georges Mandel en París, llamado también El Rincón de los Bonzos Melenudos. Pienso en los nuevos poetas chilenos (hablo de muchachos que no pasan de los veintiún años) creándose una tradición poética a partir de sus propios nervios.

J. A. B.: El caso de la poesía cubana lo tratamos aparte porque es bien distinto. Apoyada por una fecunda actividad desarrollada por medio de múltiples talleres literarios, donde se trabaja a fin de lograr no sólo el auditorio, sino la autocrítica basada en el análisis riguroso, y con posibilidades varias de publicación en la *Colección David,* revista *Pluma, El Caimán Barbudo,* etcétera, alcanza un nivel significativo en las voces de Sigifredo Álvarez Conesa, Víctor Casaus, Francisco Garzón Céspedes y Luis Rogelio Nogueras, entre otros.

R. B.: Creo una cosa: si bien ahora el panorama general de la nueva poesía latinoamericana es en un cincuenta por ciento clandestino, dentro de poco tiempo lo será en un cien por ciento. En una época de crisis, el poeta se lanza a los caminos. De esta inmersión obligatoria en mundos nuevos renace la poesía, la verdadera poesía, o se va todo al carajo.

Antecedentes de la nueva poesía

J. A. B.: Los antecedentes de esta poesía constituyen la historia de la poesía latinoamericana, sustentada en esos pilares literarios llamados Vallejo y Neruda y, por qué no, Guillén, Drummond de Andrade, González Tuñón, Lezama Lima, De Rokha y en el caso de cierta corriente anglosajona descubierta por ahí, transmitida indirectamente por Cardenal y Parra. Habría que agregar, en el caso de la poesía argentina, la importancia del grupo El Pan Duro, que estableció una posición definida con respecto a la realidad que le tocaba vivir y de algún modo a la poesía que lo había antecedido. En el prólogo de su antología, aparecida en el 63, decían que partían de una «poesía eminentemente popular, donde el tema como objetivo debe estar enraizado en la pasión, el dolor, las alegrías y las luchas del hombre común», agregando la síntesis de «la verdad del mundo, más la verdad interior del creador, suma de la que obtendremos ni más ni menos que la verdad del mundo, sutilizada, enriquecida, profundizada». De este grupo se destacan Héctor Negro, Rosario Mase y un poeta que se perfila como una de las voces de mayor importancia en la poesía de lengua castellana, Juan Gelman. En el caso de la poesía peruana habría que referirse a una corriente enmarcada dentro de las características de la poesía anglosajona, surgida en el rechazo de otras formas que son predominantes en la década del 30, como el social-realismo y cierta tendencia afrancesada. De la corriente anglosajona influida por poetas como Pound, Eliot, Ginsberg y Lowell sobresale el poeta Antonio Cisneros, que lleva adelante una poesía fresca y contundente, basada en elementos como la cotidianidad, el humor, la ironía, el predominio de la imagen sobre la metáfora y un lenguaje narrativo a veces, que confluyen en la integración del mundo doméstico e individual y el mundo histórico social del hombre del siglo XX. También se destaca, aunque con cierto formalismo, la obra de otro poeta que comienza a publicar junto a Cisneros, el poeta César Calvo, y que de algún modo también constituye un antecedente inmediato. Y como puntos de referencia, no ya tan cercanos, habría que agregar los nombres de poetas de la valla de Alejandro Romualdo, Gonzalo Rose y Javier Sologuren. El antecedente de los poetas nicaragüenses de hoy es fácilmente rastreable en la obra fecunda de los poetas Pablo Antonio Cuadra, Coronel Urtecho, Joaquín Pasos y Carlos Martínez Rivas. El Salvador tiene la continuidad de un grupo conformado en las voces de Manho Argueta, Roberto Cea,

Góchez Sosa y el siempre presente Roque Dalton. El Ecuador cuenta con la revitalizada poesía de Jorge Enrique Adoum, quien pese a incursionar en otros terrenos como el teatro y la novela no ha descuidado su trabajo en la poesía, llevando adelante una obra que se ha despojado ya de algunos indicios que lo emparentaron con el lenguaje neridiano, para abordar un lenguaje acorde con el tiempo y las circunstancias. Los antecedentes de la poesía cubana habría que situarlos primero en la tarea fundamental de José Martí, luego en las voces mayores de Guillén, Lezama Lima y Eliseo Diego, para encontrar el antecedente más inmediato en la poesía de aquellos jóvenes que prácticamente están formados al irrumpir la revolución, como Fernández Retamar, Félix Pita Rodríguez y Fayad Jamís. El caso de la poesía costarricense de hoy estaría ligado de alguna manera a la obra interrumpida de Jorge Debravo, muerto en un accidente cuando más se esperaba de su voz, ubicada por un lenguaje coloquial en la densidad de lo sencillo. Cabría agregar que existe una interinfluencia que sobrepasa los límites geográficos y que también constituye un antecedente de esta nueva poesía.

R. B.: ¡Santo cielo! Si yo me pusiera extremista diría que los únicos antecedentes para muchos de nosotros son una cadena de carnicerías, una colección de fotos de poetas surrealistas, una monomanía por las carreteras, nuevamente una cadena de carnicerías, informaciones enajenadas con el método *cut-up*, complots experimentales, canciones de *rock 'n' roll* (sobre todo *Sympathy for the Devil*), Vietnam y la guerrilla, el sexo y los cómics, muchas nubes negras y veloces. Antecedente quiere decir, más o menos, acción, dicho o circunstancia que sirve para juzgar algo posterior. Bueno, creo que los antecedentes de los *nuevos* poetas latinoamericanos no son primordialmente literarios. Ni nacionales. No existen antecedentes puramente nacionales. En el caso concreto de los chilenos nuestras raíces no se circunscriben a la herencia que tal o cual generación haya podido darnos. Nuestra posición dentro de la joven poesía chilena es desde todos los puntos de vista opuesta a la de nuestros primos mayores, los chunchulitos del 70. No bebemos de Parra ni de Neruda (tampoco caemos en el ridículo de aquellos que después de haber aplaudido a Parra como el renovador de la poesía latinoamericana, lo acusan ahora de fascista y niegan *toda* su poesía. Nosotros creemos que tanto Parra como los que hoy lo excomulgan han sido unos poetas pequeñoburgueses hasta la médula que en su momento hicieron cosas bastante importantes, sobre todo Nicanor). Le ponemos más atención a Pablo de Rokha y a Vicente Huidobro.

Nuestras experiencias, entre ellas el acto de escribir desesperadamente en un callejón sin salida, nos han orillado a reencontrar antiguos tótems, largo tiempo ocultos (ninguneados o manipulados por la tradición oficial), y a tomar de ellos lo más corrosivo, lo más fresco.

AVANCES Y RETROCESOS

J. A. B.: El avance de esta poesía lo constituye su continuidad, pese a todo, su búsqueda incesante, el abandono de ciertas formas anacrónicas como lo discursivo, la autocompasión, los falsos nominalismos y otros vicios que derivan de un desprecio al oficio, lo que además provocaría repeticiones de climas poéticos, actitudes seudoheroicas con mensajes confusos, cacofonías que llegan a cacofonías, falta de manejo en el ritmo y un acatamiento servil —sin capacidad de recreación de las voces de poetas considerados mayores—. Para esto el antídoto lo constituye la palabra, escapando de un lenguaje declamatorio para insertarse en un lenguaje coloquial y antirretórico, donde la esperanza y la desesperanza aparecen encubiertas bajo formas que mejor expresan el *yo colectivo,* como el absurdo, la ironía y el remplazo del psicologismo por el sociologismo. Entre los vicios, encontraríamos también una falta de vivencia que determina un *miedo al sentimiento,* la consiguiente adjetivación ampulosa que en suma no nos dice nada y una inclinación por la referencia cultural. A propósito de esto dice Carlos Garayar en un artículo publicado en la revista *Hipócrita Lector:* «No hay prácticamente poeta que no intercale entre sus versos alguna mención a París, Bach, Florencia, el budismo, Botticelli o cosa parecida. Si en la poesía norteamericana esto tiene, como decíamos, origen y representatividad, en la poesía peruana requiere una explicación que va más allá de señalar la relación epigonal». A esto habría que agregar el uso de citas en otros idiomas: inglés, francés, alemán, desconocidos en su mayoría por estos poetas jóvenes.

El caso de la poesía argentina, bastante desconocida por cierto, establece un desarrollo sin rupturas con el pasado. Una maduración natural y la consiguiente decantación, que confluyen en una integración de aquellas voces importantes dentro del mapa poético, para abordar por medio de un lenguaje conversacional la problemática del hombre fragmentado e incomunicado de hoy.

El peligro lo constituye el hecho de quedarse en cierto pintoresquismo o regionalismo, es decir en una atomización temática. De todos modos la nueva poesía latinoamericana avanza. Sin hacer hincapié en rótulos o falsos nominalismos —poesía rebelde, protestataria loxodrómica, planetaria, de la resistencia, antipoesía (término usado por Tuñón en el año 33, en un poema que casi le cuesta la cárcel), combativa, etcétera—. Sólo la palabra desalienada dará testimonio de este tiempo por alienante que sea. Ya se ha resuelto la dicotomía entre poesía social y poesía pura, entendiendo que toda poesía es social en la medida en que trabaje con elementos sociales como el lenguaje y se remita a experiencias y relaciones entre los hombres, de tipo social. El movimiento de esta nueva poesía es pendular y consiste en el contraste entre lo que existe y lo inexistente. Esto sería «negar a la poesía afirmándola, afirmar a la vida negándola con sumo sarcasmo y amarga brutalidad» (Fernando Alegría en *América Latina en su literatura*). Instintivamente el poeta hace suyo el mensaje que alguna vez expresara el líder norteamericano Julius Lester: «Resistir es detener la inhumanidad de los otros y afirmar la propia humanidad», y lo canta en pos de un mundo donde el intento de amor más saludable sea la lucha de todos los días por mejorarlo. Se establece entonces una confrontación de valores sustentada en una ideología del egoísmo y una solidaridad, una ideología de la servidumbre y una capacidad de polemizar, luchar, una ideología *menefreghista* contra una conciencia creativa. Es decir una confrontación de lenguajes diferentes. Un lenguaje impuesto como cotidiano por una cultura de masas, que se torna repetitivo, perdiendo así su capacidad de creación y atomizándose cada vez más, hasta que el hablante no se entiende a sí mismo, y cuando se reinterpreta lo hace según principios que son ajenos, y un lenguaje que cumple su misión histórica de mitificador y creativo, para una mejor comunicación entre los hombres.

R. B.: La renovación de nuestro lenguaje poético no se da meramente como una búsqueda formal, sino como el resultado de un choque formidable entre una realidad cada día más exasperantemente poética y nuestras ganas de jugar un rato con ella, de interpretarla, de transformarla, por lo pronto aunque sea sólo para ver qué nos pasa. La poesía de lo que se mueve y me rodea extiende mi poesía al infinito, diría Bakunin.

Quizá el movimiento de poetas más importante de estos últimos años, no sólo para Perú sino para América Latina, haya sido el grupo Hora Zero. Creado por Jorge Pimentel y Juan Ramírez Ruiz, en 1970 se lanzaron con un manifiesto en donde desconocían casi todo lo que se había escrito antes de ellos y volvían a poner vigentes dos actitudes: la iconoclastia y la fe ciega en el poder de la poesía. A partir de esa contradicción llegan a la poesía integral, de Juan Ramírez Ruiz, y a los poemas proletarios alucinógenos de Jorge Pimentel. Además de ellos Hora Zero tuvo poetas tan buenos como José Cerna, Jorge Nájar, Eloy Jáuregui, Enrique Verástegui e Isaac Rupay. Pero al igual que todo movimiento que se divide y que para colmo no logra salir de sus fronteras nacionales, éste se ahogó. La maquinaria oficial utiliza muchas formas para neutralizar algo que en determinado momento la amenaza. A la gente se la compra o se la hace desaparecer. Juan Ramírez Ruiz trató de romper el cerco y establecer contacto con grupos de poetas jóvenes del resto de América, testimonio de eso son unas cuantas cartas que le mandó a Mario Santiago. Allí lo que él planteaba era la unión mediante una revista rotatoria de los diferentes poetas, más o menos marginales, más o menos de vanguardia, de algunos países latinoamericanos. El proyecto no cuajó. Ahora muchos horazerianos ya no quieren ni oír hablar de Hora Zero. Los pobrecitos piensan que pueden salvarse solos (Hora Zero en uno de sus momentos más afiebrados trató de *salvar* al Perú; las profecías, los alucinantes juegos estadísticos, las advertencias ecológicas, los recortes de nota roja de Jorge Pimentel, en *Kenacort* y *Valium 10,* son prueba de ello).

Es aleccionador el fin de los nadaístas colombianos: todos pasaron, después del enfrentamiento con el poder cultural, de una onda satánica a una onda mística. De Gonzalo Arango no queda nada, de Jan Arb tampoco. Quizás dos o tres poemas de Jotamario. La comparación con Hora Zero se puede hacer de esta manera: después de la derrota los nadaístas devienen místicos y los horazerianos escritores de oficio. Hora Zero es el primer avance y el primer retroceso de importancia de la joven poesía latinoamericana de los setenta.

Otras tendencias de poetas jóvenes, me refiero a los que hacían poesía *coloquial,* con el pretexto de reflejar una cotidianidad fresca y sencilla sólo le rindieron tributo a una cotidianidad pequeñoburguesa, sin trascender nunca, tanto en forma como en contenido, al animal de la costumbre. De eso solamente quedan malas fotografías.

Los jóvenes poetas chilenos hicieron humor blanco cuando quisieron copiar el humor negro de Parra. El mismo Parra terminó haciendo un lamentable y mediocre humor blanco. El humor blanco es la broma más cruel que la nueva poesía chilena se jugó a sí misma hasta el 11 de septiembre de 1973.

Cuando el ambiente no es sólo indiferente u hostil, sino francamente criminal, como en el caso de Chile o Argentina, al poeta no le queda otra que entrar en organizaciones clandestinas (hacer poesía a balazos, como diría Dalton), o irse del país. Europa está llena de argentinos, chilenos, uruguayos, que obviamente no están allí de vacaciones.

Pero todo se prolonga de una forma o de otra. Dos poetas jóvenes que mucho le deben a Hora Zero son Mario Santiago, mexicano, y Bruno Montané, chileno. En Mario se cumple el poema integral con toda su unidad (su capacidad de estilo, su locura metafórica) y todo su poder fragmentario, el asalto simultáneo a diferentes zonas de la realidad. En Bruno el desgarrado coloquialismo horazeriano se mueve por paisajes de alucinación y lucidez, con estructuras rítmicas y juegos de sensaciones llevados hasta las últimas. Tipos como Pimentel, que ahora tranquilamente encerrado en Lima prepara sus próximas batallas; como Mario, que es una especie de Netzahualcoyotl con la imaginación de Pantagruel, y como Bruno Montané, que es la serenidad en persona, no me defraudarán en lo que pienso tiene de viva nuestra poesía.

Posible vanguardia y contexto sociopolítico

J. A. B.: La vanguardia está constituida por la continuidad de aquellas voces que desarrollan una poesía que escapa tanto del populismo (que sólo busca la rutinaria satisfacción de la masa) como del hermetismo esteticista. En mi opinión la tarea es, luego de entender que pueden coexistir la vanguardia y el compromiso, la exposición lúcida de los sentimientos de la gente, lo que constituye un acto de lucha.

La manera de vivir de esta poesía es el sobrevivir de cada día, con la vitalidad del grito, la frescura de la ironía, el respaldo del oficio y la esperanza en un mundo más justo. Así irrumpe repartiendo salud y agitación —usando palabras de Fernando Alegría— y cae «como ladrillo al agua».

Ya dijimos que esta poesía surge de un contexto sociopolítico en profunda crisis, hostil y apoético. La tecnificación avanza con pasos agigantados, existe el conflicto chino-soviético, son derrocados varios gobiernos populares latinoamericanos (Allende y Torres) y la revolución peruana deja poco a poco de ser una opción para el mundo progresista. Estamos, al decir del poeta Ariel Canzani, en la era de Tata Bomba, aumenta la carrera armamentista y se van liberando pueblos como Vietnam y Angola. Con estas perspectivas nace una poesía muchas veces escéptica y siempre marginada. El golpe es asimilado con diferentes actitudes. Existen los que se repliegan y oponen un *yo* exacerbado, los que siguen centrando su temática en un ingenio escapista y anacrónico, los que no pierden la calma y tratan, en el conocimiento de los puntos de contacto entre los hombres, que éste se identifique en la complicidad que imponen distintas instancias como el amor, la lucha, etcétera. Los poetas de hoy son conscientes de la tarea que les ha tocado en suerte, una ardua tarea que no por estar marginada de las culturas oficiales es menos importante. Aunque, reconozcamos, como dice Luis Gregorich, que existen algunos incentivos culturales, «premios nacionales, municipales y regionales que contribuyen a su manera a mantener a la literatura dentro de los límites requeridos, donde los premiados de hoy son los jurados de mañana; que premian a los jurados de ayer; ahora participantes; jurados de derecha premian a participantes de derecha; jurados profesores premian a participantes que son sus discípulos; no se puede premiar a comunistas ni a individuos huraños». De este parágrafo debemos excluir certámenes como el Premio Casa de las Américas de Cuba.

De esta década, que aún no ha dicho su última palabra, seguramente emergerá una poesía que, integrando la vivencia al oficio, expondrá el lenguaje y la problemática del *hoy y aquí*. En la actualidad observo cierta saturación en los lineamientos hasta ahora predominantes y un escepticismo que intenta implantarse como la característica prioritaria de los libros publicados últimamente. Pese a ello América Latina seguirá produciendo una poesía con el nivel que alguna vez le dictaron las voces mayores. Y para aquellos que no comprenden a la poesía como integrante de un proyecto de vida, les expreso la respuesta que le dio un poeta chileno a otro presumido y pésimo: «Usted cuando se encuentre con la poesía ¡se va a llevar un susto!».

R. B.: Vivimos la aparición de formas nuevas, condicionadas por factores económicos, formas marginales que poco a poco vamos reconociendo como poesía. Un aire de poesía desligado de los medios sociales donde tradicionalmente se mueve *la poesía*. Vivimos la aparición de una poesía del lado salvaje de las calles. El humor blanco, el exteriorismo, los versos de la otredad, los versos clase obrera sólo representan a un sector (el sector oficial, reconocido) famélico en imaginación y rico en seguridad; la poesía conversacional se queda muda cuando ve pasar por la calle a los niños rojos, a los niños salvajes de Whitman, a los que sin darse cuenta aúllan. En oposición al poeta joven que teme enormemente arriesgarse, que quiere llegar lo antes posible a un estatus dentro del mercado, está el kamikaze de los *Flujos* de Mario Santiago o del «Camino pedregoso» de Pimentel. El digno y lúdico muchacho de la calle con el rostro embarrado de imaginación. Mientras cualquier chavo sueñe y le cuente sus sueños a una chava habrá vanguardia en la joven poesía. Pero es hora de sacar a la vanguardia de sus territorios marginales, de sus territorios de sueños, y lanzarla en una lucha de poder a poder contra el aparato oficial, reaccionario hasta los huesos. Para eso hay que organizarse, ensayar nuevos canales de comunicación, experimentar, estar siempre en la disposición de arriesgarse en mundos desconocidos, proponer frenéticamente, cotidianamente afilar la capacidad de asombro y de amor. La subversión de la cotidianidad no puede circunscribirse a los ámbitos puramente socioeconómicos, la revolución y la vida deben ser la ética y la estética (una-sola-cosa) de cualquier proyecto de vanguardia. En este sentido creo que podemos hablar ya de renacimiento, la cosa vuelve a moverse en algunas partes, los jóvenes se arriesgan, salen como lunáticos a las calles a vivir su propia película bogartiana, crean movimientos estrambóticos y sanísimos en medio de una *inteligentsia* primero indiferente y después asustada. Ejemplo de esto es el infrarrealismo en México, definido por amigos y enemigos como la peste, y eso que recién empieza, que recién está en la etapa que Rubén Medina designa como de «descubrimiento de sensaciones marginales», «el poema lanzado, de formas múltiples, a la aventura». El núcleo central de una posible vanguardia debe ser la aventura, creo yo. Y prefiero al muchacho que lee a De Rokha en vez de a Valéry, el que lee a Kerouac y no a Fuentes, el que escribe en una máquina de sueños: Dinero Gratis o Thanatos Go Home.

Aventura de los nervios, aventura de los párpados, aventura del camino, aventura de la revolución, aventura del amor.

Más o menos como el que está tirado en una esquina, sudando y descansando un poco, y algún teórico sicoanalista de la universidad le grita pequeñoburgués con mala conciencia. Y él se sonríe casi como un buda armado.

¿Quién es el valiente?

Los libros que más recuerdo son los que robé en México DF, entre los dieciséis y los diecinueve años, y los que compré en Chile cuando tenía veinte, en los primeros meses del golpe de Estado. En México había una librería extraordinaria. Se llamaba Librería de Cristal y estaba en la Alameda. Sus paredes, incluso el techo, eran de vidrio. Vidrio y vigas de hierro. Examinada desde fuera, parecía imposible poder robar un libro allí. Sin embargo, la tentación de hacer la prueba pudo más que la prudencia y al cabo de un tiempo lo intenté. El primer libro que cayó en mis manos fue un pequeño tomo de Pierre Louÿs, con hojas delgadas como papel de Biblia, no sé ahora si *Afrodita* o *Las canciones de Bilitis*. Sé que tenía dieciséis años y que Louÿs se convirtió en mi maestro durante algún tiempo. Después robé libros de Max Beerbohm *(El hipócrita feliz),* de Champfleury, de Samuel Pepys, de los hermanos Goncourt, de Alphonse Daudet, de los mexicanos Rulfo y Arreola, que entonces estaban, a su manera, activos, y que por lo tanto era factible que hasta yo me los pudiera encontrar una mañana cualquiera en la abigarrada avenida Niño Perdido, una avenida que los mapas que hoy tengo del DF me escamotean, como si Niño Perdido sólo hubiera existido en mi imaginación o como si la calle, con sus tiendas subterráneas y con sus espectáculos, se hubiera, efectivamente, perdido, tal como me perdí yo a los dieciséis años. De esas brumas, de esos asaltos sigilosos, recuerdo muchos libros de poesía. Libros de Amado Nervo, de Alfonso Reyes, de Renato Leduc, de Gilberto Owen, de Huerta y de Tablada, y de poetas norteamericanos, como *El general William Booth entra en el paraíso,* del gran Vachel Lindsay. Pero fue una novela la que me sacó y me volvió a meter en el infierno. Esta novela es *La caída,* de Camus, y todo lo que concierne a ella lo recuerdo como atrapado en una luz espectral, luz de atardecer inmóvil, aunque yo la leí, la devoré, iluminado por aquellas mañanas privilegiadas del DF, que son o que eran de una luminosidad roja y verde cercada por ruidos, en un banco de la Alameda, sin dinero y con todo el día, es decir con toda la vida, a mi disposición. Después de Camus todo cambió. Recuerdo el ejemplar: era un libro de letras muy grandes, como un primer abecedario, de pocas páginas, de tapas duras, con un dibujo horrendo en la portada, un libro difícil de sustraer y que no supe si ocultar bajo la axila o en la espalda, pues no se amoldaba a mi americana de estudiante cimarrero, y que al final saqué a vista y paciencia de todos los empleados de la Librería de Cristal, que es una de las mejores formas de robar y que había aprendido en un cuento de Edgar Allan Poe. A partir de entonces, de aquella sustracción y de aquella lectura, pasé de ser un lector prudente a ser un lector voraz, y de ladrón de libros me convertí en atracador de libros. Quería leerlo todo, que, en mi simpleza, equivalía a querer o a intentar descubrir el mecanismo hecho de azar que había llevado al personaje de Camus a aceptar su atroz destino. Contra todas las predicciones, mi carrera de atracador de libros fue larga y provechosa, pero un día me atraparon. Por suerte, no fue en la Librería de Cristal sino en la Librería del Sótano, que está o estaba enfrente de la Alameda, en la avenida Juárez, y que como su nombre indica era un sótano de proporciones considerables en donde se amontonaban relucientes las últimas novedades llegadas de Buenos Aires o de Barcelona. Mi detención fue ignominiosa. Parecía como si los samuráis de la librería hubieran puesto precio a mi cabeza. Amenazaron con expulsarme del país, con propinarme una madriza en el sótano de la Librería del Sótano, lo que a mí me sonó como si aquellos neofilósofos hablaran entre ellos de la destrucción de la destrucción, y al final, tras una larga deliberación, me dejaron en libertad no sin antes apropiarse de todos los libros que yo llevaba, entre los que estaba *La caída,* ninguno de los cuales había robado allí. Poco después me marché a Chile. Si en México hubiera podido encontrar a Rulfo y Arreola, en Chile me pudo pasar lo mismo con Parra y Lihn, pero creo que al único que vi fue a Rodrigo Lira caminando aprisa una noche que olía a gases lacrimógenos. Después vino el golpe y tras éste me dediqué a recorrer las librerías de Santiago como una forma barata de conjurar el aburrimiento y la locura. A diferencia de las librerías mexicanas, las de Santiago carecían de empleados y eran atendidas por una sola persona, casi siempre el dueño. Allí compré la *Obra gruesa* y los *Artefactos,* de Nicanor Parra, y libros de Enrique Lihn y Jorge Teillier que no tardaría en perder y cuya lectura resultaría crucial; aunque crucial no es la palabra: esos libros me ayudaron a respirar. Pero respirar tampoco es la palabra. De mis visitas a esas librerías recuerdo sobre todo los ojos de los libreros, ojos que a veces parecían los de un ahorcado y a veces estaban velados por una tela como de legañas y que ahora sé que era otra cosa. No recuerdo, además, haber visto nunca librerías más solitarias. Allí no robé ningún libro. Eran baratos y los compraba. En la última que visité, el librero, un hombre de unos cuarenta años, alto y flaco, me dijo de sopetón mientras yo revisaba una hilera de viejas novelas francesas si me parecía justo que un autor recomendara sus propias obras a un condenado a muerte. El tipo estaba de pie en un rincón, llevaba sólo una camisa blanca arremangada hasta los codos y tenía una nuez prominente que le temblaba al hablar. Le contesté que no me parecía justo. ¿De qué condenados a muerte estamos hablando?, dije. El librero me miró y dijo que él sabía, fehacientemente, de más de un novelista capaz de recomendar sus propios libros a un condenado a muerte.

Después dijo que hablábamos de lectores desesperados. Soy el menos indicado para decirlo, dijo, pero si no lo digo yo no lo dirá nadie. ¿Qué libro le regalaría usted a un condenado a muerte?, me preguntó. No sé, dije. Yo tampoco lo sé, dijo el librero, y me parece terrible. ¿Qué libros leen los desesperados? ¿Qué libros les *gustan*? ¿Cómo se imagina usted la sala de lecturas de un condenado a muerte?, dijo. No tengo ni idea, dije. Es normal, es usted muy joven, dijo. Y después: es como la Antártida. No como el Polo Norte, sino como la Antártida. Pensé en el final de Arturo Gordon Pym, pero preferí no decir nada. A ver, dijo el librero, ¿quién es el valiente capaz de poner sobre el regazo de un condenado a muerte esta novela? Levantó un libro que había gozado de cierta fama y luego lo arrojó sobre una espuerta. Le pagué y me fui. Al darle la espalda el librero no sé si se rio o se puso a llorar. Cuando gané la calle lo oí decir: ¿Quién es el gallito capaz de semejante hazaña? Y luego dijo algo más, pero no entendí sus palabras.

Consejos sobre el arte de escribir cuentos

Como ya tengo cuarenta y cuatro años, voy a dar algunos consejos sobre el arte de escribir cuentos. 1) Nunca abordes los cuentos de uno en uno. Si uno aborda los cuentos de uno en uno, honestamente, uno puede estar escribiendo el mismo cuento hasta el día de su muerte. 2) Lo mejor es escribir los cuentos de tres en tres, o de cinco en cinco. Si te ves con energía suficiente, escríbelos de nueve en nueve o de quince en quince. 3) Cuidado: la tentación de escribirlos de dos en dos es tan peligrosa como dedicarse a escribirlos de uno en uno, y además lleva en su interior el juego más bien pegajoso de los espejos amantes: una doble imagen que produce melancolía. 4) Hay que leer a Quiroga, hay que leer a Felisberto Hernández y hay que leer a Borges. Hay que leer a Rulfo y a Monterroso. Un cuentista que tenga un poco de aprecio por su obra no leerá jamás a Cela ni a Umbral. Sí que leerá a Cortázar y a Bioy Casares, pero en modo alguno a Cela y a Umbral. 5) Lo repito una vez más por si no ha quedado claro: a Cela y a Umbral, ni en pintura. 6) Un cuentista debe ser valiente. Es triste reconocerlo, pero es así. 7) Los cuentistas suelen jactarse de haber leído a Petrus Borel. De hecho, es notorio que muchos cuentistas intentan imitar a Petrus Borel. Gran error: ¡deberían imitar a Petrus Borel en el vestir! ¡Pero la verdad es que de Petrus Borel apenas saben nada! ¡Ni de Gautier, ni de Nerval! 8) Lleguemos a un acuerdo. Lean a Petrus Borel, vístanse como Petrus Borel, pero lean también a Jules Renard y a Marcel Schwob, sobre todo lean a Marcel Schwob y de éste pasen a Alfonso Reyes y de ahí a Borges. 9) La verdad de la verdad es que con Edgar Allan Poe todos tendríamos de sobra. 10) Piensen en el punto número nueve. Piensen y reflexionen. Aún están a tiempo. Uno debe pensar en el nueve. De ser posible: de rodillas. 11) Libros y autores altamente recomendables: *De lo sublime,* del Seudo-Longino; los sonetos del desdichado y valiente Philip Sidney, cuya biografía escribió Lord Brooke; *La antología de Spoon River,* de Edgar Lee Masters; *Suicidios ejemplares,* de Enrique Vila-Matas, y *Mientras ellas duermen,* de Javier Marías. 12) Lean estos libros y lean también a Chéjov y a Raymond Carver, uno de los dos es el mejor cuentista que ha dado este siglo.

Dimas Luna, príncipe

Hace poco estuve hablando con un príncipe. Se llama Dimas Luna, pero sus amigos, a veces, lo llaman Dimas Moon. Yo creo que desciende de papas aunque su estirpe no viene de tierras valencianas sino de los secadales de Toledo. Poco importa: lleva en su sangre la benignidad de cierto Vaticano ya perdido y como tal se comporta, ya sea con sus amigos, con sus clientes o con sus empleados. Por otra parte, su curiosidad es inagotable: que yo sepa nunca estuvo en la universidad y puede manejar, durante los veranos relucientes de Blanes, más de cuatro idiomas e incluso ahora, con la llegada del turismo ruso, chapurrea algunas palabras en la lengua de Pushkin, quien sin duda se revolvería en su tumba si lo oyera. Su ángel tutelar es el Mediterráneo. Su mayor afición, el cine. Durante una época fue inventor de los cócteles más extraños. Creo que incluso llegó a ganar un primer premio en una competición en Lloret de Mar con un combinado en donde había vodka, leche y algún licor dulce y más cosas que no recuerdo y que estaban allí únicamente para embellecer el preparado. Con Dimas Luna en Blanes sé que nunca nadie va a estar completamente solo. El espíritu incorrupto del tabernero español vive en él: vino al mundo para pasárselo bien y para hacer el bien, no para joderle la vida a nadie.

Cuento de Navidad en Blanes

En invierno algunos pueblos de la Costa Brava parecen pueblos fantasmas. Sobre todo algunos barrios, los dedicados al turismo, entran en un letargo que los asemeja a esas ciudades de los sueños o de las pesadillas: ciudades de edificios altos y apartamentos pequeños en donde suelen ocurrir equívocos de los que uno siempre se arrepiente, sin saber muy bien por qué, tal vez sólo la vaga idea de que aquello que hicimos lo pudimos hacer mejor o, de plano, no hacerlo, no intentarlo, como aquellas batallas que Sun-Tzu o Clausewitz recomendaban no dar nunca, de hecho S-T o C sólo recomendaban las batallas seguras de ganar. El otro día, paseando por uno de estos conglomerados de apartamentos vacíos, creí ver a un amigo. Salía de un edificio fantasma construido en los sesenta, probablemente aquejado de aluminosis, e iba vestido de Rey Mago. Pese al disfraz y a la noche que caía veloz, lo reconocí y lo saludé. Él, por el contrario, tardó en reconocerme. Hacía mucho que no nos veíamos. Lo acompañaban, como es prescriptivo, los otros dos Reyes Magos. No sin sorpresa descubrí que ambos eran negros. Mi amigo me los presentó. Eran dos gambianos que suelen trabajar en los huertos de las afueras de Blanes y que por el momento estaban desocupados. Yo sólo necesitaba un moreno, me dijo, pero no encontré a ningún blanco para hacer de Gaspar. Éramos las únicas personas en aquella calle completamente vacía. ¿Y qué hacéis aquí?, le pregunté. Vivo en uno de estos apartamentos, me dijo mi amigo. Aquí tengo la ropa de Oriente, aquí nos cambiamos. Los acompañé hasta el coche. ¿Qué pasará si un niño os hace notar que sobra un negro y falta un blanco?, le pregunté antes de que se marcharan. Mi amigo se rio y dijo que los tiempos cambian. Y los niños son los primeros en saberlo.

La mejor banda

Si tuviera que asaltar el banco más vigilado de Europa y si pudiera elegir libremente a mis compañeros de fechorías, sin duda escogería un grupo de cinco poetas. Cinco poetas verdaderos, apolíneos o dionisiacos, da igual, pero verdaderos, es decir con un destino de poetas y con una vida de poetas. No hay nadie en el mundo más valiente que ellos. No hay nadie en el mundo que encare el desastre con mayor dignidad y lucidez. Son, en apariencia, débiles, lectores de Guido Cavalcanti y de Arnaut Daniel, lectores del desertor Arquíloco que atravesó un campo de huesos, y trabajan en el vacío de la palabra, como astronautas perdidos en planetas sin salida posible, en un desierto en donde no hay lectores ni editores, sólo construcciones verbales o canciones idiotas cantadas no por hombres sino por fantasmas. En el gremio de los escritores son la joya más grande y menos codiciada. Cuando un enloquecido joven de dieciséis o diecisiete años decide ser poeta, es desastre familiar seguro. Judío homosexual, medio negro, medio bolchevique, la Siberia de su destierro suele cubrir de oprobio también a su familia: los lectores de Baudelaire no lo tienen fácil en la ESO, ni con sus compañeros de clase ni mucho menos con sus profesores. Su fragilidad, sin embargo, es engañosa. También su humor y las manifestaciones caprichosas de su amor. Tras esas sombras vagas se encuentran acaso los tipos más duros del mundo y seguramente los más valientes. No por nada descienden de Orfeo, que marcaba la cadencia de remo de los Argonautas y que bajó al infierno y volvió a subir, menos vivo que antes de la hazaña, pero vivo al fin y al cabo. Si tuviera que asaltar el banco más protegido de América, en mi banda sólo habría poetas. El atraco concluiría, probablemente, de forma desastrosa, pero sería hermoso.

El fantasma de Àngel Planells

Algunas tardes de invierno es posible ver, por el centro de Blanes, al fantasma de Àngel Planells. Se diría que viene de casa de sus nonagenarias hermanas y que va a casa de su sobrino, el pastelero Joan Planells, posiblemente la persona que hoy día tiene la mayor colección de su obra. A veces me detengo en la pastelería de Joan, y hablamos de su tío. Hace ya bastante tiempo me enseñó una fotografía de la primera exposición surrealista de Londres de 1936, en la New Burlington Galleries: en esa foto se puede apreciar un cuadro de reducidas dimensiones firmado por Àngel Planells. La exposición surrealista de Londres, en donde también se expusieron obras de Picasso, Domínguez, Dalí y Miró, entre los españoles, fue un hito en las actividades revolucionarias de un grupo que intentó exportar la subversión a escala mundial. Después, para Planells, vendría la guerra civil y los largos años de oscuridad en los cuales, para subsistir, tuvo que pintar bodegones horribles y dar clases de pintura en una Barcelona en donde la compasión sólo era una palabra vacía en boca de curas y beatas, el hervidero del infierno. ¿Qué aprendió Planells en esos años? No lo sabremos nunca. Tal vez perfeccionó la práctica de la humildad. Tal vez supo de la vanidad de todo esfuerzo. Durante los veranos, eso sí, subía a Blanes y se entretenía escribiendo y pintando en casa de sus hermanas. Poco a poco los viejos temas surrealistas —cuando ya el surrealismo había regresado a las catacumbas— volvieron a sus cuadros. De ese retorno melancólico da fe la tela *Mariner esperant l'arribada de no sap què*, fechada en 1974. Es posible que alguna vez me cruzara con él, por las calles del centro de Blanes, y que yo no lo viera. Ahora sí. Ahora, a veces, lo veo caminar por el paseo marítimo de nuestro pueblo. Un fantasma ensimismado y leve. El pintor Àngel Planells, nacido en 1901 y muerto en 1989.

Una casa para siempre

Cuando se publicó *Una casa para siempre* (Anagrama, 1988), de Enrique Vila-Matas, hubo dos críticos que destrozaron la novela. El primero dijo que se trataba de una novela pésima. El segundo dijo que jamás se debía haber escrito semejante texto. Los lectores, todo parece indicarlo, tomaron al pie de la letra las recomendaciones de los críticos y la suerte comercial de la novela fue adversa. Algunos años después, sin embargo, se tradujo al francés y resultó elegida, junto con una novela de Javier Marías, como uno de los libros del año publicados en Francia.

Hoy, cuando ya ha pasado tanta agua bajo los puentes de España y de Francia, y cuando la calidad de Vila-Matas es un hecho incontestable, la suerte de *Una casa para siempre* sigue idéntica a sí misma, pese a ser un libro ponderado por autores como Rodrigo Fresán y Juan Villoro. Todavía circula por algunas librerías la primera edición, que no se ha agotado; todavía el libro, que trata de ventrílocuos y subversiones cotidianas, vive en el limbo orgulloso de los libros marcados por un destino que no era el suyo pero que ellos, los libros, asumen a veces con una valentía que ya querrían para sí algunos héroes de la patria.

¿Qué es *Una casa para siempre*? Una tragedia y una comedia. Una epifanía y una invitación a la guillotina. Un libro vilamatiano en estado puro y en estado de gracia. El drama de un ventrílocuo que tiene voz propia, y esa virtud, que en algunos escritores es un ansia y una búsqueda constante, en el ventrílocuo es una maldición, por razones obvias. El estilo es un fraude, decía De Kooning, y Vila-Matas así lo cree. La voz propia en un artista, ya sea escritor, pintor o ventrílocuo, es una bendición, pero puede llevar o tal vez indefectiblemente lleva al conformismo, a la planicie, a la monotonía. Cada obra, nos dice Vila-Matas asomado a las páginas de este libro, debe ser un renovado salto en el vacío. Con o sin espectadores, pero un salto en el vacío.

El rapsoda de Blanes

Don Josep Ponsdomènech tiene ochenta y ocho años y a veces me lo encuentro tomando el sol en la plaza que hay junto a la escuela Joaquim Ruyra, los mediodías, cuando voy a buscar a mi hijo. Es sólo un descanso en su camino, pues don Josep Ponsdomènech es alto y fibroso y siempre se está moviendo, de la plaza de Cataluña hasta el puerto, de la Avinguda de Dintre hasta las estrechas calles del centro, en donde rara vez hace sol. Su oficio es el de poeta, rapsoda, dice él, y lo ejerce con naturalidad y resignación. Lleva los bolsillos repletos de hojas en donde con excelente caligrafía escribe diariamente sus poemas. Algunos los escribe porque sí, porque las musas así lo quieren, otros los escribe para aliviar dolores o para paliar recuerdos. Siempre, eso sí, con la mejor voluntad, convencido de que la poesía posee virtudes lenitivas. Si una mujer ha perdido a su marido, por ejemplo, don Josep Ponsdomènech le redacta un poema en donde a la vez que se pondera al deudo, se le recuerda a la viuda la necesidad de seguir viviendo. También los muertos en irrestricta soledad tienen su poema.

El rapsoda recuerda a todos sin distinción. Nadie le paga. Su arte es gratuito. En alguna ocasión don Josep Ponsdomènech me ha contado su vida: en ella no han faltado los placeres, de todo tipo, puntualiza, ni tampoco las desgracias, inherentes a la existencia, suspira, y de todo ello ha salido indemne y más fresco que una lechuga. Sus autores favoritos son sin duda los modernistas, Rubén Darío a la cabeza, pero también le he oído frases admirativas por ese joven Salvat-Papasseit, moderno y valiente. Don Josep Ponsdomènech también es valiente, qué duda cabe, y alguna vez fue, a su manera, moderno, pero su virtud principal, entre las muchas que lo adornan, es la más humana de todas: la alegría.

Es grato vivir en Blanes y saber que en los días de sol nuestro rapsoda, bien abrigado, circula por el paseo marítimo y por las calles interiores del pueblo.

Fragmentos de un regreso al país natal

La invitación

Veinte días en Chile que estremecieron el mundo (mental) en el que yo habito. Veinte días que fueron como veinte sesiones de humanidad cayendo a plomo. Veinte días para llorar y reír a gritos. Pero empecemos por el principio. Salí de Chile en enero de 1974. La última vez que tomé un avión fue en enero de 1977. No pensaba volver a Chile nunca más en mi vida. No pensaba subirme a un avión nunca más en mi vida. Un día me llamó una chica de *Paula* y me preguntó si quería formar parte del jurado del concurso de cuentos que la revista organiza. Dije que sí de inmediato. No sé en qué estaría pensando. Tal vez en los atardeceres privilegiados de Los Ángeles, pero no en Los Ángeles del Bío-Bío sino en Los Ángeles de California, en la ciudad que surgió de la nada y desde cuyas azoteas es factible ver el esplendor que supura cada rincón del planeta. Es posible que estuviera pensando en eso. Es posible que estuviera haciendo el amor. Sí, ahora me acuerdo, era eso. Entonces sonó el teléfono y salí de la cama y contesté y una voz femenina me preguntó si me gustaría viajar a Chile y entonces la ciudad de Los Ángeles llena de rascacielos y de palmeras se transformó en la ciudad de Los Ángeles llena de casas bajas y calles de tierra. Los Ángeles, la capital de la provincia de Bío-Bío, la ciudad en donde Fernando Fernández jugaba al taca-taca en patios que parecían soñados por adolescentes locos, la ciudad en donde Lebert y Cárcamo caminaban siempre juntos y en donde el tolerante Cárdenas fue presidente de curso en un liceo de hombres diseñado por algún ayudante del diablo y en donde el Pescado entró de golpe en la clandestinidad. La ciudad de los malones vespertinos. La ciudad salvaje cuyos atardeceres eran como el comentario afásico del privilegio. Así que dije que sí de la misma manera que hubiera podido decir que no. La habitación estaba a oscuras; esperaba una llamada telefónica, pero no ésta; la voz que me hablaba desde el otro lado del mundo era dulce. En ese momento pude haber dicho que no. Pero yo dije que sí porque la capital de la provincia de Bío-Bío saltó de golpe, como un gato montés, sobre el mapa de la ciudad de la felicidad y la arañó y en esos arañazos (imperceptibles) ya estaba escrito que tenía que volver a Chile y que tenía que volver a subirme a un avión.

El viaje

Así que volví a Chile. Me subí a un avión. No sé cómo lo hacen para mantenerse en el aire. Turbulencias en el Atlántico, turbulencias en el Amazonas. Turbulencias en la Argentina y poco antes de cruzar la Cordillera. Para colmo, Lautaro, mi hijo de ocho años, no puede jugar con su *gameboy* durante el vuelo. Pero no hay problemas. Volamos. Mi hijo duerme plácidamente, mi mujer, Carolina López, duerme plácidamente. Los dos son españoles y es la primera vez que viajan a América. Yo no duermo. Yo nací en América. Soy chileno. Estoy despierto y sostengo mentalmente las alas del avión. Escucho hablar al resto de los pasajeros. La mayoría están dormidos pero hablan en sueños. Tienen pesadillas o sueños recurrentes. Son chilenos. Las azafatas españolas los miran mientras atraviesan el pasillo de punta a punta, a veces en paralelo y a veces en direcciones contrarias. Cuando esto último ocurre y sus trayectorias se intersecan ambas azafatas levantan las cejas en la oscuridad y prosiguen imperturbables su marcha. Ah, la simpatía de las españolas. ¿Quiere usted un vaso de agua, un zumo de naranjas?, me preguntan cuando pasan a mi lado. No, un millón de gracias, digo yo. No, infinitas gracias, digo yo mientras las turbinas del avión taladran la noche, que es otro avión que viaja empotrado en otro avión. Esto los antiguos lo representaban gráficamente con un pez que se come a otro pez que se come a otro pez. Mientras tanto, la noche real, afuera del avión, es enorme y la luna muy pequeña, como la luna de Pezoa Véliz. Estoy viajando a Chile. Por momentos yo también me duermo y tengo sueños extraños y vívidos. Breves sueños en blanco y negro que me remiten a vidas que ya no podré vivir. Si durmieras de día tendrías sueños en colores, me dijo una vez mi hijo. Joder, me estoy aproximando a Chile a más de ochocientos kilómetros por hora. Y por fin comienza a amanecer y el avión atraviesa la Cordillera y ya estamos de vuelta y he aquí el primer cambio: la última vez que salí de Chile, en un vuelo Santiago-Buenos Aires, la Cordillera parecía mucho más grande y mucho más blanca; ahora no parece tan grande y la nieve brilla por su ausencia. Pero sigue siendo bonita. La Cordillera parece más indómita, más perdida y menos dormida. Después el avión se asoma a unos tierrales y, sin darnos tiempo a pensar «puro Chile es tu cielo azulado», aterriza.

Una puta regresa

Estoy en el país natal. No hay problema. Los pasajeros se levantan de sus asientos: no veo rostros excesivamente felices, más bien todos parecen preocupados, excepto la mujer que viaja justo detrás de mí. Durante la noche la oí conversar. Por sus palabras deduzco que se trata de una puta. Una puta chilena que trabaja en Europa y que tras una ausencia más o menos prolongada vuelve a Chile a comprar propiedades, aunque no me ha quedado claro en dónde piensa comprarlas: a veces parecía referirse al sur y a veces parecía hablar de casas abandonadas de Santiago. En cualquier caso es una mujer de rostro simpático, con el pelo teñido de rubio y un cuerpo aún hermoso, y que, para variar, también ha hablado en sueños. Palabras ininteligibles en español y en italiano y en alemán. También, durante algunos minutos, la he oído roncar con una fuerza similar a la de los motores del avión que milagrosamente nos ha traído hasta Chile. Pensé entonces que esos ronquidos desmesurados podían ser de mal agüero. Pensé en decirle algo. Pero finalmente opté por no hacer nada y los ronquidos de golpe desaparecieron, como si sólo fueran la manifestación corporal de una pesadilla que aquella puta de buen corazón había tenido y que ya había dejado atrás, como uno deja atrás los días malos y las enfermedades.

Hace tiempo conocí a un chileno al que siempre le iba mal. Estuviera donde estuviera e hiciera lo que hiciera, siempre le iba mal. Ese chileno vagabundo a veces se ponía a recordar su país natal y acababa sus circunloquios indefectiblemente de la misma manera: voy a llegar a besar el suelo chileno, decía. Cuando vuelva a Chile lo primero que haré será besar el suelo chileno. Olvidaba el terror, la injusticia, el sinsentido. Nosotros nos reíamos de él, entre perplejos y divertidos, pero eso a él no le importaba. Ríanse no más, decía, pero cuando yo vuelva lo primero que haré será besar el suelo chileno. Creo que murió en algún país sudamericano, o centroamericano, y presumo que de haber regresado su rostro sería ahora como el de los demás pasajeros chilenos (excepto la puta), un rostro mortalmente serio, un rostro preocupado y como visto desde varios ángulos al mismo tiempo, un rostro que pasa en pocos segundos de Cézanne a Picasso y de Picasso a Basquiat, el rostro habitual de los nativos de la isla-pasillo.

Por supuesto, yo no besé el suelo de la patria. Intenté no tropezar en la escalerilla del avión y traté de encender sin temblar uno de mis últimos cigarrillos españoles. Después respiré el aire de Santiago y echamos a andar hacia la aduana.

Los rostros

Y de golpe aparecieron los rostros chilenos, los rostros de mi infancia y adolescencia, por todos lados, en catarata, rodeado de chilenos, chilenos que parecían chilenos, chilenos que parecían marcianos, chilenos que deambulaban de un lado a otro sin nada que hacer en aquel aeropuerto que supongo no era el aeropuerto de Pudahuel aunque por momentos lo parecía, y también chilenos que esperaban a los viajeros y que agitaban pañuelos blancos, e incluso chilenos que lloraban (algo usual, según recordaba, los chilenos lloran mucho, a veces sin motivo, a veces incluso sin ganas), y también chilenos que se reían como si el mundo se fuera a acabar y sólo ellos lo supieran. Pero lo que más vi en aquellos primeros minutos fue a chilenos quietos y silenciosos, chilenos que miraban el suelo como si estuvieran flotando sobre un abismo dudoso, como si el aeropuerto fuera un espejismo y todos nos encontráramos suspendidos sobre una especie de nada que milagrosa o fatalmente nos sostenía, exigiendo a cambio un tributo misterioso o inconfesable, un tributo que nadie estaba dispuesto a pagar, pero que tampoco nadie estaba dispuesto a declarar que no lo pagaría.

Comienza el baile

Los trámites en la aduana fueron extremadamente fáciles. Hacía muchísimos años que no me dejaban entrar en un país con tanta facilidad. Mi mujer tuvo que rellenar un papel y creo que tuvo que pagar algo. Cuando pregunté qué papeles tenía que rellenar yo, una aduanera gordita y simpática me dijo que no tenía que rellenar nada. Ésa fue la primera bienvenida. La segunda nos la proporcionó una segunda aduanera, que decidió no registrarnos ninguna maleta. Adelante, dijo, pasen. La tercera nos la dio mi abuela y Alexandra Edwards y Totó Romero y Carlos Orellana y la Malala Ansieta, que nos saludaron como si nos conociéramos desde siempre. A esas alturas ya habíamos salido de las dependencias del aeropuerto y esperábamos un taxi para irnos al hotel y todo iba bien, pero de alguna manera yo no había vuelto a Chile todavía. Es decir, estaba allí, rodeado de chilenos, una experiencia que no había experimentado desde enero del 74, pero volver, lo que se dice volver, aún no había vuelto. Todavía estaba en el avión, todavía estaba corriendo por los pasillos del aeropuerto de Madrid, todavía estaba acostado en mi casa de la calle del Loro, en Blanes, todavía estaba soñando que iba a viajar a alguna parte.

A MI CASA NO MÁS LLEGO

Fue Samuel Valenzuela, de *Las Últimas Noticias,* el que me dijo de verdad que ya estaba de vuelta. Conversamos durante un rato. Yo tenía pocas cosas que decir. Así que lo que hice fue preguntar y Samuel Valenzuela se puso a contestar todas mis preguntas. Samuel Valenzuela parece salido de una novela de Manuel Rojas. Creo que mata sus ratos de ocio pintando. Fue el primer día, aún con *jet-lag,* y fue en un fundo al que me llevaron que parecía la pesadilla agrícola de Miquel Barceló. En ese fundo solía pasar sus vacaciones Vicente Huidobro, dijo alguien a mis espaldas. Ahora, convertido en una viña, convertido en un museo, convertido en un restaurante, ese fundo, en el que durante la Guerra de Independencia se refugiaron ciento veinte patriotas, o tal vez doscientos veinte, o tal vez sólo veinte y también puede que sólo dos, es el escenario dadaísta de mi primera reunión en la tierra natal. Miro para todos lados y los fantasmas de aquellos patriotas aparecen y desaparecen confundidos con las paredes encaladas y con los árboles, enormes y tristes, del gran parque que rodea al fundo, en uno de cuyos rincones uno de sus propietarios hizo construir un baño romano que cuando me lo muestran me produce algo parecido a un desvanecimiento. La cursilería de los chilenos no tiene parangón en el planeta. La hospitalidad tampoco, y en mi caso no cesa. Hasta que Samuel Valenzuela me aparta del grupo y comienza a hacerme la entrevista. Hablamos del vino chileno. Vino que ya no puedo probar. También hablamos de las empanadas. ¿Qué se siente al estar de vuelta?, me pregunta. Le digo que no lo sé. Nada, le digo, no se siente nada. Al día siguiente Valenzuela publica la entrevista. El titular decía: «Bolaño, a su casa no más llega». Cuando lo leí, pensé: ¡pues es verdad! Con ese titular, Samuel Valenzuela me dijo todo lo que humanamente, metafísicamente, ontológicamente, telúricamente, se me podía decir. Supe entonces que ya estaba de vuelta en Chile.

Conversaciones telefónicas con Pedro Lemebel

Lo primero que me preguntó Lemebel fue qué edad tenía cuando me fui de Chile. Veinte años, le dije. ¿Y entonces cómo pudiste perder el acento chileno?, dijo él. No lo sé, pero lo perdí. Es imposible que lo perdieras, dijo él, a los veinte ya no se puede perder nada. Se pueden perder muchas cosas, dije yo. Pero no el acento, dijo él. Bueno, yo lo perdí, dije yo. Es imposible, dijo él. Allí hubiera podido acabar todo: el diálogo parecía un callejón sin salida. Pero Lemebel es el más grande poeta de mi generación y yo admiraba, ya desde España, la estela gloriosa y provocativa de Las Yeguas del Apocalipsis. Así que avancé por esa calle y nos fuimos a comer a un restaurante peruano y hablé con las demás personas con las que íbamos, Soledad Bianchi, Lina Meruane, Alejandra Costamagna, el poeta Sergio Parra, y mientras tanto Lemebel entró en un estado más bien melancólico y permaneció callado durante el resto de la noche, lo que fue una pena. Nadie habla un español más chileno que Lemebel. Nadie le saca más emociones a su español que Lemebel. Lemebel no necesita escribir poesía para ser el mejor poeta de mi generación. Nadie llega más hondo que Lemebel. Y encima, por si fuera poco, Lemebel es valiente, es decir sabe abrir los ojos en la oscuridad, en esos territorios en los que nadie se atreve a entrar. ¿Que cómo supe todo esto? Fácil. Leyendo sus libros. Y tras leerlos, con emoción, con risas, con escalofríos, lo llamé por teléfono y hablamos durante mucho rato, una larga conversación de aullidos de oro, en donde reconocí en Lemebel el espíritu indomable del poeta mexicano Mario Santiago, muerto, y las imágenes relampagueantes de *La Araucana,* muerta, arrinconada, pero que Lemebel hacía vivir otra vez, y entonces supe que ese escritor marica, mi héroe, podía estar en el bando de los perdedores pero que la victoria, la triste victoria que ofrece la Literatura (escrita así, con mayúsculas), sin duda era suya. Cuando todos los que lo han ninguneado estén perdidos en el albañal o en la nada, Pedro Lemebel será aún una estrella.

El periodista gordo

Un día vino a entrevistarme un periodista gordo. Ése no era tan joven como los demás, tendría mi edad, tal vez un poco menor, y venía de La Serena. Me regaló un ejemplar de su periódico, un periódico de La Serena, y luego se sentó acezando en una silla y miró mis cigarrillos y me pidió uno. Él ya no compraba porque había dejado de fumar, pero aquella mañana le apetecía uno.

No tenía fotógrafo, así que las fotos me las hizo él. ¿Sabe usted cómo van estas cámaras?, me preguntó. Yo miré la cámara fotográfica y le dije que en realidad no tenía idea. Durante un rato ambos estuvimos estudiando el aparato. Se lo había dejado un compañero fotógrafo de La Serena. Su indecisión, lo comprobé pronto, era mayor que la mía. Hagamos las fotos en el balcón, dijo, allí hay más luz. No sé por qué, la idea no me gustó. No estoy bien de la garganta, le dije, no quiero que me dé el aire. Es que usted fuma mucho, dijo dejando su cigarrillo en el cenicero. Finalmente yo me senté en un sillón y le dije tómeme las fotos ahora o nunca. Él suspiró y sacó tres o cuatro fotos. Es triste la vida de un periodista de provincias, dijo. Pero también debe de tener sus aspectos interesantes, dije yo. Los de policiales se lo pasan mejor, dijo él. Sí, también hay cosas interesantes. Como en cualquier vida.

LA LITERATURA CHILENA

Esto es lo que aprendí de la literatura chilena. Nada pidas que nada se te dará. No te enfermes que nadie te ayudará. No pidas entrar en ninguna antología que tu nombre siempre se ocultará. No luches que siempre serás vencido. No le des la espalda al poder porque el poder lo es todo. No escatimes halagos a los imbéciles, a los dogmáticos, a los mediocres, si no quieres vivir una temporada en el infierno. La vida sigue, aquí, más o menos igual.

RODRIGO PINTO

Un escritor tiene a veces intuiciones absolutamente fiables. Una de mis pocas intuiciones es Rodrigo Pinto. No creo que en Chile haya muchos críticos como él. Su persona es impagable: cada poro de Rodrigo Pinto nos está hablando de su amor por la literatura, de su humor, de su sabiduría.

Rodrigo Pinto es el chileno mítico, aquel que lo ha leído todo o que está dispuesto a leerlo todo. Y además, y por encima de todo, es buena persona. Rodrigo Pinto puede pasar de Wittgenstein a Juan Emar, de Stendhal a Claude Simon sin que le tiemble un pelo. Yo creía que esa clase de lectores había desaparecido o que estaban recluidos en Viña, o en Villa Alemana, o en Valdivia. Pero Rodrigo Pinto vive en Santiago y es joven todavía, por lo que es dable suponer que durante mucho tiempo va a estar dando batalla en este valle de lágrimas. La última vez que lo vi, en Santiago, iba del brazo de una morena y de una pelirroja, ambas hermosísimas, rumbo a un restaurante japonés a comer sushi.

Escritoras

Ignoro si bajo la admonición de Gabriela Mistral, de Violeta Parra, de María Luisa Bombal o de Diamela Eltit, el caso es que hay una generación de escritoras que promete comérselo todo. A la cabeza, claramente, se destacan dos. Éstas son Lina Meruane y Alejandra Costamagna, seguidas por Nona Fernández y por otras cinco o seis jóvenes armadas con todos los implementos de la buena literatura. Lina y Alejandra, ambas nacidas en 1970, ya han publicado libros y esos libros los he leído. Sus escrituras son muy distintas. Quiero decir: la forma a la que esa escritura se agarra. Su contundencia, no obstante, es similar. Cuando ellas escriben al lector no le queda más remedio que seguirlas por entre las ruinas de este siglo que se acaba o por entre los fulgores sin salida aparente del milenio que comienza. Su prosa surge de los martillazos de la conciencia, pero también de lo inasible y del dolor. Estilísticamente, Lina Meruane se adscribiría a una cierta escuela francesa (pienso en Marguerite Duras, en Nathalie Sarraute), mucho más subjetiva e introspectiva, mientras que Alejandra Costamagna desciende directamente de la narrativa norteamericana, objetiva, más rápida, menos ornada. Una escribe en claroscuros y la otra en blanco y negro. *Las infantas,* de Lina Meruane, y *En voz baja* y *Ciudadano en retiro,* de Alejandra Costamagna, son logros en sí mismos pero sobre todo son la promesa más firme de una literatura que no renuncia a nada. Las jóvenes escritoras chilenas escriben como demonias.

Santiago

Santiago sigue igual. Las ciudades no cambian en veinticinco años. Aún se comen empanadas en Chile. Las empanadas de Chile aún se llaman empanadas chilenas y uno las puede ir a saborear al Nacional o al Rápido (recomendación de Germán Marín). Aún se comen barros-luco o barros-jarpa o chacareros, ergo la ciudad no ha cambiado. Los nuevos edificios, las nuevas avenidas, no significan nada. Las calles de Santiago siguen siendo las mismas que hace noventa y ocho años. Santiago está igual que cuando caminaban por sus calles Teófilo Cid o Carlos de Rokha. Todavía vivimos en la época de la Revolución Francesa. Los ciclos son mucho más extensos y más densos y veinticinco años no son nada.

Todos escriben

En Chile todo el mundo escribe. Lo supe la noche en que estaba esperando a que me hicieran una entrevista en directo en un canal de televisión. Antes que yo iba a entrar una muchacha que había sido Miss Chile o algo así. Tal vez sólo

Miss Santiago o Miss Fundo en Llamas. Lo cierto es que era una chica guapa, alta, que hablaba con la desenvoltura vacía de las misses. Me la presentaron. Cuando se enteró de que yo había sido jurado del concurso de la revista *Paula* dijo que ella estuvo a punto de enviar un cuento, que no había podido hacerlo y que lo haría el año siguiente. Su desenvoltura era admirable. Espero que para la edición del 99 tenga tiempo de mecanografiar su cuento. Le deseo la mejor de las suertes. Por momentos puede ser maravilloso eso de que todo el mundo escriba porque uno encuentra colegas en todas partes, y por momentos puede resultar pesado, porque cualquier gilipollas iletrado se siente imbuido de todos los defectos y de ninguna de las virtudes de un escritor verdadero. Nicanor Parra lo dijo: tal vez sería conveniente leer un poco más.

Nicanor Parra y adiós a Chile

Mi amigo Marcial Cortés-Monroy me lleva a visitar a Nicanor Parra. Para mí, Parra es desde hace mucho el mejor poeta vivo en lengua española. Así que la visita me pone nervioso. Bien pensado, no debería ser así, pero la verdad es que estoy nervioso, por fin voy a conocer al gran hombre, al poeta que duerme sentado en una silla, aunque su silla, en ocasiones, es una silla voladora, a propulsión a chorro, y en ocasiones es una silla taladradora, subterránea, en fin, que voy a conocer al autor de los *Poemas y antipoemas,* el tipo más lúcido de la isla-pasillo por la que deambulan, de punta a punta y buscando una salida que no encuentran, los fantasmas de Huidobro, Gabriela Mistral, Neruda, De Rokha y Violeta Parra.

Al llegar nos abre la puerta Corita. Un poco desconfiada, Corita, aunque se nota que no es mala persona. Después nos quedamos solos y al poco rato escuchamos unos pasos que se aproximan a la sala. Aparece Nicanor. Sus primeras palabras, después de saludarnos, son en lengua inglesa. Es la bienvenida que ofrecen a Hamlet unos campesinos de Dinamarca. Después Nicanor habla de la vejez, del destino de Shakespeare, de los gatos, de su primera casa en Las Cruces, que se quemó, de Ernesto Cardenal, de Paz, a quien estima más como ensayista que como poeta, de su padre que tocaba instrumentos musicales y de su madre que fue costurera y que con los restos de tela fabricaba camisas para él y para sus hermanos, de Huidobro, cuya tumba se ve desde el balcón, al otro lado de la bahía, sobre un bosque, una mancha blanca como una cagada de pájaro, de su hermana Violeta y de su hija Colombina, de la soledad, de algunas tardes en Nueva York, de accidentes de coches, de la India, de amigos muertos, de su infancia en el sur, de los choritos que cocina Corita y que en verdad están muy buenos, del pescado con puré que cocina Corita y que también está muy bueno, de México, del Flandes indiano y de los mapuches que combatieron del lado de la corona española, de la universidad chilena, de Pinochet (Nicanor es profético en lo que respecta al fallo de los lores), de la nueva narrativa chilena (pondera a Pablo Azócar y estoy completamente de acuerdo), de su viejo amigo Tomás Lago, de Gonzalo de Berceo, de los fantasmas de Shakespeare y de la locura de Shakespeare, siempre aparente, siempre circunstancial, y yo lo escucho hablar en vivo y en directo y luego lo veo en un video hablando de Luis Oyarzún y siento que estoy cayendo en un pozo asimétrico, el pozo de los grandes poetas, en donde sólo se escucha su voz que poco a poco se va confundiendo con las voces de otros, y esos otros no sé quiénes son, y también se escuchan sus pasos que resuenan por toda esa casa de madera mientras Corita escucha la radio en la cocina y se ríe a carcajadas, y Nicanor sube al segundo piso y luego baja con un libro para mí (que tengo, desde hace años, la primera edición, Nicanor me obsequia la sexta) y que me dedica, y entonces yo le doy las gracias por todo, por el libro que no le digo que ya tengo, por la comida, por las horas tan agradables que he pasado con él y con Marcial, y nos decimos hasta luego aunque sabemos que no es hasta luego, y luego lo mejor es irse cagando leches, lo mejor es buscar una salida del pozo asimétrico y salir disparados y en silencio mientras los pasos de Nicanor resuenan pasillo arriba y pasillo abajo.

Palabras del espacio exterior

¿Qué es *Interferencia secreta*? Es una cinta grabada ilegalmente. Son voces que hablan y transmiten órdenes y contraórdenes el 11 de septiembre de 1973. Voces que uno ha oído vagamente en algún momento de su vida, pero que no consigue corporeizar, como si provinieran de imágenes vacías de sustancia. Voces que son ecos de un miedo inconexo ubicado en alguna parte de nuestro cuerpo. Fantasmas imaginarios. Un miedo real y, al mismo tiempo, vulgar.

Algunas órdenes son tajantes: se habla de matar en el acto, se habla de arrestos, se habla de bombardeos. Los hombres que hablan en ocasiones bromean: el gesto no los hace más cercanos, al contrario, los abisma, son hombres que salen de fosas invisibles e imperceptibles y que en un lenguaje vagamente militar se comprometen a instaurar el orden. El humor del que hacen gala es, pese a todo, familiar. Un humor que uno reconoce y que no quisiera reconocer.

El que habla puede ser mi padre o mi abuelo. El que transmite las órdenes puede ser un antiguo compañero de escuela, el matón o el aplicado, el anodino o aquel que participó en nuestros juegos una sola vez. En esas voces familiares nos podemos contemplar, sesgadamente, como si nos viéramos en un espejo. No es el espejo de Stendhal, el espejo que se pasea a lo largo del sendero, pero pudiera serlo y para muchos de quienes las escuchan sin duda lo será de forma definitiva.

Al principio las voces son indistinguibles. Paulatinamente, sin embargo, cada una va adquiriendo una personalidad, un carácter único, aunque todas comparten el sello común de la chilenidad, es decir el sello común de una infancia sumida en la niebla y en algo que a falta de una palabra mejor podemos llamar felicidad. Las voces que llegan del espacio exterior no sólo están rediseñando la isla infantil llamada Chile: nos enseñan con vara de maestro nuestra realidad, nos piden que abramos los ojos y que abramos también las orejas. Son voces de hombres reales. Algunos, es evidente por el timbre, por las vacilaciones, están asustados y nerviosos. Otros mantienen el tipo y el pulso con una sangre fría envidiable. La cinta avanza y poco a poco las voces se hacen cada vez más familiares, como si siempre hubieran estado allí, hablándonos, amenazándonos. El símil sobra. De hecho, siempre estuvieron allí. Son los hombres que ordenaron a un padre sodomizar a su hijo si no quería que los mataran a ambos, los capataces que introdujeron ratas vivas en la vagina de una *mirista* de veintidós años a la que llamaron puta.

La apariencia, no obstante, es de juego. Las voces se arrastran desde nuestra infancia como fantasmas tutelares decididamente bromistas: si Dios no existe todo es posible, si la patria lo precisa todo se puede hacer. Algunas voces dudan. La mayoría acata, transmite, recibe órdenes. Su castellano, en ocasiones, es vacilante. Su ingenuidad, en ocasiones, es inmensa. Un alto mando, en comunicación directa con otro alto mando, le dice que a partir de ese momento, ante la importancia de lo que tiene que transmitirle, va a hablar en inglés. Como si el inglés fuera una lengua muerta o como si nadie, en el otro bando, supiera inglés.

No hay remedio: son las voces de nuestra infancia. Voces criollas, como infiltradas en una película demasiado grande para ellas, voces que transmiten un mensaje que ellas mismas no comprenden del todo. Un diálogo en el otro lado de la realidad, allí donde el diálogo es imposible. La imagen final, sin embargo, no puede, por más hechos extraordinarios que acumule, escapar de una vulgaridad familiar, repetida hasta la náusea. En algún momento de nuestras vidas conocimos a quienes están hablando. Las voces, como si se tratara de una inmensa radionovela, están actuando para nosotros, pero sobre todo están actuando para ellos mismos. Pornografía, *snuff movies*. Por fin han encontrado el papel de su vida. Los soldados, finalmente, tienen su guerra, su mejor guerra: frente a ellos estamos nosotros, desarmados, pero mirando y escuchando.

El invierno de las lectoras

Durante el invierno pareciera que sólo ellas tienen el valor suficiente para asomarse a las calles heladas. Las veo en los bares de Blanes o en la estación o sentadas a lo largo del Paseo Marítimo, solas o con sus hijos o con alguna amiga silenciosa, y en sus manos siempre descubro un libro. ¿Qué leen estas mujeres?, se preguntaba Enrique Vila-Matas hace unos años. Lo que pueden. No siempre buena literatura (¿pero qué es la buena literatura?), a veces revistas, a veces los peores *best sellers*. Cuando las veo caminar, abrigadas, los rostros enrojecidos por el viento frío, pienso en las rusas que hicieron la revolución y que soportaron el estalinismo, que fue peor que el invierno, y el fascismo, que fue peor que el infierno, y siempre estuvieron acompañadas por un libro, cuando lo lógico hubiera sido suicidarse. De hecho, muchas de esas lectoras del invierno acabaron suicidándose. Pero no todas. Hace unos días leí que Nadeshda Jakovlevna Jhazina, lectora excepcional, autora de dos libros de memorias, uno de ellos llamado *Contra toda esperanza*, y mujer del poeta asesinado Osip Mandelstam, participó, según su más reciente biografía, en relaciones triangulares en compañía de su marido y que la noticia había causado estupor y decepción en las filas de sus admiradores, que la tenían por una santa. A mí, por el contrario, me hizo feliz saberlo. Supe que en medio del invierno Nadeshda y Osip no se congelaron y me confirmó que al menos intentaron leer *todos* los libros. Las santas lectoras del invierno son mujeres de carne y hueso y no les falta audacia. Algunas, es cierto, se suicidaron. Otras remontaron la infamia y volvieron a abrir sus libros, los libros misteriosos que leen las mujeres cuando hace frío y pareciera que el invierno no se va a acabar nunca.

El antepasado

Todos tenemos algún antepasado imbécil. Todos, en algún momento de nuestras vidas, encontramos el rastro, las huellas vacilantes del más pelmazo de nuestros antepasados, y al mirar ese rostro huidizo nos damos cuenta, con estupor, con incredulidad, con horror, de que estamos contemplando nuestra propia cara que nos hace guiños y muecas amistosas desde el fondo de un pozo. Este ejercicio suele deprimir y bajar la autoestima, pero en ocasiones resulta extremadamente saludable. Mi antepasado pelmazo se llamó Bolano (Bolanus) y está registrado en el libro primero de las *Sátiras* de Horacio, poema nueve, en donde el tal Bolano aborda al poeta mientras éste pasea por la Vía Sacra. Dice Horacio: «Un tipo, al que sólo conocía de nombre, me aborda y, estrechándome la mano, me dice: "¿Cómo estás, resalado?". "Por ahora bien", le contesté. "Encantado de verte." Como me seguía, le abordo: "¿Quieres algo de mí?". Y él me dice: "Sí, trabar amistad. Soy hombre de letras"».

Lo que sigue a continuación es un penoso paseo de Horacio que no puede sacarse de encima a Bolano, el cual no cesa de darle consejos y de ponderar su propia obra e incluso su facilidad para el canto. Cuando Horacio le pregunta si tiene madre o allegados que se preocupen por él, Bolano contesta que a todos los ha enterrado y que está solo en el mundo. Dichosos ellos, piensa Horacio. Y dice: «Ahora quedo yo: remátame. Pues se avecina el triste hado que de niño una vieja sabina me vaticinó»... El paseo, sin embargo, continúa. Bolano confiesa entonces que debe asistir a un juicio bajo fianza y le pide a Horacio que le eche una mano. Horacio, por supuesto, se niega. Luego aparece una tercera persona y Horacio intenta vanamente marcharse. Hay que añadir, en descargo de Bolano, que este nuevo personaje, Aristio Fusco, un elegante de la época, iguala al pobre Bolano en estupidez y no es amigo suyo, precisamente, sino de Horacio. Finalmente, es Aristio Fusco quien acompaña a Bolano a su cita con la ley.

No hay moraleja en esta historia. Todos tenemos un antepasado imbécil. Es una sombra, pero también es nuestro hermano, y pervive en el fondo de nosotros mismos con nombres diferentes que expresan nuestro grado de implicación en el crimen: miedo, ridículo, indiferencia, ceguera, crueldad.

Los pasteleros

Mi amigo Joan Planells, pastelero de Blanes, afirma que él nunca se enferma y que siempre está de buen humor. Lo dice mitad en serio, mitad en broma, pero lo cierto es que durante este invierno atroz es la única persona que conozco que ha permanecido inmune a la gripe. Debe de ser cosa del oficio, dice Joan poniéndose de pronto algo melancólico. Puede ser. El gremio de los pasteleros ha dado personajes de salud de hierro. Pienso ahora en el generoso y abnegado Ragueneau, el humilde mecenas de Cyrano de Bergerac, y en J. V. Foix, poeta y pastelero de Sarrià, cuya pastelería visito a veces, cuando voy a ver a mi editor. En la pastelería Foix de Sarrià, además, se puede admirar un busto del poeta, algo que pocas pastelerías del mundo se dan el lujo de exhibir. Lo más inquietante, sin embargo, es la actitud de las dependientas. Todas parecen estar leyendo (desde hace años) las obras completas de Foix. Todas, tanto las jóvenes como las mayores, atienden al cliente que no conocen, es decir al que llega a la pastelería atraído por los ecos del poeta que dijo que cuando dormía lo veía todo más claro, como si fueran profesoras de filología catalana o azafatas de un congreso misterioso. Puede, incluso, que lo sean. Lo cierto es que cada vez que entro en la pastelería Foix tengo la impresión de que me están examinando concienzudamente. Las dependientas más jóvenes mentalmente me compadecen y las menos jóvenes me dicen «usted nunca será poeta, porque el secreto de la poesía está en...». En ese punto nuestro diálogo telepático se corta y yo salgo a la calle comiéndome un bollo y pensando en la salud de hierro de los pasteleros. Mi amigo Joan Planells dice que el secreto está en no hacerse mala sangre y en leer mucho y trabajar mucho. ¿Y no te entristeces nunca?, le pregunto. A veces me pongo triste, pero siempre soy feliz, dice él casi en un murmullo.

Los inventores delirantes

La sinagoga de los iconoclastas es uno de los mejores libros que se han escrito en este siglo. Su autor, Rodolfo Wilcock, es un escritor legendario. Nacido en Buenos Aires en 1919 y muerto en Lubriani, Italia, en 1978, fue amigo de Jorge Luis Borges y Adolfo Bioy Casares. Sus primeros libros fueron de poemas: *Primer libro de poemas y canciones* (1940), *Los hermosos días* (1942), *Paseo sentimental* (1945). A los treinta y nueve años se estableció en Italia y comenzó a escribir en esta lengua. De su etapa italiana, la más rica, destacan la novela *El templo etrusco* (1973), las prosas de *El estereoscopio de los solitarios* (1972), *El Caos* (1974) y *El libro de los monstruos* (1978), y varios libros de poesía y piezas teatrales.

Su obra mayor, sin embargo, es ésta que ahora alcanza su segunda edición en Anagrama. La primera se publicó en 1982. La que tengo en mis manos es de 1999. Si comparamos las fechas de la primera y segunda edición españolas, el panorama resultante es francamente desolador. *La sinagoga de los iconoclastas,* cuya primera edición italiana es de 1972, es sin duda uno de los libros más felices, más irreverentes, más humorísticos y corrosivos de este siglo. Deudor de Borges, de Alfonso Reyes y de Marcel Schwob, deudores éstos a su vez, a la manera de los espejos deformantes, de la prosa de los enciclopedistas, *La sinagoga de los iconoclastas* es una colección de biografías de inventores delirantes, aventureros, científicos y algún que otro artista. Según el escritor argentino Héctor Bianciotti, el libro puede ser leído «como una comedia humana en que una cólera amarga a lo Céline se disimula bajo gags al estilo de los hermanos

Marx». No creo que bajo la prosa de Wilcock se agazape una cólera amarga, ni mucho menos una cólera amarga a lo Céline. Sus personajes, cuando son malos, son malos de tan buenos que son, y cuando son buenos son inconscientes y entonces son temibles, tan temibles, sin embargo, como todos los seres humanos. La prosa de Wilcock, metódica, siempre certera, discreta aunque trate temas escabrosos o desmesurados, tiende hacia la comprensión y el perdón, nunca hacia el rencor. De su humor (pues *La sinagoga de los iconoclastas* es esencialmente una obra humorística) no se salva nadie.

Algunos de sus personajes son históricamente reales, como Hanns Hörbiger, el científico austriaco que propugnaba la teoría de las lunas sucesivas y que tuvo por discípulo a Hitler. Otros es posible que lo sean, como ese André Lebran que «es recordado, modestamente recordado, o mejor dicho no es recordado en absoluto, como inventor de la pentacicleta o pentaciclo, o sea la bicicleta de cinco ruedas». Algunos son heroicos, como el filipino José Valdés y Prom, telépata e hipnotizador. Otros son seres de una inocencia absoluta, o sea santos, como el armenio emigrado al Canadá Aram Kugiungian, reencarnado o *transmigrado* en cientos, tal vez en miles de personas, y ante cuya evidencia «siempre respondió que no sentía nada excepcional, incluso que no sentía nada en absoluto, a lo más una vaga sensación de no estar solo en el mundo». Para no hablar de Llorenç Riber, el director de teatro catalán capaz de montar una versión teatral de las *Investigaciones filosóficas* de Wittgenstein y de agotar por medio de crisis nerviosas no sólo a los censores más brutales, sino también a su ocasional público. O el inventor canario Jesús Pica Planas, padre del asador tipo noria movido por cuatro tortugas o del calzoncillo elástico hermético para perras en celo o de la trampa para ratones con célula fotoeléctrica y guillotina, a colocar delante del agujero. Son treinta y cinco biografías que invitan a una lectura festiva, a carcajada limpia, del libro de uno de los mayores y más raros (en lo que tiene de revolucionario esta palabra) escritores de este siglo y que ningún buen lector debe pasar por alto.

El valor

Sobre el valor ya lo dijo todo el poeta Arquíloco, que vivió en el siglo VII antes de Cristo. De su tumultuosa vida poco es lo que se sabe con certeza. Nació en la isla de Paros y fue mercenario y posiblemente sus inclinaciones fueron más dionisiacas que apolíneas. «En la lanza tengo mi pan negro, en la lanza / mi vino de Ismaro, y bebo apoyado en mi lanza», dejó escrito. Es casi seguro que participó en pequeñas batallas, en innumerables escaramuzas en donde la gloria brillaba por su ausencia, a las órdenes de diferentes señores. En uno de estos encuentros, lo cuenta el propio Arquíloco, abandonó su escudo y echó a correr, lo que para la época era sinónimo de vergüenza y oprobio. Sin embargo Arquíloco narra o canta su cobardía sin el más mínimo rubor: «Algún Sayo alardea con mi escudo, arma sin tacha / que tras un matorral abandoné, a pesar mío. / Puse a salvo mi vida. ¿Qué me importa el tal escudo? / ¡Váyase al diantre! Ahora adquiriré otro no peor».

Muy lejos de Grecia, y en otro tiempo, otro poeta, Snorri Sturluson (1179-1241), que amaba a los valientes, también conoció en una sola noche el miedo y la imagen real del valor: un campo de huesos que todos hemos de cruzar. La figura del valiente es múltiple y cambiante. A veces es una sombra que se cierne sobre nuestras cabezas. A veces un resplandor al que, irrazonablemente, le somos fieles. Para mi generación la imagen de la valentía está ligada a Billy the Kid, que se jugaba la vida por dinero, y al Che Guevara, que se la jugaba por generosidad; a Rimbaud, que caminaba solo por la noche, y a Violeta Parra, que abría ventanas en la noche. El valor no sirve para nada, nos dijo alegremente, inconscientemente, el poeta y soldado español Alonso de Ercilla, el más generoso de los valientes y tal vez uno de los más olvidados, pero sin él no se puede vivir.

Wilcock

Hace muchos años, cuando yo vivía en Gerona y era pobre, o al menos más pobre que ahora, un amigo me prestó el libro *La sinagoga de los iconoclastas,* de J. Rodolfo Wilcock, editado por Anagrama, el número 7 de la colección Panorama de Narrativas, que recién empezaba.

Por aquellos años yo no tenía dinero para comprar libros y lo que leía lo sacaba de la biblioteca (allí descubrí a Tomeo, allí leí a Lidell Hart y todos los libros que pude encontrar sobre las guerras napoleónicas), aunque de vez en cuando algún amigo, ahora que lo pienso siempre el mismo, me prestaba una novedad, un libro recién salido al mercado. Este amigo se llamaba Carles y era periodista deportivo, sin embargo recibía libros de Anagrama, ignoro por qué razón, ya que nunca, como es natural, escribió una reseña sobre ellos. Por otra parte tampoco puedo decir que Carles fuera un entusiasta de la literatura, a la que miraba más bien con desconfianza y perplejidad, mucho más seguro, mi amigo, en los terrenos de la práctica deportiva de la provincia e incluso en la página de sucesos, en donde alguna vez también trabajó. Pero era una buena persona, y cuando iba a verlo a su casa siempre salía con un libro que religiosamente, al cabo de quince días, le devolvía.

Así fue como llegó a mis manos *La sinagoga de los iconoclastas,* durante un invierno frío y húmedo, y aún recuerdo el placer enorme que sus páginas me proporcionaron, y también el consuelo, en unos días en los que todo más bien apuntaba a la tristeza. El libro de Wilcock me devolvió la alegría, como sólo pueden hacerlo las obras maestras de la literatura que al mismo tiempo son obras maestras del humor negro, como los *Aforismos* de Lichtenberg o el *Tristram Shandy* de Sterne. Por supuesto, el libro de Wilcock pasó de puntillas por el escaparate de las librerías. Hoy, diecisiete años después, sale la segunda edición. Si quieren reírse, si quieren mejorar su salud, cómprenla, róbenla, pídanla prestada, pero léanla.

La librera

Todos tenemos la librería que nos merecemos, salvo los que no tienen ninguna. La mía es la Sant Jordi, en Blanes, la librería de Pilar Pagespetit i Martori, en la antigua riera del pueblo. Una vez cada tres días voy a husmear allí y a veces cruzo unas palabras con mi librera. Pilar Pagespetit, que es, como su nombre indica, una mujer menuda, dedica las mañanas y también algunas tardes, cuando hay pocos clientes, a ordenar albaranes y envíos y a leer sus libros preferidos. En esas horas Pilar Pagespetit está y no está. Es decir, está, pero está como si no estuviera. En esas horas o en esos minutos una librería se convierte en un puesto avanzado de exploración en no se sabe dónde. En territorio salvaje, tal vez, en territorio yermo, posiblemente. Y todos los que entran tienen pinta de náufragos, incluso las señoras que vienen a buscar el *Pronto*. En esas horas en la Sant Jordi se escucha música de jazz (que a mí me pone nervioso y a Pilar la relaja), aunque en otras ocasiones es posible escuchar música clásica, música étnica y música brasileña, cuyas notas también contribuyen a relajar a mi librera. Sin ninguna duda cualquier librero tiene motivos más que sobrados para ponerse nervioso, me digo cuando escucho los acordes sombríos de John Coltrane, aunque mi librera, rodeada de música tranquilizante, no parece tomarse las cosas muy a pecho. Cuando le pregunto si siempre quiso dedicarse a este oficio me contesta que no lo sabe. Empezó en Tordera, como bibliotecaria, y hace dieciocho años, cuando se vino a vivir a Blanes, levantó su librería y parece feliz. Yo también estoy razonablemente feliz con mi librera. Tengo crédito y generalmente me consigue los libros que le encargo. Más no se puede pedir.

Tomeo

Ha salido una nueva novela de Javier Tomeo y sus seguidores nos frotamos las manos de puro contento. La novela se llama *Napoleón VII* y trata, como no podía ser menos, de un loco que se cree Napoleón y que sale al balcón de su casa y observa, en la calle, a sus soldados que poco a poco se van reuniendo junto al portal de su edificio. El personaje recuerda de alguna manera al loco de *El canto de las tortugas,* que creía poder hablar con los animales. Aquí, el loco, Hilario, cree que puede hablar con el dedo gordo de su pie izquierdo, que a veces es Murat, a veces Soult y a veces el infausto secretario de Napoleón. Hilario, por supuesto, es el hombre más solitario del mundo, un hombre que *escucha* la televisión para no sentirse solo, y que cuando la ve cree percibir señales dirigidas exclusivamente a él. El otro personaje, la otra voz que se hunde en el sueño napoleónico, es un travesti vecino de Hilario, que se prepara, vestido de Josefina, para una cita nocturna con Napoleón VII y que de forma incauta, es decir de una forma en donde aún hay *esperanza,* se dirige directamente hacia el abismo. Dos personajes típicamente tomeanos, cuyas novelas, en principio, se pueden dividir también en dos categorías: aquellas en donde hay un diálogo entre dos seres disímiles, unidos únicamente por la soledad (que a menudo acaba siendo un monólogo lleno de angustia, en donde se llega, en un abrir y cerrar de ojos, a los límites de la razón), y aquellas en donde sólo hay un personaje y éste, generalmente, ha perdido la lucidez o lo que en el mundo así se designa. El ojo de Tomeo se pasea, tal vez como pocos puedan hacerlo en la literatura española, por el infierno cotidiano y también por sus inesperados (por conocidos) paraísos verbales, y nos muestra la imagen real y desoladora de nuestra resistencia.

Ernesto Cardenal

A los veinte años, en 1973, todos los que queríamos ser poetas leímos a Ernesto Cardenal, el autor de *Epigramas, Oración por Marilyn Monroe, Salmos, Homenaje a los indios americanos,* este último muy superior en algunos aspectos al *Canto general* de Neruda, y un nuevo intento, probablemente fallido, de relectura whitmaniana.

Aparece ahora un libro de memorias de título lapidario, *Vida perdida* (Seix Barral), y uno no puede, al leerlo, sino recordar ese tiempo, el tiempo en que la lectura de Cardenal, un sacerdote católico, nos fascinaba, a nosotros precisamente, que éramos lascivos y pecadores y no íbamos nunca a misa, entre otras razones por la insoportable pesadez de los curas y porque mayormente tampoco creíamos en Dios. Y no pensábamos enmendarnos, al contrario, cada día que pasaba éramos más pecadores, y en ese afán nos ayudaba, por no decir alentaba, la poesía de Ernesto Cardenal. Aparece ahora este libro, irregular como casi todos los libros de memorias, lleno de ornatos inútiles como casi todos los libros de memorias (y como la vida), y la voz de Ernesto Cardenal suena igual que en sus memorables poemas, pero todo ha cambiado, y lo que antes era esperanza, invitación a lo desconocido (o así nos lo parecía), ahora es más bien silencio y quietud, un silencio y una quietud que surgen de una provincia perdida en donde el poeta Cardenal aún vive y aún se mueve, pese a haber perdido tantas batallas, contando con pausada prosa los avatares de su familia, porque eso es lo que hay en esta *Vida perdida,* el destino de una familia y el destino de un hombre que es uno de los poetas más grandes de Latinoamérica, y los retratos de algunos amigos que perduran más allá de la muerte, como el del gran escritor norteamericano Thomas Merton, sacerdote también, y todo eso junto nos da una vida más bien ganada que perdida, y la imagen última de Cardenal que vive en el limbo, que no es mala manera de vivir, ya muy cerquita del cielo.

Los libros de memorias

De entre todos los libros, los de memorias son los más engañosos del mundo pues en ellos el disimulo llega a alturas a veces insospechadas y sus autores generalmente sólo buscan la justificación. La pompa y los libros de memorias suelen ir juntos. Las mentiras y los libros de memorias hacen buenas migas. No se ha visto (aunque hay excepciones) a ningún memorialista hablar mal de sí o ridiculizarse o relatar con frialdad un episodio vergonzoso de su vida, como si en ellos los episodios vergonzosos no existieran. Ningún memorialista ha hecho nunca gala de su cobardía. Al contrario, no sólo son valientes sino que generalmente suelen vivir o pasearse por el ojo del huracán. El ejemplo más flagrante de este tipo de memorialistas, en la historia literaria reciente, es Pablo Neruda y su lamentable *Confieso que he vivido*. En una posición algo diferente se halla el último libro de Ernesto Sábato, *Antes del fin* (Seix Barral), publicado tras más de veinte años de silencio. Para un lector de Sábato la verdad es que este libro sabe a poco. Quiero decir: para un lector que aún no se ha resignado a que Sábato sólo haya escrito tres novelas y que probablemente nunca escribirá nada más. Lo primero que llama la atención es su número de páginas: sólo 188, a todas luces un número escuálido para tratarse de un libro de memorias. Pero luego, a medida que el lector se va adentrando en esas páginas nada estridentes, se da cuenta de que con 188 páginas bastan, e incluso sobran, para contar lo que se tiene que contar, es decir que existe el desamparo y que también puede existir la utopía, que respiramos y que dejamos de respirar. Y eso es todo lo que Sábato cree que tiene que decirnos.

La primavera en Blanes

Llega la primavera a Blanes, la primavera que a todos nos iguala, y hasta el más agrio de los habitantes del pueblo ensaya no una sonrisa sino una mirada distinta, como si la primavera fuera una máquina soltera, es decir una máquina en principio incomprensible, inargumentable, que arriba al pueblo no se sabe por dónde, tal vez por el mar, tal vez por las montañas, tal vez por los huertos en donde negros y blancos se afanan sembrando lo que sea y se detienen en medio de un surco o en medio de una semilla, así como el más agrio de los habitantes se detiene en una esquina de improviso llena de moscas, a observar la llegada de la primavera, esa máquina soltera que los niños, incluso los niños más infelices, comprenden mejor que los adultos, y ya está, no hay nada más que argumentar, la primavera llega al pueblo y Blanes se convierte en Blanes Ville o en Blanes-sur-Mer, que diría Joan de Sagarra, nuestra pequeña ciudad imaginaria, nuestra ciudad entregada a los caprichos de la máquina soltera que ha llegado por alguna parte aunque nadie sabe por qué parte, por el mar seguro que no, porque hasta el mar parece sorprendido de su arribada, en realidad, si uno se pone a pensar (es decir, si uno se pone a pensar como una máquina soltera), la primavera parece que ha entrado por la torre de Sant Joan, que es, junto con la fuente gótica, el único edificio del pueblo que permanece imperturbable, como si en su composición molecular convivieran las cuatro estaciones, y que para algunos blanenses resulta la puerta ideal para que llegue no sólo la primavera sino muchas otras cosas, una página escatológica de Joaquim Ruyra, por ejemplo, o las gambas más rojas de la Costa Brava o la alegría de estar vivos y no necesitar argumentar nada al respecto.

El increíble César Aira

Si hay actualmente un escritor que escapa a todas las clasificaciones, ése es César Aira, argentino de Coronel Pringles, ciudad de la provincia de Buenos Aires que no tengo más remedio que aceptar como real, aunque parezca inventada por él, su hijo más ilustre, el hombre que ha escrito las palabras más lúcidas sobre la madre (un misterio verbal) y sobre el padre (una certeza geométrica), y cuya posición en la literatura actual en lengua española es tan complicada como lo fuera la posición de Macedonio Fernández a principios de siglo.

Digamos, para empezar, que Aira ha escrito uno de los cinco mejores cuentos que yo recuerde. El cuento se llama «Cecil Taylor» y lo recoge Juan Forn en una antología sobre literatura argentina. También es el autor de cuatro novelas memorables: *Cómo me hice monja,* donde narra su infancia; *Ema, la cautiva,* donde narra el lujo de los indios de la pampa; *El congreso de literatura,* donde narra un intento de clonación de Carlos Fuentes, y *El llanto,* donde narra una suerte de epifanía o de insomnio.

Por supuesto, no son ésas sus únicas novelas. Me dicen que Aira escribe dos libros al año como mínimo, libros que en ocasiones publica una pequeña editorial argentina llamada Beatriz Viterbo, como el personaje de Borges en «El Aleph». Lo que yo he podido conseguir de él está en Mondadori y en Tusquets argentina. Resulta una pena, porque quien lee una vez a Aira quiere seguir leyéndolo. Sus novelas parecen la puesta en escena de las teorías de Gombrowicz, con una diferencia fundamental: el polaco era abad de un lujoso monasterio imaginario, mientras que Aira es monja o novicia de las Hermanas Descalzas del Verbo. En ocasiones recuerda a Roussel (un Roussel de rodillas en la bañera roja), pero el único escritor actual con el que se le puede comparar es el barcelonés Enrique Vila-Matas.

Aira es un excéntrico, pero también es uno de los tres o cuatro mejores escritores de hoy en lengua española.

El pasillo sin salida aparente

Es extraño volver a Chile, el país pasillo, pero si uno lo piensa dos y hasta tres veces, es extraño volver a cualquier parte. En el supuesto, claro, de que uno efectivamente vuelva y no esté soñando que vuelve. Yo volví después de veinticinco años. Las calles, en realidad, parecían las mismas de siempre. Los rostros de los chilenos también. Eso puede conducir al más mortal de los aburrimientos o a la locura. Así que esta vez, para variar, me lo tomé con calma y decidí esperar los acontecimientos sentado en una silla, que es el mejor sitio para evitar que un pasillo te sorprenda.

Un día me invitaron a cenar a casa de un ministro. La oportunidad de mi vida para hacer un artículo a fondo sobre el poder. En realidad me invitaron a cenar a casa de la escritora Diamela Eltit, cuyo novio o compañero sentimental, en fin, el hombre con el que vivía, era el ministro Jorge Arrate, socialista, portavoz del gobierno de Frei. Era como para ponerse nervioso. Nuestra amiga, Lina Meruane, nos pasó a recoger a las ocho de la noche al hotel en el que nos alojábamos y partimos.

Primera sorpresa: el barrio en donde viven Eltit y Arrate es un barrio de clase media-media, no de clase alta o media-alta. El típico barrio de donde salieron los gladiadores ilustrados (y no tan ilustrados) de la década del setenta. Segunda sorpresa: la casa es relativamente pequeña y carece por completo del boato que uno espera encontrar en la casa de un ministro chileno. Tercera sorpresa: al bajarnos del coche busco en la calle el coche camuflado de los guardaespaldas del ministro y no lo hallo.

Muchas horas más tarde, al preguntarle a Jorge por sus guardaespaldas, me contesta que no los tiene. ¿Cómo que no los tienes?, digo yo. Pues no, dice él, a Diamela no le gustan los guardaespaldas y además resultan un engorro. ¿Pero tú vives seguro?, le pregunto. Jorge Arrate ha conocido la persecución y el exilio y sabe que uno nunca está seguro. Diamela lo mira. Estamos en la mesa, comiendo la cena que Jorge personalmente ha preparado. No hay carne. Alguien en la casa es vegetariano y presumiblemente ha impuesto su dieta sobre los demás. En cualquier caso es Jorge el que cocina y no lo hace nada mal. A mí la comida vegetariana me sienta como una patada en el estómago, pero me como todo lo que me ponen. Diamela mira a Jorge y luego mira a mi mujer, Carolina, y luego a Lina y al novelista Pablo Azócar, el quinto comensal, y a mí no me mira. Tengo la impresión de que le he caído mal. O tal vez Diamela es excesivamente tímida. Bueno. La verdad es que en este momento lo único que me preocupa es que una pandilla de nazis irrumpa en la casa con el pretexto de matar al ministro y que de paso maten a mi mujer y a mi hijo Lautaro (que no se ha sentado a la mesa y duerme en una habitación con la tele encendida). ¿Y si vienen unos cabrones de Patria y Libertad?, digo. Espero que no vengan, dice Jorge con una tranquilidad que me pone los pelos de punta.

Este país no es para mí, pienso.

Por la mañana Jorge Arrate salió a la calle, él solo, a comprar los ingredientes de la cena. Salta a la vista que no se ha hecho rico como ministro de Frei. Creo que también fue ministro en el gobierno Aylwin. No lo sé con certeza. Lo que sé es que no se ha hecho rico. Sin embargo, mientras esperaba pacientemente en la cola para pagar las lechugas y los tomates, unos jóvenes que probablemente no habían nacido cuando él ya era un proscrito se han puesto a decirle «amarillo, amarillo, amarillo». En otras ocasiones, claro, lo que le gritan (jóvenes también, señoras insoportablemente vulgares) es «rojo, rojo». ¿Y qué hiciste cuando te dijeron amarillo?, pregunté. Nada, ¿qué iba a hacer?, dice Jorge. Si juntaras los dos tipos de insulto, le digo, te quedaría la bandera española. Jorge no me oye. Está contándole a mi mujer la historia de una candidata independiente en las primeras elecciones democráticas que, por mor de la proporcionalidad, sólo tenía quince segundos de espacio publicitario gratuito en la televisión. La candidata había optado por decir únicamente su nombre. Pero el tiempo a su disposición ni siquiera le alcanzaba para eso. Así que decía su nombre, pero a una velocidad tan grande que apenas se entendía nada y todo quedaba reducido a un graznido desesperado y brevísimo.

Lo sorprendente es que la candidata ganó, lo que dio mucho que pensar a los estrategas y publicitarios de los grandes partidos. En fin, dice Jorge, como si quisiera desdramatizar esta y cualquier otra historia, lo cierto es que al poco tiempo la candidata independiente se afilió a un partido de la extrema derecha.

Información que rompe el sueño de la mujer heroica y solitaria, excéntrica al menos, como se rompe todo en Chile, y en esto quizás resida el encanto del país, su fuerza: en la voluntad de hundirse cuando puede volar y de volar cuando está irremisiblemente hundido. En el gusto por las paradojas de sangre. En sus reacciones esquizofrénicas.

Tal vez ésa sea la razón, me digo, de que en Chile haya tantos escritores. Pues aquí, lo constato a diario, todo el mundo escribe. A un escritor le basta publicar un libro de cuentos en una editorial de ínfima categoría para a continuación poner un anuncio en un periódico o en una revista y que de la nada surja otro taller literario más, lleno de jóvenes y no tan jóvenes deseosos de enfrentarse al misterio de la página en blanco. Por supuesto, los escritores se ganan la vida así. La mayoría no gana mucho, pero hay algunos que se forran. Los chilenos acuden a los talleres literarios (me da miedo pensar cuántos existen a lo largo de la República) con la misma disposición mental con que algunos neoyorquinos acuden al psicoanalista. No están desesperados, pero casi. No están serenos del todo, pero casi. No son funambulistas, pero a la hora de caerse al abismo sin fondo, ese abismo que cada día parece más latinoamericano, consiguen mantenerse en un equilibrio precario que tiene algo de profundamente miserable, pero también tiene algo de heroico.

Por supuesto, no todos van sólo a los talleres literarios. Algunos también se psicoanalizan. Una amiga muy querida, durante una cena en un restaurante, me habló de su psicoanalista, que resultó ser ni más ni menos que la hija de Norman Mailer. Otro amigo (éste escritor, nada desdeñable, por lo demás) la escucha y dice que él también se psicoanaliza con la hija de Norman Mailer. Casi sin transición, otra chica mete baza y afirma lo mismo. Por un momento creo que me están tomando el pelo. Todos han bebido mucho pisco, yo no he bebido nada porque ya no puedo beber, pero la impresión que tengo es que el único borracho de la cena soy yo. ¿La hija de Norman Mailer es psicoanalista y vive en Chile? No me lo puedo creer. Pero es verdad. ¿Qué se le habrá perdido a la hija de Norman Mailer en Chile? Si estuviéramos en México esto sería comprensible: allí hay una tradición de la desmesura y en esa tradición se incluye el subgénero de los visitantes limítrofes. Pero no en Chile. Y sin embargo la hija de Norman Mailer vive aquí y psicoanaliza desde hace ya bastante tiempo a mis amigos. ¿Y qué tal es?, les pregunto. Mi amiga dice que es buena, aunque no creo que lo diga muy convencida. El escritor dice que a veces es muy buena y a veces no se entera de nada. ¿Pero por qué se vino a vivir a Chile?, les pregunto al borde de las lágrimas. Nadie lo sabe.

Jorge Arrate, hasta donde sé, no se psicoanaliza. Pero no se ha salvado de los talleres literarios. Me contaron cómo conoció a Diamela Eltit. Ella tenía un taller y él decidió inscribirse. Al principio acudía a la hora, como todos los demás integrantes, sólo que Arrate lo hacía con chófer y en un coche oficial, pues ya era ministro. Hasta que un día llegó media hora antes. Y otro día llegó una hora antes. Y finalmente llegó tres horas antes. Y durante esas horas muertas, horas que Diamela, supongo, utilizaba para escribir o para cocinar o para plancharle la ropa a su hijo, Arrate se instalaba en un sillón de su casa, que es donde los escritores dan sus talleres, y se dedicaba a hablar con ella de literatura. Me gusta imaginarlos así, Jorge sentado y Diamela planchando y echándole de vez en cuando esas miradas diamelescas entre turbias e ingenuas, y hablando de su literatura, una de las más complejas que se escriben hoy en español, y seguramente también de otras escrituras, escrituras femeninas, escrituras de vanguardia que Arrate, socialista, exiliado, fogueado en combates en donde esos textos, precisamente, no circulaban, desconocía y que a partir de entonces se dedicó a leer con pasión y con humor, la misma pasión y el mismo humor que pone en todo lo que hace, y también con la temeridad de los enamorados. Al cabo del tiempo ya estaba saliendo con Diamela, la escritora más maldita de la literatura chilena actual, y luego, en fin, como a veces pasa, se pusieron a vivir juntos.

Entonces desaparecieron los guardaespaldas. ¿Y si te ataca una noche un grupo de Patria y Libertad?, le pregunté por enésima vez y con ganas de tomar el postre y marcharme. Bueno, espero que no tengan mi dirección, dice Arrate. Nunca como entonces la casa de Diamela y de Arrate me pareció más precaria. La habitación donde Diamela escribe está en el patio y es grande y está llena de libros. El estudio de Arrate, por el contrario, es pequeño y de las paredes cuelgan fotos: en la mayoría se ve a dos jóvenes, los hijos de Jorge, que viven en Holanda, en otras aparecen figuras legendarias de la izquierda, una brevísima historia inmóvil de los sueños perdidos. En un momento de la noche hablamos de Carson McCullers y de su desdichado esposo que quiso ser escritor y no pudo. Diamela conoce muy bien la obra de McCullers. Arrate, en broma, dice que él, reciente exmiembro de un taller literario, se parece al marido de la norteamericana. Supongo que lo dice pensando en sus esfuerzos literarios. No lo sé. No he leído nada de Arrate y probablemente nunca lea nada de él. Pero tiene razón en una cosa: el marido de Carson McCullers participó en la Segunda Guerra Mundial y fue valiente, y Arrate participó en las desastrosas guerras floridas latinoamericanas y es valiente. Valiente a la manera de los antiguos compañeros de Allende. Es decir, resignadamente valiente. Pero eso no se lo digo.

Los escritores chilenos, los que lo son y los que quieren serlo, no tienen remedio. Eso pienso cuando dejo, a altas horas de la noche, la casa de Diamela y del ministro y nos despedimos en la calle de Pablo Azócar, que quiere irse de Chile lo antes posible y no se acaba nunca de marchar y finalmente se pierde, mientras Lina, Carolina y yo le decimos adiós Pablo, por una calle oscura de ese barrio de donde salieron tantos gladiadores ilustrados.

Y eso pienso cuando hablo a altas horas de la noche con Pedro Lemebel, uno de los escritores más brillantes de Chile, el día de su cumpleaños. Lemebel, nacido a mediados de los cincuenta, según afirma, aunque yo creo que nació a principios de los cincuenta, ha publicado cuatro libros (*Incontables,* 1986; *La esquina es mi corazón,* 1995; *Loco afán,* 1996, y *De perlas y cicatrices,* 1998), y durante un tiempo —un tiempo, por otra parte, bastante jodido— fue uno de los dos integrantes del grupo Las Yeguas del Apocalipsis, cuyo nombre ya es un hallazgo y cuya sobrevivencia más bien fue un milagro.

¿Quiénes eran las Yeguas? Las Yeguas eran, antes que nada, dos homosexuales pobres, lo que en un país homofóbico y jerarquizado (en donde ser pobre es una vergüenza, y pobre y artista, un delito) constituía casi una invitación a ser pasado por las armas en todos los sentidos. Una buena parte del honor de la República real y de la República de las Letras fue salvado por las Yeguas. Después vino la separación y Lemebel comenzó su carrera en solitario. Travestido, militante, tercermundista, anarquista, mapuche de adopción, vilipendiado por un *establishment* que no soporta sus palabras certeras, memorioso hasta las lágrimas, no hay campo de batalla en donde Lemebel, fragilísimo, no haya combatido y perdido.

Para mí Lemebel es uno de los mejores escritores de Chile y el mejor poeta de mi generación, aunque no escriba poesía. Lemebel es de los pocos que no buscan la respetabilidad (esa respetabilidad por la que los escritores chilenos pierden el culo) sino la libertad. Sus colegas, la horda de mediocres procedente de la derecha y de la izquierda, lo miran por encima del hombro y procuran sonreír. No es el primer homosexual, válgame Dios, del Parnaso chileno, lleno de locas en los armarios, pero es el primer travesti que sube al escenario, solo, iluminado por todos los focos, y que se pone a hablar ante un público literalmente estupefacto.

A mí no me perdonan que tenga boca, Robert, me dice Lemebel al otro lado de la línea telefónica. Santiago resplandece con la iluminación nocturna. Parece la última gran ciudad del Hemisferio Sur. Los coches pasan bajo mi balcón y Pinochet está preso en Londres. ¿Cuántos años hace desde el último toque de queda? ¿Cuántos años faltan para el próximo? A mí no me perdonan que recuerde todo lo que hicieron, dice Lemebel. ¿Pero quieres saber lo que menos me perdonan, Robert? No me perdonan que yo no los haya perdonado.

Tengo la impresión de que Lemebel y Jorge Arrate no se entenderían. En cualquier parte de Europa esto sería una pena, pero en Chile también es una tragedia.

Y ya para terminar, una historia verídica. Lo repito: esto no es un cuento, es real, ocurrió en Chile durante la dictadura de Pinochet y más o menos todo el mundo (ese «todo el mundo» pequeño y lejano que es Chile) lo sabe. Una mujer joven de derechas se pone a vivir o se casa con un norteamericano joven de derechas. Los dos, además de jóvenes, son guapos y orgullosos. Él es un agente de la DINA, posiblemente también es un agente de la CIA. Ella ama la literatura y ama a su hombre. Alquilan o compran una gran casa en las afueras de Santiago. En los sótanos de esa casa el norteamericano se dedica a interrogar y torturar a presos políticos que luego pasan a otros centros de detenciones o a engrosar la lista de desaparecidos. Ella se dedica a escribir y asistir a talleres de literatura. En aquel entonces, supongo, no había tantos talleres como hoy, pero los había. En Santiago la gente ya se ha acostumbrado al toque de queda. Por las noches no hay muchos sitios en donde divertirse, los inviernos, además, son largos. Así que ella cada fin de semana o cada tres noches se lleva para su casa a un grupo de escritores. No es un grupo fijo. Los invitados cambian. Algunos sólo van una vez, otros repiten varias veces, en la casa hay whisky, buen vino, a veces las reuniones se convierten en cenas. Una noche una invitada o un invitado se levanta para ir al baño y se pierde. Es la primera vez y no conoce la casa. Probablemente el invitado está un poco achispado o tal vez ya empieza a transitar por la borrachera del fin de semana. Lo cierto es que en vez de doblar a la derecha dobla a la izquierda y luego baja unos escalones que no debería haber bajado y abre una puerta que está al final de un largo pasillo semejante a Chile. La habitación está a oscuras pero aun así distingue un bulto amarrado y doliente o tal vez narcotizado. Sabe qué es lo que está viendo. Cierra la puerta y regresa a la fiesta. Ya no está borracho sino aterrorizado, pero no dice nada. «Seguramente, quienes asistieron a estas veladas de la cursilería cultural posgolpe podrán recordar las molestias por los tiritones del voltaje que hacía pestañear las lámparas y la música interrumpiendo el baile. Seguramente nunca supieron de otro baile paralelo, donde la contorsión de la picana tensaba en arco voltaico la corva torturada. Es posible que no pudieran reconocer un grito en el destemple de la música disco, de moda en esos años», dice Pedro Lemebel. En cualquier caso los escritores se van. Pero a la próxima fiesta vuelven. Incluso ella, la anfitriona, gana un premio de cuento o de poesía en la única revista literaria que por aquellos años funciona, una revista de izquierda.

Y así se va construyendo la literatura de cada país.

Una tarde con Huidobro y Parra

Pronto hará dos años desde que mi amigo Marcial Cortés-Monroy me llevó a Las Cruces, en donde comimos y pasamos la tarde en compañía de Nicanor Parra. El autor de los *Poemas y antipoemas,* cuya primera edición data de 1954, tiene allí una casa colgada de una colina desde la que se contempla el vasto océano y también, al otro lado de la bahía, la tumba de Vicente Huidobro. La verdad es que para ver, desde la terraza de madera de Parra, la tumba de Huidobro, lo mejor es tener unos prismáticos, pero incluso sin éstos la tumba del autor de *Altazor* es plenamente visible o al menos tan visible como a Huidobro le hubiera gustado.

¿Ves ese bosque?, dice Parra. Sí, lo veo. ¿Cuál bosque ves?, dice Parra que no en balde fue profesor, ¿el que está arriba o el que está abajo?, ¿el de la derecha o el de la izquierda? Los veo todos, digo yo, mientras contemplo un paisaje que tiene algo de lunar. Bueno, mira el bosque de la izquierda, dice Parra. Debajo hay una especie de carretera. Como una raya, pero no es una raya sino una carretera. ¿La ves? Ahora sube la vista y verás el bosque. En efecto: veo un arañazo que debe de ser la carretera o el camino vecinal, y también veo el bosque. En la parte de arriba del bosque hay una mancha blanca, dice Parra. Es verdad: el bosque, visto desde su terraza, tiene un color verde oscuro, casi negro, cuya uniformidad rompe una mancha blanca en el linde superior. Veo la mancha blanca, digo. Ésa es la tumba de Huidobro, dice Parra, y me da la espalda y vuelve a la sala. Marcial lo acompaña y por un instante me quedo solo mientras se levanta una ventolera que sube desde la playa hasta la colina, contemplando esa mancha blanca diminuta bajo la cual se pudren los huesos de Vicente Huidobro.

Después siento algo que me jala del pantalón. ¿El fantasma de Huidobro? No, son los gatos de Parra, seis o siete gatos vagabundos que cada tarde vienen al jardín del más grande poeta vivo de la lengua española a comer de su comida. Como yo, sin ir más lejos.

Recuerdos de Juan Villoro

Acaba de aparecer en las librerías españolas el último libro de cuentos de Juan Villoro, *La casa pierde* (Alfaguara), diez relatos excepcionales, con ese raro poder que tiene el escritor mexicano no para asomarse al abismo sino para permanecer en el borde del abismo, durante mucho rato, balanceándose y por lo tanto haciéndonos balancear a nosotros, sus lectores, con movimientos que surgen de la duermevela o tal vez de una lucidez extrema.

La primera vez que vi a Villoro fue en la Universidad Autónoma de México, en la entrega de unos premios. Él había obtenido el segundo premio de cuento y yo el tercero de poesía. Villoro tenía diecisiete o dieciocho años y yo tres más. Mis recuerdos de aquel día son más bien brumosos. Recuerdo a un adolescente muy alto y entusiasta. No sé si ya entonces llevaba barba, puede que no, aunque en mi memoria lo veo con barba, conversando conmigo durante unos minutos, sin estudiarnos, sin pensar en nuestro futuro, un futuro que comenzaba a abrirse para ambos pero no como telón ni como visión instantánea sino como puerta metálica de garaje que se abre con estrépito, sin limpieza ni armonía. Eso era lo que había. Eso era lo que nos había tocado. Pero no lo sabíamos y hablamos de lo que hablan los escritores menores de veintiún años. Después pasaron más de veinte y no hace mucho lo volví a ver. Creo que está un poco más alto que entonces y tal vez un poco más flaco. Sus cuentos son mucho mejores que los de entonces, de hecho sus cuentos están entre los mejores que se escriben hoy en lengua española, sólo comparables a los del guatemalteco Rodrigo Rey Rosa.

Pero eso, lo sé mientras observo a Villoro que mira el Mediterráneo, no es lo importante. ¿Lo importante es que seguimos vivos? Tampoco, aunque no es poco. Lo importante es que tenemos memoria. Lo importante es que aún podemos reírnos y no manchar a nadie con nuestra sangre. Lo importante es que seguimos de pie y no nos hemos vuelto ni cobardes ni caníbales.

Ferdydurke en catalán

No todo está perdido, ferdydurkistas. Hace unos meses, casi de puntillas, salió al mercado uno de los libros más luminosos de este siglo más bien lleno de claroscuros. Se trata de *Ferdydurke* (Quaderns Crema), la primera novela de Witold Gombrowicz, publicada originalmente en 1937, y cuya traducción al español, en las tertulias bonaerenses del café Rex, sin duda constituye uno de los hitos de la desmesura y la generosidad, es decir uno de los hitos de la alegría literaria de nuestro siglo. Esa traducción legendaria, cuyo principal amanuense fue el escritor cubano Virgilio Piñera, no se encuentra fácilmente en nuestras librerías, por no decir que no se encuentra en absoluto, lo que privaba a los lectores de la península de la obra clave en la producción gombrowicziana, a menos que uno pudiera encontrar la versión francesa del *Ferdydurke* o la versión italiana o la alemana. A partir de ahora, sin embargo, ya no tenemos que ir a buscar tan lejos. Basta con saber leer en catalán. Basta con tener dos mil pesetas en el bolsillo para acceder a una de las novelas clave de este siglo, en una excelente traducción de Anna Rubió y Jerzy Slawomirski. Todo esto ha sido posible gracias a Jaume Vallcorba Plana, editor modélico donde los haya, en cuyos catálogos podemos encontrar joyas como el *Caín* de Lord Byron, *La mort d'Empèdocles* de Hölderlin o los *Fragments* de Novalis, además de autores catalanes actuales como Quim Monzó, Ponç Puigdevall o Maurici Pla, por citar sólo a algunos. ¿Qué se le pasó por la cabeza a Vallcorba para publicar el *Ferdydurke*? No lo sé, cualquier cosa, menos el afán de lucro. Lo que sí sé es que un editor que emprende la publicación de Gombrowicz es un editor a seguir y que una lengua, la catalana, capaz de reflejar la obra del gran escritor polaco es sin duda una lengua viva, una lengua en la que Filidor puede seguir viviendo y seguir maquinando. No todo está perdido, ferdydurkistas.

Sara y Steva

Acabo de leer un libro, *Art i conjuntura* (Di7 edició), cuyo subtítulo, «La jove plàstica a Mallorca 1970-1978», acota desde las primeras páginas el campo por el que se moverá su autor, Jaume Reus Morro. ¿Cuál es ese campo? A primera vista el de la nostalgia o el de la historia del arte, una disciplina que a veces se parece tanto a la entomología, pero en realidad, en el otro lado de sus páginas, el lector puede encontrar otra cosa: la larga marcha de los jóvenes, la insatisfacción, los vaivenes del gusto estético, las apuestas de la radicalidad que casi siempre se pierden, entre otras cosas porque son apuestas a todo o nada y porque los jóvenes que hacen esas apuestas no las amañan.

En 1977, cuando recién acababa de llegar a Barcelona, conocí en una terraza de la Gran Vía a uno de esos jóvenes mallorquines. Su nombre era Steva Terrades y era un pintor brillante y radical. También, obvia decirlo, era generoso y curioso como sólo se podía ser generoso y curioso en aquellos años y en aquella Barcelona que en tantos sentidos encarnaba al fantasma de la utopía. Gracias a él conocí a Sara Gibert, la única pintora barcelonesa del grupo mallorquín Neón de Suro. Sara, delgada y alta, impredecible y eficaz, dueña de un estricto sentido del humor, encarnaba el arquetipo perfecto de la mujer-espejo o de la mujer-navaja, inasible y algo aérea.

Ambos, Sara y Steva, me introdujeron en un mundo de pintores en donde brillaban las obras de Miquel Barceló, Andreu Terrades (el hermano gemelo de Steva), Cabot, Mariscal y otros cuyos nombres he olvidado pero que Jaume Reus Morro consigna escrupulosamente en su libro. Para mí, la felicidad de Barcelona, la energía y la infelicidad de la juventud están ligadas a ellos. A sus obras, a sus palabras, a las madrugadas frías del distrito quinto, a la figura de Lola Paniagua que se pierde en la noche, a las nubes de Baudelaire.

El estilete de Rodrigo Rey Rosa

Soy un lector asiduo de los libros de Rey Rosa, escritor guatemalteco nacido en 1958 y viajero incansable por desiertos africanos o aldeas de la India, cuando no lo hace por apartamentos extraños, líquidos, familiares. Hace poco releí su última colección de relatos, *Ningún lugar sagrado* (Seix Barral, 1998), ambientados la mayoría en Nueva York, ciudad en la que Rey Rosa ha vivido en diferentes períodos de su vida. El libro está compuesto por cuentos breves, distancia en la que Rey Rosa es un maestro consumado, el mejor de mi generación, una generación, por otra parte, que ha dado excelentes cuentistas.

La prosa de Rey Rosa es metódica y sabia. No desdeña, en algunos momentos, el látigo —o mejor dicho: el chasquido lejano de un látigo que jamás vemos— ni el camuflaje. No es un maestro de la resistencia sino una sombra, una raya que atraviesa veloz el espacio de la normalidad. Su elegancia nunca va en demérito de su precisión. Leerlo es aprender a escribir y también es una invitación al puro placer de dejarse arrastrar por historias siniestras o fantásticas. Hasta hace poco vivía en Guatemala y no tenía casa propia: un día se alojaba con su madre, otro día con su hermana, el resto del tiempo en casas de amigos. Una noche hablamos por teléfono durante casi dos horas: acababa de llegar de Mali. Ahora está en la India, escribiendo un libro que no sabe si terminará o no. Me gusta imaginarlo así: sin domicilio fijo, sin miedo, huésped de hoteles de paso, en estaciones de autobuses del trópico o en aeropuertos caóticos, con su ordenador portátil o con una libreta de tapas azules en donde la curiosidad de Rey Rosa, su arrojo de entomólogo, se despliega sin prisas.

A algunos esta prosa, sobre todo la de los relatos de *Ningún lugar sagrado,* les parece fría y probablemente lo sea: una enorme cámara frigorífica en donde las palabras saltan, vivas, renacidas. Y entonces uno no puede sino pensar en todo el horror que se ha vaciado sobre Guatemala, la abyección y la sangre. Y también uno piensa en Miguel Ángel Asturias, en Augusto Monterroso y ahora en Rodrigo Rey Rosa, tres escritores enormes salidos de un país pequeño y desventurado. Y la imagen que queda en el espejo es terrible y está viva.

Berlín

Hace poco estuve en Berlín leyendo algunos capítulos de mi novela *La literatura nazi en América*. Todo bien. La hospitalidad de los berlineses, empezando por mi traductor y amigo Heinrich von Berenberg, fue admirable; la comida no me sentó mal; paseé por la ciudad, tanto de día como de noche, y conocí a muchas personas interesantes. Todo normal. Salvo por dos cosas. La primera: la organización me alojó en una mansión junto al Wannsee, el lago que está en las afueras de la ciudad y en donde se suicidó Von Kleist en 1811 junto a la desdichada Henriette Vogel, que efectivamente era como un pájaro, pero un pájaro feo y discreto, uno de esos pájaros que sin necesidad de extender las alas son como puertas para lo oscuro, lo desconocido. Pero yo entonces creía estar lejos de Von Kleist, a quien leí a los veinte años. Recordaba el *Príncipe de Homburg,* en donde se escenifica la lucha entre el escritor y su padre, entre el individuo y el Estado; recordaba el *Michael Kohlhaas,* editado en la vieja colección Austral, un relato sobre el valor y su hermana gemela, la estupidez, y también un cuento llamado «El terremoto de Chile», publicado en 1806, del que aún podemos extraer alguna enseñanza moral y estética. Pero lo cierto es que yo estaba lejos de Von Kleist. Me habían dicho que allí se alojaban otros escritores y que había una vida cultural de lo más apasionante, sobre todo al caer el sol, que era la hora en que los residentes, gente de la Europa del Este, algún griego, algún africano, salían a beber y a hablar de literatura en alguna de las innumerables salas del castillo. La primera noche que dormí allí llegué muy tarde. Me dejaron la llave en una especie de buzón que parecía una falsa cañería, junto con una nota en donde se me comunicaba el número de mi habitación. La llave, curiosamente, servía para abrir una de las puertas de acceso al castillo, una puerta lateral usada en el pasado por el servicio, y la puerta de mi habitación. Sorpresa. No había ni un alma. El lugar era inmenso, en una sala vi banderas caídas (Heinrich me dijo que durante el día estaban rodando una película de época, por eso las banderas), en otra sala había una gran mesa, en otra no había nada, sólo una vetusta lámpara de hierro que no se encendía, y pasillos por todos lados, y sombras que se proyectaban en las altas paredes, y escaleras que llevaban a ninguna parte. Cuando por fin encontré mi habitación, la ventana estaba abierta y las paredes llenas de mosquitos, los mosquitos del Wannsee, una plaga como no había visto desde hacía años, cuando estuve en Panamá, lo que en sí mismo ya era un detalle curioso, pues encontrar mosquitos en Panamá o en el Amazonas uno lo puede admitir como un fenómeno molesto pero normal, pero encontrarlos dentro de tu habitación, en Berlín, resultaba más bien excéntrico. Inquieto, salí a pedirle a alguien un spray antimosquitos y sólo entonces me di cuenta de que estaba solo en aquella enorme mansión junto al lago. No había escritores, no había empleados, no había nada. Yo era la única persona que aquella semana pasaba las noches allí. De puntillas, procurando no hacer ruido, volví a mi habitación y me pasé toda la noche matando insectos. Después de mi víctima número cuarenta dejé de contarlos. En los intervalos pegaba la nariz en el cristal de la ventana, que ya no me atrevía a abrir, y creía ver, a orillas del Wannsee, al fantasma de Von Kleist bailando con una nube de mosquitos fosforescentes. Pero uno a todo se acostumbra y finalmente me dormí.

La segunda cosa anormal que vi en Berlín es mucho más fuerte. Iba con una amiga, en su coche, por la Bismarckstrasse, cuando, de pronto, un tramo no mayor de quince metros de dicha arteria se transformó en una avenida de Lloret de Mar. Tal cual.

Lichtenberg ante la muerte

Lichtenberg es nuestro filósofo. A veces uno tiene la tentación de decir que es nuestro único filósofo, pero lo cierto es que está Pascal, que murió de pancreatitis, y también Diógenes, que era un bromista de primera. Nosotros, sin embargo (y cuando digo «nosotros» no sé, francamente, qué estoy diciendo), encontramos el consuelo en Lichtenberg, en sus espejos, en sus vaivenes sentimentales, en su duda y en su gusto, que a veces son la misma cosa.

Hace poco más de doscientos años el sabio de la honorable ciudad de Gotinga escribió lo siguiente: «En la noche del 9 al 10 de febrero de 1799 soñé que, hallándome de viaje, comí en una posada, o más precisamente, en una taberna del camino donde había gente jugando a los dados. Sentado frente a mí, un joven bien vestido y de aspecto un tanto dudoso tomaba su sopa sin preocuparse de quienes lo rodeaban, de pie o sentados; cada dos o tres tragos lanzaba al aire una cucharada de sopa que al punto volvía a pescar con su cuchara y deglutía tranquilamente. Lo que en este sueño me parece particularmente curioso es que hice mi observación habitual de que tales cosas no podían ser inventadas, de que era preciso verlas (a ningún novelista se le hubieran ocurrido), y, sin embargo, yo acababa de inventar todo aquello en ese momento. Junto a los jugadores de dados, una mujer alta y descarnada estaba haciendo calceta. Le pregunté qué se podía ganar con ese juego: Nada, me dijo, y al preguntarle yo si se podía perder algo, replicó: No. Me pareció un juego importante».

Este párrafo, ¿es necesario decirlo?, prefigura a Kafka y a buena parte de la literatura del siglo xx. Este párrafo es también el compendio de la Ilustración y sobre él se podría fundar una cultura. Este párrafo anticipa su propia muerte, acaecida el 24 de febrero, es decir catorce días después del sueño, como si la muerte hubiera ido a visitar a Lichtenberg dos semanas antes del encuentro final. ¿Y cómo se comporta nuestro filósofo de Gotinga ante la visita de la vieja dama descarnada? Pues se comporta con humor y con curiosidad, los dos elementos más importantes de la inteligencia.

Civilización

Para el personaje que interpretaba Robert Duvall en *Apocalipse Now* no había mejor desayuno que el olor del napalm. Ese olor le sabía a victoria. Puede ser. El olor a quemado (con ese punto ácido que, dicen, queda colgando en el aire) a veces sabe a victoria y otras veces sabe a miedo.

Nunca he olido el napalm. He olido la pólvora y el olor de la pólvora definitivamente no sabe a victoria sino a verbena, en algunos casos, y a miedo, en otros. El olor de los gases lacrimógenos, que suele preceder al olor de la pólvora en algunos países, sabe, por el contrario, a deporte y a descomposición estomacal. El olor de las marchas triunfales siempre sabe a polvo, un polvo hialino y solar que se adhiere como lepra en el pelo y en los brazos. El olor de las multitudes encerradas sabe a polvo y a muerte, tal vez la misma cosa. El olor de las multitudes en grandes espacios abiertos, como estadios o explanadas, sabe a miedo. Detesto los partidos de fútbol, los conciertos y los mítines: el miedo en esos escenarios a veces es insoportable.

Por el contrario, me gusta pasear, junto con los viejos verdes, por el paseo marítimo de Blanes en verano. Me gusta contemplar la playa. Allí, en esa aglomeración triunfal de cuerpos semidesnudos, hermosos y feos, gordos y flacos, perfectos e imperfectos, el aire nos trae un olor magnífico, el olor de las cremas bronceadoras. Me gusta el olor que desprende esa masa de cuerpos abigarrados. No es enfático, pero tonifica. No es perfecto. A veces, incluso, es un olor melancólico. Y puede que hasta metafísico. Los mil ungüentos bronceadores, las cremas de protección solar. Huelen a democracia, huelen a civilización.

La poeta Olvido García Valdés

Hace poco estuve en Toledo con Carolina y nuestro hijo Lautaro, y visitamos a la poeta Olvido García Valdés y a su compañero, el poeta Miguel Casado. Con Miguel me unía una cierta amistad epistolar y telefónica, y la admiración que siento por su poesía, a mi juicio una de las más vivas que se hacen hoy en España. De hecho, mi amistad con Miguel empezó de forma singular. Un día recibí una carta suya. Mi desconocimiento de la poesía actual española, un conglomerado de avispas, hizo que su nombre no me sonara de nada, pero sospeché que podía tratarse de un poeta y en mi respuesta le pedí que me enviara algunos de sus poemas. Miguel me envió una revista, *El signo del gorrión,* y mucho después, como corresponde a un poeta castellano, de suyo discreto y reservado, uno de sus libros. A partir de entonces me convertí en un lector asiduo de su obra. Los poetas que yo conocía de su generación, los nacidos en la década del cincuenta, me parecían malísimos y desde hacía años que había optado por no enterarme de lo que ocurría en la poesía española a partir de esa franja, contentándome con leer y releer a Pere Gimferrer, a Leopoldo Panero y a unos pocos más de la promoción precedente. Pero el descubrimiento de Miguel Casado me reconcilió de alguna manera con la poesía de mi propia generación, aunque más ajustado sería decir que me reconcilió con *un* poeta de mi generación; en cualquier caso entre ambos nació una amistad y los libros de Miguel se convirtieron en libros de lectura diaria, esos libros de poesía que después de leídos quedan en algún lugar de la casa siempre a mano y que uno se lleva al cine o al baño, para releer uno o dos poemas al azar, y cuya capacidad de provocar la inquietud, la reflexión, el placer estético, no decae con el paso de los días. Los tres libros que tengo de él (*Inventario,* editado por Hiperión, y *Falso movimiento* y *La mujer automática,* ambos de Cátedra) estaban dedicados escuetamente a Olvido. No sabía, entonces, que esa Olvido era Olvido García Valdés, por muchos considerada la mejor poeta española del siglo, lo que dicho así suena tremendo, pero que no lo es tanto si consideramos la escasez de voces femeninas en la poesía española del siglo XX. Bueno, ése era mi bagaje antes de viajar a Toledo y pasar unos días allí. Había leído a Miguel de forma concienzuda y cada lectura me lo hacía más cercano. No había leído a Olvido (aunque a ella sí que la conocía de nombre mucho antes de conocer a Miguel) y lo que la gente me contaba de ella era desmesurado y más bien atemorizador. Había quien la comparaba con Santa Teresa, otros decían que era demasiado seria, acaso hosca, y había quienes aseguraban que su altivez dejaba helados a los que la conocían. Busqué una foto suya. Encontré una en donde aparecía con un grupo de escritores, pero la reproducción era borrosa. En otra, publicada en una revista de poesía, se la veía en compañía de viejos poetas madrileños que la rodeaban como en el cuadro de Poussin *Susana y los viejos.* Finalmente fui a una librería en Barcelona y busqué un libro suyo, pero me dijeron que sus libros más recientes estaban agotados y en el único que tenían no había foto alguna. Así que partimos a Toledo sin un rostro de Olvido García Valdés. Lo que finalmente encontramos excedió todas nuestras expectativas. En un solo día recorrimos, de la mano de Miguel pero sobre todo de la mano de Olvido, *todas* las sinagogas, mezquitas y catedrales que hay en Toledo. Comimos y cenamos opíparamente. En la primera juguetería por la que pasamos Olvido le compró a mi hijo tres juguetes. Mi hijo, evidentemente, quedó prendado de ella. Y ya que estábamos en plan rabelesiano, esa noche, después de darme una ducha, leí de un tirón *Ella, los pájaros,* un conjunto de poemas de Olvido que me deslumbró como sólo puede deslumbrar la poesía verdadera. Mucho después, cuando ya estaba en Blanes y lejos de Toledo, leí *Caza nocturna,* el último libro de Olvido García Valdés (Ave del Paraíso, 1997) y mi admiración por ella, si cabe, creció aún más. Casi no tenemos nada en común. Los poetas que a ella le gustan a mí no me gustan y viceversa.

Roberto Brodsky

La nueva narrativa chilena, que de nueva no tiene nada y que de narrativa, a veces, tampoco, cuenta desde hace unos días con un nuevo miembro, Roberto Brodsky, chileno del año 57, que en esta su primera novela indaga con mano firme en los rincones olvidados del horror. La novela se llama *El peor de los héroes* (Alfaguara, 1999) y su argumento, o uno de sus argumentos, es la tristeza ante lo irremediable, aunque puede también leerse como una novela de aventuras existencial; el personaje principal, Bruno Marconi, abogado, intenta recomponer en su memoria y en la memoria del lector una imagen contemporánea: la de unos muertos amontonados en un frigorífico, que él descubre casualmente, como un cargamento de pollos muertos, la historia del Chile de los últimos años. Roberto Brodsky, además de ser compatriota y tocayo, es mi amigo, y a veces me pregunto cuántas veces no ha estado él mismo a punto de morir, de qué extraña manera no es él también «el peor de los héroes». Cuando era niño, pescando en una playa solitaria, se le quedó la mano atrapada en una roca. Luego la marea comenzó a subir y por más que tiraba era imposible sacar la mano. Cuando me contó esta historia yo pensé que se la estaba inventando, pero en el fondo sabía que era verdad. También pensé que el niño Brodsky había muerto y que hablaba con un fantasma. En el último minuto, por supuesto, apareció un pescador que tras sumergirse le desencajó la mano de las rocas. Hace unos meses estuvo Brodsky en mi casa de Blanes, con Paula, su mujer, y su indómito hijo Pascual. Entonces aún no se había publicado *El peor de los héroes*. Hablamos de la tristeza y del valor, dos constantes que recorren su novela, y creo que ganó la tristeza. Hablamos de la risa, que Brodsky siempre lleva consigo como otros llevan un perro. Hablamos de las aventuras posibles e improbables y convenimos en que ambas eran una sola.

Puigdevall, el raro

Entre mis amigos, el más raro es Ponç Puigdevall. A veces lo veo caminar por las retorcidas calles de Gerona, absolutamente ausente de cuanto le rodea, y entonces sé que está dándole vueltas a la forma de una historia, a los mecanismos secretos de la estructura, esa jungla llena de animales depredadores de la que huye la mayoría de los escritores y por la que él se pasea como Stewart Granger por las ruinas del rey Salomón o como Edgar Allan Poe por los paisajes helados de la Antártida, es decir con una calma admirable e inescrutable, y es sólo por eso que a veces Ponç no reconoce ni saluda a nadie cuando se pierde por las calles de Gerona, o si saluda lo hace de manera automática, como si te viera desde un sueño o tras muchas noches de insomnio.

Autor de culto, autor difícil, autor raro, la obra de Ponç resulta difícil de clasificar. Yo a veces lo veo paseando con su perro, que se llama Book, y además de no saber quién tira a quién, tengo la impresión de que ambos, el perro-libro y el hombre-lector, van directos hacia el abismo o hacia un accidente similar con una indiferencia y una elegancia que no encuentro en ningún otro escritor catalán ni en ningún otro perro. Esto debe de ser producto del aprecio que siento por él, que por cierto no hago extensivo al perro, que una vez me gruñó en mi propia casa y que más bien, como su nombre indica, es una bestia un poco histérica. Y sin embargo no conozco a Ponç desde hace mucho, tres años, si llega. ¿Qué es, entonces, lo que me lo hace tan cercano y entrañable? Posiblemente su fragilidad y radicalidad. Pues Ponç, que escribe como un poseso, no ha obtenido becas, ni ayudas a la creación, ni nada: sus libros surgen de una vasta biblioteca a la intemperie y de su inteligencia y de su rigor, no de una situación cómoda ni de preacuerdos establecidos con nadie. Su compromiso con la literatura puede llegar a asustar a algunos. ¿Hace falta decir que para mí es uno de los tres o cuatro mejores escritores catalanes vivos y que me siento honrado de ser su amigo?

Historias de julio

Es raro este mes de julio. El otro día fui a la playa y vi a una mujer de unos treinta años, guapa, con un bikini negro, que leía de pie. Al principio creí que no tardaría en echarse sobre la toalla, pero cuando la volví a mirar seguía de pie y a partir de ese instante ya no la perdí de vista. Durante dos horas, aproximadamente, leyó de pie, se acercó al mar, no se metió, dejó que las olas le mojaran las pantorrillas, volvió a su sitio, siguió leyendo, a veces dejó el libro a un lado y siguió de pie, en un par de ocasiones se agachó y sacó de un bolso una botella de Pepsi de litro y medio y bebió, luego volvió a coger el libro y finalmente, sin hincar la rodilla en ningún momento, guardó sus cosas y se marchó. El mismo día, pero más temprano, vi a tres chicas, las tres con tanga, guapísimas, una de ellas tenía un tatuaje en una nalga, que conversaban animadamente y que cada cierto tiempo se metían en el agua y nadaban y luego volvían a tirarse sobre sus esterillas, en fin, una imagen absolutamente normal, hasta que de pronto sonó un teléfono móvil, yo lo oí y pensé que era el mío, pero pronto descubrí que hace tiempo que no tengo teléfono móvil y entonces me di cuenta de que el móvil era el de ellas. Las oí conversar. Sólo sé que no hablaban catalán ni español. El tono de sus voces, sin embargo, era mortalmente serio. Después vi a dos de ellas levantarse, como dos zombis, y caminar hasta unas rocas. Yo también me levanté e hice como que me quitaba la arena del traje de baño. En las rocas las vi detenerse y hablar con un tipo enorme y feísimo, con el cuerpo lleno de pelo, de hecho uno de los tipos más peludos que he visto en mi vida.

Ellas se agacharon ante él y lo escucharon atentamente, sin proferir palabra, y luego volvieron a donde las esperaba su compañera y todo siguió igual, como si no hubiera pasado nada. ¿Quiénes son estas mujeres?, me pregunté cuando ya era de noche y ya me había duchado y vestido. Una bebía Pepsi. Las otras se inclinaban ante un oso. Sé quiénes son. Pero en realidad no lo sé.

Javier Cercas vuelve a casa

Conocí a Javier Cercas cuando él tenía diecisiete años. Yo entonces vivía en Gerona y él también vivía en Gerona y era un chaval que quería ser escritor. Era amigo de Xavi Coromines, que fue quien me lo presentó. No sé qué se ha hecho de Coromines, a quien apreciaba, pero sí sé, al menos conjeturalmente, qué pasó con la vida de Cercas. Después de salir de la universidad estuvo una larga temporada dando clases en Estados Unidos, en el Medio Oeste. Publicó una novela breve, *El inquilino,* y una larga, *El vientre de la ballena,* la primera en Sirmio y la segunda en Tusquets, que le dieron nombradía entre los lectores pero sobre todo entre los escritores, pues en esas dos notables novelas es dable ver a un autor de talento fuera de lo común; y también un libro de cuentos, y un libro de crónicas literarias en donde manifiesta su entusiasmo irracional por John Irving, un entusiasmo que no comparto. Un día decidió volver a Cataluña y empezó a dar clases en la Universidad de Gerona. Pero Cercas, aunque trabajaba en Gerona, vivía en Barcelona y hacía su vida en Barcelona. Cuando lo volví a ver ya estaba casado y tenía un hijo, Raulito, seguidor de los Teletubbies. Su vida, por aquellos días, era desaforada, en gran medida porque Cercas, esencialmente, es desaforado, y puede congeniar en un mismo espíritu lo delicado y lo estrambótico, la cordura y la excentricidad. Ahora, finalmente, Cercas ha vuelto a Gerona. Lo hace para descansar. Al menos, ésa es la explicación oficial. O para que su mujer y su hijo tengan un jardín. O para estar más cerca de su trabajo y no matarse en un accidente de coche. La verdad es que yo dudo de todas esas versiones. Cercas vuelve a casa para escribir los grandes libros que rondan por su cabeza. Vuelve a casa para convertirse en uno de los mejores escritores de nuestra lengua. Sólo los grandes desafíos pueden compensar el esfuerzo de embalar y trasladar toda una biblioteca.

Sol y calavera

El otro día estaba en la playa y creí ver un cadáver. Me hallaba sentado en uno de los bancos del paseo marítimo de Blanes quitándome la arena de los pies, esperando a que mi hijo se quitara la arena de los pies para marcharnos a casa, cuando creí ver un cadáver. Me levanté y miré con atención: una mujer ya muy mayor estaba debajo de una sombrilla leyendo un libro y junto a ella un hombre de su misma edad, tal vez con algunos años más, vestido con un traje de baño mínimo, se tostaba al sol. La cara del hombre era muy parecida a una calavera. Lo vi y me dije que ese hombre no iba a tardar en morir. Comprendí también que su mujer, esa vieja y apacible lectora, lo sabía. Ella estaba sentada en una silla plegable con respaldo de lona de color azul. Una silla pequeña pero cómoda. Él estaba estirado en la arena y sólo su cabeza quedaba bajo la sombrilla. En su cara creí ver una mueca de satisfacción o tal vez sólo estaba dormido mientras su mujer leía. Su cuerpo se veía muy bronceado. Esquelético, pero bronceado. Eran turistas del norte. Posiblemente alemanes o ingleses. Tal vez fueran holandeses o belgas. Eso realmente no importa. El rostro de él, a cada segundo que pasaba, se asemejaba más al de una calavera. Y sólo entonces me di cuenta de con qué avidez, con qué abandono, se exponía a la luz solar. No usaba crema protectora. Y sabía que se moría y tomaba el sol a la brava como quien se despide de alguien muy querido. El viejo turista se despedía del sol y de su propio cuerpo y de su vieja mujer que estaba a su lado. Era cosa de verlo y admirarlo. No era un cadáver el que se estaba tostando allí en la arena, sino un hombre. Y con qué valentía, con qué delicadeza.

El bibliotecario valiente

Empezó como poeta. Admiraba la literatura expresionista alemana (aprendió francés por obligación y alemán por algo que podríamos llamar amor, y lo aprendió sin maestros, solo, como se aprenden las cosas importantes), pero posiblemente nunca leyó a Hans Henny Jahn. En las fotos de los años veinte podemos verlo con un gesto envarado y triste, un joven cuyo cuerpo casi sin aristas parece tender hacia la redondez, hacia la suavidad. Practicó la costumbre de la amistad y fue fiel, sus primeros amigos, en Suiza y en Mallorca, pervivieron en su memoria con el fervor de la adolescencia o de la memoria sin culpa de la adolescencia. Y tuvo suerte: frecuentó a Cansinos-Assens y descubrió, para siempre, una visión inédita de España. Pero volvió a su país y encontró la posibilidad de un destino. Un destino soñado por él mismo en un país soñado por él mismo. En las inmensidades americanas imaginó el valor y su sombra, la soledad inmaculada de los valientes, el día que se ajusta a la vida como un guante. Y volvió a tener suerte: conoció a Macedonio Fernández y a Ricardo Güiraldes y a Xul Solar, que valían más que la mayoría de los intelectuales españoles que había frecuentado, o eso pensaba él, y pocas veces se equivocó. Su hermana, sin embargo, se casó con un poeta español. Eran los años del Imperio argentino, cuando todo parecía al alcance de la mano y Buenos Aires podía autodenominarse la Chicago del hemisferio sur sin enrojecer acto seguido de vergüenza. Y la Chicago del hemisferio sur tuvo a su Carl Sandburg (poeta, por cierto, que él admiró), y se llamó Roberto Arlt. El tiempo los ha juntado y los ha vuelto a separar para siempre. Pero entonces uno de los dos se sumergió en el vértigo y el otro en la búsqueda de la palabra. Del vértigo de Arlt nació la utopía en su estado más demencial: una historia de pistoleros tristes que prefiguraba, del mismo modo que *Abaddón el exterminador,* de Sábato, el horror que mucho tiempo después se cerniría sobre la República y sobre el continente. De la búsqueda de la palabra, por el contrario, surgió la paciencia y una modesta certidumbre en la felicidad de la literatura. Boedo y Florida fueron los nombres de ambos grupos, el primero designa un barrio popular, el segundo, una calle céntrica, y hoy ambos nombres marchan juntos hacia el olvido. Arlt, Gombrowicz: pudo haber sido amigo de ellos y no lo fue. De ese diálogo inexistente hoy queda un gran hueco que también es parte de nuestra literatura. Por supuesto, Arlt murió joven, después de una vida agitada y llena de privaciones. Y fue básicamente un prosista. Él no. Él era poeta, y muy bueno, y escribía ensayos, y sólo bien entrado en la treintena se puso a escribir narraciones. Hay quien dice que lo hizo ante la imposibilidad de convertirse en el poeta más grande de la lengua española. Estaba Neruda, a quien nunca quiso, y la sombra de Vallejo, cuya lectura no frecuentó. Estaba Huidobro, que fue amigo y luego enemigo de su triste e inevitable cuñado español, y Oliverio Girondo, a quienes siempre consideró superficiales, y luego venía García Lorca, de quien dijo que era un andaluz profesional, y Juan Ramón, de quien se reía, y Cernuda, al que apenas prestó atención. En realidad, sólo estaba Neruda. Estaba Whitman, estaba Neruda y estaba la épica. Aquello que él creía amar, aquello que más amaba. Y entonces se puso a escribir una historia en donde la épica sólo es el reverso de la miseria, en donde la ironía y el humor y unos pocos y esforzados seres humanos a la deriva ocupan el lugar que antes ocupara la épica. El libro es deudor de los *Retratos reales e imaginarios* que escribiera su amigo y maestro Alfonso Reyes, y a través del libro del mexicano, de las *Vidas imaginarias,* de Schwob, a quien ambos querían. Muchos años después, cuando él ya era el más grande y estaba ciego, visitó la biblioteca de Reyes, en México DF, oficialmente bautizada como «Capilla alfonsina» y no pudo evitar comentar la reacción que ante tal despropósito tendrían los argentinos si a la casa de Lugones se la llamara «Capilla leopoldina». Ese no poder evitar un comentario, su permanente disposición para el diálogo, siempre lo perdió ante los imbéciles. Dijo que su primera lectura del *Quijote* la hizo en inglés y que ya nunca más le pareció tan bueno como entonces. Se rasgaron las vestiduras los críticos españoles de capa y espada. Y olvidaron que las páginas más certeras sobre el *Quijote* no las escribió Unamuno, ni la caterva de casposos que siguieron a Unamuno, como el lamentable Ramiro de Maeztu, sino él. Después de su libro sobre piratas y otros forajidos, escribió dos libros de relatos que probablemente son los dos mejores libros de relatos escritos en español en el siglo xx. El primero aparece en 1941, el segundo, en 1949. A partir de ese momento nuestra literatura cambia para siempre. Escribe entonces libros de poesía estrictamente memorables que pasan desapercibidos entre su propia gloria de cuentista fantástico y la ingente masa de musos y musas. Varios, sin embargo, son sus méritos: una escritura clara, una lectura de Whitman, acaso la única que aún se mantiene en pie, un diálogo y un monólogo ante la historia, una aproximación honesta al *english verse*. Y nos da clases de literatura que nadie escucha. Y lecciones de humor que todos creen comprender y que nadie entiende. En los últimos días de su vida pidió perdón y confesó que le gustaba viajar. Admiraba el valor y la inteligencia.

Borges y los cuervos

Estoy en Ginebra y busco el cementerio en donde está enterrado Borges. La mañana es fría y otoñal, aunque por el este se vislumbran unos cuantos rayos de sol que hacen sonreír a los ginebrinos, gente obstinada y de gran tradición democrática. El Plainpalais, el cementerio en donde está Borges, es el cementerio ideal: dan ganas de venir aquí cada tarde a leer un libro, sentado delante de la tumba de algún consejero de Estado. Más que un cementerio esto parece un parque, un parque extremadamente cuidado hasta en sus más pequeños detalles. Cuando le pregunto al sepulturero por la tumba de Borges, mira el suelo, mueve la cabeza y me indica el lugar con palabras precisas. No hay forma de perderse. Por sus palabras es fácil deducir que el tránsito de visitantes es continuo. Pero esta mañana el cementerio está literalmente vacío. Y cuando por fin llego a la tumba de Borges no hay nadie en los alrededores. Pienso en Calderón, pienso en los románticos ingleses y alemanes, pienso en lo extraña que es la vida, o mejor dicho: no pienso absolutamente nada. Sólo miro la tumba, la piedra grabada en donde está escrito el nombre de Jorge Luis Borges, el año de su nacimiento, el año de su muerte y un verso en lengua germánica. Y luego me siento en un banco que está enfrente de la tumba y un cuervo dice algo, con un sonido ronco, a pocos pasos de mí. ¡Un cuervo! Como si en lugar de estar en Ginebra estuviéramos en un poema de Poe. Sólo entonces me doy cabal cuenta de que el cementerio está lleno de cuervos, enormes cuervos negros que se suben a las lápidas o a las ramas de los viejos árboles o que corren por el cuidado césped del cementerio de Plainpalais. Y entonces siento ganas de caminar, de recorrer más tumbas, tal vez con suerte pueda encontrar la de Calvino, y eso hago, cada vez más inquieto, mientras los cuervos me siguen sin traspasar los límites estrictos del cementerio, aunque supongo que alguno de vez en cuando sale volando de allí y se va a posar en las orillas del Ródano o en las orillas del lago, para contemplar a los cisnes y los patos, con algo de desdén, claro.

El asunto de Sinaloa

Barry Gifford, el padre de Perdita Durango y Romeo Dolorosa, es conocido por su afición a poner nombres sonoros y pintorescos a sus personajes de ficción, pero en esta novela, *El asunto de Sinaloa* (Destino), la última suya que ha caído en mis manos, probablemente se ha pasado. El personaje principal se llama Ava Varazo, un nombre que más que un palíndromo esconde un enigma siniestro. Su amigo se llama DelRay Mudo. Es posible encontrar en los locos apellidos de los mexicanos del norte de México y del sur de los Estados Unidos nombres similares. Es raro, pero es posible. El padre de DelRay, sin embargo, se llama Duro Mudo, y aquí entramos directamente en el territorio del delirio. El patrón de Ava Varazo, un macarra de la frontera mexicano-texana, se llama Indio Desacato, Mister Desacato para los forasteros, Indio para los amigos. La patrona de las putas se llama Santa Niña de las Putas y su día se celebra «cuando hay una segunda luna llena el último día de febrero de un año bisiesto». Un joven mensajero y boxeador *amateur* de peso mosca se llama Framboyán Lanzar. Hay otro boxeador llamado Danny Molasses, al que Lanzar llama Melaza, y otro más llamado Chuy Chancho. El guardaespaldas y factótum de Indio Desacato es un exjugador de fútbol americano de un metro noventa y siete de altura y ciento sesenta y dos kilos de peso llamado Thankful Priest. El único viejo bondadoso del pueblo se llama Arkadelphia Quantrill Smith, pero los amigos, es decir todo el mundo, lo pueden llamar Arky. Y así, hasta pasar la cincuentena de nombres.

¿Qué hay detrás del gusto de Gifford por los apelativos pintorescos? Muchas cosas: la soledad de la frontera, de ese territorio mítico entre Estados Unidos y México, y la soledad de todos los hombres. La locura de los padres que intentan perpetuarse a sí mismos o intentan perpetuar algo que no conocen pero presienten. El orgullo desesperado de tener al menos algo único y manifestarlo. Los retratos humorísticos hechos de polvo y viento.

A. G. Porta

Acaba de salir al mercado una novela (*Braudel por Braudel,* Acantilado) de mi amigo A. G. Porta, a quien conozco desde que su hijo era un niño casi de pecho y ahora el niño es un muchacho de veintiuno o veintidós años, estudiante de cine, y es más alto que su padre y también más alto que yo. Recuerdo que conocí a A. G. Porta en 1978, en las oficinas de una editorial marginal de Barcelona, que sólo publicaba poesía y que, resignadamente, se llamaba La Cloaca. No era un buen principio, pero para nosotros, que entonces escribíamos poesía y éramos los campeones de los futbolines del distrito quinto de Barcelona, era un principio al menos prometedor. Nunca olvidaré que en épocas en que yo no tenía ni un duro mi amigo aparecía por mi casa de la calle Tallers con yogurs y cigarrillos, regalos razonables y prácticos. Luego fueron pasando los años. Yo me marché a Girona y luego a Blanes y A. G. Porta permaneció en Barcelona. La primera novela que yo publiqué, sin embargo, es la primera novela que él publicó, por la sencilla razón de que la escribimos a dos manos. Su título: *Consejos de un discípulo de Morrison a un fanático de Joyce.* Muchas veces me han preguntado quién era el discípulo de Morrison y quién el fanático de Joyce. A. G. Porta, sin duda, era el fanático de Joyce. Lo había leído todo del escritor irlandés y de hecho su posterior y largo silencio de alguna forma es producto de esa lectura. Recuerdo que durante muchos años se dedicó a escribir o a juntar aleatoriamente frases sueltas del *Ulises* con las que armaba poemas que llamaba, a la manera duchampiana, *readymades.*

Algunos eran muy buenos. Ahora, por fin, ha escrito otra novela. *Braudel por Braudel* trata sobre la vida, sobre el flujo de la vida, sobre la apariencia, sobre el engaño y sobre la felicidad. Su escritura es tan clara como una pintura de Hockney. Quien la empiece a leer ya no podrá soltarla hasta la última página.

El alma vendida al diablo

Norberto Fuentes, el autor de *Condenados de Condado,* un libro en más de un sentido memorable, ha vendido su alma al diablo. Norberto Fuentes es cubano. Ahora vive en Estados Unidos, pero no hace mucho vivía y paseaba, es de imaginar que con mucho señorío, por las calles de La Habana. No hace mucho apareció en Seix Barral el último de sus libros, *Dulces guerreros cubanos,* un volumen en donde aparentemente se narra la amistad del autor con el general Ochoa y con los hermanos De la Guardia, es decir aquellos a quienes el régimen cubano fusiló o encarceló en 1989. Ochoa y los De la Guardia fueron hombres de la Revolución cubana y Norberto Fuentes describe, con estilo sincopado, algunas de sus andanzas y de paso describe las andanzas de muchos otros personajes del aparato militar o político del régimen: desde Fidel Castro hasta los innumerables burócratas que se dedican a grabar conversaciones.

Norberto Fuentes, y ésta es una de las rarezas del libro, no oculta que ha sido un privilegiado de la revolución. Se pavonea con un Rolex por las calles de La Habana y nos cuenta esa curiosa costumbre, entre los mandos, de tener todo por duplicado: dos Rolex, dos casas, dos mujeres. También habla de las cárceles y de las guerras del régimen, un régimen que él defendía con ardor guerrero hasta que las cosas se le pusieron malas. Es como si Raúl Castro hoy se exiliara en Miami y escribiera un libro lamentándose de las injusticias cometidas por su hermano en cuarenta años de dictadura. Norberto Fuentes, sin embargo, fue un escritor de cierto talento y eso aún persiste, una sombra apenas de lo que fue o pudo ser, pero allí está. Y se nota. No pide perdón. Intenta justificarse. Adopta un aire cínico y nihilista, pero no pide perdón. La revolución cubana aparece en sus páginas tal como es: una película de gángsters rodada en el trópico. Y en esa película de gángsters Norberto Fuentes cree tener un papel importante, cuando en realidad sólo ha sido uno de los bufones del amo y nada más. El experto oficial en Hemingway intenta en su exilio norteamericano escribir como Hemingway, pero no lo consigue. Sus páginas hablan de la indignidad y la vergüenza y su escritura rezuma indignidad y vergüenza. Lejos están las fiestas y el poder. Lejos están los paseos por La Habana a bordo de su Lada soviético trucado.

Norberto Fuentes ya no es un escritor, es un alma en pena.

Son raros los amigos

Uno está preparado para la amistad, no para los amigos. Y a veces ni siquiera para la amistad, pero al menos se hace el intento: generalmente manoteamos en la oscuridad, una oscuridad que no es extraña a nosotros, una oscuridad que sale de nosotros y que se funde con la realidad puramente exterior, con la oscuridad de unos gestos, de unas sombras que alguna vez creímos familiares y que en realidad son tan extrañas como un dinosaurio.

A veces eso es un amigo: la silueta de un dinosaurio que atraviesa un pantano y a la que no podemos asir ni llamar ni advertirle nada. Son raros los amigos: desaparecen. Son muy raros: a veces, al cabo de muchos años, vuelven a aparecer, y aunque la mayoría ya no tiene nada que decir, algunos sí que tienen algo que decir y lo dicen.

Hace poco tuve el extraño privilegio de reencontrarme con un viejo amigo. Lo conocí en Chile, en 1973, y lo volví a ver el año pasado. Tras las palabras de rigor mi amigo se lanzó a contarnos a mi mujer y a mí su historia. Era una historia llena de peligros, aventuras, cárceles, sangre. En un momento determinado recordó una noche en que dos jóvenes huían de las balas que disparaba una patrulla nocturna, saltando a través de los patios de un barrio extremo. Mi mujer lo escuchaba con atención. Yo también me puse a escucharlo con atención. Parecía un cuento. Uno de esos jóvenes era mi amigo. Cuando le pregunté quién era el otro, él me dijo: ¿no te acuerdas? No, no me acordaba. El otro eras tú, dijo él. Al principio no le creí. Aquella noche se había borrado de mi memoria. Pero luego recordé y fue entonces cuando vi al dinosaurio o a la sombra del dinosaurio atravesando con sigilo el pantano mientras todos los fusiles del mundo apuntaban a su cabeza.

Osvaldo Lamborghini: mártir

Hay libros que inspiran miedo. Miedo de verdad. Más que libros parecen bombas de relojería o animales falsamente disecados dispuestos a saltarte al cuello en cuanto te descuides. Esta experiencia yo sólo la he tenido en dos ocasiones. La primera fue hace mucho tiempo, en 1977 o 1978; leía entonces una novela breve en una de cuyas páginas se advertía al lector que a partir de ese momento podía morirse. Es decir que se podía morir literalmente, caerse al suelo y no levantarse. La novela era *La asesina ilustrada*, de Enrique Vila-Matas, y que yo sepa ninguno de sus lectores se murió aunque muchos salimos transformados después de su lectura, con la certeza de que algo había cambiado para siempre en nuestra relación con la literatura. *La asesina ilustrada*, junto con *Los dominios del lobo*, la primera novela de Javier Marías, marca el punto de salida de nuestra generación.

La segunda novela que me ha producido verdadero miedo (y esta vez el miedo ha sido mucho más fuerte, porque no atañe a la muerte sino al dolor y la humillación) es *Tadeys*, la obra póstuma de Osvaldo Lamborghini. No existe novela más cruel. La empecé a leer con entusiasmo —un entusiasmo refrendado por la prosa original de Lamborghini, frases como salidas de la pintura flamenca y de un improbable pop-art argentino y centroeuropeo, guiado además por mi admiración por César Aira, discípulo y albacea de Lamborghini, autor del prólogo que abre esta novela inclasificable—, y mi entusiasmo o mi inocencia de lector se vio parada en seco por la escritura del terror que me aguardaba. Sin la menor duda es el libro más bestia (no se me ocurre otro calificativo) que he leído en español en este siglo que se acaba. Es magnífico, es un regalo para un escritor, pero resulta imposible leer más de veinte páginas seguidas, a menos que uno desee contraer una enfermedad incurable. Yo, por supuesto, no lo he terminado y probablemente me moriré sin acabar de leerlo. Pero no lo voy a dejar. De vez en cuando me siento valiente y leo una página. En noches excepcionales puedo leer dos.

Neruda

Acabo de leer, es decir de releer, es decir de hojear de forma anárquica, como quien revisa las cartas comerciales y sentimentales de su abuelo, el primer volumen de las *Obras completas* de Pablo Neruda (de *Crepusculario* a *Las uvas y el viento,* 1923-1954), en Galaxia Gutenberg-Círculo de Lectores, en una excelente edición a cargo de Hernán Loyola, chileno, uno de los mayores estudiosos de Neruda, con el asesoramiento del poeta argentino Saúl Yurkievich.

El libro, de más de mil doscientas páginas, comprende el corpus principal de la poesía nerudiana y en él es dable encontrar los tres libros que, por distintos motivos, dieron fama mundial al poeta, los *Veinte poemas de amor y una canción desesperada* (de 1923-1924), *Residencia en la tierra* (de 1925-1935), probablemente el Neruda más alto, y el *Canto general* (de 1938-1949), un Neruda inagotable, repetitivo, el momento en que la enseñanza de Whitman se tuerce de forma crucial en la poesía latinoamericana, un libro en el que coexisten poemas extraordinarios con otros definitivamente insalvables.

Pero también puede el lector encontrar en este primer volumen de las *Obras completas* otros libros menos conocidos, como *Los versos del capitán,* los poemas de amor de un Neruda maduro que inicia con la torrencialidad que lo caracteriza una nueva relación sentimental, o los poemas de *Las uvas y el viento,* postales de un ciego por acción u omisión que viaja a lo largo y ancho de la Unión Soviética y no se da cuenta de nada, pero absolutamente de nada, lo que contradice el tan mentado instinto de los poetas, que en ocasiones tienen vocación de mendigos o aventureros, pero que la mayoría de las veces su vocación es la de cortesanos, o *Tentativa del hombre infinito,* un Neruda juvenil y lleno de hallazgos, o uno de sus libros menos conocidos, *El habitante y su esperanza,* de 1926, que Neruda llama «novela», y que tal vez lo sea, un libro interesantísimo, de prosa poética con un pie puesto en el modernismo y el otro en la vanguardia, un libro de soledades y manierismos, de debilidades y gestos crispados.

Hannibal, de Thomas Harris

Curiosa esta novela. Es un *best seller* y está pensada para la venta masiva, pero ojalá muchos de los novelistas actuales escribieran así. Thomas Harris ha leído a los clásicos de su lengua. A Dickens, a Stevenson, a Jane Austen, a las hermanas Brontë. Y sabe cómo dosificar una historia. No es un gran novelista. Sólo sabe su oficio, pero cuánto se agradece leer de vez en cuando a alguien capaz de emprender un relato largo sin matarnos de aburrimiento antes de llegar a la página cincuenta. Y Hannibal Lecter es un gran personaje. Con desmayos, con episodios cursis, incluso con blandenguerías, pero a la postre un gran personaje. Su posición ante el crimen es un caos. No hay fondo ni concierto. Pero su posición ante el dolor y la brevedad de la vida por momentos es magnífica y hace de él un héroe virtuoso. Y los personajes secundarios son creíbles e increíbles al mismo tiempo, es decir, son literatura, como el ambicioso inspector Pazzi de la Questura florentina, cuyo destino está prefigurado en un fresco renacentista; o como Carlo, el secuestrador sardo que mastica constantemente un diente de ciervo y que huele a porqueriza; o como el ayudante Mogli, canoso y corrupto y también, a su manera, valiente; o como Barney, el enfermero negro autodidacta, un personaje brillante que nos da una idea cabal si no de la literatura que acumula Harris en su cabeza sí de sus provechosas lecturas y de su capacidad de observación: la relación entre Barney y la hermana lesbiana de Mason Verger está dibujada con la misma delicadeza y lucidez de Vermeer, cuya obra diseminada por los museos del mundo Barney quiere observar en vivo y en directo al menos una vez en su vida. Para no hablar de la agente Starling, a quien siempre veremos con los rasgos de Jodie Foster, pero que probablemente, en los sueños de Harris, es más guapa que Jodie Foster; o como Mason Verger, el archivillano, la única víctima de Lecter que ha sobrevivido, millonario, pederasta y mártir. La némesis de Lecter y al tiempo la otra cara de la misma moneda.

La poesía chilena y la intemperie

Las imágenes que tengo de la poesía chilena se asemejan al recuerdo que guardo de mi primer perro, el Duque, una mezcla de San Bernardo, pastor alemán, perro lobo y quiltro, que vivió en nuestra casa durante muchos años y que en algunos momentos de desamparo fue como mi padre, mi madre, mi profesor y mi hermano, todo junto. Para mí el Duque es la poesía chilena y tengo la vaga sospecha de que para los chilenos la poesía chilena es un perro o las diversas figuras del perro: a veces una manada salvaje de lobos, a veces un aullido solitario oído entre dos sueños, a veces, sobre todo últimamente, un perro faldero en la peluquería de perros. Recuerdo a Neruda, a Gabriela Mistral, a Huidobro, a Parra, a De Rokha, pero también recuerdo a Pezoa Véliz y su poema sobre el hospital, un poema que merece estar en la antología de la melancolía latinoamericana, y las canciones de Violeta Parra, que salen directamente de la antología griega arcaica y que hablan de la tragedia latinoamericana y que no desfallecen.

Así nos va a los chilenos, ésa parece ser nuestra suerte y nuestra singular suntuosidad. Así aparece Lihn, un lujo inmerecido, que durante toda su obra procuró enseñarnos a no hacer melodrama, y aparece Teillier, que se fue a morir a uno de los barrios más miserables de Santiago, cumpliendo con su destino de poeta y de alcohólico. Después de Lihn y de Teillier la nada o el misterio nos da la patita e incluso mueve la cola. Zurita crea una obra magnífica, que descuella entre los de su generación y que marca un punto de no retorno con la poética de la generación precedente, pero su escatología, su mesianismo son también los puntales de un mausoleo o de una pira funeraria hacia la que se encaminaron, en los años ochenta, casi todos los poetas chilenos. Ese *dolce stil novo* pretendió ser renovador y épico y en algunos aspectos lo fue, aunque sus flecos fueron amargos y patéticos.

La poesía de Gonzalo Millán, una de las más consistentes y lúcidas ya no sólo en el panorama chileno sino latinoamericano, se erige durante algunos años como la única poesía civil frente al alud de poesía sacerdotal: es un alivio leer a Millán, que no se propone a sí mismo como poeta nacional ni como la voz de los oprimidos. Juan Luis Martínez hace una lectura brevísima de Duchamp (y ejemplar en algún sentido) y desaparece. Rodrigo Lira abre un camino y se pierde. Pero hay que releer a Rodrigo Lira. No pretende ser Dante sino Condorito. No pretende entrar en la Casa de las Becas (que durante tanto tiempo fue la Casa de los Poetas) sino en la Casa de la Destrucción. Diego Maquieira escribe dos libros únicos, brillantes, y después opta por el silencio. ¿Qué nos quiso decir Maquieira?, me pregunto a veces. ¿Movió la cola, gruñó, la poesía chilena le tiró un palito para que lo fuera a buscar y ya no volvió? Con Diego Maquieira todo es posible, lo mejor y lo peor. El rebelde por excelencia de mi generación, sin embargo, es Pedro Lemebel, que no escribe poesía pero cuya vida es un ejemplo para los poetas. En Lemebel está la dulzura, una sensación de fin del mundo y el resentimiento feroz: con él no hay medias tintas, su lectura requiere una inmersión en profundidad.

La poesía chilena es un perro y ahora vive a la intemperie. Bertoni, que recoge cochayuyos en la costa, lo ejemplifica a la perfección.

El misterio transparente de José Donoso

Me cuesta escribir sobre Donoso. En casi todo estoy en desacuerdo con él. Cuando agonizaba, leí que pidió que le recitaran *Altazor*, de Huidobro, y la imagen de Donoso en una cama de la que ya no iba a salir, escuchando los versos de *Altazor*, me pone enfermo. No tengo nada contra Huidobro, me gusta Huidobro, pero ¿cómo alguien que se está muriendo puede querer que le lean ese poema? No lo entiendo. O tal vez sí lo entiendo y entonces aún lo entiendo menos, como si Donoso fuera un espejo en donde se refleja la esencia de Chile y la esencia del oficio de escritor, y esa imagen doble, en donde palpitan al unísono la enfermedad y la superficialidad y la desmesura, sólo consigue entristecerme, pues en ella es posible ver, aunque sólo sea al trasluz, como a Donoso le hubiera gustado, la miseria final del oficio y la miseria final de las patrias. La copa que él apuró hasta el fondo.

Donoso escribió tres buenos libros. Uno de ellos muy bueno y los otros dos con la fuerza suficiente como para perdurar en la memoria de sus lectores. El primero es *El lugar sin límites,* un libro sobre la desesperación y sobre la precisión. Los otros: *El obsceno pájaro de la noche,* una obra ambiciosa e irregular, y *El jardín de al lado,* que se ofrece como juego y testamento y que finalmente, y ésa no es la menor de las paradojas en la obra de Donoso, fue su testamento literario. En *El jardín de al lado,* entre otras cosas, se narra la historia de un escritor chileno fracasado que vive en Cataluña y que no quiere volver a Chile. El regreso es la perdición. Regresar, aceptarse, permitir que aquellos que son como tú te acepten, te reconozcan, con la única condición de que tú los aceptes a ellos y los reconozcas, se convierte en un acto tan amargo como el de un jugador de fútbol latinoamericano que juega en las ligas europeas y que en determinado momento descubre que allí ya no lo quieren o ya no lo necesitan y debe volver a jugar en la liga de su propio país. Ya no recuerdo cuál es la opción que escoge el personaje de Donoso. No sé si vuelve o se queda en Europa. Tal vez se queda. A Donoso nunca lo abandonó el gusto por los perdedores combinado con una rara (y lúcida) resignación ante la suerte adversa. En cualquier caso la decisión, sea cual fuere, es irrelevante porque la derrota —y el humor, pues acaso ésta sea la novela más humorística de Donoso— lo aguarda al final de ambas opciones. Para el protagonista de *El jardín de al lado* ya no hay salida. Después de esta novela, para el escritor José Donoso, tampoco.

La herencia de Donoso es un cuarto oscuro. En el interior de ese cuarto oscuro pelean las bestias. Decir que él es el mejor novelista chileno del siglo es insultarlo. No creo que Donoso pretendiera tan poca cosa. Decir que está entre los mejores novelistas de lengua española de este siglo es una exageración, se lo mire como se lo mire. Chile no es un país de novelistas. Hay cuatro, tal vez cinco grandes poetas chilenos, y ningún novelista puede resistir una somera comparación con ellos. Prosistas sí que hay, no muchos, pero no novelistas. En un panorama dominado por Augusto D'Halmar y por Manuel Rojas, sin duda la obra de José Donoso resplandece. En el gran teatro de Lezama, Bioy, Rulfo, Cortázar, García Márquez, Vargas Llosa, Sábato, Benet, Puig, Arenas, la obra de Donoso automáticamente se desplaza a un segundo plano y empalidece.

Sus seguidores, los que hoy portan la antorcha de Donoso, los donositos, pretenden escribir como Graham Greene, como Hemingway, como Conrad, como Vonnegut, como Douglas Coupland, con mayor o menor fortuna, con mayor o menor grado de abyección, y desde esas malas traducciones llevan a cabo la lectura de su maestro, la lectura pública del mayor novelista chileno. Desde los neoestalinistas hasta los opusdeístas, desde los matones de la derecha hasta los matones de la izquierda, desde las feministas hasta los tristes machitos de Santiago, en Chile todos, veladamente o no, se reclaman sus discípulos. Grave error. Mejor harían leyéndolo. Mejor sería que dejaran de escribir y se pusieran a leer. Mucho mejor leer.

Mosley

Leí hace poco la última novela de Walter Mosley (*De pesca*, Anagrama), el autor de novela policiaca preferido por Bill Clinton, padre del detective Easy Rawlins, un negro que en realidad no es un detective sino simplemente un negro norteamericano, o un afroamericano como diría alguien políticamente correcto, que siempre tiene todas las de perder y cuya historia Mosley nos la ha contado en seis novelas, dos de ellas excepcionales o muy cerca de lo excepcional, que cubren, hasta la fecha, un largo período en la historia norteamericana del siglo xx, desde 1939 hasta los sesenta, de momento, pues Easy va envejeciendo novela tras novela, y si en la primera lo vimos como un veterano de la Segunda Guerra Mundial, un joven negro de Texas que en Europa ha aprendido a matar blancos, en la última aparece como un trabajador responsable cuya única preocupación válida son sus hijos. Porque Easy Rawlins en realidad no es un detective sino un tipo inteligente que de vez en cuando soluciona problemas, busca gente desaparecida, intenta arreglar asuntos de poca monta que inevitablemente se convierten al cabo de pocas páginas en asuntos de vida o muerte, y los problemas se agrandan hasta hacerse insoportables, la máquina de la realidad se pone en funcionamiento y todo lleva a los lectores a pensar que de ésta Easy no saldrá vivo, entre otras cosas porque es negro y pobre y ningún poder político o religioso está detrás de él, un tipo que sólo tiene a su favor un poco de fuerza física, bastante inteligencia y nada más. Pero Easy siempre sale de los callejones sin salida en que lo pone Mosley. Magullado, malherido, cada vez más viejo y más descreído, pero sale, como también salían los personajes de Chandler, de Hammett, de Jim Thompson, de Chester Himes. Y esa capacidad de supervivencia de su personaje es uno de los principales regalos que nos ha hecho Mosley. Ha creado el estoico moderno. Es decir, el estoico de siempre. Ha revitalizado dos géneros, el de la novela *hard-boiled* y el de la novela behaviorista norteamericana, con la visión desesperada y lúcida de Easy Rawlins.

Aviones

Volvía, el otro día, de América, y era de noche y el avión volaba sobre el Brasil, supongo, y todos o casi todos dormíamos, el avión volaba con las luces interiores atenuadas y en la tele daban una película cómica, creo, que transcurría sin sonido salvo para los insomnes, salvo para los fanáticos omnívoros del cine, cuando de repente una voz salió por los altoparlantes y nos dijo que nos abrocháramos los cinturones y luego una azafata que sólo hablaba inglés pasó deprisa por nuestro pasillo despertándonos y diciéndonos que nos pusiéramos los cinturones y se encendieron las luces en donde nos conminaban a que nos abrocháramos los cinturones y que no nos los quitáramos hasta nuevo aviso. Y eso hicimos y acto seguido seguimos durmiendo (salvo los insomnes), y el avión entró en una zona de turbulencias que no nos despertó aunque en medio del sueño sentíamos los crujidos del avión, las sacudidas, como si otro sueño hubiera entrado en nuestro sueño o como si nos estuviéramos enfermando en el transcurso (en el interior) del sueño y no le diéramos mayor importancia. Y entonces el avión se estremeció entero y empezamos a caer. Mi mujer, una de las insomnes, abrazó a nuestro hijo y a mí. Yo me desperté justo cuando todas las luces del avión (ya de por sí tenues) se apagaban, incluida la tele y su película de humor. Me desperté y se hizo la oscuridad y todos los pasajeros se pusieron a gritar en la oscuridad. El avión caía a una velocidad impresionante, aunque la palabra impresionante aquí no tiene nada que decir. La sensación que sentí, abrazado a mi mujer y a mi hijo, fue de realidad. Una realidad densa, pesada, irreversible. Allí no había nada irreal. Ni luces, ni películas, ni azafatas diciéndonos qué hacer. Quejidos y gritos sí. Una vieja sensación de realidad que todos los seres humanos conocen. Luego, diez segundos después, el avión se estabilizó. Algunos volvieron a dormirse. Otros pidieron whisky. Uno de los pasajeros aseguró haber visto a una azafata rezando de rodillas en la cocina.

El siglo de Grass

De un escritor como Günter Grass uno puede esperar una obra maestra hasta en el lecho de muerte, aunque por ahora todo parece indicarnos que *Mi siglo* (Alfaguara) será el penúltimo de sus grandes libros, un conjunto de relatos breves, uno por cada año del siglo que ya hemos dejado atrás, en donde el gran escritor alemán indaga en el destino no pocas veces convulso de su país. Desde los primeros equipos de fútbol hasta la Primera Guerra Mundial, desde la crisis económica de los veinte hasta la ascensión del nazismo, desde la Segunda Guerra Mundial y los campos de concentración hasta el Milagro Alemán, desde la posguerra hasta la caída del Muro de Berlín, todo cabe en este libro de más de cuatrocientas páginas que, sin embargo, pese a su extensión, nos parece tan corto, tal vez porque la sucesión de horrores, la sucesión de desgracias, y el impulso humano de sobrevivir pese a todo así nos lo hace percibir: el siglo ha sido como una exhalación.

El Grass de este libro, ciertamente, no es el de *El tambor de hojalata* ni el de *Años de perro* ni el de *El rodaballo,* por mencionar sólo tres de sus grandes y exhaustivas obras. Aquí estamos delante de un Grass crepuscular y fragmentario, porque la ocasión así lo amerita, y aparentemente cansado, sólo aparentemente, que emprende la revisión de su siglo alemán, que también es el siglo europeo, con la convicción de haber transitado por un trozo duradero del infierno y también con la certeza, la vieja y difamada y magnífica certeza de la Ilustración, de que el ser humano merece salvarse, aunque a menudo no se salve. Salimos del siglo XX marcados a fuego. Eso es lo que nos dice Grass. Y nos lo dice mediante unos cuentos magníficos, llenos de humor y de dolor, que parecen escritos por un joven de treinta años, con la energía precisa y con toda una vida por vivir.

Burroughs

Para algunas personas de mi generación William Burroughs fue el hombre inconmovible, el trozo de hielo que no se derretía jamás, el ojo que nunca se cerraba. Dicen que tuvo todos los vicios del mundo, pero yo creo que fue un santo al que se acercaron todos los viciosos del mundo porque tuvo la delicadeza e imprudencia de no cerrar nunca su puerta. La literatura, de la que vivió durante los últimos treinta años, le interesaba, pero no demasiado, y en eso fue semejante a otros clásicos norteamericanos que concentraron sus esfuerzos en la observación de la vida o en la experiencia. Cuando hablaba de sus lecturas uno tenía la impresión de que lo que hacía era recordar períodos imprecisos de estancias carcelarias.

Conoció, sin duda, la cárcel y escribió tal vez las páginas más lúcidas que se hayan escrito nunca sobre el régimen penitenciario de los Estados Unidos. Viajó por todo el mundo: su visión del planeta es tal vez una de las más desoladoras de este siglo. Y experimentó con todo tipo de drogas y salió ileso de una adicción a la heroína de más de quince años.

Sus observaciones sobre ciertas drogas duras lo emparentan con los grandes creadores de infiernos, salvo que en Burroughs no hay ninguna intención moral ni ética, sólo la descripción de un abismo inmóvil, la descripción de un proceso de corrupción sin fin. El lenguaje, dijo, es un virus llegado del espacio exterior, es decir, es una enfermedad, y durante toda su vida trató de luchar contra esa enfermedad.

Amaba las armas. Mató a su mujer, en México, mientras practicaban el número de Guillermo Tell. Fue un seguidor de Wilhelm Reich y construyó cajas de orgones en patios destartalados de ciudades perdidas, en donde solía recluirse (en las ciudades y en las cajas) como un Drácula, de Andrómeda.

La condición de terrícola, es decir, la condición de ser humano, no le gustaba y hubiera preferido nacer en cualquier otro planeta. Un planeta de arañas o de insectos gigantes. En la foto que ilustra la portada de *Mi educación* (Península), aparece con una escopeta y su forma de mirar nos indica que es muy capaz de usarla. En sus últimos años apareció haciendo papeles secundarios en varias películas: *Drugstore Cowboy* quizás sea la más memorable de todas.

La Selva Marítima

El nombre evoca un acuario de grandes proporciones. Pero no es un acuario sino el rincón de los valientes. En ocasiones, el cuartel de invierno adonde van a esperar —y a desesperar— los valientes. Más usualmente: la ciudad dormitorio en donde duermen y sueñan los valientes. Una franja de tierra junto al mar, y tres pueblos o tres ciudades pequeñas, que no pueden ser más diferentes la una de la otra, y que son, viniendo desde Barcelona, a manderecha del poste rutinario, las tres primeras ciudades de la Costa Brava: Blanes, que es más antigua que Nueva York y que en ocasiones parece una mezcla rabiosa de Tiro, Pompeya y Brooklyn; Lloret de Mar, que sólo se parece a Lloret de Mar, es decir a la Cartago de Flaubert, y Tossa, en donde hay un Chagall y la estatua de una mujer que en días de niebla echa a andar en busca de un hombre gentil. Para los que vienen de fuera no es fácil el acceso, es decir, hay una *apariencia* de dificultad en las entradas a la Selva Marítima, sobre todo si se carece de coche, pero el viajero, a poco de estar aquí o en los alrededores, percibe con una sensación cercana al asombro que esa dificultad es básicamente ilusoria. El tren sólo llega a Blanes y ni siquiera la estación de Blanes está cerca de Blanes propiamente dicho. La estación de Blanes está cerca de una fábrica. Hace años me explicaron lo que se fabricaba allí, pero ya lo he conseguido olvidar. Sólo sé que esa fábrica trajo a Blanes a muchos emigrantes, y que la mayoría de esos emigrantes se instalaron en Los Pinos, uno de los barrios del pueblo, entonces desierto a excepción de los pinares que le dieron el nombre, un barrio de casas blancas de una sola planta, junto al mar. Más allá de Los Pinos hay cámpings, algún hotel, edificios de apartamentos, todo de construcción reciente, y más allá está el río Tordera y al otro lado del río la provincia de Barcelona. Pero cuando uno llega a Blanes en tren sólo encuentra la estación y alrededor de la estación algunos huertos y un poco más allá el cuartel de la Guardia Civil, solitario la mayoría de las veces, y la fábrica que ahora es una fábrica modernísima y en donde casi nunca se ven trabajadores, como si esa fábrica fuera una oficina llena de oficinistas y el trabajo duro lo hicieran las máquinas, aunque yo sé que no es verdad, pues si no hay trabajadores, entonces ¿de dónde salieron los que poblaron y levantaron Los Pinos y luego La Plantera? La impresión que da la fábrica, no obstante, es de soledad. Y eso es lo que uno encuentra cuando llega en tren, que es la forma más barata de viajar a la Selva Marítima: un espacio vacío, el espacio del hula-hula infantil, el espacio sin tiempo del Mediterráneo, es decir huertos, árboles y una soledad hierática y orgullosa. En la estación de Blanes (que no parece una iglesia como la estación de Toledo ni un acertijo surrealista como la estación de Perpignan sino más bien una puerta disimulada entre la maleza) los viajeros, que hasta hace un momento venían juntos, se separan, y unos cogen el autobús a Blanes y los otros el autobús a Lloret. Si uno quiere ir hasta Tossa debe bajarse en Lloret y coger un taxi o preguntar de dónde salen los autobuses a Tossa. Los tres pueblos de la Selva Marítima parecen tres hermanas que hace mucho tiempo dejaron de hablarse. Empecemos por el que está en el medio.

Lloret, y ésta es una de sus principales virtudes, sólo se parece a Lloret. No hay ningún pueblo en la Costa Brava, ningún pueblo en el litoral catalán, ningún pueblo o ciudad de la costa española que se le asemeje. Lloret se construyó a sí misma y luego quemó los planos (o quemó a sus arquitectos, que para el caso es lo mismo). Por supuesto, para los amantes de lo antiguo, en Lloret aún quedan restos ibéricos en el Puig Castellet que datan del 250 hasta el 210 antes de Cristo, un poblado de guerreros cuya función probablemente fue la vigilancia del territorio, y restos romanos en Avellaners del siglo II. Pero Lloret es otra cosa: es el sueño del proletariado europeo, es alcohol y sexo y un conjunto arquitectónico que hará las delicias de los arqueólogos del año 4500 (después de Cristo). Lloret es como Delfos. Lloret es como Alejandría sin biblioteca. Lloret es la canción del verano traducida a cemento y ladrillos y calles que parecen una mezcla de todas las calles de Europa y que básicamente son calles democráticas y delirantes en donde el joven obrero alemán conoce a la joven obrera holandesa, en donde el triste divorciado inglés conoce a la triste divorciada francesa, en donde los *hooligans* entonan melancólicos villancicos a las cinco de la mañana como si fueran los niños cantores de Viena que nunca fueron y que siempre quisieron ser, porque la vida es bella, sí, pero también terrible, y terriblemente breve, y eso es Lloret (también): el espejo de nuestra brevedad, de nuestra fragilidad, de nuestra educada o feroz alegría. ¿He de decir que Lloret de Mar me parece magnífica? Allí baten el cobre los últimos camareros sobrevivientes de España. Y las más hermosas españolas se dejan seducir por los italianos más insistentes. Lloret está llena de altares y no se parece a ninguna ciudad (si acaso, a la Cartago de Flaubert), aunque las demás ciudades corren el riesgo de parecerse a Lloret. Hace unos meses, yendo en coche por una céntrica avenida de Berlín, de pronto un tramo de la calle, no más de unos quince metros, se transmutó de golpe en un tramo de una calle de Lloret de Mar. Cuando se lo dije a la amiga que conducía el coche, ésta me respondió, con flema alemana, que era imposible. Dimos la vuelta y buscamos ese pedazo urbano de Lloret en la austera avenida berlinesa. No lo pudimos encontrar. Fue sólo una visión. O tal vez fueron las postales, las flores, las sombrillas, el brillo en los ojos y en la piel de algunos transeúntes que ya no estaban. Ver amanecer en Lloret es un privilegio extenuante.

Los amaneceres de Tossa son distintos. Para empezar en Tossa hay un Chagall *(El violinista celeste)* y eso marca. El mismo Chagall describió Tossa como un *paradis bleu.* Del celeste al azul sólo media un parpadeo, un ligero movimiento o decaimiento en la luz, y eso es Tossa: una expansión y una contracción lumínica. Es decir, Tossa es un milagro. Es decir, Tossa es el resultado, siempre azaroso, de una determinada concepción de la belleza. Con apenas cuatro mil habitantes (Lloret tiene quince mil y Blanes treinta mil), Tossa es la hermana pequeña de la Selva Marítima, la más guapa, la más esbelta y la única que tiene, además de un Chagall, una estatua de Ava Gardner y un fantasma. La estatua de Ava es de tamaño natural y los visitantes que acuden al pueblo suelen fotografiarse junto a ella. Se sorprenden de su estatura: es bajita, un metro sesenta aproximadamente, y a veces a uno le asalta la sospecha de que en realidad esa estatua no es todo lo fiel, sobre todo en lo que respecta a la estatura, que dice ser. Pero es Ava, santa Ava, y está en Tossa, en donde fue feliz como una loba, y por las noches su fantasma sale de la estatua y se pasea por la bahía de Tossa y por la cala Moltó y por la cala Bona, y en noches de luna llena llega hasta la cala de Giverola y la cala del Senyor Ramon. Y esto no es una leyenda. Es absolutamente cierto. Yo he visto a Ava caminando por los ribazos del espacio natural de Cadiretes (a espaldas de Tossa) un atardecer lluvioso de primavera.

Tossa tiene un fantasma. Blanes no. En Blanes no hay fantasmas sino pura energía. Ya no recuerdo cuándo llegué aquí. Sólo sé que fue en tren y hace muchos años. Juan Marsé, en *Últimas tardes con Teresa,* convirtió Blanes en el paraíso inalcanzable de todos los Julien Sorel de España. Yo leí la novela en México y la sonoridad de la palabra

Blanes (que viene del latín *Blanda*) me subyugó. Todos somos el Pijoaparte, pero yo nunca sospeché que un día llegaría a Blanes y que ya nunca más desearía marcharme. Como diría un guía turístico del desierto (de la mente), muchos son los puntos de interés del pueblo: el jardín botánico Mar i Murtra, en donde se pueden admirar más de cuatro mil especies de árboles y plantas, y que fue fundado por Karl Faust en 1924; la fuente gótica, la joya de la villa, construida por la hija del conde de Prades, Violante de Cabrera, a finales del siglo xiv, de forma hexagonal, con seis surtidores de agua y seis gárgolas, y que es tan hermosa y tan humilde, allí, junto al viejo cine Marian, que uno se pregunta qué pasó por la cabeza de la hermosa Violante, de dónde salieron los maestros artesanos que la edificaron, cómo es posible que pasemos delante de ella cada día y no nos pongamos a llorar. Y por si eso fuera poco también está el jardín botánico Pinya de Rosa, fundado por Rivière de Caralt, con más de siete mil especies y que convierte a Blanes, decididamente, en un pueblo con un alto índice de árboles y plantas exóticas per cápita; la capilla de Nuestra Señora de la Esperanza, en donde antiguamente el capellán enseñaba gramática a los niños de la villa; la capilla de Santa Bárbara, del siglo xii, desde cuyo campanario se alertaba a los blanenses de la presencia de barcos enemigos, y la capilla de San Juan, en lo más alto del pueblo, construida por Grau de Cabrera a mediados del siglo xiii y que es lo primero que uno ve cuando llega en tren desde Barcelona, la torre de San Juan, alta y recortada contra el cielo y el Mediterráneo. Pero hay otro tipo de monumentos o puntos de interés, que son tal vez los que yo más aprecio. El arroz negro de Can Tarrés, por ejemplo, o el arroz negro del restaurante de Dimas, o el mercado que cada día, excepto los domingos, se extiende de una punta a otra de la calle de Dentro, o la Lonja del pescado, en donde se subasta la pesca diaria, o la presencia sutil del gran escritor Josep Maria de Sagarra, que en los cincuenta veraneaba en Blanes con su hijito Joan, o el viejo caserón donde vivió Ruyra, o el rapsoda Ponsdomènech que actualmente, con casi noventa años, aún pasea por el pueblo leyendo sus poemas a quien necesite o quiera escucharlo. Blanes se parece a Ponsdomènech. Blanes se parece a Violante de Cabrera, que no construyó fortificaciones ni murallas, como el resto de su parentela, sino una «fuente gótica civil», en plena calle, para uso y provecho de todos. Blanes se parece a los catalanes de la villa que fueron a pelear a Cuba y a los andaluces que vinieron a trabajar aquí y que luego salieron a pelear en el frente de Aragón y en el Ebro. Blanes se parece a sus playas, en donde se tuestan cada verano todos los valientes de Europa, los de aquí y los del otro lado de los Pirineos, las gordas y los gordos, los feos, los esqueléticos, las chicas más guapas de Barcelona, los niños de todo pelaje, las viejas y los viejos, los enfermos terminales y los resacosos, todos semidesnudos, todos expuestos al sol del Mediterráneo y a la mirada comprensiva de la torre de San Juan, y el olor que se desprende de las playas (es bueno recordarlo ahora, en el largo invierno) es el olor de las cremas corporales, de los bronceadores, de las pomadas de protección solar, que huelen a eso, evidentemente, pero que también huelen a democracia, a historia, a civilización.

Pezoa Véliz

Pezoa Véliz sin duda es el poeta menor por excelencia del Parnaso chileno y también uno de los más misteriosos, empezando por su apellido, que algunos escriben con zeta y otros con ese. Armando Donoso, uno de los primeros especialistas en su obra, aunque aquí la palabra especialista sin duda es excesiva, dice de él, de entrada, que era un mal poeta, autor sólo de tres poemas pasablemente buenos. Después lo trata de haragán, de plagiario más o menos consciente, de trepa y oportunista, aunque por otra parte se demora más de dos páginas en desmentir la fama de bastardo o hijo natural que pesaba sobre el poeta y que Armando Donoso, basándose en unas cartas, aclara con más voluntad que objetividad.

En el Chile de 1927, fecha de edición de las *Poesías y prosas completas* de Carlos Pezoa Velis (Nascimento, con recopilación y estudio de Armando Donoso, que entonces, es de suponer, era alguien y ahora es nadie), a diecinueve años de la muerte del poeta, ocurrida antes de cumplir éste los veintinueve, ser bastardo o no ser bastardo no era una cuestión baladí. Y el tal Donoso se aplica a su argumentación con una energía que hoy más bien parece un ataque de nervios. Con historiadores de ese calibre casi es preferible el olvido.

Sin embargo, y en esto no yerra Donoso, hay hechos insoslayables. Pezoa fue pobre toda su vida. Tuvo una madre que más que madre era una maldición gitana. Su educación fue mala. Su poesía adolece de casi todos los tics del modernismo y de pocas de sus virtudes. Su relación con las mujeres fue complicada. Su relación con la sociedad fue imposible: Pezoa, en el fondo, a la manera de tantos escritores, sólo quería medrar, aunque para llegar a ese punto tuviera que pasar por etapas tan contradictorias como el anarquismo, que lo sedujo, y por la burocracia, en donde encontró la paz de espíritu, un sueldo, las necesidades cubiertas, algo de tiempo para escribir. Las historias que lo sobreviven son de aquellas que hacen llorar: un Chile en blanco y negro, como si el país nunca hubiera existido. Pero escribió más de tres poemas (tal vez seis o siete) buenos, y uno de ellos, «Tarde en el hospital», posiblemente poco antes de morir, auténticamente bueno. Y allí sigue, encamado, el melancólico Pezoa Véliz.

Pinochet y Crusoe

En determinado momento de su estancia en la isla el voluntarioso Robinson dice: «Y como que mi razón comenzaba a dominar mi desaliento, procuré tranquilizarme tan bien como pude, y para lograrlo intenté establecer una especie de comparación escrita entre lo bueno y lo malo de mi posición que me permitiera discernir mi propia suerte de lo peor; así que anoté con toda imparcialidad, en forma de "debe" y "haber", lo bueno de que gozaba y los infortunios que sufría». No resulta del todo vano en este momento realizar el mismo ejercicio del náufrago inglés, pues si bien el retorno del invicto general a la República conlleva cosas malas, de ese retorno también podemos extraer lecciones que a la postre resultarán buenas. Empecemos pues. Es malo que Pinochet regrese porque los derechos humanos pierden una batalla más. Es bueno que Pinochet regrese para que los ilusos recordemos que los derechos humanos pierden casi todas las batallas. Es malo porque, evidentemente, en Chile no será juzgado. Es bueno porque ningún juicio repara, ni siquiera mínimamente, lo irreparable. Es decir, en lo que a la sangre se refiere, este asunto no tiene remedio. Es malo: porque volverá a Chile como el Cid, que ganó su última batalla después de muerto. Es bueno: porque los indecisos pueden acudir en masa a votar a Lagos ante la presencia real del tirano. Sin embargo, hay que reconocer que es malo que Lagos, para ganar, tenga que contar con la presencia de Pinochet, como si los años hubieran transformado a éste en una *majorette* socialista (y no sólo es malo sino que también dan ganas de llorar). Pero es bueno que nos demos cuenta de eso y que admitamos que vivimos en una democracia frágil, acaso tutelada. Es malo el esfuerzo del gobierno de la Concertación por liberar a Pinochet. Pero es bueno que, mientras tanto, en Chile la derecha no haya asesinado ni a los embajadores de España y Gran Bretaña ni a ningún dirigente socialista, comunista o democratacristiano. Ganas, probablemente, no les han faltado. Es malo que la detención de Pinochet haya desempolvado las plumas de los escritores de derecha que aplican la picana sintáctica y gramatical a muchos lectores prevenidos o desprevenidos. Pero es bueno que la liberación de Pinochet consiga que muchos escritores de izquierda dejen de escribir sobre el tema y se pongan, más que un ejemplo es un deseo, a leer, algo que sus lectores —prevenidos y desprevenidos— les agradecerán con entusiasmo. Por lo que a mí respecta, la situación es más o menos clara: Pinochet debería ser juzgado en Europa, que es el único sitio en donde se dan las condiciones de un juicio justo. Esto es lo malo. Pero lo bueno es que, de alguna manera, Pinochet ya ha sido juzgado, ya ha conquistado con sangre y cobardía y un mal gusto monumental su sitio en la historia. Allende, por el contrario, que cometió tantos errores pero que siempre fue un caballero y un valiente, cada día canta mejor.

Neuman, tocado por la gracia

Entre los jóvenes escritores que ya han publicado su primer libro, Neuman quizás sea el más joven de todos y su precocidad, que aparece ornada de relámpagos y hallazgos, no es su mayor virtud. Nacido en Argentina en 1977, pero criado en Andalucía, Andrés Neuman es el autor de un libro de poemas, *Métodos de la noche,* publicado en Hiperión en 1998, y de *Bariloche,* una excelente primera novela con la que quedó finalista del último Premio Herralde.

La novela trata sobre un recogedor de basura de Buenos Aires que en sus ratos de ocio se dedica a armar puzzles. Tuve la oportunidad de formar parte del jurado de este premio y la novela de Neuman me subyugó, si es posible utilizar este término de principios del siglo XX, y me hipnotizó a partes iguales. Ningún buen lector dejará de percibir en sus páginas algo que sólo es dable encontrar en la alta literatura, aquella que escriben los poetas verdaderos, la que osa adentrarse en la oscuridad con los ojos abiertos y que mantiene los ojos abiertos pase lo que pase. En principio, ésa es la prueba (y también el ejercicio y la torsión) más difícil y Neuman, en no pocas ocasiones, lo consigue con una naturalidad que da miedo. Nada en sus páginas suena a impostado: todo es real, todo es ilusorio, el sueño en el que se mueve como un sonámbulo Demetrio Rota, el basurero bonaerense, es el sueño de la gran literatura y su autor lo escancia con palabras y escenas precisas. Cuando me encuentro a estos jóvenes escritores me dan ganas de ponerme a llorar. Ignoro el futuro que les espera. No sé si un conductor borracho los atropellará una noche o si de improviso dejarán de escribir. Si nada de esto ocurre, la literatura del siglo XXI les pertenecerá a Neuman y a unos pocos de sus hermanos de sangre.

Miguel Casado: poeta

Miguel Casado, castellano nacido en 1954, profesor de instituto en Toledo, es uno de mis poetas favoritos. Hace poco me llegó una carta suya con un poema. Sólo ahora, con escasa seguridad, me decido a enviártelo, asegura. Después me dice que es el primer poema en bastante tiempo. Como si se le hubiera olvidado escribir poesía, lo que no es cierto, aunque es verdad que algunos poetas olvidan este difícil arte o se repiten o, aún peor, repiten a los demás. No es el caso de Casado. Su poema, sin título, habla de un viaje Toledo-Madrid-Málaga, y el viaje está allí, primero en autobús, luego en tren, las tierras secas, el metro de Madrid en donde un padre y un hijo negros adelantan al poeta hablándose en castellano, la cola de un servicio público, la larga cola en donde casi todos son ancianos y van entrando de uno en uno. Todo esto mientras recuerda, el viajero del autobús y del metro y del tren, la conversación mantenida la noche anterior con un amigo que ha viajaúdo en avión a través del Atlántico y el avión, según el amigo del poeta, ha estado a punto de caerse y los viajeros se han puesto a gritar en la oscuridad y la realidad se ha espesado y se ha hecho, por tanto, mucho más real o tal vez debería decir mucho más cierta. En algún momento del poema se habla del llanto de un niño. En otro verso el poeta mira por la ventana del tren las afueras de Córdoba en donde tampoco hay sol. Dice: «El viaje languidece como si en torno hubieran hecho el vacío». En los versos finales se citan unas palabras de Norman O. Brown: «La democracia no tiene monumentos. No acuña medallas. No lleva la cabeza de ningún hombre en las monedas. Es iconoclasta». El sueño, dice Casado, es colectivo, aunque ni siquiera sea posible conocer a quien sueña. Entonces, para adaptarse al ancho de vía, se detiene el tren, y justo en ese momento, antes de llegar a su destino geográfico pero habiendo llegado sobradamente a su destino creativo, se detiene el poema.

El último libro de Vila-Matas

Todo en este libro es inquietante, empezando por la portada, una fotografía de August Sander en donde se ve a tres jóvenes campesinos vestidos de domingo, los tres con sombrero y bastón, que miran a la cámara con orgullo, un orgullo no carente de elegancia e indiferencia y distancia, como si ellos supieran algo de la literatura que nosotros ignoramos. Los campesinos, que no sólo son jóvenes sino también guapos, van por un camino de tierra, un camino que se adivina no demasiado ancho, en medio de sembradíos o de campos en barbecho, y han girado sus rostros en dirección al ojo de la cámara que los fotografía, un alto en el camino, un alto que apenas modifica esos rostros soberanos, esos rostros moldeados para el abismo y el vértigo. Y eso es lo que nos aguarda a los lectores en el interior de *Bartleby y compañía* (Anagrama), el último libro de Vila-Matas, un paseo sucinto, escrito en forma de notas a pie de página, por el abismo y el vértigo no ya sólo de la literatura (aunque por momentos ése pareciera ser el único argumento) sino de la vida, del breve espacio de vida a que cada ser humano está destinado. En ese sentido éste es un libro desafiante: desafiante la actitud del escritor al escribir sobre los que en un determinado momento de su vida han decidido no escribir y desafiante al penetrar, armado únicamente con las no siempre infalibles armas de la elegancia y el humor, en el territorio donde se dilucida la posibilidad y la imposibilidad de la escritura. Llegados a este punto es necesario, por cortesía, hacernos una pregunta cada vez más retórica: ¿estamos ante una novela, ante una colección de medallones literarios o antiliterarios, ante un libro misceláneo que escapa a las categorías preestablecidas, ante un diario de vida del autor, ante un entrelazamiento de crónicas periodísticas? La respuesta, la única respuesta que por el momento se me ocurre, es que estamos ante otra cosa, que puede ser una mezcla de todas las anteriores, y que tal vez estamos ante una novela del siglo XXI, es decir una novela híbrida, que recoge lo mejor del cuento y del periodismo y la crónica y el diario de vida. De alguna manera este libro me recuerda otro de Vila-Matas, *Para acabar con los números redondos,* publicado en 1997, un libro magnífico, uno de los libros más felices que he leído y que en España pasó casi desapercibido cuando sin ninguna duda fue de lo mejor que se publicó en aquel año. El aliento es el mismo. La fuerza poética es la misma. Incluso la levedad es similar. Pero lo que en *Para acabar con los números redondos* era certeza y por tanto acumulación de felicidades y claridades, en *Bartleby y compañía* es laberinto de atardecida, como esos laberintos de los pintores simbolistas, y también es fiebre y búsqueda de salidas y en ocasiones canto o aullido de cisne, y es sobre todo el valor de un escritor que recoge y cataloga infiernos de bolsillo o infiernos invisibles, aquello que en una visión global compone el gran infierno, y que habla ya no sólo de los escritores que en un determinado momento de sus vidas (un momento de lucidez o de desesperación o de locura) dejaron de escribir sino de los escritores que como el mismo Vila-Matas nunca van a dejar de escribir, y a partir de allí habla de la muerte, de los gestos inútiles ante la muerte pero que nos salvan (o que pueden salvarnos), y no sólo habla de escritores, y esto el lector lo entiende sólo en las últimas páginas, sino que en realidad habla de lectores, de seres humanos de toda laya, de gente que vive y que un día deja de vivir, de aventureros y agónicos, de gente que lee y de gente que un día deja de leer, y todo esto, que expuesto así podría llevar a pensar que estamos ante una muralla, se nos presenta en un libro de apenas 179 páginas, un libro atenuado por el sentido del humor de Vila-Matas que no tiene parangón en el panorama actual de la narrativa española, un libro atenuado por la elegancia de Vila-Matas, similar en su actitud desafiante a la de los campesinos de domingo de la foto de la portada, aunque Vila-Matas es lo más lejano que conozco de un campesino, aunque Vila-Matas trabaja los domingos.

Ana María Navales

De Ana María Navales sabía pocas cosas. Sabía que era poeta, había leído un par de poemas suyos en alguna parte, y sabía que dirigía con entusiasmo y fortuna la revista de literatura *Turia* que se edita en Aragón. Hace poco llegaron a mis manos dos libros suyos: *El laberinto del Quetzal*, editado por Calima Ediciones en 1997, y *Cuentos de Bloomsbury* (Calambur Editorial, 1999, aunque hay una edición anterior). *El laberinto del Quetzal* es una novela y aún no la he leído, los *Cuentos de Bloomsbury* son relatos que giran alrededor del grupo inglés del mismo nombre y en sus páginas podemos encontrar, por supuesto, a Virginia y Leonard Woolf, a Lytton Strachey, a Dora Carrington, a Lady Ottoline Morrell, a la hermana de Virginia, Vanessa Bell, a la extraordinaria Katherine Mansfield, a la inquietante y hermosísima Vita Sackville-West, pero también a otras figuras menos conocidas o que yo al menos conocía poco o nada, como Ethel Smyth, sufragista, o Mark Gertler, pintor, o Richard Kennedy, aprendiz de impresor. Es evidente que Ana María Navales conoce perfectamente el tema o los temas de los que habla. En ningún momento sus historias parecen impostadas o tropiezan en el acta mortuoria. Sus relatos son elegantes y perspicaces. Se atreve a hablar en primera persona, incluso cuando esta primera persona es la voz de Virginia Woolf, y el resultado es óptimo y a menudo desasosegador. Estamos, como no podía ser menos, ante cuentos en donde la literatura y el arte ocupan un lugar destacado. Pero también ante textos en donde se respira un profundo amor por la vida y por la libertad. Mención destacada merece el titulado «Mi corazón está contigo», un texto cruel y lúcido en grado extremo, que leemos bajo la inocente forma de una carta que le escribe Virginia Woolf a la ya madura sufragista y feminista Ethel Smyth.

Castellanos Moya

Es bueno para la salud que un escritor hable mal de su país. Es bueno para la salud del escritor y es bueno para la salud del lector. En esas diatribas, en esas actas de la ignominia cotidiana, en esas peroratas de apestado se agazapan el humor y la alta literatura. Hace poco leí de un tirón la novela de un escritor salvadoreño, Horacio Castellanos Moya, en donde este ejercicio necesario llega a sus cotas más altas. *El asco,* que así se llama la novela, subtitulada *Thomas Bernhard en El Salvador,* es el monólogo de un tipo que ha vivido más de veinte años fuera de su país y que vuelve para el funeral de su madre. Poco después se encuentra en un bar con Castellanos Moya y comienza a hablar. Empieza con la cerveza salvadoreña, que compara con las aguas fecales y con el miasma, y se maravilla de que sus compatriotas, por llamarlos de algún modo, beban esa porquería con muestras tan claras de entusiasmo. La invectiva sigue con 1) los niños salvadoreños, cretinizados por sus padres y por la televisión, 2) la literatura salvadoreña, minúscula y engreída, 3) la burguesía salvadoreña, una caterva de ignorantes y de asesinos en potencia, 4) la izquierda salvadoreña, dispuesta a hacer lo que sea con tal de acceder al poder y acto seguido empezar a enriquecerse, 5) los delincuentes comunes de San Salvador, carentes de toda ética y oficio, capaces de matar por cinco dólares, 6) la universidad salvadoreña, en donde sólo se estudia administración de empresas, una fábrica de besugos en serie, 7) la Iglesia salvadoreña, probablemente una avanzada del infierno, 8) el machismo patológico de los salvadoreños, que enmascara un complejo de inferioridad sexual de proporciones cósmicas, 9) los emigrantes salvadoreños en Estados Unidos, peor que una plaga de langostas, 10) el rock salvadoreño, posiblemente de extorturadores reciclados, 11) las mujeres salvadoreñas, una banda de marujas castradoras, 12) la comida salvadoreña, un atentado contra cualquier estómago medianamente sensible, 13) los blancos, los negros, los indios, los mestizos salvadoreños, unos zombis sin redención posible. Y así podría seguir. Tras la publicación en El Salvador de esta novela Castellanos Moya recibió tantas y tan variadas amenazas de muerte que tuvo que marcharse a México, donde actualmente vive.

Los Ángeles del Infierno

Hace mucho tiempo, en 1966, el periodista norteamericano Hunter S. Thompson escribió un libro sobre los Ángeles del Infierno, la pandilla motera de la Costa Oeste, gracias al cual los perplejos lectores se enteraron de algunas de las peculiaridades de la más violenta de las tribus urbanas, los Hells Angels de la década del sesenta, los que recorrían el país montados en Harleys, bebiendo cerveza a granel y enfrascándose en peleas que hoy parecen más pintorescas que sangrientas, aunque, sin duda, alguna de las grescas de los Ángeles también fue sangrienta, la puesta en escena de una estética surgida de la mitología del *western* y de su prestigio, el prestigio de los «desperados», los que eligen, al unísono, la libertad y la desmesura, jóvenes blancos proletarios, machistas y racistas, sin estudios y con trabajos eventuales, diríase los futuros integrantes de las hermandades arias que crecieron en las cárceles de Estados Unidos cuando el sueño de los Ángeles, las carreteras interminables, se agotó en su propia inanidad. Thompson convivió con ellos durante unos meses esquizofrénicos y agotadores y el resultado es este libro salvaje (como todos los que, por otra parte, escribió Thompson, que siempre fue más salvaje que los Ángeles). En sus páginas, legibles pese a los más de treinta años transcurridos, volvemos a vivir las fiestas de la pandilla dionisiaca en la California de los beatniks y del nacimiento de los hippies, las orgías y el comercio sexual cutre en el que los Ángeles eran expertos, las razias policiales y los vanos e ingenuos intentos de Allen Ginsberg de reconducir ideológicamente a la banda desalmada. ¿Qué se hizo de los Ángeles del Infierno? Aún hay algunos en la Costa Oeste pero ya no provocan miedo a nadie. Su prestigio es otro *souvenir* de Hollywood. Cualquier banda de chicanos o negros (antes tan despreciados por los motoristas de la cruz gamada) sería capaz de exterminarlos a todos en una sola noche.

Sergio Pitol

Desde hace unos meses está en librerías *Tríptico del Carnaval* (Anagrama), del mexicano Sergio Pitol, volumen que contiene tres novelas excepcionales de este escritor secreto y a menudo inclasificable. ¿Por qué secreto? Porque Pitol, a diferencia de Carlos Fuentes y de otros contemporáneos suyos que gozaron de las mieles del boom, se mantuvo siempre un poco más allá, tanto en su producción, que en México no tiene par y que en el ámbito de la lengua española sólo es parangonable a la de muy pocos, como en sus hábitos lectores; no hay que olvidar a este respecto que a Pitol le debemos la traducción de una novela memorable de Jerzy Andrzejewski, *Las puertas del paraíso,* y sus lecturas siempre lúcidas de Witold Gombrowicz.

Su lejanía jalonada por múltiples viajes y errancias a lo largo y ancho del planeta, o su presencia que de golpe constatamos que es una ausencia han dado como resultado una figura que si bien es admirada por los pocos que tenemos la fortuna de frecuentar su obra, también resulta desconocida para la mayoría, una sombra enorme a la que se le reconocen ciertos méritos, pero a la que se esquiva como a un erizo en medio del camino. Para mí, sin embargo, Pitol es mejor que Salvador Elizondo o que García Ponce, por ejemplo, dos novelistas mexicanos que tampoco deben de significar mucho en el santoral de la mayoría.

Tríptico del Carnaval está compuesto por *El desfile del amor* (novela galardonada con el Premio Herralde de 1984), un vasto laberinto mexicano que se recompone incesantemente como novela policial y como imposibilidad histórica; *Domar a la divina garza,* un adelanto del infierno y una muestra del sentido del humor pitoliano, y *La vida conyugal,* una reflexión, tampoco exenta de humor —como toda la obra de Pitol, por otra parte—, sobre la realidad y la escritura.

Pitol, que tiene actualmente sesenta y seis años, sigue siendo, está de más decirlo pero hay que decirlo, un hombre rebelde y valiente.

Viena y la sombra de una mujer

No sé qué fue lo más importante de Viena: si Viena o Carmen Boullosa. Todo el mundo sabe que Viena es una ciudad muy hermosa, culta, la capital de un país que coquetea (y puede que el coqueteo haya llegado a la fase del manoseo) con el neofascismo. Pocos saben en España, sin embargo, quién es Carmen Boullosa.

Las primeras noticias que tuve de ella hablaban de una mujer muy hermosa por la que los poetas líricos mexicanos perdían la cabeza. Carmen, que entonces todavía no escribía novelas, también era una poeta lírica mexicana. No supe qué pensar. Tantos poetas perdidamente enamorados de una poeta me parecía una exageración. Para colmo, todos aquellos que eran abandonados por Carmen (o por sí mismos) se hicieron amigos, o ya lo eran, y habían fundado de facto una tertulia o club que dedicaba un día a la semana o al mes a juntarse en bares del centro del DF o de Coyoacán para soltar pestes de la antes tan adorada.

También me enteré, siempre por terceros, de que Carmen, en respuesta, había fundado un club o tertulia o comando de mujeres escritoras que, con idéntico sigilo, hacía lo mismo que su contrapartida masculina.

Un día, en un libro de historia de la literatura mexicana contemporánea, vi una foto suya. Sin duda se trataba de una mujer muy hermosa, morena, alta, de ojos enormes y cabellera hasta la cintura. Me pareció muy atractiva, pero también pensé que debía de escribir como los muchos epígonos de un realismo mágico hecho para el consumo de zombis.

Después leí algo suyo y mi opinión cambió: Boullosa no tenía nada que ver con los epígonos ni con los epígonos de los epígonos. Leí sólo unas páginas, pero me gustaron. Y así hasta que recibí una invitación para ir a Viena, en donde estaría en una misma lectura con ella.

Una de las cosas buenas de ir a Viena es que uno puede viajar en un avión de Lauda Air, la línea aérea del mítico piloto de Fórmula 1, en donde las azafatas van vestidas como si fueran mecánicos de un circuito de alta velocidad. La comida, por lo demás, es buena. Con suerte (o con mala suerte) puede que el avión lo conduzca el propio Niki Lauda. Y al cabo de un rato, en menos de lo que se tarda en rezar tres padrenuestros, ya estás en Viena y en un taxi, y si tienes suerte puedes incluso alojarte en el Hotel Graben, un establecimiento pequeño, en la Dorotheergasse, al lado de la catedral de San Esteban, es decir en pleno centro de la ciudad. Aunque lo más importante del Hotel Graben no es su ubicación, sino que allí se alojaban Max Brod y Franz Kafka cuando iban a Viena.

En el exterior del hotel hay una enorme placa de bronce que así lo afirma, pero yo llegué de noche y no vi la placa, por lo que cuando el recepcionista me dijo que me iba a dar la habitación de Brod o de Kafka (no estaba muy seguro de cuál), yo entendí que me recomendaba la lectura de ambos escritores praguenses, lo que me pareció, dada la coyuntura política del país, muy pertinente. Después, armándome de valor, le pregunté si había llegado la señora o señorita Boullosa, que el recepcionista pronunció Bolosa, y que me hizo pensar que aunque Carmen era mexicana y yo chileno, ambos compartíamos un mismo origen gallego. La respuesta me pareció decepcionante. *Frau* Bolosa no estaba en el hotel, ni tenía reserva ni nada se sabía de ella.

Así que me fui a caminar por los alrededores, por la calle Graben (curioso: mi hotel se llamaba Graben pero no estaba en la calle Graben), por la plaza de la catedral, la

Stephansdom, el Figarohaus, la Franziskanerkirche, la Shubertring y el Stadtpark, los lugares que mi amigo Mario Santiago había recorrido de noche y de forma clandestina, y luego volví al hotel y me acosté y pasé una noche extraña, como si efectivamente hubiera alguien más en el cuarto, Kafka o Brod o alguno de los miles de clientes que ha tenido el Graben y que han muerto.

Por la mañana conocí a Leopold Federmair, un joven narrador austriaco, y con él seguí dando vueltas por la ciudad, recorriendo los cafés a los que iba Bernhard cuando estaba en Viena, un café que quedaba muy cerca de mi hotel, no recuerdo si en la Lobkowitzplatz o en la Augustinerstrasse, y luego en el café Hawelka, enfrente de mi hotel, en donde su propietaria, una ancianita salida de un cuento medieval, nos ofreció bollos gratis que luego nos cobró, y después seguimos caminando y visitando otros cafés, hasta que llegó la hora de mi lectura y del instante en que iba a conocer o no a Carmen Boullosa, que había desaparecido.

Cuando llegamos a la sala, tarde, pues Federmair se perdió en dos ocasiones, ella ya estaba allí. No me costó nada reconocerla, aunque en persona es mucho más guapa que en las fotos. Parecía tímida. Es inteligente y simpática. Después de una fiesta en un restaurante en donde se conservaba, incrustada en una pared, una bala de cañón lanzada por los turcos, prueba palpable del humor entre ingenuo y malicioso de los vieneses, nos quedamos solos. Entonces me dijo que la catedral de San Esteban estaba secretamente dedicada al demonio y luego me contó su vida. Hablamos de Juan Pascoe, que fue su primer editor en México y también el mío, de Verónica Volkow, la bisnieta de Trotski, de Mario Santiago, que había estado algunas veces en su casa, de nuestros respectivos hijos.

Tras dejarla en su hotel volví caminando al Graben y esa noche me visitó o soñé que me visitaba Kafka, o Brod, y los vi a ambos, uno en mi habitación y el otro en la habitación contigua, haciendo o deshaciendo maletas y silbando una melodía pegajosa que a la mañana siguiente yo también silbaba.

Nuestra siguiente excursión fue al Danubio, al que llegamos en metro. Boullosa estaba aún más guapa que la noche anterior. Nos pusimos a caminar en dirección a Hungría y durante el trayecto vimos a un par de patinadores, a una mujer sentada que miraba el río, a una mujer de pie que lloraba silenciosamente y a unos patos rarísimos, unos negros y otros marrón claro, y cada pato negro se emparejaba con uno marrón claro, lo que llevó a Boullosa a pensar que los contrarios se atraen, a menos que los patos negros fueran los padres y los marrón claro, las crías.

Y luego todo discurrió de la mejor manera posible. Kafka y Brod se marcharon del hotel; Helmut Niederle, un vienés magnífico, me contó la historia del famoso zapatero de Viena que incluí en un libro; cenamos en la embajada mexicana, en donde la simpática embajadora, a instancias de Boullosa, supongo, me trató como si yo fuera mexicano, insulté sin querer a un nazi, no me atreví a entrar en la catedral de San Esteban, conocí a Labarca, un excelente novelista chileno, y a dos chicas latinoamericanas que cada año realizan un festival beatnik en Viena, y sobre todo paseé y conversé hasta la extenuación con Carmen Boullosa, la mejor escritora de México.

La novela como puzzle

Para Antoine Bello, autor francés nacido en Boston en 1970, toda novela es, entre otras cosas, un puzzle. Acabo de leer su primera novela, *Elogio de la pieza ausente,* publicada por Anagrama, que es, en efecto, un puzzle, es decir: una novela policial, con asesino en serie, con jugadores de puzzle, incluso con campeonatos de puzzle de velocidad, y cuya estructura se corresponde con la de un puzzle cuyas piezas el lector debe armar o ensamblar, entre otras cosas para llegar a descubrir al asesino, pero también, sobre todo, para disfrutar, que es el fin primero de cualquier novela, el placer no comprometido sino con el placer. Un placer o un disfrute, por supuesto, que no va reñido ni con el horror ni con el rigor más estricto ni con la responsabilidad de un escritor ante la historia (que por otra parte suele ser su propia historia).

Discípulo aventajado de Georges Perec, la novela de Bello, concebida como una máquina, está estructurada en tres partes. La primera se titula «El enigma», y en ella se explican, de forma resumida, no sólo los asesinatos sino algunas de las características más importantes del mundo del puzzle y de su expresión más competitiva y popular, el circuito de puzzle profesional de velocidad. La tercera parte se titula «La solución». En ella, obviamente, se nos dice el nombre del asesino y el porqué de su abominable obra. En medio está la segunda parte, constituida por 48 capítulos, cada uno de los cuales equivale a una pieza de un puzzle de 48 piezas, con el añadido de que la pieza 48, es decir la última, está en blanco. Sobre esta «pieza ausente» gira la novela, y al hilo de esta pieza ausente se nos cuenta la curiosa historia de los bantamoles, tribu del África central cuya vida está estrechamente relacionada con el puzzle, como construcción y también como deconstrucción, es decir como artefacto que interpreta y que rige el destino; y también la historia de un artesano fabricante de puzzles, de género policial, a muchos de los cuales les falta una pieza, una ausencia que contiene presencias o la clave para interpretar y descifrar un enigma.

La novela de Antoine Bello está, además, narrada desde diferentes ópticas y géneros, entre ellos el epistolar, el policiaco, el satírico, el de aventuras, el etnográfico, el populista, el simbólico, el naturalista, sin excluir capítulos en donde la exposición de la cosa contada se apoya en las matemáticas, la lógica o la religión. Estamos, en una palabra, ante una gran novela y, sobre todo, ante un gran novelista de apenas treinta años cuya obra futura sin duda nos deparará grandes sorpresas.

Un cuento perfecto

Hace un tiempo, en un almuerzo con Nicanor Parra, éste recordó los cuentos de Saki, en especial uno, «La ventana abierta», que pertenece al libro *Bestias y superbestias*. El gran Saki se llamaba en realidad Hector Hugh Munro y había nacido en Birmania, entonces colonia británica, en 1870. Sus cuentos, generalmente, están inscritos en el género, tan cultivado por los ingleses, del horror y de lo sobrenatural, con grandes dosis de humor negro. Al estallido de la Primera Guerra Mundial Saki se alistó como voluntario en el ejército, un trance que ciertamente hubiera podido evitar en razón de su edad (tenía más de cuarenta años), y murió combatiendo en Beaumont-Hamel en 1916.

Durante aquella larguísima sobremesa, que duró hasta que empezó a anochecer, pensé en un escritor de la misma generación de Munro aunque estilísticamente muy distinto: el gran Max Beerbohm, que nació en Londres en 1872 y que murió en Rapallo, Italia, en 1956, y que además de cuentos escribió novelas, crónicas, artículos periodísticos, ensayos, sin dejar por ello de cultivar una de sus primeras pasiones: el dibujo y la caricatura. Max Beerbohm es, posiblemente, el paradigma del escritor menor y del hombre feliz. Es decir: Max Beerbohm fue un hombre educado y bueno.

Cuando por fin dejamos a Nicanor Parra y El Kaleúche y nos marchamos a Santiago me puse a pensar en el que a mi juicio es el mejor de los cuentos de Beerbohm, «Enoch Soames», que recogen Silvina Ocampo, Borges y Bioy en la magnífica y a menudo evanescente *Antología de la literatura fantástica*. Meses después volví a leerlo. El cuento trata sobre un poeta mediocre y pedante que conoce en su juventud. El poeta, que sólo ha escrito dos libros, a cuál más malo, se hace amigo del novato Beerbohm, que a su vez se convierte en involuntario testigo de sus desgracias. El cuento se transforma de esta manera no sólo en un documento sobre la vida de tantos pobres diablos que en un momento de locura escogen la literatura, sino también en un documento sobre el Londres de finales del siglo XIX. Por supuesto, hasta ese momento, es un cuento cómico, que oscila entre el naturalismo y la crónica periodística (Beerbohm aparece con su nombre real, también Aubrey Beardsley), entre la sátira y las pinceladas costumbristas. Pero de pronto todo, absolutamente todo, cambia. Llega el instante fatal en que Enoch Soames, abismado, entrevé su mediocridad. El decaimiento, la desgana se apoderan de él. Una tarde Beerbohm se lo encuentra en un restaurante. Hablan, el joven narrador trata de levantar la moral al poeta. Le hace notar que su situación económica no es mala, que puede vivir de rentas durante el resto de su vida, que tal vez sólo necesite unas vacaciones. El mal poeta confiesa que de lo único que tiene ganas es de suicidarse y que lo daría todo por saber si su nombre perdurará. Entonces un vecino de mesa, un señor más bien con pinta de cafiche o macarra, les pide permiso para sentarse junto a ellos. Se presenta como el Diablo y asegura que si Soames le vende su alma él lo hará viajar en el tiempo, digamos cien años, hasta 1997, hasta la sala de lecturas del Museo Británico donde Soames suele trabajar, para que constate él mismo, *in situ,* si su nombre se ha impuesto sobre el tiempo. Soames, pese a los ruegos de Beerbohm, acepta. Antes de partir se compromete a verse otra vez con Beerbohm en el restaurante. Las horas siguientes están narradas como un sueño, como una pesadilla, como si Borges hubiera escrito el relato. Cuando por fin se produce el reencuentro Soames exhibe la palidez de un muerto. En efecto, ha viajado en el tiempo. No ha encontrado su nombre en ninguna enciclopedia, en ningún índice de literatura inglesa. Pero sí ha encontrado el cuento de Beerbohm llamado «Enoch Soames», en donde, entre otras cosas, se le ridiculiza. Luego llega el Diablo y se lo lleva al infierno pese a los intentos que hace Beerbohm en sentido contrario.

En las líneas finales hay aún una última sorpresa, relacionada con la gente que Soames dice haber visto en el futuro. Y hay aún otra sorpresa, ésta mucho más ligera, relativa a las paradojas. Pero estas dos sorpresas finales se las dejo al lector que compre la *Antología de la literatura fantástica* o que busque desesperadamente este libro en las bibliotecas. Personalmente, si tuviera que elegir los quince mejores cuentos que he leído en toda mi vida, «Enoch Soames» estaría entre ellos, y no en último lugar.

Alphonse Daudet

El tiempo cambia a una velocidad de vértigo. Cuando yo era un adolescente y vivía en el sur de Chile, descubrí a Daudet, Alfonso Daudet, como entonces se decía, castellanizando el nombre para hacerlo aún más familiar, aunque nunca tuve noticias de que a Charles Baudelaire o Paul Verlaine se les llamara Carlos Baudelaire o Pablo Verlaine.

Leer a Daudet era entonces (y todavía lo es) un placer y un lujo que sólo un adolescente perdido en el fin del mundo podía disfrutar de forma cabal, con la alegría impune que produce un robo perfecto y la sensación de libertad de los primeros cigarrillos fumados en el campo, bajo un árbol, en un atardecer de lluvia. Desde entonces sus libros me acompañan siempre, sobre todo *Tartarín de Tarascón,* un tratado sobre el gusto de vivir, que en ocasiones suele ser ridículo, aunque bajo el ridículo no es extraño encontrar, oculta, la verdad, una verdad relativa y valiente y con grandes dosis de epicureísmo; y también *Cartas desde mi molino,* una colección de medallones y prosas misceláneas a la que mucho le debe la obra primera de Arreola; o los *Recuerdos de un hombre de letras,* un libro melancólico en donde Daudet, tan bien retratado por Jules Renard en sus *Diarios,* no opina de lo humano y de lo divino sino que se desliza, como un sonámbulo, de lo humano a lo divino, de la lucidez cartesiana al puro canto, de lo útil a lo inútil, e incluso de lo inútil a lo inútil, esto último una pirueta reservada únicamente a los escritores verdaderos; o *El nabab,* trasunto de la figura de un político; o *La arlesiana,* a la que Bizet puso música; sin olvidar las secuelas del inolvidable Tartarín: *Tartarín en los Alpes* y *Port Tarascón*.

Daudet fue amigo de Victor Hugo, cuya obra admiraba, y sin embargo no permitió que la fuerza titánica de éste influyera negativamente en su propia obra, mucho más ligera, más leve, cercana en algunos momentos a la escuela naturalista de Zola y Maupassant. Siempre se vio a sí mismo, pese a su prestigio y a su éxito, como un escritor menor y cordial. Es decir, nunca se concedió excesiva importancia. Fue generoso y según sus contemporáneos carecía de envidia, algo tan usual en el mundo canallesco (y que se pretende caballeresco) de las letras. Amaba a sus hijos. Uno de éstos, León Daudet, nacido en 1867, cuando su padre tenía veintisiete años, se hizo escritor y su obra se cuenta entre las peores de la literatura francesa, aunque a su padre más le hubiera dolido saber que el falaz retoño crearía, junto a Maurras, en 1907, la Action Française, órgano del ultraderechismo y simiente del futuro fascismo francés. Pero Alfonso Daudet esto ya no lo vio. Murió en 1897, tras padecer durante muchos años una enfermedad nerviosa. Hoy, en el sur de Chile, ya casi nadie lee a Daudet. Ni siquiera los escritores que vienen del sur de Chile, a quienes el nombre de Daudet les suena vagamente a nombre de cantante o compositor de baladas.

Jonathan Swift

¿Por qué un autor se convierte en un clásico? Ciertamente, no por lo bien que escribe; de ser así el mundo de la literatura estaría superpoblado de clásicos.

Un clásico, en su acepción más generalizada, es aquel escritor o aquel texto que no sólo contiene múltiples lecturas, sino que se adentra por territorios hasta entonces desconocidos y que de alguna manera enriquece (es decir, alumbra) el árbol de la literatura y allana el camino para los que vendrán después. Clásico es aquel que sabe interpretar y sabe reordenar el canon. Normalmente su lectura, según los bobitos, no es considerada urgente. También hay otros clásicos cuya principal virtud, cuya elegancia y vigencia, está simbolizada por la bomba de relojería, una bomba que no sólo recorre peligrosamente su tiempo sino que es capaz de proyectarse hacia el futuro. A esta categoría, que no se contradice con la primera, pertenece Jonathan Swift, de quien la editorial Península acaba de sacar una selección de fragmentos bajo el título *Ideas para sobrevivir a la conjura de los necios,* extraídos de la riquísima y variopinta obra swifteana.

Allí podemos leer joyas de este calibre: «Cuando en el mundo aparece un verdadero genio, lo reconoceréis por este indicio: que todos los necios se conjuran contra él» (de *Máximas y reflexiones*), o «Los hombres nunca están tan serios, pensativos y concentrados como cuando están en el retrete» (de *Los viajes de Gulliver*), o «A Sileno, el padre adoptivo de Baco, siempre lo lleva un asno y tiene cuernos en la cabeza. De lo que se deduce que los borrachos son guiados por idiotas y tienen grandes posibilidades de convertirse en cornudos» (de *Máximas y reflexiones*), o «Todos los seres humanos desean tener una vida larga, pero nadie quiere ser viejo» (de *Máximas y reflexiones*), o «He reunido material para escribir un tratado que pruebe la falsedad de la definición de *animal rationale* y demostrar que sólo es *rationis capax*. Sobre este gran cimiento de misantropía he erigido mis *Viajes de Gulliver*» (de *Epistolario público y privado*).

Si nuestros padres y abuelas hubieran leído de verdad a Swift no nos habrían llevado al cine a ver aquella película de dibujos animados que se estrenó, si la memoria no me engaña, en la década de los sesenta. En realidad, si las autoridades de la república o aquellos santos varones llamados profesores hubieran leído de verdad a Swift, se las habrían arreglado para prohibir su exhibición en Chile. Porque una de las características del gran irlandés es que, por más edulcorada que sea la versión que se haga de su obra maestra, la bomba sigue allí y puede explotar en cualquier momento.

Por supuesto, llevar al cine el *Cuento de una barrica* parece misión imposible. Y hacer lo mismo con *Una modesta proposición para evitar que los hijos de los pobres de Irlanda sean una carga para sus padres o su país y para hacerlos útiles al público* puede suscitar las encendidas protestas de alguna Asociación de Protección al Menor, sin caer en la consideración evidente de que tanto en nuestra época como en la de Swift no es inusual que los niños sean servidos como aperitivos para los caníbales.

«Jamás he esperado sinceridad de ninguna persona, y no me enoja más su falta de ella que el color de su cabello», dice un Swift cansado de los imbéciles. Y también dice: «Siempre he odiado a todas las naciones, profesiones y comunidades, y todo mi amor va dirigido hacia las personas concretas». Y: «Mi principal propósito en todo lo que hago es antes sacar de quicio que divertir a la gente».

Es peligroso este Swift. Abofetea a sus lectores y no los deja dormir. Sin embargo, si no queremos ser esclavos, si no queremos que nuestros hijos lo sean, hay que leerlo y releerlo. Es tarea urgente.

En busca del Torico de Teruel

Salí de Blanes rumbo a Teruel, en donde iba a ser jurado de un concurso de cuentos, sin saber muy bien si Teruel, como dice el eslogan de los turolenses, existe o no existe. Por supuesto, estaba más inclinado a pensar que existía, pero una voz interior —la voz delirante del deseo, que a todos nos asusta— me decía que era posible que Teruel, efectivamente, no existiera. El viaje fue plácido mientras el coche circuló por la autopista Barcelona-Valencia. El chófer —de cuyo nombre, lamentablemente, no me acuerdo, como, por otra parte, no me acuerdo de casi ningún nombre de ese viaje, a excepción del de Ana María Navales, que más que una mujer es una fuerza de la naturaleza— me habló de lo buena que era la vida en Teruel, de los treinta mil habitantes que tenía (igual que Blanes), de su tasa de paro (notablemente baja), de la posibilidad feliz y cronometrada de cruzar la ciudad entera, de punta a punta, en veinte minutos. El chófer era un turolense espléndido, excelente conductor, y se notaba que quería a su ciudad. Los problemas aparecieron cuando abandonamos la autopista y empezamos a subir a Teruel. El paisaje era muy hermoso, con esa belleza extraña, entre austera y burlona, que es dable ver en algunas zonas de Aragón; pero también había curvas, y yo, desde hace un tiempo, me mareo con las curvas, por lo que tuvimos que detenernos varias veces en restaurantes de carretera que me recordaron otros tiempos, cuando mi padre era camionero y parábamos en restaurantes de carreteras perdidas para comer huevos fritos, un recuerdo brumoso, pues esas carreteras turolenses están perdidas en el tiempo, imposibles de fijar, como si todos los caminos zigzagueantes fueran, de alguna manera, el camino para llegar a Teruel, sin importar en dónde estén ubicados geográficamente ni si los caminos son chilenos o mexicanos e incluso centroamericanos, lo que resultaba bastante inquietante, pues todo el mundo sabe que mareo más melancolía suele ser igual a anuncio de enfermedad inminente, y esa prefiguración me puso un poco triste, pues no sólo tuvimos que detenernos en restaurantes de carretera, sino también en campo abierto, teniendo así la posibilidad de mirar los pueblos que jalonan el camino a Teruel, pueblos hermosísimos y tristísimos, pueblos que poco a poco se van quedando vacíos, me dijo el chófer, mientras yo experimentaba náuseas y arcadas a orillas del arcén, pues la gente joven se marcha a las ciudades, a Valencia, a Barcelona, a Zaragoza y a Madrid, como si la batalla de Teruel no hubiera terminado y el invierno que envolvió esa batalla tampoco hubiera terminado.

Así que yo todavía estaba mareado cuando contemplé los pueblos de las cercanías y seguía mareado cuando llegué a la ciudad, cruzamos un puente y vi una hondonada muy profunda, como el cauce seco de un río enorme, pero, en lugar de río, en el lecho había casas y edificios, cosa que ahora, mientras lo recuerdo, ya sin mareo y un poco más lúcido, me parece sospechosamente extraordinario. ¿Cómo es posible que allí, en esa especie de barranco gigantesco, se hubiera edificado? Aquello era asombroso. Como las favelas de Río de Janeiro, pero exactamente al revés, incluso con un puente que pasaba por encima de las casas. Parecía el cubismo aragonés en una época en que ya nadie es cubista, y menos con esa contumacia. Y en el otro extremo del puente, como un laberinto minimalista, se levantaba Teruel, sobre un promontorio, o una colina, o una mesa. Esta ciudad es mucho mejor de lo que dicen, fue lo que pensé. También pensé que estaba enfermo, y que, al llegar al hotel, lo mejor que podía hacer era meterme en la cama.

Entonces, mientras bajaba del coche, aparecieron dos amigos y me mostraron, sucesivamente, varias torres mudéjares, y unas torres eran falsas y otras verdaderas, y ellos decían: ésta es falsa y ésta verdadera, pero a una velocidad tal que yo no supe nunca cuáles eran las falsas y cuáles las verdaderas, lo que no deja de ser extraño, pues el nombre de Teruel (Tirwal) significa torre de vigilancia, y esas torres de vigilancia, enormes, servían para avistar a los ejércitos o partidas enemigas que venían del oeste o del este, depende: si uno se sube a las torres mudéjares auténticas, seguramente avistará un sueño, y si uno se sube a las torres mudéjares falsas, seguramente avistará una pesadilla. Y después apareció, cojeando ostensiblemente y fumando sin parar, Ana María Navales, y me envió de inmediato a mi habitación en ese hotel que en otras capitales de provincia tiene habitaciones que son el lujo total, pero que en Teruel sólo tenía habitaciones tristísimas y dignas, como si en las habitaciones de ese hotel —cuyo nombre recuerdo, pero prefiero olvidar— el fragor y el silencio de la batalla de Teruel aún fueran algo real y atemorizador. Y no sólo la habitación era modesta, incluso tímida, sino que la recepcionista y los hombres que se paseaban aparentemente ociosos por los pasillos te miraban como preguntándote qué tal iba la batalla. Una batalla cubista, evidentemente, en donde el tiempo y el espacio poco contaban, al menos tal como los conocemos.

Cuando salí de mi habitación, creo que con algo de fiebre y con el mareo del viaje aún intacto, Ana María Navales me esperaba, y nos fuimos con el resto del jurado a dilucidar el cuento ganador del concurso. Tal como intuía, ganó uno sobre la guerra civil. Después salimos a pasear por la ciudad ya anochecida. Recuerdo las torres mudéjares, que aparecían y desaparecían en los sitios más inesperados. Recuerdo calles con nombres de santos. Recuerdo curas que caminaban frotándose las manos o juntándolas, como si se acabaran de enterar de que Buñuel había muerto. Recuerdo voces de aragoneses que salían de los lugares más insospechados (incluso de debajo de los adoquines). Recuerdo iglesias-fortalezas y recuerdo a una muchacha de pelo corto y no más de veinte años que pasó junto a mí sin mirarme. Recuerdo la calle de los Amantes y la plaza del Seminario, que está llena a rebosar de fantasmas. Recuerdo los rostros de dos coroneles, Rey d'Harcourt, que se rindió, y el coronel Barba, que no lo hizo. Recuerdo el 20.º cuerpo del ejército republicano, el 18.º y el 22.º, que iniciaron la ofensiva en diciembre de 1937. Y recuerdo al hermano de Buñuel, Alfonso Buñuel —al que poca gente recuerda, y que fue autor de *collages* inquietantes—, nacido en 1915 y muerto en 1961, y cuya obra me enseñaron en Teruel, en donde tienen por costumbre acordarse precisamente de aquellos a quienes nadie o muy pocos recuerdan. Recuerdo también una ensalada tibia de cardos y a Ana María Navales hablándome de escritoras inglesas hasta las tres de la madrugada, sin dejar ambos de fumar. Y recuerdo que Juan Villoro, en Barcelona, me había dicho que su familia procedía de Teruel, y recuerdo, por tanto, mis vanos intentos por comprarle una botella de vino para que se la llevara de vuelta a México y se la bebiera con Margarita.

Pero lo principal, lo que más recuerdo, aún no lo había visto. Lo vi esa noche. De pronto entramos en la plaza del Torico. Y allí, sobre una columna capaz de sostener a un héroe griego o al caballo de Franco, estaba el Torico. Eso era Teruel, lo supe en el acto, y eso era también el espíritu descreído e indómito de Aragón. El Torico, como su nombre indica, es pequeñísimo, un juguete para un niño de ocho años; pero no es un juguete, es un toro enano. Su apostura es tranquila y no carece de soberbia e indiferencia. Es una de las estatuas más hermosas que he visto en mi vida, si no la más hermosa de todas. Al regresar volví a marearme y luego me quedé dormido. Soñé que el Torico caminaba a mi lado. «¿Te ha gustado Teruel?», me preguntó, aunque sólo por educación, porque en realidad al Torico le importaba un pimiento que a mí me hubiera gustado o no su ciudad. «Mucho», le dije. «¿Y tú crees que existe o no existe?», me preguntó. Cuando ya iba a responderle, afirmativamente, el Torico se dio la vuelta y oí que me decía: «No, mejor no lo digas». Después soñé que alguien ponía un disco con el pasodoble *Suspiros de España* en una enorme sala de baile en penumbra, y cuando empezaba a sonar la música, la sombra que había puesto el disco se marchaba.

Un narrador en la intimidad

Mi cocina literaria es, a menudo, un pieza vacía en donde ni siquiera hay ventanas. A mí me gustaría, por supuesto, que hubiera algo, una lámpara, algunos libros, un ligero aroma de valentía, pero la verdad es que no hay nada.

A veces, sin embargo, cuando soy víctima de irrefrenables ataques de optimismo (que finalizan, por otra parte, en alergias espantosas) mi cocina literaria se transforma en un castillo medieval (con cocina) o en un departamento en Nueva York (con cocina y vistas de privilegio) o en una ruca en los faldeos cordilleranos (sin cocina, pero con una fogata). Metido en estos trances generalmente hago lo que hace toda la gente: pierdo el equilibrio y pienso que soy inmortal. No quiero decir inmortal literariamente hablando, pues esto sólo lo puede pensar un imbécil y a tanto no llego, sino literalmente inmortal, como los perros y los niños y los buenos ciudadanos que aún no se han enfermado. Por suerte, o por desgracia, todo ataque de optimismo tiene un principio y un final. Si no tuviera final, el ataque de optimismo se convertiría en vocación política. O en mensaje religioso. Y de ahí a sepultar libros (prefiero no decir «quemarlos» porque sería exagerar) hay un solo paso. Lo cierto es que, al menos en mi caso, los ataques de optimismo se acaban, y con ellos se acaba la cocina literaria, se desvanece en el aire la cocina literaria y sólo quedo yo, convaleciente, y un ligerísimo aroma de ollas sucias, platos mal rebañados, salsas podridas.

La cocina literaria, me digo a veces, es una cuestión de gusto, es decir es un campo en donde la memoria y la ética (o la moral, si se me permite usar esta palabra) juegan un juego cuyas reglas desconozco. El talento y la excelencia contemplan, absortas, el juego, pero no participan. La audacia y el valor sí participan, pero sólo en momentos puntuales, lo que equivale a decir que no participan en exceso. El sufrimiento participa, el dolor participa, la muerte participa, pero con la condición de que jueguen riéndose. Digamos, como un detalle inexcusable de cortesía.

Mucho más importante que la cocina literaria es la biblioteca literaria (valga la redundancia). Una biblioteca es mucho más cómoda que una cocina. Una biblioteca se asemeja a una iglesia mientras que una cocina cada día se asemeja más a una morgue. Leer, lo dijo Gil de Biedma, es más natural que escribir. Yo añadiría, pese a la redundancia, que también es mucho más sano, digan lo que digan los oftalmólogos. De hecho, la literatura es una larga lucha de redundancia en redundancia, hasta la redundancia final.

Si tuviera que escoger una cocina literaria para instalarme allí durante una semana, escogería la de una escritora, con la salvedad de que esa escritora no fuera chilena. Viviría muy a gusto en la cocina de Silvina Ocampo, en la de Alejandra Pizarnik, en la de la novelista y poeta mexicana Carmen Boullosa, en la de Simone de Beauvoir. Entre otras razones, porque son cocinas que están más limpias.

Algunas noches sueño con mi cocina literaria. Es enorme, como tres estadios de fútbol, con techos abovedados y mesas interminables en donde se amontonan todos los seres vivos de la tierra, los extinguidos y los que dentro de no mucho se extinguirán, iluminada de forma heterodoxa, en algunas zonas con reflectores antiaéreos y en otras con teas, y por supuesto no faltan zonas oscuras en donde solamente se vislumbran sombras anhelantes o amenazantes, y grandes pantallas en las cuales se observan, con el rabillo del ojo, películas mudas o exposiciones de fotos, y en el sueño, o en la pesadilla, yo me paseo por mi cocina literaria y a veces enciendo un fogón y me preparo un huevo frito, incluso a veces una tostada. Y después me despierto con una enorme sensación de cansancio.

No sé lo que se debe hacer en una cocina literaria, pero sí sé lo que no se debe hacer. No se debe plagiar. El plagiario merece que lo cuelguen en la plaza pública. Esto lo dijo Swift, y Swift, como todos sabemos, tenía más razón que un santo.

Así que este punto queda claro: no se debe plagiar, a menos que desees que te cuelguen de la plaza pública. Aunque a los plagiarios, hoy en día, no los cuelgan. Por el contrario, reciben becas, premios, cargos públicos, y, en el mejor de los casos, se convierten en *best sellers* y líderes de opinión. Qué término más extraño y feo: líder de opinión. Supongo que significará lo mismo que pastor de rebaño, o guía espiritual de los esclavos, o poeta nacional, o padre de la patria, o madre de la patria, o tío político de la patria.

En mi cocina literaria ideal vive un guerrero, al que algunas voces (voces sin cuerpo ni sombra) llaman escritor. Este guerrero está siempre luchando. Sabe que al final, haga lo que haga, será derrotado. Sin embargo recorre la cocina literaria, que es de cemento, y se enfrenta a su oponente sin dar ni pedir cuartel.

Una novela de Turgueniev

Cuando tenía dieciocho años leí un libro de Ivan Turgueniev cuya historia me persiguió durante otros dieciocho años. No quiero decir con esto que cada día pensara en esta novela y en el destino tragicómico del principal de sus personajes, pero cada cierto tiempo lo que en ella se relataba parecía cernirse sobre mí como un asesino en serie o como una pregunta. Ni siquiera recuerdo su título. Entre los libros de Turgueniev que tengo en mi biblioteca no está. Creo, pero no estoy seguro, que se trata de *Rudin*. Sin ninguna duda es una de las novelas más tristes que he leído en mi vida.

Su argumento es el siguiente: un joven llega a una casa de campo, propiedad de uno de los hombres más ricos de la región. No recuerdo por qué aparece allí. Probablemente ha sido contratado como preceptor de los hijos de este latifundista. Por supuesto, el joven viene de Moscú o de San Petersburgo. Ha leído y no sólo está al tanto de la última moda de la ciudad, sino que también sus ideas son avanzadas. En una palabra: es un intelectual y además es hermoso como el joven Werther y entre clase y clase inocula a los jóvenes el virus de la aventura y de la revolución, un poco a la manera de los primeros capítulos de *El siglo de las luces,* de Carpentier, sólo que en el libro del cubano los jóvenes están solos, en cierta forma son huérfanos y los huérfanos, ya se sabe, están a medio paso de la aventura y de lo que sea, y en el del precursor Turgueniev los jóvenes alumnos no son huérfanos y además la revolución les queda a miles de verstas de distancia. Por supuesto, esta lejanía a los jóvenes rusos no les importa, y menos le importa aún a la mayor de los dos hermanos, una joven guapísima y despierta que empieza a soñar con una vida bohemia en París, en compañía, claro, de su preceptor. Al principio, el joven intelectual moscovita (pongamos que es moscovita) se siente no sólo complacido por el amor que le demuestra su alumna, pero luego, ante las perspectivas de futuro que se despliegan, empieza a dudar. Primero, duda de que el amor de la alumna sobreviva a las estrecheces cotidianas de una vida a salto de mata, aunque esa vida se desarrolle entre París y Venecia o entre París y Ginebra. Después duda de sí mismo, pues una cosa es predicar el cambio, tanto político como de costumbres, y otra muy diferente intentar llevarlo a cabo. Acto seguido sopesa la reacción que puede tener el padre de la muchacha, que lo aprecia como preceptor y como intelectual y que no dudará, llegado el momento, en prestarle ayuda mediante sus influyentes amigos de Moscú (o de San Petersburgo) para que el joven consiga un trabajo mejor y empiece a labrarse un futuro seguro y puede que hasta brillante, pero que en modo alguno tolerará que su hija se case con él. Finalmente, piensa en sí mismo, en lo que quería antes de llegar al campo (la ayuda del rico propietario, etcétera), y en lo que tendrá si, haciéndole caso a su corazón, escapa con la heredera desheredada.

En líneas generales, ahí está toda la novela, similar en ciertos aspectos a *Rojo y negro*, de Stendhal, aunque ciertamente menor que ésta. Por descontado, el joven y hermoso intelectual opta por la seguridad (por su seguridad) y rechaza con elegante elocuencia a su joven enamorada, la cual, según recuerdo vagamente, no tarda en casarse con su anterior novio, un memo integral, con lo que demuestra que o bien tampoco era muy inteligente o se trataba de una masoquista inveterada. Pero entonces, cuando ya todo está irremediablemente consumado y el lector espera el punto final, viene lo mejor de la novela. El joven intelectual se da cuenta de golpe de que está enamorado de la heredera. Y también se da cuenta de golpe de que su actitud ha sido vil e infame. Creo, aunque no estoy seguro, que le escribe una carta a la joven y después intenta suicidarse en los extensos jardines que rodean la casa de campo. No lo consigue y en una sola noche descubre su amor y su cobardía. Al día siguiente, sin cartas de recomendación, se marcha de la casa. En Moscú, reintegrado al mundo, desaparece. Nadie sabe nada más de él. Pasan treinta años. El último capítulo o los últimos párrafos de la novela muestran al lector, con profunda simpatía, una barricada en París, defendida por los pobres, por los desheredados, pero también por aventureros y bohemios llegados de los rincones más alejados de Europa. El ejército carga contra la barricada. Un viejo de pelo blanco, y en el que se adivinan los restos de una perdida apostura, envalentona a los defensores desde lo más alto de la barricada. Una bala lo derriba. Unos desconocidos o tal vez unos amigos lo llevan a su pobre habitación de extranjero. El viejo agoniza hablando en ruso y Turgueniev nos sugiere que no sólo ha encontrado el valor sino también el puente en llamas que une las palabras y los gestos. Hasta la última frase esperé, cuando tenía dieciocho años, a que apareciera de pronto su antigua enamorada para acompañarlo en su muerte. Pero la enamorada no apareció jamás.

Horacio Castellanos Moya: la voluntad de estilo

La primera persona que me habló de Castellanos Moya fue Rodrigo Rey Rosa, después de comernos una paella en Blanes en compañía de Ignacio Echevarría. La segunda persona que me habló de él fue Juan Villoro. De esto ya hace algún tiempo. Por supuesto, intenté buscar, sin mucha esperanza, sus libros en dos librerías de Barcelona, y tal como esperaba no los encontré. Poco después recibí una carta del mismísimo Castellanos Moya y a partir de entonces mantenemos una correspondencia irregular y melancólica, por mi parte teñida además de admiración por su obra, que poco a poco ha ido engrosando mi biblioteca.

Hasta ahora he leído cuatro de sus libros. El primero fue *El asco*, tal vez el mejor de todos, el más crepuscular, una larga perorata en contra de El Salvador, y por el cual Castellanos Moya recibió amenazas de muerte que lo obligaron a partir, una vez más, al exilio. *El asco,* por supuesto, no es sólo un ajuste de cuentas o la expresión de profundo desaliento de un escritor ante una situación moral y política, sino también un ejercicio estilístico, la parodia que hace Castellanos Moya de ciertas obras de Bernhard y también una novela para morirse de risa. Lamentablemente, en El Salvador muy pocas personas han leído a Bernhard, y aún muchas menos mantienen vivo el sentido del humor. Con la patria no se juega. Ésa es la divisa y no sólo en El Salvador, también en Chile y en Cuba, en Perú y en México, e incluso en Austria y más de otro país o región europeas. Si Castellanos Moya fuera bosnio o kosovar y hubiera escrito y publicado este libro allí, seguramente no hubiera tenido tiempo de tomar el avión. Aquí reside una de las muchas virtudes de este libro: se hace insoportable para los nacionalistas. Su humor ácido, similar a una película de Buster Keaton y a una bomba de relojería, amenaza la estabilidad hormonal de los imbéciles, quienes al leerlo sienten el irrefrenable deseo de colgar en la plaza pública al autor. La verdad, no concibo honor más alto para un escritor de verdad.

El segundo libro que leí fue la novela *La diabla en el espejo,* una novela negra, en realidad una novela negrísima, narrada sin embargo por una megapija o una siútica o una pituca de San Salvador, después del fin de la guerra civil, cuando el país ha entrado de lleno en el capitalismo salvaje. La asesinada es una amiga de la narradora, esposa de un empresario. La voz de la narradora, una voz llena de tics, una voz absolutamente lograda, que nos lleva de una habitación semioscura a otra habitación más oscura y así paulatinamente hasta una habitación en la oscuridad total, no es el mayor de sus logros. Este libro, según creo, es el primero que Castellanos Moya publicó en España, en la pequeña editorial Linteo.

El tercero que leí también está publicado en España, en Casiopea, otra editorial pequeña. Se trata de una reedición de *El asco,* precedida de dos relatos largos: «Variaciones sobre el asesinato de Francisco Olmedo», un texto que sin duda merecería estar en cualquier antología del relato actual latinoamericano, y «Con la congoja de la pasada tormenta». Ambos relatos indagan en el basural de la historia, y su planteamiento es conjetural, como en las novelas policiacas, pero su desarrollo es en cascada (y desde el primer momento) hacia un horror vagamente familiar, que todos conocemos o del que todos hemos oído hablar.

El último libro de Castellanos Moya que cayó en mis manos es la novela *El arma en el hombre,* editada por Tusquets México, que prolonga en cierta manera asuntos ya tratados en *La diabla en el espejo,* algunos destinos que en aquella novela eran marginales o estaban apenas esbozados y que aquí asumen el protagonismo, como Robocop, un exsoldado de un batallón de choque, que al final de la guerra se queda sin trabajo y que decide (o tal vez otros deciden por él) convertirse en asesino a sueldo. Una de sus víctimas es la señora de Trabanino, la amiga íntima de la narradora de *La diabla en el espejo,* y un crimen que también sale a relucir de pasada en *El asco,* a tal grado que se podría decir que el asesinato de esa pobre ama de casa burguesa constituye uno de los vértices de la narrativa de Castellanos Moya. Los otros vértices son el horror, la corrupción y una cotidianidad que tiembla en cada una de sus páginas y que hace temblar a sus lectores.

Horacio Castellanos Moya nació en 1957. Es un melancólico y escribe como si viviera en el fondo de alguno de los muchos volcanes de su país. Esta frase suena a realismo mágico. Sin embargo no hay nada mágico en sus libros, salvo tal vez su voluntad de estilo. Es un superviviente, pero no escribe como un superviviente.

Borges y Paracelso

Como todos los hombres, como todas las cosas vivas de la tierra, Borges es inagotable. En uno de sus libros menos conocidos, *La memoria de Shakespeare* (1983), un breve conjunto de cuatro cuentos, tres de ellos aparecidos con anterioridad en otras publicaciones, más uno nuevo, el que da título al volumen, el lector puede encontrar y leer o releer «La rosa de Paracelso», un texto muy sencillo, de ejecución diáfana, en donde se narra la visita que recibe Paracelso de un hombre que desea ser su discípulo. Eso es todo. El cuento, de más está decirlo, es narrado con una cierta languidez que se corresponde con la hora, la visita del desconocido se produce cuando empieza a caer la tarde y Paracelso está cansado y en la chimenea arde un fuego escaso. Luego cae la noche y Paracelso, que ha estado dormitando, escucha que alguien llama a la puerta. Entra un desconocido que desea ser su discípulo.

Las primeras líneas del cuento son éstas: «En su taller, que abarcaba las dos habitaciones del sótano, Paracelso pidió a su Dios, a su indeterminado Dios, a cualquier Dios, que le enviara un discípulo». Y el discípulo, ya bien entrada la noche, por fin ha llegado, y le entrega a Paracelso un talego lleno de monedas de oro y una rosa. En un primer instante Paracelso cree que el discípulo lo que desea es hacerse alquimista, pero éste no tarda en aclarar el malentendido. «El oro no me interesa», dice. ¿Qué es lo que le interesa, entonces? «El camino que conduce a la Piedra.» A lo que Paracelso responde: «El camino es la Piedra. El punto de partida es la Piedra. Si no entiendes estas palabras, no has empezado aún a entender. Cada paso que darás es la meta».

El desconocido afirma que está dispuesto a pasar todas las penalidades que fuera menester al lado de Paracelso, pero que antes de dar el paso definitivo necesita una prueba. Paracelso, con inquietud, no le pregunta qué prueba exige sino cuándo quiere ver esa prueba. El desconocido contesta que de inmediato. «Habían empezado hablando en latín; ahora, en alemán», escribe Borges. «Es fama», dice el desconocido, «que puedes quemar una rosa y hacerla resurgir de la ceniza, por obra de tu arte. Déjame ser testigo de ese prodigio. Eso te pido, y te daré después mi vida entera.»

A partir de este momento el diálogo se tiñe de discusión filosófica. Paracelso le pregunta si cree que hay alguien capaz de destruir una rosa. «Nadie es incapaz», dice el aspirante a discípulo. Paracelso arguye que nada de lo que existe puede ser destruido. «Todo es mortal», responde el desconocido. «Si arrojaras esta rosa a las brasas», dice Paracelso, «creerías que ha sido consumida y que la ceniza es verdadera. Te digo que la rosa es eterna y que sólo su apariencia puede cambiar. Me bastaría una palabra para que la vieras de nuevo». El desconocido se extraña de esta respuesta. Insiste en que Paracelso queme la rosa y la haga surgir de las cenizas, ya sea con alquitaras o con el Verbo. Paracelso se resiste: habla de las apariencias que inducen, tarde o temprano, a engaño, habla de la fe y de la credulidad, habla de la búsqueda. El desconocido coge la rosa y la arroja al fuego. Ésta queda reducida a cenizas. El desconocido, dice Borges, «durante un instante infinito esperó las palabras y el milagro». Pero Paracelso no hace nada, se queda quieto, triste, y recuerda que según la opinión de los médicos y boticarios de Basilea él es un embaucador. El desconocido cree comprender y procura no humillarlo más. Ya no le exige nada, recoge sus monedas de oro y se marcha educadamente. Pese al amor y a la admiración que siente por Paracelso, vilipendiado por todos, comprende sin embargo que tras la máscara no hay nada. Y se pregunta quién es él para juzgar y desnudar a Paracelso. Poco después se despiden. Paracelso lo acompaña hasta la puerta no sin antes decirle que siempre sería bienvenido en su casa. El desconocido promete volver. Ambos saben que nunca más volverán a verse. Ya solo, y antes de apagar las luces, Paracelso recoge la ceniza y dice una sola palabra en voz baja. Y en sus manos la rosa resurgió.

La última novela de Javier Cercas

Se llama *Soldados de Salamina* (Tusquets, 2001) y el narrador es un tal Javier Cercas que evidentemente no es el Javier Cercas que yo conozco y con el que suelo tener largas conversaciones sobre los temas más peregrinos del mundo. El que yo conozco está casado, tiene un hijo, su padre aún vive. Por el contrario, el narrador de *Soldados de Salamina* se presenta a sí mismo, desde las primeras líneas de la novela, de esta forma: «Tres cosas acababan de ocurrirme por entonces: la primera es que mi padre había muerto; la segunda es que mi mujer me había abandonado; la tercera es que yo había abandonado mi carrera de escritor». Las tres aseveraciones son falsas, o mejor dicho, en este cruce de posibilidades que para mayor comodidad llamamos realidad, son falsas, aunque probablemente en otra disposición de la realidad, o de la pesadilla, son verdaderas. Este Cercas hipotético prepara un reportaje sobre el escritor Sánchez Mazas, personaje perfectamente real y que fue uno de los fundadores del fascismo español.

Todo lo que se cuenta sobre Sánchez Mazas en la novela se ciñe irrestrictamente (aunque con Cercas nada es irrestricto) a la realidad histórica: la juventud de Sánchez Mazas, sus libros, sus amigos, su actividad política, sus desgracias. Luego llega la Guerra Civil y el escritor fascista es encarcelado en la zona republicana. El detonante de la novela sucede al final de la guerra y hoy tal vez pueda parecernos una anécdota singular (o no), pero en aquellos tiempos era una práctica usual y feroz: Sánchez Mazas y un grupo de prisioneros nacionales son llevados a una pequeña localidad catalana y fusilados. Todos mueren, menos Sánchez Mazas, que escapa y es perseguido sin mucho entusiasmo. En un momento determinado, uno de los soldados que lo persiguen lo encuentra, oculto tras unos matorrales. El jefe de la partida pregunta si allí hay algo. El soldado republicano observa a Sánchez Mazas, lo mira a los ojos, y dice que no hay nadie. Luego se da la vuelta y se marcha.

La segunda parte de la novela cuenta la historia de Sánchez Mazas (que para mi gusto no hizo nada bueno salvo engendrar a Sánchez Ferlosio, uno de los mejores prosistas españoles del siglo xx) y el interminable desencanto intelectual que nunca se tradujo en desencanto vital de muchos de los falangistas españoles.

La tercera parte se centra en el desconocido soldado republicano que le salvó la vida a Sánchez Mazas, y aquí aparece un personaje nuevo, un tal Bolaño, que es escritor y chileno y vive en Blanes, pero que no soy yo, de la misma manera que el Cercas narrador no es Cercas, aunque ambos son posibles e incluso probables. A través de este Bolaño el lector accede a la historia de Miralles, que pasó como soldado en retirada por el lugar en el que asesinaron a los falangistas e intentaron asesinar a Sánchez Mazas, y que luego cruzó la frontera a Francia y estuvo una temporada en un campo de concentración en los alrededores de Argelès, y que se alistó, para salir del campo, en la Legión Extranjera francesa, y que tras la derrota de Francia en 1940 siguió al general Leclerc en la marcha prodigiosa desde el Magreb hacia el Chad, y que participó en varias batallas contra los italianos y el Afrika Korps y que luego, encuadrado en la 2.ª División blindada francesa, peleó en la batalla de Normandía y entró en París y luego combatió en la zona de Estrasburgo hasta que una mina, ya en territorio alemán, lo apartó definitivamente de la guerra. La búsqueda de ese Miralles, a quien Bolaño frecuentó durante tres veranos en un cámping cercano a Barcelona, se convierte en la clave de la novela. Por supuesto, Cercas no sabe (ni su amigo tampoco) si Miralles está vivo o no. Sólo sabe que vivía en Dijon, que había adquirido la nacionalidad francesa y que en aquel momento debía de tener más de ochenta años o estar muerto. La tercera parte de la novela es la búsqueda de Miralles, a quien Cercas sólo le quiere hacer una pregunta, en el supuesto de que sea él el soldado que no quiso matar a Sánchez Mazas: ¿por qué?

Con esta novela, saludada con entusiasmo por la crítica y cuya traducción al francés y al italiano se concretó incluso días antes de que apareciera en las librerías españolas, Javier Cercas se coloca en el reducido grupo de cabeza de la narrativa española. Su novela juega con el hibridaje, con el «relato real» (que el mismo Cercas ha inventado), con la novela histórica, con la narrativa hiperobjetiva, sin importarle traicionar cada vez que le conviene estos mismos presupuestos genéricos para deslizarse sin ningún rubor hacia la poesía, hacia la épica, hacia donde sea, pero siempre hacia delante.

Braque: *El día y la noche*

Braque tenía setenta años en 1952, cuando apareció en Gallimard *El día y la noche,* libro de menos de cien páginas que ahora edita en español la editorial Acantilado. Lo menos que se puede decir de él es que se trata de un libro precioso, en el sentido literal de la palabra, hecho de anotaciones, pensamientos, aforismos que el pintor va desgranando desde 1917 hasta 1952 y que obviamente no constituyen la principal de sus ocupaciones sino más bien todo lo contrario, y precisamente es esto lo que las hace tan interesantes, lo que le concede al libro el halo de ocupación secreta, no excluyente pero exigentísima.

Braque, junto con Juan Gris y Picasso, formó la santísima trinidad del cubismo, en donde el rol de Dios padre perteneció íntegramente a Picasso y el rol del hijo, un hijo hasta hoy un tanto incomprendido, al sorprendente Juan Gris, que en otra obra de teatro hubiera podido interpretar sin ningún problema a un cíclope, mientras el destino le reservaba a Braque, el único francés del trío, el papel del Espíritu Santo, que es, como se sabe, el más difícil de todos y el que menos aplausos arranca al público. *El día y la noche* así parece atestiguarlo, con apuntes de este calibre: «En arte sólo es válido un argumento, el que no puede explicarse». «El artista no es un incomprendido, es un desconocido. Se le explota sin saber quién es.» «Nunca hallaremos reposo: el presente es perpetuo.»

Algunos de sus atisbos, como los de Duchamp o Satie, son infinitamente superiores a los de muchos escritores de su época, incluso a algunos cuya principal ocupación era la de pensar y reflexionar: «Cada época limita sus propias aspiraciones. De ahí surge, no sin complicidad, la ilusión por el progreso». «Pensándolo bien, prefiero quienes me explotan a quienes me imitan. Los primeros tienen algo que enseñarme.» «La acción es una cadena de actos desesperados que permite mantener la esperanza.» «Es un error encerrar el inconsciente en un cerco y situarlo en los confines de la razón.» «Hay que escoger: una cosa no puede ser verdadera y verosímil a un mismo tiempo.»

Humorista y desesperanzado al mismo tiempo (de la misma manera en que es religioso y materialista, o de la manera en que parece moverse demasiado aprisa cuando en realidad permanece inmóvil como una montaña o una tortuga), Braque nos ofrece estas joyas: «Recuerdo de 1914: a Joffre sólo le preocupaba reconstruir los cuadros de batallas pintados por Vernet». «Lo único que nos queda es eso que no nos quitan, y es lo mejor que poseemos.» «Con la edad, el arte y la vida se funden en una sola cosa.» «Tan sólo quien sabe lo que quiere se equivoca.»

El libro se cierra con un apéndice de no poco interés, el casi-manifiesto «Pensamientos y reflexiones sobre la pintura», publicado en el número 10 de *Nord-Sud,* en 1917. Pero yo prefiero despedirme de este libro magnífico con uno de sus muchos hallazgos: «Desconfiemos: el talento es prestigioso».

Il Sodoma

Giovanni Antonio Bazzi, llamado Il Sodoma, nació en 1477 y murió en 1549. La primera noticia que tuve de él se la debo a Pere Gimferrer, que además de ser un gran poeta lo ha leído prácticamente todo. Hablábamos de un cuento llamado «Sodoma» y Gimferrer me preguntó si el tema era sobre la ciudad bíblica o sobre el pintor. Sobre la ciudad, por supuesto, le contesté. Jamás había oído hablar de un pintor llamado Sodoma. Por un momento pensé que se trataba de una broma de Gimferrer, pero no, Il Sodoma había existido e incluso Giorgio Vasari le dedicaba unas páginas en su libro canónico, el monumental *Le vite de'più eccellenti architetti, pittori et scultori italiani.* Su nombre, Il Sodoma, alude claramente a sus gustos sexuales.

Se dice que los niños le gritaban Sodoma, cuando Il Sodoma volvía a su taller, y después fueron las mujeres, las lavanderas de Siena quienes lo llamaban, entre risas, Sodoma, y pronto todo el mundo lo conoció por ese nombre, un nombre ciertamente violento, brutal, que se correspondía de alguna manera con la pintura de Il Sodoma, hasta el punto de que un día Bazzi empezó a firmar sus lienzos con ese apodo, que asumió con orgullo y con ese espíritu carnavalesco que lo acompañó durante toda su vida.

Su casa, que también era su taller, se asemejaba, más que a una casa y a un taller de pintor renacentista, a un zoológico. Tras la puerta había un pasillo oscuro, grande como para que cupiera un carro de caballos, y luego había un cuervo que hablaba y que anunciaba al visitante que había traspuesto el umbral de la casa de Il Sodoma. El cuervo decía «Sodoma, Sodoma, Sodoma», y también decía «Visita, visita, visita». El cuervo a veces estaba en una jaula y otras veces en libertad. También había un mono, que se movía por el patio interior y entraba y salía por las ventanas, y que Il Sodoma seguramente había comprado a algún viajero de África. Además de un burro (un burro teológico, decía su dueño) y un caballo y multitud de gatos y perros, aparte de pájaros de muchas especies dentro de jaulas que colgaban de los muros y paredes del interior de la casa. Se dice que tenía un tigre o un tigrillo, pero esto es dudoso. El animal más extraordinario, sin embargo, era el cuervo, a quien todos los visitantes de Il Sodoma querían oír hablar. Este cuervo a veces se sumía en un mutismo obstinado, durante días, y otras veces era capaz de recitar versos de Cavalcanti. Nunca, que se sepa, dejó de cumplir con su labor de portero, y de esta manera los vecinos se enteraban de las visitas nocturnas que recibía el pintor, por los gritos del cuervo que los sobresaltaba en la madrugada, pronunciando guturalmente, con un deje entre irónico y angustioso, la palabra *Sodoma*.

Il Sodoma fue un humorista y su obra pictórica, desperdigada en galerías de Siena, Londres, París, Nueva York, tiene los colores rotundos del inicio de un carnaval antes de que la borrachera, el exceso y el cansancio los difuminen. Yo sólo he visto uno de sus cuadros. Fue en Florencia, en la Gallerie degli Uffizi. Vasari tenía razón, hay algo de brutal en él, pero también hay una nobleza de corazón que hemos perdido. En la Villa Farnesina de Roma hay unos frescos suyos, que no conozco pero que la crítica considera excelentes.

Autores que se alejan

Hace unos días, con Juan Villoro, nos pusimos a recordar a aquellos autores que habían sido importantes en nuestra juventud y que hoy han caído en una suerte de olvido, aquellos autores que gozaron en su momento de muchos lectores y que hoy sufren la ingratitud de esos mismos lectores y que para colmo de males no han conseguido interesar a los lectores de una nueva generación.

Pensamos, por supuesto, en Henry Miller, que en su día tuvo una gran difusión en España, y cuyo nombre estaba en boca de todos, pero cuya fama tal vez obedecía a un equívoco: es probable que más de la mitad de los que compraron sus libros lo hicieran esperando encontrar a un pornógrafo, algo que en cierta manera se justificaba y era una necesidad en la España que emergía después de cuarenta años de censura frailuna y franquista.

En el otro extremo recordamos a Artaud, puro nervio ascético, que en su día también tuvo buenas ventas, y no pocos admiradores españoles y mexicanos, y que si uno comete hoy el error de preguntarle a una persona menor de treinta años por su nombre seguramente recibirá una respuesta desoladora. Ya ni siquiera aquellos que están interesados por el cine saben quién era Antonin Artaud, lo que es igual de grave.

Lo mismo sucede con Macedonio Fernández: sus libros, salvo en Argentina, supongo, no se encuentran en las librerías. Y con Felisberto Hernández, que en los setenta tuvo un pequeño boom, pero cuyos relatos hoy sólo es posible encontrar tras mucho buscar en librerías de viejo.

Doy por descontado que la suerte de Felisberto en Uruguay y Argentina debe de ser diferente, lo que nos lleva a un problema aún peor que el olvido: el provincianismo en que el mercado del libro concentra y encarcela a la literatura de nuestra lengua, y que explicado de forma sencilla viene a decir que los autores chilenos sólo interesan en Chile, los mexicanos en México y los colombianos en Colombia, como si cada país hispanoamericano hablara una lengua distinta o como si el placer estético de cada lector hispanoamericano obedeciera, antes que nada, a unos referentes nacionales, es decir, provincianos, algo que no sucedía en la década del sesenta, por ejemplo, cuando surgió el boom, ni, pese a la mala distribución, en la década de los cincuenta o cuarenta.

Pero, en fin, de esto no hablábamos con Villoro, sino de otros escritores, escritores como Henry Miller o Artaud o B. Traven o Tristan Tzara, escritores que contribuyeron a nuestra educación sentimental y que ahora ya no es posible encontrar en los fondos de las librerías por la sencilla razón de que casi no tienen nuevos lectores. Y también de aquellos más jóvenes, escritores de nuestra generación, como Sophie Podolski o como Matthieu Messagier, que fueron unos jóvenes absolutamente maravillosos y de gran talento y a quienes ya no sólo no es posible encontrar en las librerías sino que tampoco en los buscadores de internet, lo que ya es mucho decir, como si nunca hubieran existido o como si los hubiéramos imaginado nosotros. La respuesta a este reflujo de escritores, sin embargo, es muy sencilla. Así como el amor se mueve con una mecánica similar a la del mar, como decía el poeta nicaragüense Martínez Rivas, así también se mueven los escritores, y un día aparecen y luego desaparecen y luego, quién sabe, vuelven a aparecer. Y si no vuelven a aparecer tampoco importa tanto porque ellos, de alguna manera secreta, ya son nosotros.

Philip K. Dick

Con Rodrigo Fresán largamente hemos hablado de Philip K. Dick, sin llegar a agotar jamás el tema, en bares y restaurantes de Barcelona o en nuestras respectivas casas.
Éstas son algunas de las conclusiones a las que hemos llegado: Dick era un esquizofrénico. Dick era un paranoico. Dick es uno de los diez mejores escritores del siglo xx en Estados Unidos, que no es decir poco. Dick era una especie de Kafka pasado por el ácido lisérgico y por la rabia. Dick, en *El hombre en el castillo,* nos habla, como luego sería frecuente en él, de lo alterable que puede ser la realidad y de lo alterable que, por lo tanto, puede ser la historia. Dick es Thoreau más la muerte del sueño americano. Dick escribe, en ocasiones, como un prisionero porque realmente, ética y estéticamente, es un prisionero. Dick es quien de manera más efectiva, en *Ubik,* se acerca a la conciencia o a los retazos de conciencia del ser humano y su puesta en escena, el acoplamiento entre lo que cuenta y la estructura de lo contado, es más brillante que algunos experimentos sobre el mismo fenómeno debidos a las plumas de Pynchon o DeLillo. Dick es el primero, literariamente, en hablar con elocuencia de la conciencia virtual. Dick es el primero, y si no el primero el mejor, en hablar sobre la percepción de la velocidad, la percepción de la entropía, la percepción del ruido del universo en *Tiempo de Marte,* donde un niño autista, como un Jesucristo mudo del futuro, se dedica a sentir y a sufrir la paradoja del tiempo y del espacio, la muerte a la que todos estamos abocados. Dick, pese a todo, no pierde en ningún momento el sentido del humor y por

lo tanto no es un descendiente de Melville sino un descendiente de Twain, aunque Fresán, que sabe más de Dick que yo, oponga algún reparo. Para Dick todo arte es política. No olvidar eso. Dick es posiblemente uno de los autores más plagiados del siglo XX. Para Fresán, *La flecha del tiempo,* de Martin Amis, es un plagio descarado de *El mundo contra reloj.* Yo prefiero creer que Amis rinde con esta novela un tributo a Dick o a algún antecesor del mismo Dick (no olvidemos que su padre, el poeta Kingsley Amis, también cultivó la ciencia ficción y fue un gran lector de este género). Dick es el escritor norteamericano de estos últimos años (junto a Burroughs) que más ha influido en poetas, novelistas y ensayistas no norteamericanos. Dick es bueno incluso cuando es malo y me pregunto, aunque ya sé la respuesta, de qué escritor latinoamericano se podría decir lo mismo. Dick expresa el dolor de forma tan contundente como Carson McCullers. Sin embargo *Sivainvi* es más inquietante que cualquier novela de McCullers. Dick parece, en determinadas ocasiones, el rey de los mendigos, y en otras el millonario oculto y misterioso, y con esto quizás nos quiso decir que ambos papeles son en realidad uno solo. Dick escribió *Dr. Bloodmoney,* que es una obra maestra, y revolucionó la nueva narrativa norteamericana, en 1962, con *El hombre en el castillo,* pero también escribió novelas que nada tienen que ver con la ciencia ficción, como las *Confesiones de un artista de mierda,* escrita en 1959 y publicada en 1975, lo que demuestra bien a las claras el afecto que la industria editorial norteamericana le profesaba.

Hay tres imágenes del Dick real que siempre llevaré conmigo, junto a sus innumerables libros. Primera imagen: Dick y todos sus matrimonios, ese gasto incesante en divorcios californianos. Segunda imagen: Dick y algunos miembros del Black Panther que lo visitan en su casa, con un automóvil del FBI detenido en la acera de enfrente. Tercera imagen: Dick y su hijo enfermo y las voces que escucha dentro de su cerebro y que le aconsejan volver otra vez al médico, sugerirle otro tipo de enfermedad, muy rara, más grave, cosa que Dick hace, y los médicos se dan cuenta de su error, y operan de urgencia y salvan la vida al niño.

El libro que sobrevive

Aunque parezca un ejercicio de memoria, no lo es. El primer libro que me regaló la primera muchacha de la que me enamoré y con la que viví fue uno de Mircea Eliade. Aún no sé qué quiso decirme con ese regalo. Otro, menos tonto, se hubiera dado cuenta de inmediato de que aquella relación no iba a ser demasiado duradera y hubiera tomado las medidas oportunas para no sufrir en exceso. No recuerdo el primer libro que me regaló mi madre. Sí recuerdo, vagamente, un grueso volumen de historia, ilustrado, casi un cómic, aunque más en la línea del *Príncipe Valiente* que en la de *Superman,* sobre la guerra del Pacífico, es decir la guerra entre Chile y la alianza peruano-boliviana. Si la memoria no me falla el personaje del libro, bastante confuso, una suerte de *Guerra y paz* del subdesarrollo, era un voluntario alistado en el Séptimo de línea. Durante toda mi vida le estaré agradecido a mi madre de que me regalara ese libro y no *Papelucho.* Tampoco recuerdo, por otra parte, que mi padre me haya regalado ningún libro, aunque en cierta ocasión pasamos por una librería y, a pedido mío, me compró una revista con un largo artículo sobre los poetas eléctricos franceses. Todos estos libros, incluida la revista, junto con muchos más libros, se perdieron durante mis viajes y traslados, o los presté y no los volví a ver, o los vendí o regalé.

Hay un libro, sin embargo, del que recuerdo no sólo cuándo y dónde lo compré, sino también la hora en que lo compré, quién me esperaba fuera de la librería, qué hice aquella noche, la felicidad (completamente irracional) que sentí al tenerlo en mis manos. Fue el primer libro que compré en Europa y aún lo tengo en mi biblioteca. Se trata de la *Obra poética* de Borges, editada por Alianza/Emecé en el año 1972 y que desde hace bastantes años dejó de circular. Lo compré en Madrid en 1977 y, aunque no desconocía la obra poética de Borges, esa misma noche comencé a leerlo, hasta las ocho de la mañana, como si la lectura de esos versos fuera la única lectura posible para mí, la única lectura que me podía distanciar efectivamente de una vida hasta entonces desmesurada, y la única lectura que me podía hacer reflexionar, porque en la naturaleza de la poesía borgeana hay inteligencia y también valentía y desesperanza, es decir lo único que incita a la reflexión y que mantiene viva a una poesía.

Bloom sostiene que el continuador por excelencia de la poesía de Whitman es Pablo Neruda. A juicio de Bloom, sin embargo, el esfuerzo de Neruda por mantener el flujo vivo del árbol whitmaniano acaba en un fracaso. Creo que Bloom está errado, como en tantas otras cosas, así como en tantas otras es probablemente el mejor ensayista literario de nuestro continente. Es cierto que todos los poetas americanos, para bien o para mal, tarde o temprano tienen que enfrentarse a Whitman. Neruda lo hace, siempre, como el hijo obediente. Vallejo lo hace como el hijo desobediente o como el hijo pródigo. Borges, y aquí radica su originalidad y su pulso que jamás tiembla, lo hace como un sobrino, ni siquiera muy cercano, un sobrino cuya curiosidad oscila entre la frialdad del entomólogo y el resignado ardor del amante. Nada más lejos de él que la búsqueda del asombro o la admiración. Nadie más indiferente que él ante las amplias masas en marcha de América, aunque en alguna parte de su obra dejó escrito que las cosas que le ocurren a un hombre le ocurren a todos.

Su poesía, sin embargo, es la más whitmaniana de todas: por sus versos circulan los temas de Whitman, sin excepción, y también sus reflejos y contrapartidas, el reverso y el anverso de la historia, la cara y la cruz de esa amalgama que es América y cuyo éxito o fracaso aún está por decidir. Y nada de esto lo agota, que no es poco admirable.

Empecé con mi primer amor y con Mircea Eliade. Ella vive aún en mi memoria; el rumano hace mucho que se instaló en el purgatorio de los crímenes no resueltos. Termino con Borges y con mi agradecimiento y mi asombro, aunque sin olvidar aquellos versos de «Casi juicio final», un poema del que Borges abominó: «He dicho asombro donde otros dicen solamente costumbre».

Meridiano de sangre

Meridiano de sangre es una novela del Oeste, una novela de vaqueros de un escritor que aparentemente está especializado en escribir novelas de ese tipo. Muchos listillos pensaron que a Cormac McCarthy no lo iban a traducir nunca al español y lo saquearon impunemente, amparados en la ignorancia y en una forma bastante sui géneris de entender la intertextualidad. Pero *Meridiano de sangre* no es sólo una novela del Oeste —su acción transcurre a mediados del siglo XIX— sino también una novela sobre la vida y la muerte, delirante, hiperviolenta, con varios discursos subterráneos (la naturaleza como principal enemigo del hombre, la absoluta imposibilidad de redención, la vida como movimiento inercial), que narra, por una parte, la incursión terminal de un grupo de norteamericanos en tierras de Chihuahua y luego, tras atravesar la Sierra Madre, en tierras del vecino estado de Sonora, y cuya misión, bien retribuida por los gobiernos de ambos estados, es la de exterminar y cortar cabelleras de indios, a quienes resulta muy difícil cazar, además de oneroso en tiempo y vidas, por lo que terminan masacrando pueblos mexicanos, en donde las cabelleras, a final de cuentas, son muy parecidas, por no decir iguales.

Por otra parte *Meridiano de sangre* es una novela que narra el paisaje, el paisaje de Texas y de Chihuahua y de Sonora, como si fuera la otra cara de la moneda de un texto bucólico: el paisaje narrado, el paisaje que asume el rol protagónico, se alza imponente, verdaderamente un nuevo mundo, silencioso y paradigmático y atroz, en donde todo cabe menos los seres humanos. Se diría que el paisaje de *Meridiano de sangre* es un paisaje sadiano, un paisaje sediento e indiferente regido por unas extrañas leyes que tienen que ver con el dolor y con la anestesia, que es como a menudo se manifiesta el tiempo.

Los otros dos personajes de la novela, el juez Holden y el Muchacho, son antagónicos, aunque ambos pertenecen a la misma banda: el juez es un hombre ilustrado y un asesino de niños, un músico y un pederasta, un naturalista y un pistolero, un hombre que ansía saberlo todo y destruirlo todo. El Muchacho, por el contrario, es un sobreviviente, es feroz pero es un ser humano, es decir es una víctima. Según el prestigioso Harold Bloom ésta es una de las mejores novelas norteamericanas del siglo xx.

Cormac McCarthy nació en 1933 y su vida no ha estado exenta de aventura y riesgo. La primera edición de *Blood Meridian* es de 1985. La que aquí comentamos es la edición de Debate, 2001, traducida por Luis Murillo Fort.

Trovadores

¿Qué nos dicen los trovadores hoy? ¿En dónde radica su gracia, su excelencia? No lo sé. Recuerdo que empecé a leerlos influido por Pound y, sobre todo, tras los estudios deslumbrantes de Martín de Riquer. A partir de ese momento, poco a poco fui atesorando libros y antologías en donde aparecían los nombres de Arnaut Daniel, Marcabrú, Bertrán de Born, Peire Vidal, Giraut de Bornelh. La mayoría fueron, por gajes del oficio, viajeros y trotamundos. Los hubo que sólo recorrieron una o dos provincias, pero también hubo algunos que cruzaron Europa, que ejercieron el oficio de soldados, que naufragaron en el Mediterráneo, que visitaron tierras islámicas.

Carlos Alvar hace una distinción entre trovadores, *trouvères* y *minnesinger*. En realidad, la distinción básicamente se funda en fronteras geográficas. Los trovadores eran, en su mayoría, de la Francia meridional, occitanos, aunque también hubo catalanes. Los *trouvères* son de la Francia del norte. Los *minnesinger*, alemanes. El tiempo, que ha sido incapaz de borrar sus nombres y algunas de sus obras, finalmente borrará también estas diferencias nacionales.

Cuando yo era joven, en México DF, por juego, nos dividíamos a nosotros mismos en cultivadores del *trobar leu* y del *trobar clus*. El *trobar leu* era, por supuesto, el cantar claro, sencillo, inteligible para todos. El *trobar clus*, por el contrario, era el cantar oscuro, cerrado, formalmente complicado. Pese a su riqueza conceptual, sin embargo, el *trobar clus* en no pocas ocasiones podía ser más violento y más brutal que el *trobar leu* (que generalmente era delicado), como si dijéramos Góngora escrito por un presidiario, o, más acertadamente, como si en el *trobar clus* se prefigurara la estrella negra de Villon.

No sabíamos, pues éramos jóvenes e ignorantes, que el *trobar clus,* a su vez, se dividía en dos categorías, el *trobar clus* propiamente dicho, y el *trobar ric,* que como su nombre indica es una poesía suntuosa, llena de miriñaques, y generalmente vacía. Es decir: el *trobar clus* encerrado en la universidad o en la corte, el *trobar clus* despojado del vértigo de las palabras y de la vida. Sabíamos que sin la poesía trovadoresca no hubiera existido el *dolce stil novo* italiano, y sin éste no hubiera existido Dante, pero lo que más nos gustaba era la vida descarriada de algunos trovadores. Por ejemplo: Jaufre Rudel, que se enamoró literalmente de oídas de una condesa que vivía en Trípoli, que viajó por el Mediterráneo como cruzado, en busca de ella, que enfermó y que finalmente acabó sus días en una pensión de Trípoli, adonde acudió la condesa, sabedora de que ese hombre la había ensalzado en muchas canciones y poemas, y en cuyo regazo inclinó la cabeza Rudel, cuando ya lo único que quedaba por hacer era morirse.

No sé qué nos dicen, hoy, los trovadores. Parecen lejanos allá en su siglo XII y parecen ingenuos. Pero yo no me fiaría demasiado. Sé que inventaron el amor, y también inventaron o reinventaron el orgullo de ser escritor, siempre y cuando uno sepa meter la cabeza en el pozo.

Herralde

Los editores suelen ser malas personas. Los editores y los críticos y los lectores de las editoriales y los miles de empleadillos que recorren los pasillos tenebrosos o iluminados de las editoriales. Pero los escritores suelen ser peores, porque, entre otras cosas, creen en la perdurabilidad o en un mundo regido por leyes darwinistas o tal vez porque en sus almas anida un espíritu cortesano aún más innoble.

Yo he tenido la desgracia de conocer a varios editores que eran una penalidad incluso para sus madres y también he tenido la suerte de conocer a varios, unos siete u ocho, que eran y son unas personas responsables, algo tristes (la melancolía es una marca del gremio), inteligentes y con grandes dosis de audacia o humor, editores empeñados, por ejemplo, en publicar autores y libros de los que de antemano se sabe que se venderán muy pocos ejemplares.

Hace poco se entregó el Premio Targa d'Argento, en su segunda edición, al mejor editor europeo, y lo recibió mi editor, Jorge Herralde, pasando por delante de numerosos editores, algunos a punto de ser ungidos o ya ungidos por un aura legendaria. Ahora Herralde publica este libro, *Opiniones mohicanas,* Acantilado, 2001, la casa de otro notable editor y escritor, Jaume Vallcorba. Leer este libro, recopilación de artículos variados e incluso de pequeñas notas de no más de veinte líneas, es sumergirse en la historia reciente de la edición barcelonesa y de la edición europea y latinoamericana, además de entrar en el círculo de los amigos de Herralde, de sus conflictos como editor, del cambio político vivido en España desde el fin de la dictadura.

En sus páginas desfila un variadísimo número de escritores. Bukowski, a quien Herralde y Lali Gubern visitan en California. Patricia Highsmith, con quien cenan en Madrid con el alcalde Tierno Galván de anfitrión. Carlos Monsiváis, el grandísimo Sergio Pitol, Carlos Barral, sobre cuyo fantasma aún pesa la marca infamante de haber rechazado *Cien años de soledad*. Soledad Puértolas, Carmen Martín Gaite, Esther Tusquets, Belén Gopegui, probablemente las cuatro mejores prosistas españolas. Además de una multitud de escritores británicos, franceses, italianos, norteamericanos, y algunos latinoamericanos y catalanes.

¿Qué puedo decir yo de Herralde que luego nadie, ni el propio Herralde, me pueda echar en cara? Podría decir que su prosa es elegante e irónica, como el propio Herralde. Pero eso es decir muy poco. En realidad lo que tendría que decir es que una vez, durante un viaje que hice montado en la paranoia más radical, al llegar al país adonde iba me encontré varios fax de Herralde en mi hotel, en donde éste me decía que no me preocupara y ponía todos los medios a su disposición para que, en caso de que mi paranoia se agravase, pudiese salir de aquel país lo antes posible.

También recuerdo otra ocasión, en su oficina, en que, tras yo decirle que no pensaba acudir a una fiesta a la que me habían invitado por desconocer el uso que debía darle a los cinco tenedores, seis cucharas y cuatro cuchillos que seguramente harían guardia junto a mi plato, Herralde, con suma paciencia, me explicó el uso específico de cada uno de los cubiertos y el tempo de uso y desuso de tales instrumentos. De más está decir que, mientras Herralde explicaba esto, yo lo miraba entre perplejo, admirado y rabioso. En este sentido Herralde es un orgullo de la burguesía catalana. Una burguesía ilustrada y nada cobarde que desaparece a pasos de gigante.

¿Y qué más puedo decir de él? Pues que la literatura en lengua castellana no sería la misma si no hubiese existido nunca la editorial Anagrama, y que si algún día me voy de la editorial (en donde he publicado siete libros) probablemente echaré de menos, más que a Herralde, a Lali Gubern, a Teresa, a Ana Jornet, a Noemí, a Emma, a Marta, a Izaskun, a la ya jubilada y entrañable María Cortés, entre tantas chicas guapas (e inteligentes) que trabajan allí, pero que también echaré de menos a Herralde, las tardes interminables en que discutíamos de anticipos, sus frases cortas y siempre acertadas, sus opiniones demoledoras, las comidas en El Tragaluz y las cenas en el Giardinetto, más opiniones demoledoras, más recuerdos confrontados desde distintas perspectivas, su independencia de jefe de los irreductibles mohicanos.

Conjeturas sobre una frase de Breton

Hace tiempo, en una entrevista que luego perdí, André Breton decía que tal vez había llegado la hora de que el surrealismo entrara en la clandestinidad. Sólo allí, creía Breton, podía subsistir y prepararse para los desafíos futuros. Esto lo dijo en los últimos años de su vida, a principios de la década de los sesenta.

La propuesta, atractiva y equívoca, nunca volvió a ser formulada, ni por Breton en las múltiples entrevistas que concedería después ni por sus discípulos surrealistas, más ocupados en dirigir pésimas películas o revistas literarias que ya poco o nada tenían que aportar a la literatura y a la revolución que Breton y sus compañeros de primera hora vieron como algo convulsivo e indistinto. La misma cosa informe.

Siempre me pareció extraño el tupido velo que cayó sobre esta, llamémosla así, posibilidad estratégica. Se me ocurren varias preguntas al respecto. ¿Pasó realmente el surrealismo a la clandestinidad y allí, en las cloacas, murió? ¿Pasó sólo una parte del surrealismo a la clandestinidad, la menos visible, los jóvenes, por ejemplo, mientras la vieja guardia cubría la retirada con cadáveres exquisitos y objetos encontrados, para así dar la impresión de quietud cuando en realidad se estaba realizando un movimiento de repliegue? ¿En qué se transformó el surrealismo clandestino a partir de 1965, un año antes de la muerte de Breton? ¿En qué sentido incidió, junto con los situacionistas, en el Mayo del 68? ¿Hubo un surrealismo clandestino operativo en los últimos treinta años del siglo xx? Y si lo hubo, ¿cómo evolucionó, qué propuestas en materia plástica, literaria, arquitectónica, cinematográfica realizó? ¿Cuáles fueron sus relaciones con el surrealismo oficial, es decir el de las viudas, el de los cinéfilos y el de Alain Jouffroy? ¿Alguno de estos subgrupos mantuvo relaciones con los clandestinos? ¿El radio de acción del surrealismo de las cloacas se ciñó al ámbito europeo y norteamericano o hubo ramificaciones asiáticas, africanas, latinoamericanas? ¿Es probable que el surrealismo clandestino se escindiera, con el tiempo, en subgrupos enfrentados y luego perdidos como tribus nómadas en el desierto? ¿Cabe la posibilidad de que los surrealistas clandestinos se olvidaran, al cabo de no muchos años, de que ellos eran precisamente surrealistas clandestinos? ¿Y cómo son captados los nuevos surrealistas clandestinos? ¿Quién los llama a medianoche y les dice que a partir de aquel momento ya pueden considerarse parte del grupo? ¿Y qué piensan los que reciben una llamada de esta naturaleza? ¿Que son víctimas de una broma, que esa voz con acento francés en realidad es la voz de un amigo guasón, que acaban de sufrir una alucinación auditiva? ¿Y qué órdenes reciben los nuevos surrealistas clandestinos? ¿Que aprendan rápidamente a leer y a hablar francés? ¿Que acudan a una dirección de París en donde alguien los estará esperando? ¿Que no se asusten? ¿Sobre todo que no se asusten? ¿Y si la dirección que te dan es la de un cementerio, uno de los tantos cementerios legendarios de París, o la de una iglesia o la de una casa burguesa en una avenida burguesa? ¿Y si la dirección es la de un sótano ubicado en lo más oscuro del barrio árabe? ¿Debe el nuevo surrealista clandestino, que además no está muy seguro de no ser víctima de una broma que se alarga demasiado, acudir?

Puede que nadie, nunca, reciba esta llamada. Puede que los surrealistas clandestinos jamás hayan existido o sean, ahora, sólo una colección no muy numerosa de viejos humoristas. Puede que los que reciban la llamada no acudan a la cita, porque creen que es una broma o porque no pueden acudir. «Después de siglos de filosofía, vivimos aún de las ideas poéticas de los primeros hombres», escribió Breton. Esta frase no es, como pudiera pensarse, un reproche sino una constatación en el umbral del misterio.

Intento de agotar a los mecenas

Nunca tuve un mecenas. Nunca nadie me conectó con nadie para hacerme beneficiario de una beca. Nunca ningún gobierno ni ninguna institución me ofreció dinero, ni ningún caballero elegante se sacó la chequera delante de mí, ni ninguna señora trémula (de pasión por la literatura) me invitó a tomar el té y se comprometió a pagarme una comida diaria. Pero con el tiempo he conocido, personalmente o a través de lecturas, a muchos mecenas.

El más común de todos es el cuarentón homosexual que de pronto advierte que su vida está vacía y que se dedica, morosamente, a llenarla de sentido. Este tipo de mecenas lo que en el fondo quiere es ser artista y tener a su vez un mecenas, un mecenas cuarentón y violento, que a su vez también tiene un mecenas, el cual a su vez es apadrinado por otro mecenas, y así hasta el infinito. Generalmente las obras que enloquecen a este tipo de mecenas son los falsos autorretratos.

También existe el mecenas con vínculos sanguíneos. Suele ser hermano o hermana del artista o poeta en cuestión y la relación que se establece entre ambos es como la del pájaro y el peñasco. En ese ámbito a la necesidad desesperada se la conoce con el nombre de amor. La derrota en todos los frentes está asegurada.

Luego viene el mecenas invisible. Su apadrinado jamás lo tuteará. De hecho, en algunos casos, jamás lo verá. El mecenas invisible es capaz de violar a un escritor sin que éste se dé cuenta. El mecenas invisible no es, como podría pensarse, un ser discreto y prudente. Más bien al contrario: suele ser un patán astuto.

Después tenemos a la abuelita melancólica. Que no es, por supuesto, abuela, ni siquiera tía abuela, de sus apadrinados, y cuya imagen se corresponde en parte a aquellas viejas damas rusas amantes de las letras que durante una época pulularon por París, Venecia y Ginebra. Las abuelitas visten impecablemente bien. Hablan de Proust como si lo hubieran conocido. A veces evocan veladas a la luz de las velas en palacios de los que uno no ha oído hablar jamás. Tienen (por ignorancia) en alta estima a los autores que han sido traducidos a más de tres lenguas y su colección de diccionarios y enciclopedias suele ser admirable. Están en peligro de extinción.

No están en peligro de extinción, por el contrario, los agregados culturales que en las noches de luna llena se creen mecenas. De más está decir, puesto que todo el mundo lo sospecha, que los agregados culturales tienen mucho más de agregados que de culturales. Durante sus breves reinados sus amigos medran lo que pueden, que generalmente es poco, pero que para ellos es mucho, es todo.

Tampoco están en peligro de extinción los profesores latinoamericanos en universidades norteamericanas. Su concepción del mecenas se sustenta en la fuerza bruta y en una cobardía sin fin. La mayoría son de izquierdas. Asistir a una cena con ellos y con sus favoritos es como ver, en un diorama siniestro, al jefe de un clan cavernícola comiéndose una pierna mientras sus acólitos asienten o ríen. El mecenas profesor en Illinois o Iowa o Carolina del Sur se parece a Stalin y allí radica su más curiosa originalidad.

Después viene una masa amorfa de mecenas de distinto pelaje y de distinta desgracia. Están las vírgenes neuróticas, el hombre de las gauchadas, el que lo hace por *spleen,* las casadas insatisfechas, los funcionarios suicidas, el poeta que de pronto descubrió que carecía de talento, el que cree que nadie lo entiende, el borracho que recita a Salustio, el gordito al que le gustaría ser flaco, el resentido que quiere levantar un nuevo canon, el neoestructuralista que no entiende ni la mitad de lo que dice, el sacerdote que pena por el infierno, la señora que vela por las buenas costumbres, el empresario que escribe sonetos.

Detrás de esta muchedumbre, sin embargo, se esconde el único, el verdadero mecenas. Si uno tiene la suficiente paciencia como para llegar hasta allí, tal vez lo pueda ver. Y si lo ve probablemente acabe defraudado. No es el diablo. No es el Estado. No es un niño mágico. Es el vacío.

El último lugar del mapa

Ushuaia, la ciudad más austral del mundo, situada sobre la costa norte del canal Beagle y al pie del cordón Martial, es el corazón deslumbrante, salvaje y natural de la provincia de la Tierra de Fuego.

Durante mucho tiempo, primero en el imaginario sudamericano y luego en el de algunos europeos y norteamericanos, en parte debido a los libros de ciertos viajeros meticulosos, sobre todo ingleses, sobre todo Chatwin, la Patagonia fue algo semejante a lo que ha sido y sigue siendo el vasto y movedizo territorio de la frontera mexicana-norteamericana. En vez de desierto, pampa; en lugar de pueblos dormidos al sol, caseríos batidos por el viento y por las lluvias australes; en vez de una masa de gente extraña que entona canciones extrañas, unos pocos habitantes y un silencio casi ininterrumpido. En cualquier caso, tanto la frontera mexicana como las provincias que conforman el territorio de la Patagonia constituían, junto con la selva, el último lugar, el lugar sagrado del individuo, el sitio adonde se va únicamente a morir o a dejar que el tiempo pase, que viene a ser casi lo mismo. La selva, tal vez por la profusión de mosquitos y por las enfermedades inherentes, ha pasado de moda: los viajeros, incluso los viajeros terminales, quieren morir pero quieren morir en paz, es decir quieren morir mecidos y arrullados por una estética determinada que excluye, de más está decirlo, el dengue, las fiebres, las molestas picadas y las, aún más molestas, diarreas. La frontera y la Patagonia, en este sentido, exhiben ofertas inmejorables: tequila, cocaína y mujeres en la frontera norte; mate, buena carne a la brasa y unas temperaturas dignas de cualquier filósofo escolástico en el extremo sur. Uno va a la Patagonia pero también uno huye a la Patagonia. La literatura sobre este tipo de huidas no sólo es anglosajona. El protagonista de *Sobre héroes y tumbas,* de Ernesto Sábato, al final de la novela, cuando todos los sueños han caído y parece abocado a la destrucción, decide subirse a un camión y emprender el viaje al sur. Otros escritores han seguido la indicación de Sábato.

De hecho, el viaje a la Patagonia ya hace tiempo que trascendió los márgenes de la literatura. Hay cuadros en donde los pintores, con más buena voluntad que oficio, ofrecen sus visiones del llano, de los glaciares, de la tierra desocupada. Hay piezas musicales en donde la palabra Patagonia rima con Celedonia. Incluso hay una película, de cuyo director no recuerdo el nombre, pero interpretada por Daniel Day Lewis, que cuenta la historia de un dentista —no sé si inglés o canadiense— que viaja por la Patagonia en moto en una cruzada personal contra las caries.

Durante un cierto tiempo la Patagonia reemplazó al trópico en la provisión de paisajes adaptables al realismo mágico. E incluso, según recuerdo, hubo una propuesta, de esto ya hace mucho, de ceder no sé si a la Sociedad de Naciones o a las Naciones Unidas (creo que a la primera) una porción considerable de territorio desocupado para instalar allí una república judía o, tal vez, una patria para un pueblo asiático errante, probablemente refugiados chinos huidos de la agresión japonesa, propuesta que indignó a los argentinos de la época y que, de haber progresado, constituiría hoy, sin duda, el país más civilizado y próspero de toda Sudamérica.

¿De dónde viene el nombre de Patagonia? Pues de sus primitivos pobladores, los patagones, quienes fueron descritos por los descubridores españoles como gigantes, añadiendo que estos gigantes, además, tenían unos pies enormes, mayores que los de cualquier europeo, algo no del todo absurdo si previamente se ha dicho que son gigantes. Los primeros en verlos (y se dice que no sólo los primeros sino también los últimos) fueron los bravos marinos de Magallanes, empeñados en dar la vuelta al mundo, algo que finalmente y tras muchas penalidades consiguieron, dejando tras de sí a más de la mitad de la tripulación muerta por enfermedades, falta de comida y de agua, e insolaciones varias. Un cronista del viaje, el italiano Pigafetta, los describe de tres metros de altura. Probablemente exageraba. En el siglo XIX, viajeros menos imaginativos afirman haber visto patagones de dos metros. Hoy, los pocos que quedan no miden más de un metro sesenta.

La frontera de la Patagonia no es algo que todo el mundo, menos aún los argentinos, sepa especificar con total nitidez. Según el novelista Rodrigo Fresán, a quien le hice la pregunta, la Patagonia empieza al cruzar el Río Negro. Por su parte, para algunos chóferes de autobuses porteños que hacen la ruta sur, la Patagonia empieza justo al acabar la provincia de Buenos Aires. Según una amiga argentina la Patagonia empieza en la provincia de Chubut, bastante más al sur de lo que el común de la gente cree. Según otra amiga argentina la Patagonia no existe. Pensaba hacerle la misma pregunta a Alan Pauls, uno de mis escritores argentinos favoritos, pero me dio miedo.

Lo que sí está fuera de discusión es que la Patagonia es enorme y que, a su manera, está llena de fantasmas. Visitar toda la región no está al alcance de cualquiera, en parte debido a que la Argentina no es barata y en parte a lo extenso del territorio, que exige por lo menos seis meses para recorrer, ya sea de forma superficial, aquello que los guías turísticos llaman sorpresas.

Por ejemplo, Neuquén. La provincia de Neuquén es no sólo la única provincia patagónica sin salida al mar, pero fronteriza con Chile, lo que la convierte en una especie de

Bolivia en el imaginario geoestratégico de los militares chilenos, tan prusianos ellos. Neuquén es como Jurassic Park, la patria perdida de los dinosaurios de Sudamérica. Allí uno se topa con tiranosaurios y pterodáctilos en cada esquina. Los estancieros de Neuquén ya no hablan de cabezas de ganado sino de velocirraptors. Las romerías de paleontólogos son notables en los meses de primavera y verano.

El turista generalmente se desplaza en avión y hace bien. Pero lo más recomendable para viajar a la Patagonia es hacerlo en autostop. Digamos, uno puede viajar en autobús hasta Choele Choel o en avión hasta Bahía Blanca, pero a partir de ese momento hacer autostop. Así, al menos, viajaron los argentinos pobres de la década de los sesenta que no pudieron hacerlo a Europa y así viajan todavía algunos indios patagones cuya curiosidad o alguna diligencia inaplazable los llevó a la capital o a esa ciudad siniestra que Bioy ponderó en su ancianidad, llamada La Plata. Desde Choele Choel el viajero suele hacerse una pregunta crucial: ¿adónde voy? Para internarse en la Patagonia hay dos rutas que ofrecen dos paisajes bien distintos. Uno va hacia Bariloche, o va hacia Puerto Madryn. En Bariloche lo que el desprevenido turista encontrará será la cordillera de Los Andes y una legión de esquiadores, fanáticos de la nieve con la piel perfectamente bronceada y graves problemas de orden psicológico y sexual que se alojan en el hotel Llao-Llao, un establecimiento de los años cuarenta con un vago aire a hotel de aguas termales. En Puerto Madryn, por contra, verá el océano Atlántico, que en esas latitudes tiene un color (aunque esto depende de la fecha, claro) decididamente horroroso, como de animal o pellejo de animal descompuesto, como de curtiduría abandonada, aunque el mar, como siempre, huele bien. Y desde allí uno puede visitar la península Valdés, que cierra por el norte el golfo Nuevo, o, aún mejor, salir de Puerto Madryn y dirigirse a Trelew y a Rawson, que están muy cerca y en donde se puede escuchar de madrugada, si uno se encarama a cierta roca en el campo llamada «La roca de Yanquetruz», los gritos que trae el viento de ambas ciudades y que vagamente hablan de jóvenes reclutas, de jóvenes prisioneros, de mareos y de piaras de cerdos.

Después de escuchar esto lo mejor es largarse en el primer autobús de Trelew y también de Rawson. Aquí al infatigable viajero, sin embargo, se le presenta otra disyuntiva. O coger la ruta hacia el oeste, hacia la cordillera, hacia Trevelín y Esquel, y visitar Leleque y El Maitén, los pueblos cordilleranos de la provincia de Chubut, pasando por el Parque Nacional de Los Alerces o por el Parque Nacional del Lago Puelo e incluso, si el viajero es más curioso de lo usual, cruzando el Paso Cochamo y asomándose, sin saber muy bien por qué ni para qué, a Chile, o bien seguir la ruta hacia el sur, en dirección a Comodoro Rivadavia y hacia los Bosques Petrificados. Al sur de los Bosques Petrificados puede pasar cualquier cosa. La carretera que corre junto a las estribaciones cordilleranas y la carretera que corre junto al Atlántico ciñen un inmenso territorio intermedio, el último lugar, el territorio hacia donde se dirigen los patagones autoestopistas, cruzado de tanto en tanto por carreteras secundarias o por pistas de tierra que primero desalientan al viajero y luego lo extravían y finalmente lo llevan a una suerte de delirio místico que el hambre y la buena educación consiguen atenuar. Ambas carreteras confluyen en Río Gallegos, la última ciudad de la Patagonia. Más abajo, cruzando el estrecho de Magallanes, se encuentra la Tierra del Fuego argentina y chilena, pero eso ya es otra historia.

Las palabras y los gestos

Era un gran escritor. Un gran hombre. Así hay que empezar siempre, decía un socorrista de la Cruz Roja. El parche antes de la herida. Pero resulta sofocante, en cierto modo, el alud de elogios en el día de su muerte. ¿Que murió con un ademán impasible, sin mover ni un músculo de la cara? Esa afirmación, ridícula e intrascendente, nada añade a un prestigio fundado tanto en las palabras como en los gestos.

¿Cómo murió Luis Martín-Santos, dando gritos, quejándose con un hilo de voz? ¿Cómo murió Juan Benet, perdido en un laberinto, viendo desfilar los fantasmas de España detrás de una catarata de lágrimas o de caspa o de piedad? Resulta sofocante el alud de elogios. Hoy he leído que Arrabal, junto con dos de sus amigos prestigiosos, consideraba a Cela el más grande escritor vivo universal. Quiero pensar que el dolor, seguramente, hace delirar. ¿Qué impulsa o qué sostiene tanta unanimidad? ¿El Nobel? ¿Son las hordas de Benavente que vuelven con muletas del olvido? Tanta unanimidad, francamente, asquea. Tanto crítico literario improvisado, tanto universitario mediocre, tanto funcionariado suelto.

Ni siquiera Cela, que tantas cosas hizo, y que algunas, quiero creer, las hizo solo y bien, se merece algo así. Ningún escritor de verdad se merece algo así. La literatura, al contrario que la muerte, vive en la intemperie, en la desprotección, lejos de los gobiernos y de las leyes, salvo la ley de la literatura que sólo los mejores entre los mejores son capaces de romper. Y entonces ya no existe la literatura, sino el ejemplo.

Entre el macho anciano y el caballero perplejo, entre el Dalí entrado en carnes y el académico inmóvil, entre el hombre que ganó todos los premios y el tipo que despreció olímpicamente a todos los maricones, hay un hueco secreto para el mejor Cela, uno de los mejores prosistas, en plural, de la España de la segunda mitad del siglo xx, un ser humano feliz con Marina, un tipo peligrosamente parecido a nosotros.

Un paseo por el abismo

De las muchas novelas que se han escrito sobre México, las mejores probablemente sean las inglesas y alguna que otra norteamericana. D. H. Lawrence prueba la novela agonista, Graham Greene la novela moral y Malcolm Lowry la novela total, es decir la novela que se sumerge en el caos (que es la materia misma de la novela ideal) y que trata de ordenarlo y hacerlo legible. Pocos escritores mexicanos contemporáneos, con la posible excepción de Carlos Fuentes y Fernando del Paso, han emprendido semejante empresa, como si tal esfuerzo les estuviera vedado de antemano o como si aquello que llamamos México y que también es una selva o un desierto o una abigarrada muchedumbre sin rostro fuera un territorio reservado únicamente para el extranjero.

Rodrigo Fresán cumple con creces este y otros requisitos para escribir sobre México. *Mantra* es una novela caleidoscópica, recorrida por un humor feroz, en ocasiones excesiva, escrita con una prosa de rarísima precisión que se permite oscilar entre el documento antropológico y el delirio de las madrugadas de una ciudad, el Distrito Federal, que se superpone a otras ciudades de su subsuelo como si se tratara de una serpiente que se traga a sí misma.

La novela, aparentemente (y digo aparentemente pues todo en esta novela puede llegar a ser aparente, aunque sus partes estén ensambladas con exactitud matemática), está dividida en tres grandes capítulos. El primero está narrado por un niño argentino y transcurre en Argentina, tras la llegada al colegio de un nuevo alumno, un niño mexicano que pasa, en menos de un minuto, de posible víctima a líder del grupo mediante el ingenioso (y peligrosísimo) truco de jugar, cuando el profesor lo deja solo, a la ruleta rusa, con una pistola de verdad, delante de sus nuevos compañeros. El niño, Martín Mantra, es la encarnación del niño terrible por excelencia: hijo de dos actores de telenovelas, acude al colegio acompañado por un guardaespaldas exluchador enmascarado, y piensa revolucionar el mundo del cine y de la televisión. La visión de México, del lugar de donde viene ese niño increíble, está mediatizada por el niño y por los recuerdos de la propia infancia del narrador argentino y por algo que nunca se dice claramente pero que en ocasiones se asemeja a una enfermedad o a un desplome social y que tal vez sólo sea la ausencia definitiva de la infancia.

La figura simbólica que preside esta primera parte es la de un héroe del pasado, el general *(post mortem)* Gervasio Vicario Cabrera, mexicano despistado que luchó en la guerra de Independencia de Argentina, víctima de un fusilamiento a todas luces apresurado, de igual forma que la figura simbólica que preside la tercera parte es la de un robot cuya sombra se discierne confundida con las primeras palabras de Pedro Páramo.

El segundo capítulo, a mi juicio el mejor, es el más extenso de la novela y está construido alfabéticamente, como un diccionario del DF o como un diccionario del abismo. Es, también, la parte más extensa de la novela, de la página 144 a la página 509. Su lectura es abierta: se puede leer linealmente o bien el lector puede entrar por la letra que prefiera. El narrador esta vez es un francés, un francés que sólo ha oído hablar de Martín Mantra y que viaja a México para matar y morir. E incluso para seguir matando después de muerto. Entre las múltiples líneas argumentales que se cruzan como relámpagos está la vida de Joan Vollmer, muerta en el DF mientras jugaba a Guillermo Tell con Burroughs, su marido, en el papel de Guillermo; y la historia de los luchadores enmascarados mexicanos, y la historia de la película *nouvelle vague* que quiso hacer en Francia uno de estos luchadores enmascarados; y la historia del LIM, el lenguaje internacional de los muertos; y la historia de los monstruos mexicanos y de la pornografía mexicana; y la historia del grupo de rock femenino Anorexia & Sus Flaquitas; y la historia de Martín Mantra como guerrillero milenarista y mediático; sin que falte incluso una historia de amor, pero en París, entre el narrador francés y una joven mexicana.

Palabras de *Mantra* extraídas al azar. En el apartado «Telenovelas» el lector puede leer: «Las telenovelas son como noticieros mutantes». En el apartado «Televisores»: «Y me preguntarás cuál es la marca de estos televisores muertos que miran los muertos y te responderé [...] que estas pantallas zombis donde los zombis dan de comer a sus ojos zombis son marca Sonby». En el apartado «Vómito»: «Así me habla Joan Vollmer, esto es lo que me dice mientras fuma varios cigarrillos invisibles. Me dice que son cigarrillos de marca diferente: unos la hacen hablar en primera persona, otros en tercera persona, en ese entrecortado y espasmódico idioma sísmico que es el Lenguaje Internacional de los Muertos».

Así pues, los muertos hablan un lenguaje cuya cadencia se asemeja a un temblor. Y *Mantra*, eso lo descubrimos a medida que nos vamos internando en las distintas capas superpuestas de la novela, se va llenando de muertos, de todos los muertos de México, desde los muertos ilustres hasta los muertos anónimos. Y el temblor que el lector percibe es el temblor del LIM, un lenguaje que también sirve para hacer novelas siempre y cuando éstas se escriban en orden alfabético.

La tercera y última parte de la novela es una fábula futurista. La Ciudad de México ya no existe, aplastada por terremotos permanentes, y entre esas ruinas se alza una nueva ciudad llamada Nueva Tenochtitlán del Temblor. Un robot vuelve al corazón de esa ciudad extraña a buscar a su padre creador, un tal Mantrax. Así se lo ha prometido a su madrecita computadora. Evidentemente, nos hallamos ante una nueva versión de *Pedro Páramo* o ante el encuentro azaroso, al pie de una piedra de sacrificios, de *Pedro Páramo*, de Rulfo, y *2001,* de Kubrick, con un final sorprendente.

Pocas novelas tan apasionantes he leído en los últimos años. Con *Mantra* es con la que más me he reído, la que me ha parecido más virtuosa y al mismo tiempo más gamberra; su carga de melancolía es inagotable, pero siempre está asociada al fenómeno estético, nunca a la cursilería ni al sentimentalismo siempre en boga en la literatura en lengua española. Es una novela sobre México, pero en realidad, como toda gran novela, de lo que verdaderamente trata es sobre el paso del tiempo, sobre la posibilidad e imposibilidad de los sueños. Y también trata, en un plano casi secreto, sobre el arte de hacer literatura, aunque muy pocos se den cuenta de eso.

Sobre la literatura, el Premio Nacional de Literatura y los raros consuelos del oficio

Primero que nada y para que quede claro: Enrique Lihn y Jorge Teillier no obtuvieron nunca el Premio Nacional. Lihn y Teillier están muertos.

Ahora entremos en materia. Puesto a escoger entre la sartén y el fuego, escojo a Isabel Allende. Su glamour de sudamericana en California, sus imitaciones de García Márquez, su indudable valentía, su ejercicio de la literatura que va de lo kitsch a lo patético y que de alguna manera la asemeja, en versión criolla y políticamente correcta, a la autora de *El valle de las muñecas,* resulta, aunque parezca difícil, muy superior a la literatura de funcionarios natos de Skármeta y Teitelboim.

Es decir: la literatura de Allende es mala, pero está viva; es anémica, como muchos latinoamericanos, pero está viva. No va a vivir mucho tiempo, como muchos enfermos, pero por ahora está viva. Y siempre cabe la posibilidad de un milagro. No sé, el fantasma de Juana Inés de la Cruz se le puede aparecer un día y le puede dar una lista de lecturas. El fantasma de Teresa de Ávila. En el peor de los casos el fantasma de Pardo Bazán. No se puede decir lo mismo de la literatura de Skármeta y Teitelboim. A ésos no los salva ni Dios. Ahora bien: escribir —juro que lo leí en un periódico de Chile— que hay que apresurarse a darle el Premio Nacional a Allende antes de que le den el Nobel me parece, no ya una tomadura de pelo desproporcionada, sino que acredita al autor del aserto como un ignorante de antología.

¿De verdad hay inocentes que piensan así? ¿Y los que piensan así son inocentes o simples botones de muestra de una estulticia que se ha apoderado no sólo de Chile sino de Latinoamérica? Hace poco, Nélida Piñon, celebrada novelista brasileña y asesina en serie de lectores, dijo que Paulo Coelho, una especie de Barbusse y Anatole France en versión telenovela de brujos cariocas, debía ingresar en la Academia brasileña puesto que había llevado el idioma brasileño a todos los rincones del mundo. Como si el «idioma brasileño» fuera una ciencia infusa, capaz de soportar cualquier traducción, o como si los sufridos lectores del metro de Tokio supieran portugués. Además, ¿qué es eso de «idioma brasileño»? Idea tan desmesurada como si habláramos del idioma canadiense o australiano o boliviano. Ciertamente, hay escritores bolivianos que parece que escriben en «idioma norteamericano», pero eso se debe a que no saben escribir bien en español o castellano, pero en el fondo, bien o mal, lo que hacen es escribir en español.

¿Por dónde íbamos? Por Coelho y la Academia y el sillón vacante que finalmente le dieron gracias, entre otras cosas, a popularizar el «idioma brasileño» a lo largo y ancho del mundo. Francamente, leyendo esto uno podría llegar a pensar que Coelho tiene un vocabulario (brasileño) comparable al «idioma irlandés» de Joyce. Pero no. La prosa de Coelho, también en lo que respecta a riqueza léxica, de vocabulario, es pobre. ¿Cuáles son sus méritos? Los mismos de Isabel Allende. Vende libros. Es decir: es un autor de éxito. Y aquí llegamos a uno de los meollos de la cuestión. Los premios, los sillones (en la Academia), las mesas, las camas, hasta las bacinicas de oro son, necesariamente, para quienes tienen éxito o bien se comporten como funcionarios leales y obedientes.

Digamos que el poder, cualquier poder, sea de izquierdas o de derechas, si de él dependiera, sólo premiaría a los funcionarios. En este caso Skármeta es el favorito de lejos. Si estuviéramos en el Moscú neoestalinista, o en La Habana, el premio sería para Teitelboim. Me da miedo (y asco) sólo de imaginármelo. Pero el éxito también tiene sus paladines: todos los enanos mentales que buscan una sombra, que son legión. O todos los escritores que esperan una gauchada de Isabelita A. En fin, si he de escoger entre esos tres, yo también me decanto por ella. Pero si de mí dependiera le daría el premio a Armando Uribe, o a Claudio Bertoni, o a Diego Maquieira. Cualquiera de los tres me parece creador de una obra con méritos más que suficientes para optar a tan digno galardón. Se me dirá que los tres son poetas y que este año toca a los narradores. ¡Cuándo se ha visto una regla, aunque sea no escrita, tan imbécil! Nicaragua, durante un largo período de tiempo tuvo grandes poetas, desde el viejo Salomón de la Selva hasta Beltrán Morales. Narradores y prosistas, en cambio, tuvo pocos, la mayoría, además, perfectamente olvidables. Por esta regla de tres, un colectivo brillante de poetas hubiera debido compartir los premios con un grupo nefasto de prosistas y narradores. Esto es lo primero que tiene que cambiar en el Premio Nacional. Probablemente esto será lo único que cambie. El escritor joven, el que carece de fortuna y sólo tiene un nombre por labrar, sigue y seguirá a la intemperie, que es el coto de caza de los consagrados, de los que están satisfechos de sí mismos. Para ellos, sólo para ellos, tal vez no sea del todo inútil decir algo más. Los que están satisfechos suelen ser iracundos, pero también son cobardes. Su discurso es el discurso de la mediocridad y del miedo y se desmonta con la risa. La literatura chilena, tan prestigiosa en Chile, no tiene más de cinco nombres válidos, eso hay que recordarlo como ejercicio crítico y autocrítico. También hay que recordar que en la literatura siempre se pierde, pero que la diferencia, la enorme diferencia, estriba en perder de pie, con los ojos abiertos, y no arrodillado en un rincón rezándole a San Judas Tadeo y dando diente con diente.

La literatura, supongo que ya ha quedado claro, no tiene nada que ver con premios nacionales sino más bien con una extraña lluvia de sangre, sudor, semen y lágrimas. Sobre todo con sudor y lágrimas, aunque Bertoni seguro que añadiría el semen. La literatura chilena no sé con qué tiene que ver. Tampoco, francamente, me interesa. Eso lo tendrán que dilucidar los poetas, los narradores, los dramaturgos, los críticos literarios que trabajan a la intemperie, en la oscuridad; ellos, los que ahora no son nada o son poca cosa al lado de los pavos hinchados, se enfrentarán al reto de hacer de esa posible literatura chilena algo más decente, más radical, más libre de componendas. Ellos se enfrentarán, algunos hombro con hombro y otros más solos que la una, al reto de hacer de la literatura chilena algo razonable y visionario, un ejercicio de inteligencia, de aventura y de tolerancia. Si la literatura no es esto, más placer, ¿qué demonios es?

Jim

Tuve, como todo el mundo, un amigo que se llamaba Jim. Nunca vi a un norteamericano más triste. Una vez se marchó a Perú, en un viaje que tenía que durar más de medio año, pero al cabo de dos meses volví a verlo. ¿En qué consiste la poesía, Jim?, le preguntaban los niños mendigos de México. Jim los escuchaba y luego se ponía a vomitar. Léxico, elocuencia, búsqueda de la verdad. En Centroamérica lo asaltaron varias veces. Lo que resultaba extraordinario para alguien que había sido marine y antiguo combatiente en Vietnam. Su mujer era una poeta chicana que amenazaba, cada cierto tiempo, con abandonarlo.

Una vez lo vi contemplando a los tragafuegos de las calles del DF. Lo vi de espaldas y no lo saludé, pero evidentemente era Jim. El pelo mal cortado, la camisa blanca y sucia, la espalda cargada como si aún sintiera el peso de la mochila y del miedo. El cuello rojo, un cuello que evocaba, de alguna manera, un linchamiento en el campo, un campo en blanco y negro, sin anuncios ni luces de estaciones de gasolina, un campo tal como es o como debería ser el campo: baldíos sin solución de continuidad, habitaciones de ladrillo o blindadas de donde hemos escapado y que esperan nuestro regreso.

Jim tenía las manos en los bolsillos. El tragafuegos agitaba su antorcha y se reía de forma feroz. Su rostro, ennegrecido, decía que podía tener treintaicinco años o quince. No llevaba camisa y una cicatriz vertical le subía desde el ombligo hasta el pecho. Cada cierto tiempo se llenaba la boca de líquido inflamable y escupía una larga culebra de fuego. La gente lo miraba y luego seguía su camino, menos

Jim, que permanecía en el borde de la acera, inmóvil, como si esperara algo más del tragafuegos, una décima señal después de haber descifrado las nueve de rigor, o como si en el rostro tiznado hubiera descubierto el rostro de un antiguo amigo o de alguien que había matado. Durante un buen rato lo estuve mirando. Yo entonces tenía dieciocho o diecinueve años y creía que era inmortal. Si hubiera sabido que no lo era, habría dado media vuelta y me hubiera alejado de allí. Tal vez me cansé de mirar la espalda de Jim y los visajes del tragafuegos. Lo cierto es que me acerqué y lo llamé. Jim pareció no oírme. Cuando por fin se volvió observé que tenía la cara mojada de sudor. Parecía afiebrado y le costó reconocerme: me saludó con un movimiento de cabeza y luego siguió mirando al tragafuegos. Cuando me puse a su lado me di cuenta de que estaba llorando. Probablemente también tenía fiebre. Asimismo descubrí, con menos asombro con el que ahora lo escribo, que el tragafuegos estaba trabajando exclusivamente para él. Las llamaradas, en ocasiones, iban a morir a menos de un metro de donde estábamos.

¿Qué quieres, le dije, que te asen en la calle? Una broma tonta, dicha sin pensar, pero de golpe me di cuenta de que eso, precisamente, esperaba Jim. «Chingado, hechizado / chingado, hechizado», era el estribillo, creo recordar, de una canción de moda aquel año en algunos hoyos funkis. Chingado y hechizado parecía Jim. Vámonos de aquí, le dije. También le pregunté si estaba drogado, si se sentía mal. Dijo que no con la cabeza. El tragafuegos nos miró. Luego, con los carrillos hinchados, como Eolo, el dios del viento, se acercó a nosotros. Supe, en una fracción de segundo, que no era precisamente viento lo que nos iba a caer encima. Vámonos, dije, y de un golpe lo despegué del funesto borde de la acera.

Nos perdimos calle abajo, en dirección a Reforma, y a las pocas calles nos separamos. Jim no abrió la boca en todo el tiempo. Nunca más lo volví a ver.

El suicidio de Gabriel Ferrater

Son incontables los suicidios literarios y algunos conservan aún hoy el resplandor original, el aura de leyenda, el estallido o la implosión que tanto asustó a sus contemporáneos, a aquellos que vivieron el suicidio de cerca, pues el suicida era un amigo o el maestro o un colega al que sólo en ese momento prestaron atención. Hay suicidios que son obras maestras del humor negro, como el del surrealista Jacques Rigaut o el del precursor del surrealismo Jacques Vaché. Hay suicidios que ponen en jaque nuestra noción de cultura, como el de Walter Benjamin, y otros, como el de Hemingway, que más bien parecen trámites de aduana, encuentros largamente diferidos en aeropuertos.

El suicidio de Gabriel Ferrater, uno de los mejores poetas catalanes de la segunda mitad del siglo XX, se encuadra en la categoría de los suicidios cerebrales o concienzudamente premeditados, sin que ello quiera decir, en modo alguno, que Ferrater se pasara la vida acariciando su propio suicidio, de la misma forma que otros poetas acarician su hipertrofiado ego. Al contrario, parece ser que a los veintitantos años, más cerca de los treinta que de los veinte, Ferrater decidió suicidarse y eligió el año 1972, un año, visto así, tan vulgar como cualquier otro, con la única salvedad de que aquel año él cumpliría cincuenta, una cifra y una edad redondas. Vivir más allá de los cincuenta años, consideró, era, más que una pérdida de tiempo, una claudicación a los bochornos de la edad.

Después ya no pensó más en ello, aunque es probable que en alguna juerga lo comentara con aquellos poetas jóvenes que tanto lo querían, como Barral y Gil de Biedma. Mientras llegaba aquella fecha fatídica, pero aún lejanísima, se dedicó en cuerpo y alma a leer, a traducir (Kafka, Chomsky), a follar, a beber, a viajar, a visitar museos, a atravesar en moto Barcelona, de arriba abajo, con litros de whisky en la sangre, a cultivar la amistad, a enamorarse de mujeres extrañísimas. Las fotos que tenemos de él nos muestran a un tipo en general bien parecido, a veces con un aire de actor de cine, el pelo blanco, gafas negras, suéter de cuello alto, las facciones duras e inteligentes, los labios con una ligera —y más que suficiente— inclinación sardónica, unos labios que debieron de ser temidos en su época.

Libros de poemas escribió pocos. Si la memoria no me engaña, tres. Todos irrepetibles. En cualquier caso Ferrater vivió su vida —y escribió sus poemas— como un romano. Cuando por fin llegó el año 1972 y a los cincuenta años de su vida, en Sant Cugat del Vallès, un pueblito cercano a Barcelona, cumplió su destino y se suicidó. A nadie le pareció anormal.

Rodrigo Rey Rosa en Mali, creo

Tal vez sería conveniente hablar de los últimos libros de Rey Rosa, el libro sobre la India y su última novela, una joya de escasas páginas, que arroja una mirada distinta sobre la novela negra, género en el que todos se atreven y del que muy pocos salen bien librados. Decir que Rodrigo Rey Rosa es el escritor más riguroso de mi generación y al mismo tiempo el más transparente, el que mejor teje sus historias y el más luminoso de todos, no es decir nada nuevo.

Hoy prefiero recordar una historia que él me contó. La historia trata de un viaje a un país africano, creo que era Mali, no soy capaz de precisarlo. En cualquier caso Rey Rosa llega en avión, a la capital, una ciudad caótica y cerca de la costa. Tras pasar unos cuantos días allí se traslada en autobús hacia un pueblo del interior. En ese punto acaba la carretera o bien, es una posibilidad, la carretera se vuelve incierta, como una pista en el desierto que cualquier golpe de viento deshace.

El pueblo está junto a un río y Rey Rosa toma una barca que navega río arriba interminablemente. Finalmente arriban a una aldea, y, tras caminar y preguntar a la gente, llega a una casa, una casa de ladrillos de una sola habitación, que es el lugar al que se dirigía. La casa, que pertenece a un pintor mallorquín que probablemente es uno de los grandes pintores contemporáneos, está vacía. En algún lugar hay un arcón y dentro de ese arcón, a salvo de las termitas, se halla la biblioteca del pintor. Esa noche Rey Rosa lee hasta tarde, iluminado por una vela, pues allí, es obvio decirlo, no hay luz eléctrica. Después se cubre con una manta y se echa a dormir.

Durante algunos días permanece en la aldea, que apenas si tiene las suficientes cabañas como para merecer ese nombre. Compra comida a los lugareños, bebe té a orillas del río, da largos paseos hasta el borde del desierto. Un día termina de leer el libro que ha cogido del ya legendario arcón y entonces lo devuelve a su lugar, cierra la casa y se marcha. Cualquier otro hubiera emprendido de inmediato el camino de regreso. Rey Rosa, sin embargo, sale de la aldea, como se suele decir, por la parte de atrás, no por la parte del río, y se dirige a unas montañas. He olvidado el nombre de éstas. Sólo sé que al atardecer adquieren un tono azulado que pasa, paulatinamente, del azul pastel al azul metálico. La oscuridad, por descontado, lo sorprende caminando por el desierto, y aquella noche duerme entre alimañas.

Al día siguiente reemprende el camino. Y así, hasta llegar a las montañas, que encierran pequeños valles estériles, en donde el mar de arena va desgastando las rocas. Aún pasa allí una noche más. Luego regresa a la aldea, al río, al pueblo, al autobús, a la capital y al avión que lo lleva hasta París, en donde por ese entonces vivía.

Cuando me contó la historia le dije que un viaje así me mataría. Rodrigo Rey Rosa, que cree en la vida como sólo creen los niños y los que han sentido la presencia de la muerte, me respondió que no era para tanto.

Unas pocas palabras para Enrique Lihn

Fue, sin duda, el mejor poeta de su generación, la llamada generación del 50, y uno de los tres o cuatro mejores poetas latinoamericanos nacidos entre 1925 y 1935. O tal vez uno de los dos mejores. O tal vez fue el mejor. Pero esto, en los primeros años del siglo XXI, significa bien poco.

En mi adolescencia era lugar común hablar de Lihn y de Teillier como de dos opciones enfrentadas. Los muchachos sensibles, los que no querían envejecer (o los que querían envejecer de inmediato), preferían a Teillier. Los que estaban dispuestos a discutir la cuestión preferían a Lihn. No era ésta la única de sus virtudes. Frecuentar su poesía es enfrentarse con una voz que lo cuestiona todo. Esa voz, sin embargo, no sale del infierno, ni de las profecías milenaristas, ni siquiera de un ego profético, sino que es la voz del ciudadano ilustrado, un ciudadano que espera llegar a la modernidad o que es resignadamente moderno. Un ciudadano que ha aprendido la lección de Parra, su maestro y compañero de travesuras, y que en ocasiones nos ofrece una visión latinoamericana refulgente y original. Todo el fulgor, sin embargo, en Lihn está tamizado por un ejercicio constante de la inteligencia. Esa lucidez, en los años setenta, le costará el estigma y el anatema de la izquierda dogmática y neoestalinista que incluso llegará a acusarlo de connivencia con el pinochetismo. Esos mismos que entonces no levantaron la voz para defender a Reinaldo Arenas y que hoy se acomodan como putines[*] en la

---

[*] Ay, mi hipócrita, no es argot mexicano, es Vladímir Putin.

nueva situación intentaron borrarlo del mapa, deslegitimar una voz que por lo demás siempre se consideró a sí misma como voz bastarda, hija del imperioso azar y de la necesidad, que tiene cara de perro.

¿Merecimos los chilenos tener a Lihn? Ésta es una pregunta inútil que él jamás se hubiera permitido. Yo creo que lo merecimos. No mucho, no tanto, pero lo merecimos, aunque sólo sea por las almas puras, por los príncipes idiotas y por los alegres analfabetos que el país produjo con extraña generosidad y que aún hoy, según cuentan los viajeros, sigue produciendo, aunque en cantidades más limitadas. Bajo cierta luz, Lihn también podría ser un príncipe idiota y un alegre analfabeto.

En el ejercicio de la poesía, a la que siempre fue fiel, sólo hay un poeta en lengua española que se le pueda comparar, Jaime Gil de Biedma, aunque el abanico de registros de Lihn es mucho más amplio. En el ejercicio del ensayo, de la reseña, del manifiesto e incluso del libelo, no hubo en Chile escritor más certero ni más libre. En la narrativa no alcanzó las cotas de Donoso o de Edwards, aunque siempre quedará la sospecha de que en el fondo, como por lo demás todos los grandes poetas de ese país, juzgaba el arte de crear ficciones como algo innecesario, algo que no le iba a salvar la vida.

Sus cuentos, sin embargo, siguen vivos, como sigue viva *La orquesta de cristal,* libro mítico por inencontrable y al cual no me atrevo a llamar novela, aun pese a saber que si hay que llamarlo de alguna manera es la palabra novela la que más se acerca a ese libro misterioso. De hecho, hay dos prosistas en la generación del 50 que están por descubrir: Lihn y Giaconi.

Es extraño pensar en Lihn ahora, en Giaconi, en Parra, en Teillier, en Rodrigo Lira, en Gonzalo Rojas, en poetas como Maquieira y Bertoni, en narradores jóvenes como Contreras y Collyer, resulta extraño pensar en ellos y en tantos más. Te queda la extraña sensación de que la literatura ha estado a la altura de la realidad. La famosa rea, la rea, la rea, la rea-li-dad.

Todos los temas con Fresán

Con Rodrigo Fresán me une una amistad que se cimenta no sólo en la simpatía (que por mi parte está llena de cariño) sino también en nuestras inacabables conversaciones, que a menudo se convierten en discusiones sobre los temas más peregrinos, algo que no siempre podemos hacer en Barcelona, pues yo vivo en la Costa Brava, ni siquiera en la Costa Brava, más concretamente en la sala de mi casa de Blanes, pues él vive en Barcelona, y pese a que ambos viajamos bastante, él más que yo, ninguno de los dos tiene automóvil ni sabe conducir, y el tiempo nos está volviendo sedentarios.

En líneas generales se podría decir que hablamos de muchas cosas. Intentaré enumerarlas sin orden jerárquico. 1) Del infierno latinoamericano que se concentra, sobre todo los fines de semana, en algunos Kentucky Fried Chicken y McDonald's. 2) De las andanzas del fotógrafo de Buenos Aires Alfredo Garófano, amigo de infancia de Rodrigo, y ahora amigo mío y de cualquier persona con un mínimo de sensibilidad. 3) De las malas traducciones. 4) De los asesinos en serie y de los asesinos de masas. 5) Del ocio proyectivo como antídoto del verso proyectivo. 6) De la cantidad ingente de escritores que deberían jubilarse tras escribir el primer libro o el segundo o el tercero o el cuarto o el quinto. 7) De la superioridad de la obra de Basquiat ante la de Haring, o viceversa. 8) De la obra de Borges y de la obra de Bioy. 9) De la conveniencia de retirarse a un rancho en México, cerca de un volcán, para terminar escribiendo *La trilogía del Zopilote*. 10) De los rizos espacio-temporales.

11) De algunas desconocidas majestuosas que se te acercan en un bar y te dicen al oído que tienen el sida (o no). 12) De Gombrowicz y de lo que éste entendía por inmadurez. 13) De Philip K. Dick, a quien ambos admiramos sin reservas. 14) De la posibilidad de una guerra entre Chile y Argentina y de sus posibles e imposibles consecuencias. 15) De la vida de Proust y de la vida de Stendhal. 16) De lo que hacen algunos profesores en Estados Unidos. 17) De la actividad sexual de los monitos tití y de las hormigas y de los grandes cetáceos. 18) De los colegas a los que hay que evitar como si fueran bombas lapa. 19) De Ignacio Echevarría, a quien ambos queremos y admiramos. 20) De algunos escritores mexicanos que a mí me gustan y que a él no le gustan, así como de algunos escritores argentinos que a mí me gustan y a él no le gustan. 21) De los modales de los barceloneses. 22) De David Lynch y del palabrerío de David Foster Wallace. 23) De Chabon y Palahniuk, que a él le agradan y a mí no. 24) De Wittgenstein y de su habilidad como fontanero y carpintero. 25) De algunas cenas crepusculares, que en realidad, para sorpresa del comensal, se convierten en piezas teatrales en cinco actos. 26) De los concursos basura de la tele. 27) Del fin del mundo. 28) Del cine de Kubrick, que yo, ante el desmedido entusiasmo de Fresán, empiezo a detestar. 29) De la guerra increíble entre el planeta de los seres-novela y el planeta de los entes-cuento. 30) De la posibilidad de que cuando la novela despierte de su sueño de hierro, el cuento siga allí.

Por supuesto, estos treinta apartados no agotan, ni mucho menos, nuestros temas de conversación. Sólo un par de cosas que añadir. Me río mucho cuando hablo con Fresán. Raras veces hablamos de la muerte.

Recuerdos de Los Ángeles

Hace unos meses venía en avión desde Madrid a Barcelona y me tocó sentarme junto a un joven chileno. El joven resultó ser de Los Ángeles, Bío-Bío, el sitio donde más tiempo viví en Chile. Él iba a El Cairo, en viaje de negocios, vaya Dios a saber lo que vendía, y la conversación fue breve y más bien discreta. Dijo que Los Ángeles había crecido mucho pero que seguía siendo un pueblo, mencionó dos o tres fábricas, habló de un fundo que producía no sé qué cosa. Era un joven discreto y profundamente ignorante, pero que sabía viajar en primera.

Cuando el avión despegó le cambié el asiento a una mujer que quería estar junto a sus hijos y me fui a sentar al lado de un fotógrafo que no paraba de sudar. El fotógrafo tenía pinta de pakistaní, por lo que pensé que tal vez al cabo de un rato iba a sacar un cútex y secuestrar el avión. Puestos a morir, me dije, prefiero hacerlo mordiéndole los tobillos a un pakistaní que sentado junto a un chileno de Los Ángeles. Después me puse a recordar mi infancia y parte de mi adolescencia en aquella ciudad o pueblo.

Para mi sorpresa, me di cuenta de que recordaba muchas cosas. Me acordaba, por ejemplo, de las paredes de mi casa, que eran de madera. Y de cómo se mojaban los tablones (y los listones) cuando caían esas lluvias interminables del sur. También recordaba a una enana que vivía unas cinco casas más allá. Una enana de origen alemán, profesora de algo en alguna escuela, que parecía la viva imagen del exilio, al menos la imagen decimonónica, la imagen póntica. Durante un tiempo pensé que esta mujer era, en realidad, una extraterrestre.

Y más recuerdos: una chica llamada Loreto, otra llamada Verónica, las hermanas Saldivia, una cuyo nombre he olvidado pero a la que besé el último día que estuve allí. Los campeonatos de tacataca. El rostro de mi amigo Fernando Fernández. Los ataques de asma de mi madre. Una tarde en que creí que me estaba volviendo loco. Otra tarde en que bebí sangre de cordero.

En Los Ángeles comprendí que la práctica de cualquier deporte era un acto aberrante, que entre O'Higgins y Giraut de Bornelh yo me quedaba con Giraut, que sin salir del umbral de mi casa podía conocer el mundo entero.

Por supuesto, hice más cosas que aún recuerdo: batí mi propio récord de masturbaciones, batí mi propio récord de páginas leídas en un día, batí mi propio récord de cimarras, batí mi propio récord de felices horas perdidas sin hacer absolutamente nada.

Fui feliz allí, pero menos mal que mis padres decidieron irse.

Sobre el expandido virus del escritor amigo del presidente

Cuando un presidente dice que es amigo de un escritor en realidad lo que está diciendo es que es presidente de un país subdesarrollado. Los amantes del bolero dirán que la amistad no hace distingos. Se equivocan. Un artista, por naturaleza, no puede ser amigo de un censor, aunque ciertamente se dan casos de censores enamorados de ciertos artistas. Un presidente democrático no es amigo (ni amigacho, ni amigote) de un escritor, sino, en el mejor de los casos, un lector, un lector poderoso, pero al fin y al cabo sólo un lector. En Chile, por supuesto, son numerosas las amistades entre presidentes y escritores. El Poder siempre ha sido, digamos, el viagra de los escritores chilenos. El Poder representado por el presidente, por el millonario, por el mecenas, por el comité central del partido. A veces pareciera que los escritores chilenos tienen miedo de caminar solos o de dormir con la luz apagada. Y los presidentes, aunque sólo lo sean de la escalera de su edificio, se han acostumbrado a utilizar a los escritores como bibelots de lujo. Craso error, diría Parra y también Cicerón. Un presidente debe ser amigo de la verdad, de la honestidad, del bienestar social y de la libertad de expresión. Para empezar, con eso ya debería tener bastante. Y un escritor tiene que ser amigo de sus demonios o de sus ángeles, no de las alfombras de la corte, tiene que ser amigo de la aventura, de las bibliotecas y de aquellos que no pueden hablar, los humillados, los muertos, los inocentes, los niños.

Autobiografías: Amis & Ellroy

Siempre me parecieron detestables las autobiografías. Qué pérdida de tiempo la del narrador que intenta hacer pasar gato por liebre, cuando lo que un escritor de verdad debe hacer es atrapar dragones y disfrazarlos de liebres. Doy por descontado que en literatura un gato nunca es un gato, como dejó claro de una vez y para siempre Lewis Carroll.

Pocas son las autobiografías realmente memorables. En Latinoamérica, probablemente ninguna. En estos días ha salido el primer tomo de las memorias de García Márquez. Todavía no lo he leído, pero se me ponen los pelos de punta sólo de imaginar lo que allí ha escrito nuestro premio Nobel. Más aún cuando lo imagino luchando contra su enfermedad, sacando fuerzas de donde ya quedan pocas fuerzas, y sólo para realizar un ejercicio de melancolía y de ombliguismo.

Hace un tiempo leí dos especies de autobiografías de dos de los mejores escritores de lengua inglesa vivos. *Experiencia*, de Martin Amis, y *Mis rincones oscuros,* de James Ellroy. Ambos libros tienen en común el haber sido escritos por escritores jóvenes, es decir por escritores a quienes no se les supone en el trance de hacer un balance de sus vidas, pues éstas, salvo imponderables, distan mucho de estar en su recta final. Hasta aquí llega el parecido y a partir de aquí los libros se separan para siempre. Amis escribe una autobiografía brillante, pedante, blanda, la vida de un escritor hijo de escritor. Ellroy, a quien muchos desprecian por consideraciones tan imbéciles como que se trata de un escritor de género, escribe una autobiografía sesgada, unas memorias que surgen directamente de los límites del infierno. En realidad lo que hace Ellroy es investigar y recrear, sin ocultar nada, la vida de su madre, los últimos días de vida de su madre violada y asesinada en 1958 y cuyo asesino jamás fue descubierto.

Como el crimen parece ser el símbolo del siglo XX, en las memorias de Amis también hay un asesino en serie, el infame Fred West, en cuyo jardín se encontraron los restos de ocho mujeres, entre ellas una prima de Amis desaparecida muchos años antes. Pero Amis, cuando se acerca al abismo, cierra los ojos, pues sabe, como buen universitario que ha leído a Nietzsche, que el abismo puede devolverle la mirada. Ellroy también lo sabe, aunque no haya leído a Nietzsche, y ahí radica la principal diferencia entre ambos: él mantiene los ojos abiertos. De hecho, no sólo mantiene los ojos abiertos, Ellroy es capaz de bailar la conga mientras el abismo le devuelve la mirada.

El libro de Amis no es malo. Pero casi todos los libros anteriores de Amis son mejores. Quien busque en *Experiencia* al autor de *Dinero* o *Campos de Londres* o *La información* o *Tren nocturno* se llevará una decepción. El libro de Ellroy, por el contrario, es un libro ejemplar. La segunda o tercera parte, la que cuenta la infancia y adolescencia de Ellroy tras la muerte de su madre, es de lo mejor que se ha escrito en la literatura en cualquier lengua de los últimos treinta años.

El libro de Amis termina con niños. Termina con paz y amor. El libro de Ellroy termina con lágrimas y mierda. Termina con un hombre solo y erguido. Termina con sangre. Es decir, no termina nunca.

Ese extraño señor Alan Pauls

Lo primero que leí de él fue un cuento absolutamente original, «El caso Berciani», publicado en la antología *Buenos Aires,* de Juan Forn, Anagrama, 1992. En dicho libro, compuesto por textos de escritores tan relevantes como Piglia, Aira, Saccomanno o Fresán, el cuento del señor Pauls sobresalía por diversos motivos, el más notable de los cuales era una anomalía: había algo en «El caso Berciani» que sugería un rizo espacio-temporal, no sólo en el argumento, que por otra parte no iba de eso, es decir no era de ciencia ficción ni nada parecido, sino en el encadenamiento de los hechos narrados, en la feroz entropía apenas entrevista, en la disposición de los párrafos y de las oraciones.

Durante mucho tiempo fui un lector fervoroso de este escritor del que sólo conocía un cuento. Sabía pocas cosas de él: había nacido en Buenos Aires en 1959, había publicado dos novelas que jamás pude encontrar, *El pudor del pornógrafo* y *El coloquio,* y un ensayo sobre Manuel Puig. Así que durante mucho tiempo me tuve que conformar —y fue más que suficiente— con leer y releer «El caso Berciani», que a estas alturas me parece, es evidente, un cuento perfecto, si es que existen monstruos perfectos, supuesto poco razonable.

Hasta que un día entré en contacto con el fabuloso señor Pauls. No sé si yo le escribí o fue él quien me escribió. Creo que fue él. Una carta cuya sequedad me dejó impresionado. Temblando, incluso. En esa carta me hablaba de un viaje en automóvil en compañía de su hija, una niña de edad similar a la de mi hijo, tal vez un poco menor.

El viaje, según entendí tras releer su carta diez veces (vicio adquirido con «El caso Berciani»), había empezado en el centro de Buenos Aires para terminar en el extrarradio. La jovencita Pauls parecía una niña inteligentísima. Su padre, un conductor de coches experto. El mundo, inhóspito. Contesté su carta mandándole saludos a la niña, de mi parte y de parte de mi hijo. Tal vez aquí cometí una falta de delicadeza, pues el señor Pauls tardó un poco en contestarme, aduciendo no sé qué problemas con su computadora. Su hija se hizo la desentendida con respecto a los saludos de mi hijo.

Poco después leí dos cuentos o dos fragmentos de una saga hipocondriaca o médica, firmados por el señor Pauls, y que hasta donde sé permanecen inéditos. Ambos cuentos o fragmentos o lo que sea me parecieron perfectos, monstruos perfectos. Llegado a este punto, como comprenderá cualquier lector, lo único que deseaba era seguir leyéndolo. De tal manera que le pedí a Rodrigo Fresán (quien, además de amigo del señor Pauls, durante un tiempo fue su vecino) que en su próximo viaje a la Argentina arramblara con todo lo que estuviera firmado por este autor. Así leí *Wasabi*, su tercera y por ahora última novela, en donde narra el crecimiento y el a la postre imposible amaestramiento de un forúnculo, y su libro de ensayos sobre Borges, *El factor Borges,* un libro estupendo, como *Wasabi,* pero que desde el inicio plantea una serie de problemas borgeanos: el libro está firmado por Alan Pauls y Nicolás Helft, sin embargo en los créditos se aclara que el texto es de Alan Pauls y que las imágenes reproducidas con generosidad pertenecen a los Archivos de la Fundación San Telmo. ¿Entonces por qué el libro aparece firmado por Nicolás Helft? ¿Y quién es Nicolás Helft? Según Fresán, Nicolás Helft es el propietario de algunas de las ilustraciones o de los facsímiles que aparecen en el libro. Yo no lo creo. Tampoco creo que sea un heterónimo creado por el señor Pauls, poco dado a excesos portugueses, sino más bien la sombra de una sombra, la sombra de un conde polaco, por ejemplo, o la sombra de cierta descorazonadora lucidez.

Recuerdo una carta que me escribió hace ya mucho tiempo el señor Alan Pauls. Me decía en ella que se había ido con su mujer —y presumiblemente con su niña— a una comuna hippie uruguaya. No a vivir, aclaraba, sino a pasar unos días. Durante esos días lo único que hizo, eso entendí tras leer su carta diez veces, fue terminar de leer una novela larga y contemplar una especie de duna que el viento cambiaba de sitio de forma más que perceptible. Pero lo raro fue que nadie se daba cuenta de ello. En fin, eso suele pasar, querido señor Pauls, pensé tras la lectura número diez. Es usted uno de los mejores escritores latinoamericanos vivos y somos muy pocos los que disfrutamos con ello y nos damos cuenta.

Javier Aspurúa en su propio funeral

Supe, no hace mucho, de la muerte de Javier Aspurúa, por boca de un amigo de paso en Barcelona y por una carta que me trajo el correo electrónico. Los detalles de esta muerte, como suele pasar en estos casos, no son del todo claros. Aspurúa, calculo, debía de tener más de setenta años, estaba enfermo, según uno de mis informantes, sólo tenía un resfriado, según el otro, lo cierto es que una tarde, mientras paseaba su convalecencia por Quilpué o tal vez por Villa Alemana (en uno de esos dos pueblos vivía, ahora no consigo recordar en cuál), un vehículo lo atropelló y él dejó de respirar, es decir se murió.

Cuentan algunos amigos o conocidos que su aparición en el mundo de la literatura, de la literatura, digamos, profesional, se produjo cuando ya había cumplido los cincuenta y cinco años, según otros pasados los sesenta, después de una oscura jubilación anticipada en alguna oficina pública. Esta llamémosla aparición, por lo demás, fluyó siempre por los cauces (o por los canales de regadío, ya que estamos con metáforas hidrográficas) de la más irrestricta discreción. Que se sepa, sólo escribió reseñas de libros. Que se sepa, su obra completa está reunida en *Las Últimas Noticias,* y puede bastar un libro de cien páginas, aunque es posible que me equivoque, para contenerla.

Lo conocí en el año 1999, en Santiago. Fue la primera y única vez que lo vi. Él estaba allí para entregar su crítica, yo acompañaba a Andrés Braithwaite y Rodrigo Pinto. Le agradecí una reseña favorable que escribió sobre uno de mis libros. Él enrojeció y se puso a mirar el cielorraso. Después fuimos a un bar y en algún momento de la noche en nuestra mesa había más de ocho personas y todos hablaban y opinaban, menos Javier Aspurúa, que permanecía en silencio. A su lado llevaba una bolsa de plástico con libros. Puesto que la conversación general no me interesaba, me acerqué a él y le pregunté qué libros había comprado. Me tendió la bolsa para que yo mismo los mirara: novelas inglesas. Estuvimos hablando sobre los autores de algunas de ellas. Más tarde el señor Aspurúa consultó el reloj y dijo que tenía que marcharse pues de lo contrario perdería el último autobús para Quilpué o Villa Alemana.

Lo acompañé hasta la calle. Cuando lo perdí de vista pensé en el hombre invisible, pero al cabo de pocos segundos, en el momento de darme la vuelta y volver a entrar en el bar, supe con la rotundidad de un mazazo que Aspurúa no tenía nada que ver con la invisibilidad, bien al contrario, todos sus gestos, toda su timidez, incluso su discreción, apuntaban a un hombre que era plenamente consciente, tal vez dolorosamente consciente de su visibilidad y de la visibilidad de los otros. En este sentido, pensé, pero esto lo pensé mucho más tarde, tal vez en el avión que me trajo de vuelta a España, los libros, que leyó siempre con entusiasmo, un entusiasmo en donde era dable adivinar al adolescente que algunos jubilados arrastran siempre consigo, fueron como aspirinas para el dolor de cabeza o como las gafas oscuras, totalmente negras, que algunos locos se ponen para no ver absolutamente nada y descansar, pues la realidad, experimentada día a día como visibilidad, cansa y agota y en ocasiones enloquece. Tal vez ésa fue su relación con los libros. O tal vez no. Tal vez esperaba de ellos, quiero creer ahora que ha muerto, mensajes en una botella o tal vez droga dura o tal vez ventanas a través de las cuales, en raras ocasiones, uno ve cruzar veloz como un relámpago al conejo blanco de Alicia.

Según Braithwaite, que asistió a su funeral, en algún momento de éste se vio, precisamente, a un conejo correr por entre las tumbas. No un conejo blanco sino gris o pardo, tal vez una liebre, pero de la misma familia al fin y al cabo.

Para llegar de verdad a Madrid

De entre las muchas formas de viajar a Madrid, mi preferida es haciendo autostop, como cuando yo era Poil de Carotte, en las melancólicas palabras de Renard en su *Diario*, la vez en que se orinó levemente en la cama porque estaba enfermo y ya nada se podía arreglar, si es posible orinarse levemente en un mundo (y en una cama, que es el reverso de la moneda donde está labrada la metáfora del mundo) donde la densidad de los actos voluntarios e involuntarios es cualquier cosa menos sueño y menos deseo, sino hecho tangible y en alguna medida irremediable: ese líquido amarillo que corre por tu pierna y que el autor francés, el gran amigo de Schwob, observa con curiosidad y desapego y que le recuerda a un niño, él mismo, y además escrito por él mismo pero hace ya tanto.

De entre los muchos hoteles de Madrid yo prefiero los que están entre la plaza de Santa Ana y la plaza de Lavapiés. Como cuando hacía autostop y era capaz de aguantar muchos días sin comer ni dormir. Aunque ciertamente conozco hoteles mejores, como el Wellington, por ejemplo, que es el hotel donde un día vi a la baronesa Von Thyssen, sentada sola en el *lobby*, cubierta con un abrigo de piel blanca como si fuera un escudo o la áspera colcha con que los vagabundos y los sin casa se defienden de las inclemencias del invierno, a cada segundo que pasaba más Tita Cervera y menos baronesa.

Bien mirado, vivir o estar en Madrid no se diferencia mucho de vivir o estar en Tacuarembó. El aire, tal vez, es diferente. Su claridad, en ocasiones, ciega el alma para que veamos con mayor claridad las cosas: las calles conjeturales, esa jerga dialectal del castellano que tan bien hablan en la vieja capital de la madre patria.

Y las mujeres, las hijas del pueblo de Madrid, es decir las rubias y las morenas, añaden misterio a una materia ya rica en misterio, aunque es bien sabido que los hispanos, como los hispanoamericanos, no sólo tuvimos una educación portentosamente mala sino que además somos malos para la cama. De ahí tal vez esa mirada que uno puede descubrir en los ojos de las madrileñas: mitad sorna y mitad Mérimée.

La verdad es que Madrid es una ciudad que no existe. Pese a los guerreros y sacerdotes que salieron de la villa y corte y que jamás volvieron, pese a las mujeres de Madrid, melancólicas y prácticas en la región con menos sentido de la meseta.

O tal vez Madrid es una ciudad imaginaria, a la que hay que llegar en autostop y no volando, con veinticinco años y no con casi cincuenta.

El Bukowski de La Habana

Que a alguien le digan el Bukowski de La Habana puede ser en cierto sentido incluso halagador, un piropo y no un insulto, pero que se lo digan a un escritor, a un escritor cubano, pues no sé, se puede tomar como una forma abierta o soterrada de desprecio, pues Bukowski, que fue un excelente poeta, un poeta borracho formado en la lectura de malas traducciones de Li Po, otro borracho legendario, ha caído en los últimos años en el descrédito total, algo que parece más bien injusto, pues si bien como novelista nunca brilló a gran altura, como cuentista, cuentista en la tradición que va de Twain a Ring Lardner, es autor de algunos textos notables.

A Pedro Juan Gutiérrez la crítica lo llama el Bukowski de La Habana y, en efecto, hay muchas cosas que el cubano comparte con el norteamericano: una vida de múltiples trabajos, la mayoría aparentemente no relacionados con la literatura; un éxito tardío, una escritura sencilla —aunque aquí hay que tener muchísimo cuidado—, unos temas comunes, como las mujeres, el alcohol y la lucha por sobrevivir una semana más. También, como Bukowski, sus novelas son notablemente inferiores a sus cuentos.

En una palabra: a Pedro Juan no lo toman en serio, algo que a él, me imagino, lo trae al fresco, pues por un lado está acostumbrado a que no lo tomen en serio y por otro lado no creo que sea eso, precisamente, lo que ande buscando. Su imagen pública no puede ser más contradictoria: hay quienes ven en él al escritor priápico por excelencia, el producto caribeño ideal. En este sentido Gutiérrez es como un

Prometeo sexual desencadenado. Su querencia por las mujeres no conoce edad (aunque ciertamente nadie ha dicho de él que sea un pedófilo, más bien al contrario), ni raza (Gutiérrez enarbola la bandera del arcoíris), ni rencores personales (es capaz de enamorarse de las peores víboras de la Tierra). Sé de lectores que se preguntan de dónde saca este fauno tiempo para escribir, si parece estar templando todo el día. También sé de lectores que piensan que Gutiérrez es un espía castrista al que un equipo de comisarios literarios le escribe sus libros mientras él se dedica a sus menesteres. Bastante desquiciada tendría que estar la Seguridad castrista para inventarse un escritor así.

En los cuentos de Gutiérrez, aparte del sexo y de las drogas y del ansia por sobrevivir, la otra protagonista es La Habana. Una Habana lamentable, en estado comatoso, en donde hablar de revolución ya ni siquiera funciona como un chiste. En realidad, más que comatosa, La Habana de Gutiérrez está anémica y afiebrada. Comatosa estaban Bucarest o Kiev o Sofía. La fragilidad de los habaneros, sin embargo, es similar a la de los ciudadanos de estas exciudades comunistas y además en poco se diferencia de la fragilidad de los ciudadanos de cualquier otra ciudad grande de Latinoamérica. Los cuentos de Gutiérrez, en este sentido, se insertan en medio del caos de la Historia (y no sólo de las historias particulares), y, pese a ser el Bukowski de La Habana, son más reales y auténticos y a menudo están mucho mejor narrados que muchos cuentos de autores llamados serios por la crítica, que aún se debaten en las cada vez más pestilentes aguas del boom, por poner un ejemplo cercano, o que intentan, más bien de forma patética, travestirse con los ropajes de la flema y de la aristocracia, en un continente en donde no existe aristocracia y en donde las cosas más terribles ocurren a pocos centímetros de nuestras desvaídas —por llamarlas de alguna manera— jetas.

Cuba está mal. Latinoamérica está mal. Gutiérrez no parece estar mucho mejor. Pero, mucho me temo, sigue fiel a sus principios o a su naturaleza. Quien desee comprobarlo que lea la *Trilogía sucia de La Habana* o los tres libros de bolsillo en donde la editorial Anagrama reúne todos sus cuentos publicados hasta ahora.

Sergio González Rodríguez bajo el huracán

Hace algunos años, mis amigos que viven en México se cansaron de que les pidiera información, cada vez más detallada, además, sobre los asesinatos de mujeres de Ciudad Juárez, y decidieron, al parecer de común acuerdo, centralizar o pasarle esta carga a Sergio González Rodríguez, que es narrador, ensayista y periodista y quién sabe cuántas cosas más, y que, según mis amigos, era la persona que más sabía de este caso, un caso único en los anales del crimen latinoamericano: más de trescientas mujeres violadas y asesinadas en un período de tiempo extremadamente corto, desde 1993 hasta 2002, en una ciudad en la frontera con Estados Unidos, de apenas un millón de habitantes.

Ya no me acuerdo en qué año empecé a cartearme con Sergio González Rodríguez. Sólo sé que mi cariño y mi admiración por él no han hecho sino crecer con el tiempo. Su ayuda, digamos, técnica, para la escritura de mi novela, que aún no he terminado y que no sé si terminaré algún día, ha sido sustancial. Ahora acaba de aparecer su libro *Huesos en el desierto* (Anagrama), un libro que indaga directamente en el horror y que Sergio ha presentado estos días en Barcelona. Próximamente el libro será presentado en el DF y luego en Guadalajara, durante la Feria del Libro. Y será distribuido en toda Latinoamérica. Y seguramente traducido a otros idiomas. Pero antes sucedieron otras cosas. Entre ellas, un intento de asesinato del que Sergio se salvó por los pelos. Y varios seguimientos. Y amenazas y teléfonos intervenidos. Cosas que hubieran espantado a cualquier otra persona, pero que Sergio, con una calma aplastante, sólo ha experimentado como quien observa llover.

Lo cierto es que, más que una lluvia, lo que Sergio ha observado y luego de alguna manera vivido es un huracán. Su libro, que aparece en la colección Crónicas de Anagrama, en donde se encuentran libros de Wallraff, Kapuściński y Michael Herr, no sólo no desmerece en nada de la compañía de estos mitos del periodismo, sino que incluso, como ellos, precisamente, transgrede a la primera ocasión las reglas del periodismo para internarse en la no-novela, en el testimonio, en la herida e incluso, en la parte final, en el treno. *Huesos en el desierto* es así no sólo una fotografía imperfecta, como no podía ser de otra manera, del mal y de la corrupción, sino que se convierte en una metáfora de México y del pasado de México y del incierto futuro de toda Latinoamérica. Es un libro no en la tradición aventurera sino en la tradición apocalíptica, que son las dos únicas tradiciones que permanecen vivas en nuestro continente, tal vez porque son las únicas que nos acercan al abismo que nos rodea.

Ayer, sin embargo, Sergio estuvo en mi casa y estuvimos hablando de cosas más leves. Mi niña se apropió de Paola, la muchacha que iba con él. Carolina sirvió jamón y queso. Abrimos una botella de vino. Sergio me trajo de regalo medio kilo de café de mi añorada y aborrecida cafetería La Habana, de la calle Bucareli. Paola y Carolina se fumaron un Delicados sin filtro. Recordamos los viejos camiones Pegaso del transporte urbano del DF y nos reímos. Luego yo me quedé callado y pensé que si alguna vez me encuentro en una situación jodida sería una garantía tener a Sergio González Rodríguez a mi lado. Viva México.

84, Charing Cross Road

Hace no muchos años vi una película en la tele, basada en este libro, aunque yo por entonces no tenía ni idea de que el libro existiera. Era muy tarde, cerca de las cuatro de la mañana, y la película estaba empezada. Aun así, me pareció magnífica. Decir que era sobria y contenida es caer en un recurso fácil: lo era, pero eso evidentemente no era lo más importante, ni siquiera el que sus actores fueran buenísimos. Su principal virtud, al menos eso me pareció aquella única vez que la vi, era su carácter de obra abierta, de boceto lo suficientemente estimulante como para que el espectador rellenara los vacíos con dos o tres o diez películas mentales que nada tenían que ver, al menos en apariencia, con lo que sucedía en la pantalla.

Hace poco me topé con el libro, *84, Charing Cross Road* (Anagrama, 2002), en el que se inspiraba la película, y, contra lo que suele suceder, el libro me pareció aún mejor. Su autora es Helen Hanff y el volumen en cuestión, que tiene menos de cien páginas, está constituido por las cartas auténticas que la señorita Hanff, neoyorquina, pobre, judía, aspirante a escritora, le envía a un librero de Londres en los años posteriores a la Segunda Guerra Mundial. Las cartas, al principio, tratan exclusivamente sobre temas bibliófilos, pero la señorita Hanff no tarda en inmiscuirse en la vida de todos los empleados de la librería. ¿Cómo se inmiscuye? Pues enviando regalos necesarios, cosas como huevos en polvo (primera noticia: no tenía idea de que alguna vez se hubieran comercializado huevos en polvo), jamón, azúcar, café; hasta, pasado el tiempo, regalos no tan necesarios, como medias de nylon para las empleadas y para la esposa del librero.

Regalos que emocionan a los ingleses (que tienen muchas cosas racionadas) y que emocionan al lector y que establecen una especie de hermandad entre la señorita Hanff y sus amistades epistolares. Por supuesto, los ingleses también empiezan a enviar regalos a la señorita Hanff: colchas o manteles, libros raros, fotos. Llegado a este punto, el lector, para no quedarse atrás, se pone a llorar y en esas lágrimas, si uno quiere perder el tiempo observando sus propias lágrimas, algo nada recomendable, puede encontrar el oscuro mecanismo de ciertos textos de Dickens: las mejores lágrimas son las que nos hacen mejores, y las mejores lágrimas, asimismo, son las que no se alejan demasiado de la risa.

Hay algunas otras curiosidades en el libro de la admirable señorita Hanff (Filadelfia 1918-Nueva York 1997). Por ejemplo, el hecho demostrable de que jamás compraba un libro sin haberlo leído previamente en la biblioteca pública; es decir, estamos ante una gran relectora, más que ante una gran lectora. Y otra más: su absoluto desdén por la ficción, que sólo con los años se fue atemperando. De esto último buena prueba es *84, Charing Cross Road,* en donde tanto las cartas de ella como las cartas de sus corresponsales londinenses son, contra lo que en ocasiones pudiera llevar a engaño, completamente auténticas.

Un último detalle: la librería Marks & Co, que se ocupaba de libros usados y que atendía a sus clientes en el 84 de Charing Cross Road, ya no existe. Pero sus buenos precios, su profundo buen hacer en materia libresca y la gentileza de sus empleados perviven en este libro como ejemplo para futuros libreros y librerías, dos especies en peligro de extinción.

Jaume Vallcorba y los premios

Días de reconocimiento para Jaume Vallcorba, el fundador de la editorial en lengua catalana Quaderns Crema y de la editorial en lengua castellana Acantilado, quien ha tenido buenas noticias. Imre Kertész obtuvo el Premio Nobel y nadie, hasta ese momento, se había fijado en él, salvo Vallcorba, que es un experto en descubrir restaurantes ocultos y libros y autores raros. En realidad, Vallcorba es experto en muchas cosas.

En cierta ocasión hablábamos de Giraut de Bornelh, un trovador provenzal del que yo creía saber algo, y de Jaufré Rudel, y posiblemente hasta de Marcabrú, cuando de pronto Vallcorba se puso a recitar a estos tres trovadores en su lengua y yo diría que hasta con el acento que le imprimían al provenzal o al occitano en la época en que fueron compuestos los poemas, con las variantes regionales de cada caso. Son cosas que, dichas así, de golpe, podrían atemorizar a cualquiera.

Quiero decir: su conocimiento exhaustivo de la literatura medieval o de la literatura latina. La punta de un iceberg profundo y sólido en donde gira, a veces de forma armoniosa y a veces de forma caótica, aquello que es de todos y que se llama cultura europea. Pero basta conocerlo para perder cualquier prevención o temor. La cultura, nos dice Jaume Vallcorba con cada cosa que hace, es juego y es riesgo (juego y riesgo de la inteligencia), y si al final no nos reímos francamente no vale la pena.

Sólo así se entiende su catálogo y el prestigio que en tan pocos años ha alcanzado Acantilado. ¿Quién, si no él, se iba a atrever a publicar a Stefan Zweig o a Schnitzler? ¿A Lafcadio Hearn, a Braque, a Satie? ¿Quién se podía dar el gustazo de publicar *El cantar de los cantares* de Guido Ceronetti, hacer una segunda edición de los *Líricos griegos arcaicos* de Juan Ferraté, cuando está bien claro, o parecía estarlo, que los únicos interesados en este libro ya teníamos la primera edición, publicada hace siglos en Seix Barral, y que por lo tanto no íbamos a comprar la suya? ¿O, en el colmo de los colmos, *El sueño de Polífilo,* de Francesco Colonna? Pero lo verdaderamente increíble de Vallcorba, lo pienso ahora que él está en Estocolmo invitado por Kertész, es su actitud ante los libros, su incansable curiosidad, su increíble modestia.

Modestia que se ha agudizado, si cabe, al serle otorgado este año el premio al mejor editor de España. Y que no le impide, ni mucho menos, seguir visitando librerías tan extrañas como los restaurantes en donde come, o seguir conversando con autores inéditos que otros editores despacharían en medio minuto, o embarcándose (con sigilo, pero también con arrojo) en empresas en donde sólo se embarcan, hasta donde yo sé y conozco, los catalanes, algunos catalanes. Es más, apretando la tuerca yo diría: algunos editores catalanes.

He tenido la felicidad de conocer a tres. Uno me ha enseñado mucho. El otro es una persona encantadora, en el sentido medieval del término, para seguir la terminología del sacrificado Rudel. El tercero es Jaume Vallcorba, cuyo destino ignoro, pero cuya presencia agradezco a Dios. No por mí, que no creo en Dios y que ya leí todo lo que tenía que leer, sino por los lectores. Aunque también por mí.

Tiziano retrata a un hombre enfermo

En los Uffizi, de Florencia, se encuentra este curioso lienzo de Tiziano. Durante un tiempo no se supo quién fue el autor del óleo. Primero fue atribuido a Leonardo y luego a Sebastiano del Piombo. Sin que esté probado de forma absoluta, hoy todos los críticos se inclinan por la autoría de Tiziano. En el cuadro vemos a un hombre aún joven, de pelo largo y rizado, de color marrón oscuro, puede que con un ligero matiz rojizo, de barba y bigote, que, mientras posa, deja que su mirada se pierda hacia la derecha, probablemente en dirección a una ventana que no vemos, una ventana que, sin embargo, podemos imaginar cerrada, con las cortinas abiertas o suficientemente abiertas como para que penetre en la estancia una luz amarilla, luz que el tiempo confundirá con los barnices que cubren el óleo.

El rostro del joven es hermoso y profundamente pensativo. Mira la ventana, si es que la mira, pero probablemente lo que ve sólo está sucediendo en el interior de su cabeza. No se trata, sin embargo, de una huida. Tal vez Tiziano le dijo que se volviera de aquella manera, que enfocara su rostro hacia aquella luz, y el joven lo único que ha hecho es obedecerle. Se diría, por otra parte, que tiene ante sí todo el tiempo del mundo. Con esto no quiero decir que el joven piensa que es inmortal. Bien al contrario. El joven sabe que la vida se renueva y que el arte de la renovación es, a menudo, la muerte. Su rostro denota inteligencia y en sus ojos y en sus labios es perceptible un ligero rictus de tristeza o tal vez, más que tristeza, de desgana, lo que no desdice que en determinado momento se sienta dueño de todo el tiempo del mundo, porque si bien es cierto que el hombre es una criatura del tiempo, conjeturalmente (o artísticamente, si me lo permitís) el tiempo también es una criatura del hombre.

De hecho, en este óleo el tiempo, que está retratado con los trazos de la invisibilidad, es un gatito posado sobre las manos del joven, manos enguantadas, o más bien mano derecha enguantada que se apoya sobre un libro, que es la exacta estatura del hombre enfermo, más que su abrigo con cuello de piel, más que su blusa, acaso de seda, más que su disposición ante el pintor y la posteridad, es decir la frágil memoria, que éste le garantiza o le vende. La mano izquierda no sé dónde está.

¿Cómo hubiera pintado un pintor medieval a ese hombre enfermo? ¿Cómo hubiera pintado un no figurativo del siglo XX a ese hombre enfermo? Probablemente entre alaridos y gritos de terror. Juzgado por el ojo de un Dios incomprensible o atrapado en el laberinto de una sociedad incomprensible. Tiziano, por el contrario, nos lo entrega a nosotros, los espectadores del futuro, armado con las formas de la simpatía y de la comprensión. Ese joven puede ser Dios o puedo ser yo. La risa de unos borrachos puede ser mi risa o puede ser mi poema. Esa Virgen tan simpática es mi amiga. Esa Virgen desconsolada es la larga marcha de mi gente. El niño que corre con los ojos cerrados por un jardín solitario somos nosotros.

Hojas escritas en la escalera de Jacob

Me gustaría comprar todos los libros de Tolstói y de Dostoievski que ya leí pero que no tengo en mi biblioteca. También los de Daudet. Y los de Victor Hugo. A veces me pregunto qué hice con esos libros, cómo fui capaz de perderlos, en dónde los perdí. Otras veces me pregunto para qué quiero tenerlos si ya los leí, que es la forma de tenerlos para siempre. La única respuesta posible es que los quiero para mis hijos. Sé que es una respuesta tramposa: uno tiene que salir de casa a buscar los libros que lo esperan.

Aún recuerdo mi vieja edición de *Crimen y castigo*, editado por Thor, de Buenos Aires, a doble columna, como si fuera un ejemplar, y tal vez lo era, de *pulp fiction*, libros baratos para leer y después olvidar en una estación de autobuses o en un café que no cierra hasta las cuatro de la mañana. ¿Qué hice con ese libro? No lo sé, probablemente perdió importancia de golpe apenas leí su última página y luego lo dejé olvidado en algún lugar. No lo atesoré, como ahora atesoro mis libros. Pero lo leí muy joven y a Raskolnikov no lo pude dejar olvidado en ninguna parte.

Lo mismo me pasó con Petrus Borel y con De Quincey. Lo mismo con Baudelaire (de cuyas *Flores del mal* he tenido más de diez ediciones) y con Mallarmé. Si pudiera reencontrar una vieja edición argentina o mexicana de *Igitur*, sin duda me sentiría feliz. No me pasó lo mismo con Rimbaud, o al menos yo no quise que me pasara lo mismo, ni con Lautréamont, pero al final sus libros también los perdí.

Buscar esos ejemplares o ejemplares parecidos, las mismas letras, la misma estructura, el mismo argumento, la sintaxis oscura o luminosa, me obliga a recordar, en cierta manera, la época en que fui joven y pobre y descuidado, aunque sepa que los mismos ejemplares, en rigor los mismos, ya son inencontrables, y que empeñarme en tal tarea es como internarme en la Florida en busca de la fuente de El Dorado.

Aun así, suelo recorrer librerías de viejo y revisar lotes de libros olvidados por otros o vendidos en un mal momento, y trato de encontrar allí, en esos rincones, los libros que yo perdí u olvidé hace más de treinta años y en otro continente, con la esperanza y la ambición y la mala leche de quien busca sus primeros libros perdidos, libros que en el caso de encontrarlos no leería, ciertamente, pues ya los leí hasta la extenuación, sino que miraría y tocaría, como el avaro acaricia las monedas que lo sepultan.

Pero los libros nada tienen que ver con la avaricia, aunque con las monedas sí. Los libros son como fantasmas. ¡Otra bandeja de empanadas! ¡Feliz año 2003! ¡Música, maestro!

La traducción es un yunque

¿Qué es lo que hace que un autor tan apreciado por quienes hablamos español sea un autor de segunda o tercera fila, cuando no un absoluto desconocido, entre quienes se comunican en otras lenguas? El caso de Quevedo, recordaba Borges, tal vez sea el más flagrante. ¿Por qué Quevedo no es un poeta vivo, es decir digno de relecturas y reinterpretaciones y ramificaciones, en ámbitos foráneos a la lengua española? Lo que lleva directamente a otra pregunta: ¿por qué consideramos nosotros a Quevedo nuestro más alto poeta? ¿O por qué Quevedo y Góngora son nuestros dos más altos poetas?

Cervantes, que en vida fue menospreciado y tenido por menos, es nuestro más alto novelista. Sobre esto no hay casi discusión. También es el más alto novelista —según algunos el inventor de la novela— en tierras donde no se habla español y donde la obra de Cervantes se conoce, sobre todo, gracias a traducciones. Estas traducciones pueden ser buenas o pueden no serlo, lo que no es óbice para que la razón del *Quijote* se imponga o impregne la imaginación de miles de lectores, a quienes no les importa ni el lujo verbal ni el ritmo ni la fuerza de la prosodia cervantina que obviamente cualquier traducción, por buena que sea, desdibuja o disuelve.

Sterne le debe mucho a Cervantes, y en el siglo XIX, el siglo novelístico por excelencia, también Dickens. Ninguno de los dos, es casi una obviedad decirlo, sabía español, por lo que se deduce que leyeron las aventuras del *Quijote* en inglés. Lo portentoso —y sin embargo natural, en este caso— es que esas traducciones, buenas o no, supieron transmitir lo que en el caso de Quevedo o de Góngora no supieron ni probablemente jamás sabrán: aquello que distingue una obra maestra absoluta de una obra maestra a secas, o, si es posible decirlo, una literatura viva, una literatura patrimonio de todos los hombres, de una literatura que sólo es patrimonio de determinada tribu o de un segmento de determinada tribu.

Borges, que escribió obras maestras absolutas, ya lo explicó en cierta ocasión. La historia es así. Borges va al teatro a ver una representación de *Macbeth*. La traducción es infame, la puesta en escena es infame, los actores son infames, la escenografía es infame. Hasta las butacas del teatro son incomodísimas. Sin embargo, cuando se apagan las luces y comienza la obra, el espectador, Borges uno de ellos, vuelve a sumergirse en el destino de aquellos seres que atraviesan el tiempo y vuelve a temblar con aquello que a falta de una palabra mejor llamaremos magia.

Algo similar sucede con las representaciones populares de la Pasión. Esos voluntariosos actores improvisados que una vez al año escenifican la crucifixión de Cristo y que emergen del ridículo más espantoso o de las situaciones más inconscientemente heréticas montados en el misterio, que no es tal misterio, sino una obra de arte.

¿Cómo reconocer una obra de arte? ¿Cómo separarla, aunque sólo sea un momento, de su aparato crítico, de sus exégetas, de sus incansables plagiarios, de sus ninguneadores, de su final destino de soledad? Es fácil. Hay que traducirla. Que el traductor no sea una lumbrera. Hay que arrancarle páginas al azar. Hay que dejarla tirada en un desván. Si después de todo esto aparece un joven y la lee, y tras leerla la hace suya, y le es fiel (o infiel, qué más da) y la reinterpreta y la acompaña en su viaje a los límites y ambos se enriquecen y el joven añade un gramo de valor a su valor natural, estamos ante algo, una máquina o un libro, capaz de hablar a todos los seres humanos: no un campo labrado sino una montaña, no la imagen del bosque oscuro sino el bosque oscuro, no una bandada de pájaros sino el Ruiseñor.

El humor en el rellano

Cortázar se quejaba de la carencia de una literatura erótica en el ámbito latinoamericano. Con la misma razón hubiera podido quejarse de la ausencia de una literatura humorística. Los clásicos, por llamarlos de alguna manera, quiero decir los clásicos de nuestros países en desarrollo, sacrificaron el humor en aras de un romanticismo cursi y en aras de textos pedagógicos o, en algunos casos, de denuncia, que mal resisten el paso del tiempo y que si se mantienen es por un afán voluntarista de bibliófilo, no por el valor real, el peso real de esa literatura.

En algunos modernistas o vanguardistas tempranos es dable leer, sin embargo, páginas de humor de ley. No son muchos, pero son. Recuerdo a Tablada, textos muy poco conocidos de Amado Nervo, fragmentos en prosa de Darío, cuentos de horror y humor de Lugones, las primeras incursiones de Macedonio Fernández. Posiblemente, sobre todo en el caso de Nervo, este humor es involuntario. Los hay también excelentes prosistas y poetas en cuya obra el humor brilla por su ausencia. Martí es el máximo exponente de este tipo de escritores, pese a *La edad de oro*.

Podría decirse que en la Latinoamérica rural, provinciana, el humor es un ejercicio en decadencia y que sólo vuelve a renacer con la llegada masiva de los emigrantes de principios del siglo XX. Nuestros próceres, que en materia de pensamiento casi siempre fueron unos patanes, desconocieron a Voltaire y a Diderot y a Lichtenberg, y en el colmo de los colmos no leyeron nunca o mal leyeron o dijeron que habían leído, mintiendo como bellacos, al Arcipreste de Hita, a Cervantes, a Quevedo.

Es en el siglo XX cuando el humor, tímidamente, se instala en nuestra literatura. Por supuesto, los practicantes son una minoría. La mayoría hace poesía lírica o épica o se refocila imaginando al superhombre o al líder obrero ejemplar o deshojando las florecillas de la Santa Madre Iglesia. Los que se ríen (y su risa en no pocas ocasiones es amarga) son contados con los dedos. Borges y Bioy, sin ningún género de dudas, escriben los mejores libros humorísticos bajo el disfraz de H. Bustos Domecq, un heterónimo a menudo más real, si se me permite esta palabra, que los heterónimos de Pessoa, y cuyos relatos, desde los *Seis problemas para don Isidro Parodi* hasta los *Nuevos cuentos de H. Bustos Domecq*, deberían figurar en cualquier antología que sea algo más que un poco de basura, como hubiera dicho don Honorio, precisamente. O no.

Pocos escritores acompañan a Borges y a Bioy en esta andadura. Cortázar, sin duda, pero no Arlt, que como Onetti opta por el abismo seco y silencioso. Vargas Llosa en dos libros y Manuel Puig en dos, pero no Sábato ni Reinaldo Arenas, que contemplan hechizados el destino latinoamericano. En poesía, antaño un lugar privilegiado para la risa, la situación es mucho peor: uno diría que todos los poetas latinoamericanos, inocentes o de plano necios, se debaten entre Shelley y Byron, entre el flujo verbal, inalcanzable, de Darío y las expectativas nerudianas de hacer carrera. Enfermos de lírica, enfermos de otredad, la poesía latinoamericana camina a buen paso hacia la destrucción. El bando de lo que en Chile se llama muy apropiadamente «tontos graves» es cada vez mayor. Si releemos a Paz o si releemos a Huidobro advertiremos una ausencia de humor, una ausencia que a la postre resulta ser una cómoda máscara, la máscara pétrea. Menos mal que tenemos a Nicanor Parra. Menos mal que la tribu de Parra aún no se rinde.

La literatura chilena

Días tranquilos en Blanes. Estoy impartiendo un curso de nueva literatura chilena. El que da el curso soy yo y el único que asiste al curso soy yo. No hay problema. Aunque a veces mi flojera como alumno me eriza los pelos y a veces mi torpeza como conferenciante me provoca repentinos ataques de sueño. Esos ataques se llaman narcolepsia y los sufrió River Phoenix en aquella película de Gus Van Sant. Pero River Phoenix tenía a Keanu Reeves, o dicho de otra manera: Phoenix tenía dónde apoyar su cabeza dormida y yo sólo puedo apoyarla en los libros. Y los libros, sobre todo si uno los confunde con almohadas, a veces provocan pesadillas. Pese a todo: duermo y leo. La literatura chilena, me digo en medio del sueño, para muchos escritores, para muchos críticos, para muchísimos lectores, es una pesadilla sin vuelta atrás. La presencia de la pesadilla me despierta de golpe y salgo a la calle. Son las siete de la tarde. Voy al banco y un tipo que usa bastón se cuela cuando abro la puerta. Sé quién es. En una ocasión rompió la vitrina de un bar arrojando contra ella una jarra de cerveza. ¿Me deja entrar?, me dice. Por supuesto, le respondo. Así que mientras yo saco dinero del cajero automático, el tipo del bastón se queda en una esquina, leyendo algo en su cartilla de ahorros. Al marcharme, se despide de mí y yo decido no contestarle. No me gusta la gente que lee sus cartillas de ahorro como si fueran una novela. El tipo del bastón, no obstante, es una persona relativamente culta. En cierta ocasión, en otro bar, me habló de Peter Pan. Estaba borracho como una cuba y decía que en un tiempo lejano había sido rico y lloraba. River Phoenix hubiera hecho un buen papel como Peter Pan, pienso mientras me alejo del banco y luego vuelvo a pensar en la nueva literatura chilena. Nueva, digamos, desde Manuel Rojas hasta acá. Mis pasos me llevan, sin que me lo proponga, hasta una tienda de juegos. El dueño se llama Santi y es mi amigo y le debo tres mil pesetas. Claro, por eso fui al banco a sacar dinero. La tienda está llena y allí sólo está Santi para atenderla. En vez de ayudarlo, me quedo quieto en una esquina, como hizo el tipo del bastón, y observo a la gente. La mayoría son jóvenes en busca de videojuegos. Cada vez me siento peor. Cierro los ojos. De pronto escucho que alguien habla con un acento indudablemente chileno. Abro los ojos y descubro a un trío formado por un adolescente espantoso, que habla con un acento neutro, a su madre, que habla con una especie de acento colombiano, y a un tipo de pelo muy negro, que es el primero que habló y que es chileno. Los tres llevan pantalones muy ajustados y botas. Los tres son de pequeña estatura. El adolescente parece duro y no muy listo y fuma un cigarrillo rubio, pero no puede ocultar que es un niño. Su madre, la colombiana, debe de tener unos cuarenta años, tal vez menos, y su rostro sí que es duro, pero ahora parece estar en paz. El chileno es la pareja de la colombiana, pero evidentemente no es el padre del niñato, debe de tener unos treinta años, si llega, y está tan o más interesado que su hijastro en la adquisición de los juegos. Parecen, los tres, recién salidos del infierno. La colombiana dispuesta a cocinar esta noche una buena comida y sus dos chicos dispuestos a pasarse una semana jugando a videojuegos. Pienso en Guy Debord y en los situacionistas. Pienso en la realidad virtual y en la nueva literatura chilena. Santi me muestra un nuevo juego para ordenador. Le echo una mirada, se llama Settlers y debe de ser parecido a Age of Empires. Le pago lo que le debo y me voy. Por el camino compro miel y manzanilla. Estoy de vuelta en casa. Estoy de vuelta en mi seminario. Leo. Escucho el ruido de la calle. Me duermo y sueño con un libro que es un mapa para la vigilia y para el sueño. Luego abro los ojos en la oscuridad y veo en la pared, como en el monte Rushmore, los rostros del cojo y del trío infernal. ¿Qué autores leen los sobrevivientes?, pregunto en voz alta. Estos hipócritas, estos hermanos.

Volando con Lauda Air

Hace poco tomé un avión de Lauda Air, la línea aérea fundada por el antiguo campeón de Fórmula 1 Niki Lauda. Mi temor a volar se vio acentuado por el hecho de que en el aeropuerto de Barcelona nadie supiera nada de Lauda Air. La línea, me dijeron, no tiene mostrador. Una chica de Iberia incluso llegó a asegurarme que esa línea ya no existía. Por supuesto yo no tenía un billete (lo debía recoger en el aeropuerto) para demostrarle que no era así. Por fin, tras dar muchas vueltas, en el mostrador de Lufthansa me dieron mis billetes de ida y vuelta a Viena y pude embarcarme. La primera sorpresa la tuve al ver el avión: parecía salido de un cómic de Maravilla, la hija de la reina de las amazonas, una heroína de los años sesenta. El fuselaje estaba pintado de gris y sobre el gris un enorme logotipo de colores dorados mostraba a una chica guapísima patinando por el cielo infinito. La chica hubiera podido ser la dependienta de una hamburguesería californiana, de aquellas que subidas sobre sus patines atienden a los clientes que, a su vez, se niegan a abandonar sus coches. Una vez en el interior del avión, la segunda sorpresa: las azafatas eran muy parecidas a la chica del fuselaje. No iban en patines. Llevaban pantalones vaqueros negros y unas gorritas de beisbolistas, de esas que hoy lleva todo el mundo, desde los raperos hasta los actores, desde el presidente de Estados Unidos hasta los escritores más serios, y algunos, incluso, la llevan al revés, es decir con la visera en la parte posterior de la cabeza. Las chicas de Lauda Air, guapísimas, la llevaban al derecho, pero eso no aplacaba la sensación de hallarse uno en un circuito de carreras, lo cual probablemente era la intención de los cráneos privilegiados que perpetraron el diseño en cuestión. No quise ver la pinta que tenía el piloto. Recuerdo que en determinado momento apareció y yo cerré los ojos. Niki Lauda, el mejor chófer del mundo, pensé. El hombre que desafió la velocidad y el fuego. El viaje fue espléndido. La comida, insuperable.

Conferencias y discursos

Discurso de Caracas

Este proemio o prólogo o palabras iniciales de mi Discurso de Caracas *están dedicadas a Domingo Miliani, que para mí encarna la figura canónica del intelectual latinoamericano, que lo ha leído todo y que lo ha vivido todo y que encima de todo es bueno. En él se cumple sobradamente la frase hecha que dice «conocerlo es quererlo». Pero yo iría aún más lejos: verlo es quererlo. ¿Qué veo cuando veo a Domingo Miliani? Veo a un hombre valiente e inteligente, veo a un hombre bueno. No necesito hablar con él. Miliani pertenece a una generación que es patrimonio de todos nosotros. Para los latinoamericanos es un lujo, y digo lujo sabiendo muy bien lo que digo, tener hombres así. Hace algunos años escribí una novela sobre un piloto que encarnaba el mal casi absoluto y que personificaba de alguna manera el destino terrible de nuestro continente. Domingo Miliani, que también ha pilotado aviones, encarna la parte buena. Es de los hombres que intentaron vanamente educarnos. Nosotros, mi generación turbulenta, no le hicimos el menor de los casos. Entre otras razones porque no le hicimos caso a nadie, salvo a Rimbaud y Lautréamont. Pero los quisimos y cada vez que desaparecía uno de ellos era como si desapareciera un tío lejano, el hermano loco de nuestra madre, el abuelo olvidado que nos deja una herencia incalculable, inasible. Para mí ha sido una alegría y un privilegio conocerlo. Y aquí se acaba el proemio.*

Siempre tuve un problema con Venezuela. Un problema infantil, fruto de mi educación desordenada, problema mínimo pero problema al fin y al cabo. El centro de este problema es de índole verbal y geográfica. También es probable que se deba a una especie de dislexia no diagnosticada. No quiero decir con esto que mi madre no me llevara nunca al médico, al contrario, hasta los diez años fui visitante asiduo de consultas y hasta de hospitales, pero a partir de entonces mi madre creyó que ya era suficientemente fuerte como para aguantarlo todo. Pero volvamos al problema. Cuando era pequeño jugaba al fútbol. Mi número era el 11, el número de Pepe y de Zagalo en el Mundial de Suecia, y fui un jugador entusiasta, pero bastante malo, aunque mi pierna buena era la izquierda y se supone que los zurdos no desentonan en un partido. En mi caso no era cierto, yo desentonaba casi siempre, aunque de vez en cuando, una vez cada seis meses, por ejemplo, hacía un partido bueno y recobraba una parte al menos del enorme crédito perdido. Por las noches, como es natural, antes de dormirme, pensaba y le daba vueltas a mi lamentable condición de futbolista. Y fue entonces cuando tuve el primer atisbo consciente de mi dislexia. Yo chutaba con la izquierda pero escribía con la derecha. Eso era un hecho. Me hubiera gustado escribir con la izquierda, pero lo hacía con la derecha. Y ahí estaba el problema. Por ejemplo, cuando el entrenador decía: pásale al de tu derecha, Bolaño, yo no sabía a qué lado tenía que pasar la pelota. E incluso a veces, jugando por la banda izquierda, ante la voz desgañitada de mi entrenador yo me paraba y tenía que pensar: izquierda-derecha. Derecha era el campo de fútbol, izquierda era sacarla fuera, hacia los pocos espectadores, niños como yo, o hacia los potreros miserables que rodeaban los campos de fútbol de Quilpué, o de Cauquenes, o de la provincia de Bío-Bío. Con el tiempo, por supuesto, aprendí a tener una referencia cada vez que me preguntaban o me informaban de una calle que estaba a la derecha o a la izquierda, y esa referencia no fue la mano con la que escribo sino el pie con el que le pego a la pelota. Y con Venezuela tuve, más o menos por las mismas fechas, es decir hasta ayer mismo, un problema similar. El problema era su capital. Para mí lo más lógico era que la capital de Venezuela fuera Bogotá. Y la capital de Colombia, Caracas. ¿Por qué? Pues por una lógica verbal o una lógica de las letras. La uve del nombre Venezuela es similar, por no decir familiar, a la be de Bogotá. Y la ce de Colombia es prima hermana de la ce de Caracas. Esto parece intrascendente, y probablemente lo sea, pero para mí se constituyó en un problema de primer orden, llegando en cierta ocasión, en México, durante una conferencia sobre poetas urbanos de Colombia, a hablar de la potencia de los poetas de Caracas, y la gente, gente tan amable y educada como ustedes, se quedó callada a la espera de que tras la digresión sobre los poetas caraqueños pasara a hablar de los poetas bogotanos, pero lo que yo hice fue seguir hablando de los poetas caraqueños, de su estética de la destrucción, e incluso los comparé con los futuristas italianos, salvando las distancias, claro, y con los primeros letristas, el grupo de Isidore Isou y Maurice Lemaître, el grupo del que saldría el germen del situacionismo de Guy Debord, y la gente a esas alturas empezó a hacer cábalas, yo creo que pensaban que los bogotanos se habían trasladado en masa a Caracas, o que los caraqueños habían tenido un papel determinante en este grupo de nuevos poetas bogotanos, y cuando di por terminada la conferencia, con un final abrupto, tal como entonces me gustaba acabar cualquier conferencia, la gente se levantó, aplaudió tímidamente y se marchó corriendo a consultar el afiche de la entrada, y cuando yo salí, acompañado por el poeta mexicano Mario Santiago, que siempre iba conmigo y que seguramente se había dado cuenta de mi error aunque no me lo dijo porque para Mario los errores y los gazapos y los equívocos eran como las nubes de Baudelaire que pasan por el cielo, es decir que hay que mirar pero no corregir, al salir, decía, nos encontramos con un viejo poeta venezolano, y cuando digo viejo recuerdo ese momento y el poeta venezolano probablemente era más joven de lo que yo soy ahora, que nos dijo con lágrimas en los ojos que tenía que haber un error, que él jamás había oído ni una palabra sobre esos poetas misteriosos de Caracas. A estas alturas del discurso presiento que don Rómulo Gallegos debe de estar revolviéndose en su tumba. Pero a quién le han dado mi premio, estará pensando. Perdone, don Rómulo. Pero es que incluso doña Bárbara, con be, suena a Venezuela y a Bogotá, y también Bolívar suena a Venezuela y a doña Bárbara, Bolívar y Bárbara, qué buena pareja hubieran hecho, aunque las otras dos grandes novelas de don Rómulo, *Cantaclaro* y *Canaima*, podrían perfectamente ser colombianas, lo que me lleva a pensar que tal vez lo sean, y que bajo mi dislexia acaso se esconda un método, un método semiótico bastardo o grafológico o metasintáctico o fonemático o simplemente un método poético, y que la verdad de la verdad es que Caracas es la capital de Colombia así como Bogotá es la capital de Venezuela, de la misma manera que Bolívar, que es venezolano, muere en Colombia, que también es Venezuela y México y Chile. No sé si entienden adónde quiero llegar. *Pobre negro,* por ejemplo, de don Rómulo, es una novela eminentemente peruana. *La casa verde,* de Vargas Llosa, es una novela colombiano-venezolana. *Terra nostra,* de Fuentes, es una novela argentina y advierto que mejor no me pregunten en qué baso esta afirmación porque la respuesta sería prolija y aburridora. La academia patafísica enseña, de forma por demás misteriosa, la ciencia de las soluciones imaginarias que es, como saben, aquella que estudia las leyes que regulan las excepciones. Y este sobresalto de letras, de alguna manera, es una solución imaginaria que exige una solución imaginaria. Pero volvamos a don Rómulo antes de meternos con Jarry y notemos, de paso, algunas señales extrañas. Yo me acabo de ganar el decimoprimer Premio Rómulo Gallegos. El 11. Yo jugaba con el 11 en la camiseta. Esto, a ustedes, les parecerá una casualidad, pero a mí me deja temblando. El 11 que no sabía distinguir la izquierda de la derecha y que por lo tanto confundía Caracas con Bogotá acaba de ganar (y aprovecho este paréntesis para agradecerle una vez más al jurado esta distinción, especialmente a Ángeles Mastretta) el decimoprimer Premio Rómulo Gallegos. ¿Qué pensaría don Rómulo de esto? El otro día, hablando por teléfono, Pere Gimferrer, que es un gran poeta y que además lo sabe todo y lo ha leído todo, me dijo que hay dos placas conmemorativas en Barcelona, en sendas casas donde vivió don Rómulo. Según Gimferrer, aunque sobre el particular no ponía las manos en el fuego, en una de estas casas comenzó el gran escritor venezolano a escribir *Canaima*. La verdad es que el 99,9 por ciento de las cosas que dice Gimferrer me las creo a pie juntillas, y entonces, mientras Gimferrer hablaba (una de las casas donde había una placa no era una casa sino un banco, lo que planteaba una serie de dudas, por ejemplo si don Rómulo en su estancia en Barcelona —y digo estancia y no exilio porque un latinoamericano jamás está exiliado en España— había trabajado en un banco o si el banco vino después a instalarse en la casa en donde vivió el novelista), como decía, mientras el poeta catalán hablaba, yo me puse a pensar en mis ya lejanos pero no por ello menos agotadores, sobre todo en la memoria, paseos por el Ensanche, y me vi otra vez allí, dando tumbos en 1977, 1978, tal vez 1982, y de repente creí ver una calle al atardecer, cerca de Muntaner, y vi un número, vi el número 11, y luego caminé un poco más, unos pasos más, y allí estaba la placa. Eso es lo que vi mentalmente. Pero también es probable que en los años que viví en Barcelona pasara por esa calle, y viera la placa, una placa que posiblemente pone «Aquí vivió Rómulo Gallegos, novelista y político, nacido en Caracas en 1884 y muerto en Caracas en 1969» y después, en letras más chiquitas, otras cosas, los libros, los blasones, etcétera, y es posible que yo pensara, sin detenerme, en otro escritor colombiano famoso, y eso sólo es posible que lo pensara sin detenerme, insisto, pues la verdad es que entonces ya había leído a don Rómulo como lectura obligatoria no sé si en un liceo chileno o en una prepa mexicana y me gustaba *Doña Bárbara,* aunque según Gimferrer es mejor *Canaima,* y por supuesto sabía que don Rómulo era venezolano y no colombiano. Lo que realmente significa poco, ser colombiano o ser venezolano, y en este punto volvemos como rebotados por un rayo a la be de Bolívar, que no era disléxico y al que no le hubiera disgustado una América Latina unida, un gusto que comparto con el Libertador, pues a mí lo mismo me da que digan que soy chileno, aunque algunos colegas chilenos prefieran verme como mexicano, o que digan que soy mexicano, aunque algunos colegas mexicanos prefieran considerarme español, o, ya de plano, desaparecido en combate, e incluso lo mismo me da que me consideren español, aunque algunos colegas españoles pongan el grito en el cielo y a partir de ahora digan que soy venezolano, nacido en Caracas o Bogotá, cosa que tampoco me disgusta, más bien todo lo contrario. Lo cierto es que soy chileno y también soy muchas otras cosas.

Y llegado a este punto tengo que abandonar a Jarry y a Bolívar e intentar recordar a aquel escritor que dijo que la patria de un escritor es su lengua. No recuerdo su nombre. Tal vez fue un escritor que escribía en español. Tal vez fue un escritor que escribía en inglés o francés. La patria de un escritor, dijo, es su lengua. Suena más bien demagógico, pero coincido plenamente con él, y sé que a veces no nos queda más remedio que ponernos demagógicos, así como a veces no nos queda más remedio que bailar un bolero a la luz de unos faroles o de una luna roja. Aunque también es verdad que la patria de un escritor no es su lengua o no es sólo su lengua sino la gente que quiere. Y a veces la patria de un escritor no es la gente que quiere sino su memoria. Y otras veces la única patria de un escritor es su lealtad y su valor. En realidad muchas pueden ser las patrias de un escritor, a veces la identidad de esta patria depende en grado sumo de aquello que en ese momento está escribiendo. Muchas pueden ser las patrias, se me ocurre ahora, pero uno solo el pasaporte, y ese pasaporte evidentemente es el de la calidad de la escritura. Que no significa escribir bien, porque eso lo puede hacer cualquiera, sino escribir maravillosamente bien, y ni siquiera eso, pues escribir maravillosamente bien también lo puede hacer cualquiera. ¿Entonces qué es una escritura de calidad? Pues lo que siempre ha sido: saber meter la cabeza en lo oscuro, saber saltar al vacío, saber que la literatura básicamente es un oficio peligroso. Correr por el borde del precipicio: a un lado el abismo sin fondo y al otro lado las caras que uno quiere, las sonrientes caras que uno quiere, y los libros, y los amigos, y la comida. Y aceptar esa evidencia aunque a veces nos pese más que la losa que cubre los restos de todos los escritores muertos. La literatura, como diría una folklórica andaluza, es un peligro.

Y ahora que he vuelto, por fin, sobre el número 11, que es el número de los que corren por la banda, y que he mencionado el peligro, recuerdo aquella página del *Quijote* en donde se discute sobre los méritos de la milicia y de la poesía, y supongo que en el fondo lo que se está discutiendo es sobre el grado de peligro, que también es hablar sobre la virtud que entraña la naturaleza de ambos oficios. Y Cervantes, que fue soldado, hace ganar a la milicia, hace ganar al soldado ante el honroso oficio de poeta, y si leemos bien esas páginas (algo que ahora, cuando escribo este discurso, yo no hago, aunque desde la mesa donde escribo estoy viendo mis dos ediciones del *Quijote*) percibiremos en ellas un fuerte aroma de melancolía, porque Cervantes hace ganar a su propia juventud, al fantasma de su juventud perdida, ante la realidad de su ejercicio de la prosa y de la poesía, hasta entonces tan adverso. Y esto me viene a la cabeza porque en gran medida todo lo que he escrito es una carta de amor o de despedida a mi propia generación, los que nacimos en la década del cincuenta y los que escogimos en un momento dado el ejercicio de la milicia, en este caso sería más correcto decir la militancia, y entregamos lo poco que teníamos, lo mucho que teníamos, que era nuestra juventud, a una causa que creímos la más generosa de las causas del mundo y que en cierta forma lo era, pero que en la realidad no lo era. De más está decir que luchamos a brazo partido, pero tuvimos jefes corruptos, líderes cobardes, un aparato de propaganda que era peor que una leprosería; luchamos por partidos que de haber vencido nos habrían enviado de inmediato a un campo de trabajos forzados; luchamos y pusimos toda nuestra generosidad en un ideal que hacía más de cincuenta años que estaba muerto, y algunos lo sabíamos, y cómo no lo íbamos a saber si habíamos leído a Trotski o éramos trotskistas, pero igual lo hicimos, porque fuimos estúpidos y generosos, como son los jóvenes, que todo lo entregan y no piden nada a cambio, y ahora de esos jóvenes ya no queda nada, los que no murieron en Bolivia murieron en Argentina o en Perú, y los que sobrevivieron se fueron a morir a Chile o a México, y a los que no mataron allí los mataron después en Nicaragua, en Colombia, en El Salvador. Toda Latinoamérica está sembrada con los huesos de estos jóvenes olvidados. Y es ése el resorte que mueve a Cervantes a elegir la milicia en descrédito de la poesía. Sus compañeros también estaban muertos. O viejos y abandonados, en la miseria y en la dejadez. Escoger era escoger la juventud y escoger a los derrotados y escoger a los que ya nada tenían. Y eso hace Cervantes, escoge la juventud. Y hasta en esta debilidad melancólica, en este hueco del alma, Cervantes es el más lúcido, pues él sabe que los escritores no necesitan que nadie les ensalce el oficio. Nos lo ensalzamos nosotros mismos. A menudo nuestra forma de ensalzarlo es maldecir la mala hora en que decidimos ser escritores, pero por regla general más bien aplaudimos y bailamos cuando estamos solos, pues éste es un oficio solitario, y recitamos para nosotros mismos nuestras páginas y ésa es la forma de ensalzarnos, y no necesitamos que nadie nos diga lo que tenemos que hacer y mucho menos que tras una encuesta nuestro oficio sea elegido el oficio más honroso de todos los oficios.

Cervantes, que no era disléxico pero al que el ejercicio de la milicia dejó manco, sabía perfectamente bien lo que se decía. La literatura es un oficio peligroso. Lo que nos lleva directamente a Alfred Jarry, que tenía una pistola y le gustaba disparar, y al número 11, el extremo izquierdo que mira de reojo, mientras pasa como una bala, la placa y la casa donde vivió don Rómulo, que a estas alturas del discurso espero que ya no esté tan enojado conmigo, ni se le vaya a aparecer en sueños a Domingo Miliani para preguntarle por qué me dieron el premio que lleva su nombre, un premio para mí importantísimo, soy el primer chileno que lo obtiene, un premio que dobla el desafío, si eso fuera posible, si el desafío por su propia naturaleza, en aras de su propia virtud, ya no estuviera previamente doblado o triplicado. Un premio, según lo anterior, sería un acto gratuito, y ahora que lo pienso, pues es verdad, algo tiene de acto gratuito. Es un acto gratuito que no habla de mi novela ni de sus méritos sino de la generosidad de un jurado. (Entre paréntesis: hasta ayer no conocía a ninguno de sus miembros.) Esto que quede claro, pues como los veteranos de Lepanto de Cervantes y como los veteranos de las guerras floridas de Latinoamérica, mi única riqueza es mi honra. Lo leo y no lo creo. Yo hablando de honra. Puede que el espíritu de don Rómulo no se le aparezca en sueños a Domingo Miliani sino a mí. Estas palabras están escritas ya en Caracas

(Venezuela) y una cosa está clara: don Rómulo no se me puede aparecer en sueños por la simple razón de que no puedo dormir. Afuera cantan los grillos. Calculo, a ojo de buen cubero, que serán unos diez mil o veinte mil. En el canto de uno de esos grillos tal vez esté la voz de don Rómulo, confundida, dichosamente confundida, en la noche venezolana, en la noche americana, en la noche de todos nosotros, los que duermen y los que no podemos dormir. Me siento como Pinocho.

Literatura y exilio

He sido invitado para hablar del exilio. La invitación me llegó escrita en inglés y yo no sé hablar inglés. Hubo una época en que sí sabía o creía que sabía, en cualquier caso hubo una época, cuando yo era adolescente, en que creía que podía leer el inglés casi tan bien, o tan mal, como el español. Esa época desdichadamente ya pasó. No sé leer inglés. Por lo que pude entender de la carta creo que tenía que hablar sobre el exilio. La literatura y el exilio. Pero es muy posible que esté absolutamente equivocado, lo cual, bien mirado, sería a la postre una ventaja, pues yo no creo en el exilio, sobre todo no creo en el exilio cuando esta palabra va junto a la palabra literatura.

Para mí, creo que es conveniente decirlo ya mismo, es un placer estar aquí con ustedes, en la renombrada y famosa Viena. Para mí Viena tiene mucho que ver con la literatura y con la vida de algunas personas muy cercanas a mí y que entendieron el exilio como en ocasiones lo entiendo yo mismo, es decir, como vida o como actitud ante la vida. En 1978, o tal vez en 1979, el poeta mexicano Mario Santiago, de regreso de Israel, pasó unos días en esta ciudad. Según me contó él mismo, un día la policía lo detuvo y luego fue expulsado. En la orden de expulsión se le conminaba a no regresar a Austria hasta 1984, una fecha que le parecía significativa y divertida a Mario y que hoy también me lo parece a mí. George Orwell no sólo es uno de los escritores remarcables del siglo XX, sino también, y sobre todo y mayormente, un hombre valiente y bueno. Así que a Mario, en aquel año ya un tanto lejano de 1978 o 1979, le pareció divertido que lo expulsaran de Austria con esa recomendación, como si Austria lo hubiera castigado a no pisar suelo austriaco hasta que pasaran seis años y se cumpliera la fecha de la novela, una fecha que para muchos fue el símbolo de la ignominia y de la oscuridad y de la derrota moral del ser humano. Y aquí, dejando de lado lo significativo de la fecha, los mensajes ocultos que el azar o ese monstruo aún más salvaje que es la causalidad enviaba al poeta mexicano y por intermedio de éste me enviaba a mí, podemos hablar o retomar el posible discurso del exilio o del destierro: el Ministerio del Interior austriaco o la policía austriaca o la Seguridad austriaca cursa una orden de expulsión y envía mediante esa orden a mi amigo Mario Santiago al limbo, a la tierra de nadie, que en inglés se dice *no man's land*, que francamente queda mejor que en español, pues en español *tierra de nadie* significa exactamente eso, tierra yerma, tierra muerta, tierra en donde no hay nada, mientras que en inglés se sobrentiende que sólo no hay hombres, pero animales o bichos o insectos sí hay, lo que la hace más agradable, no quiero decir muy agradable, pero infinitamente más agradable que en la acepción española, aunque probablemente mi percepción de ambos términos esté condicionada por mi ignorancia progresiva del inglés e incluso por mi ignorancia progresiva del español (el diccionario de la Real Academia Española no registra el término *tierra de nadie*, cosa que no es de extrañar, o yo no he buscado bien).

Pero lo cierto es que a mi amigo mexicano lo expulsan y lo ponen en la tierra de nadie. Yo veo la escena así: unos funcionarios austriacos timbran el pasaporte de Mario con la señal indeleble de que no puede pisar suelo austriaco hasta que se cumpla la fecha fatídica de Orwell y luego lo meten en un tren y lo despachan, con un billete gratis pagado por el Estado austriaco, hacia el destierro temporal o hacia un exilio cierto de cinco años, al cabo de los cuales mi amigo puede, si así lo desea, pedir un visado y volver a pisar las hermosas calles de Viena. Si Mario Santiago hubiera sido un fanático de los festivales musicales de Salzburgo, sin duda se habría marchado de Austria con lágrimas en los ojos. Pero Mario nunca fue a Salzburgo. Se montó en el tren y no bajó hasta París, y tras vivir unos meses en París tomó un avión rumbo a México, y cuando llegó la fecha fatídica o festiva —depende— de 1984, Mario siguió viviendo en México y escribiendo en México poemas que nadie quería publicar y que posiblemente están entre los mejores de la poesía mexicana de finales del siglo xx, y tuvo accidentes, y viajó, y se enamoró, y tuvo hijos, y vivió una vida buena o mala, una vida en todo caso en los extramuros del poder mexicano, y en 1998 un automóvil lo atropelló en circunstancias oscuras, un coche que se dio a la fuga mientras Mario se daba a la muerte, tirado y solo en una calle nocturna de uno de los barrios periféricos de México Distrito Federal, una ciudad que en algún momento de su historia se asemejó al paraíso y que hoy se asemeja al infierno, pero no un infierno cualquiera sino el infierno especial de los hermanos Marx, el infierno de Guy Debord, el infierno de Sam Peckinpah, es decir un infierno singular en grado extremo, y allí murió Mario, como mueren los poetas, sumido en la inconsciencia y sin papeles, motivo por el cual cuando llegó una ambulancia a buscar su cuerpo roto nadie supo quién era y el cadáver se pasó varios días en la morgue, sin deudos que lo reclamaran, en una suerte de revelación final, en una suerte de epifanía negativa, quiero decir, como el negativo fotográfico de una epifanía, que es también la crónica cotidiana de nuestros países. Y entre las muchas cosas que quedaron inconclusas, una de ellas fue el regreso a Viena, el regreso a Austria, esta Austria que para mí, huelga decirlo, no es la Austria de Haider sino la Austria de los jóvenes que están contra Haider y que salen a la calle y lo hacen público, la Austria de

Mario Santiago, poeta mexicano expulsado de Austria en 1978 e imposibilitado de regresar a Austria hasta 1984, es decir desterrado de Austria en el *no man's land* del ancho mundo y a quien, por lo demás, Austria y México y Estados Unidos y la felizmente extinta Unión Soviética y Chile y China le traían sin cuidado, entre otras cosas porque no creía en países y las únicas fronteras que respetaba eran las fronteras de los sueños, las fronteras temblorosas del amor y del desamor, las fronteras del valor y el miedo, las fronteras doradas de la ética.

Y con esto tengo la impresión de que he dicho todo lo que tenía que decir sobre literatura y exilio o sobre literatura y destierro, pero la carta que recibí, que era larga y prolija, ponía especial énfasis en que debía hablar durante veinte minutos, algo que ustedes seguramente no me agradecerán y que para mí se puede convertir en un suplicio, sobre todo porque no estoy seguro de haber traducido correctamente esa misiva endemoniada, y además porque siempre he creído que los mejores discursos son los discursos breves. Literatura y exilio son, creo, las dos caras de la misma moneda, nuestro destino puesto en manos del azar. «Sin salir de mi casa conozco el mundo», dice el *Tao Te King*, e incluso así, sin salir uno de su propia casa, el exilio y el destierro se hacen presentes desde el primer momento. La literatura de Kafka, la más esclarecedora y terrible (y también la más humilde) del siglo xx, así lo demuestra hasta la saciedad. Por supuesto, por el aire de Europa suena una cantinela y es la cantinela del dolor de los exiliados, una música hecha de quejas y lamentaciones y una nostalgia difícilmente inteligible. ¿Se puede tener nostalgia por la tierra en donde uno estuvo a punto de morir? ¿Se puede tener nostalgia de la pobreza, de la intolerancia, de la prepotencia, de la injusticia? La cantinela, entonada por latinoamericanos y también por escritores de otras zonas depauperadas o traumatizadas, insiste en la nostalgia, en el regreso al país natal, y a mí eso siempre me ha sonado a mentira. Para el escritor de verdad su única patria es su biblioteca, una biblioteca que puede estar en estanterías o dentro de su memoria. El político puede y debe sentir nostalgia, es difícil para un político medrar en el extranjero. El trabajador no puede ni debe sentir nostalgia: sus manos son su patria.

Entonces ¿quién entona esta espantosa cantinela? Las primeras veces que la oí pensé que eran los masoquistas. Si estás preso en una cárcel de Tailandia y eres suizo, es normal que desees cumplir tu condena en una cárcel de Suiza. Lo contrario, es decir que seas un tailandés preso en Suiza y sin embargo desees cumplir el resto de tu condena en una cárcel de Tailandia, no es normal, a menos que esa nostalgia anormal esté dictada por la soledad. La soledad sí que es capaz de generar deseos que no se corresponden con el sentido común o con la realidad.

Pero yo estaba hablando de escritores, es decir estaba hablando de mí, y ahí sí que puedo decir que mi patria es mi hijo y mi biblioteca. Una biblioteca modesta que he perdido en dos ocasiones, con motivo de dos traslados radicales y desastrosos, y que he rehecho con paciencia. Y llegado a este punto, al punto de la biblioteca, no puedo sino acordarme de un poema de Nicanor Parra, un poema que me viene como anillo al dedo para hablar de literatura e incluso de literatura chilena y exilio o destierro. El poema empieza hablando de los cuatro grandes poetas chilenos, una discusión eminentemente chilena que la demás gente, es decir el 99,99 por ciento de críticos literarios del planeta Tierra, ignoran con educación y un poco de hastío. Hay quienes afirman que los cuatro grandes poetas de Chile son Gabriela Mistral, Pablo Neruda, Vicente Huidobro y Pablo de Rokha; otros, que son Pablo Neruda, Nicanor Parra, Vicente Huidobro y Gabriela Mistral; en fin, el orden varía según los interlocutores, pero siempre son cuatro sillas y cinco poetas, cuando lo más lógico y lo más sencillo sería hablar de los cinco grandes poetas de Chile y no de los cuatro grandes poetas de Chile. Hasta que llegó el poema de Nicanor Parra, que dice así:

*Los cuatro grandes poetas de Chile
son tres:
Alonso de Ercilla y Rubén Darío.*

Como ustedes saben, Alonso de Ercilla fue un soldado español, noble y bizarro, que participó en las guerras coloniales contra los araucanos y que de vuelta en su Castilla natal escribió *La Araucana,* que para los chilenos es el libro fundacional de nuestro país y que para los amantes de la poesía y de la historia es un libro magnífico, lleno de arrojo y lleno de generosidad. Rubén Darío, como ustedes también saben, y si no lo saben no importa —es tanto lo que todos ignoramos incluso de nosotros mismos—, fue el creador del modernismo y uno de los poetas más importantes de la lengua española en el siglo XX, probablemente el más importante, nacido en Nicaragua en 1867 y muerto en Nicaragua en 1916, que llegó a Chile a finales del siglo XIX y en donde tuvo buenos amigos y mejores lecturas, pero en donde también fue tratado como un indio o como un cabecita negra por una clase dominante chilena que siempre se ha vanagloriado de pertenecer al cien por ciento a la raza blanca. Así que cuando Parra dice que los mejores poetas chilenos son Ercilla y Darío, que pasaron por Chile y que tuvieron experiencias fuertes en Chile (Alonso de Ercilla en la guerra y Darío en las escaramuzas de salón) y que escribieron en Chile o sobre Chile, y en la lengua común que es el español, pues dice la verdad y no sólo zanja la ya aburrida cuestión de los cuatro grandes sino que abre nuevos interrogantes, nuevos caminos, además de ser su poema o artefacto, que es como Parra denomina a estos textos cortos, una versión o diversión de aquellos versos de Huidobro que dicen así:

> *Los cuatro puntos cardinales*
> *Son tres*
> *El sur y el norte.*

Los versos de Huidobro son muy buenos y a mí me gustan mucho, son versos aéreos, como buena parte de la poesía de Huidobro, pero la versión/diversión de Parra me gusta más, es como un artefacto explosivo puesto allí para que los chilenos abramos los ojos y nos dejemos de tonterías, es un poema que indaga en la cuarta dimensión, tal como pretendía Huidobro, pero en una cuarta dimensión de la conciencia ciudadana, y aunque a primera vista parece un chiste, y además *es* un chiste, al segundo vistazo se nos revela como una declaración de los derechos humanos. Es un poema que, al menos a los compungidos y atareados chilenos, nos dice la verdad, es decir que nuestros cuatro grandes poetas son Ercilla y Darío, el primero muerto en su Castilla natal en 1594, tras una vida de viajero impenitente (fue paje de Felipe II y viajó por Europa y luego combatió en Chile a las órdenes de Alderete y en Perú a las órdenes de García Hurtado de Mendoza), el segundo muerto en su Nicaragua natal tras haber vivido prácticamente toda su vida en el extranjero, en 1916, dos años después de la muerte de Trakl, ocurrida en 1914.

Y ahora que he tocado a Trakl permítanme una digresión, pues se me ocurre pensar que cuando éste abandona los estudios y entra a trabajar en una farmacia como aprendiz, a la tierna pero ya no inocente edad de dieciocho años, también está optando —y optando de forma *natural*— por el destierro, pues entrar a trabajar en una farmacia a los dieciocho años es una forma de destierro, así como la drogadicción es otra forma de destierro, y el incesto otra más, como bien sabían los clásicos griegos. En fin, tenemos a Rubén Darío y tenemos a Alonso de Ercilla, que son los cuatro grandes poetas chilenos, y tenemos lo primero que nos enseña el poema de Parra, es decir, que no *tenemos* ni a Darío ni a Ercilla, que no podemos apropiarnos de ellos, sólo leerlos, que ya es bastante.

La segunda enseñanza del poema de Parra es que el nacionalismo es nefasto y cae por su propio peso. No sé si se entenderá el término *caer por su propio peso;* imaginen una estatua hecha de mierda que se hunde lentamente en el desierto: bueno, eso es caer por su propio peso. Y la tercera enseñanza del poema de Parra es que probablemente nuestros dos mejores poetas, los dos mejores poetas chilenos, fueron un español y un nicaragüense que pasaron por esas tierras australes, uno como soldado y persona de gran curiosidad intelectual, el otro como emigrante, como un joven sin dinero pero dispuesto a labrarse un nombre, ambos sin ninguna intención de quedarse, ambos sin ninguna intención de convertirse en los más grandes poetas chilenos, simplemente dos personas, dos viajeros. Y con esto creo que queda claro lo que pienso sobre literatura y exilio o sobre literatura y destierro.

Derivas de la pesada

Es curioso que fueran unos escritores burgueses los que elevaran el *Martín Fierro*, de Hernández, al centro del canon de la literatura argentina. Este punto, por supuesto, es materia discutible, pero lo cierto es que el gaucho Fierro, paradigma del desposeído, del valiente (pero también del matón), se alza en el centro de un canon, el canon de la literatura argentina, cada vez más enloquecido. Como poema, el *Martín Fierro* no es una maravilla. Como novela, en cambio, está viva, llena de significados a explorar, es decir, conserva su atmósfera de viento o más bien de ventolera, sus olores de intemperie, su buena disposición para los golpes del azar. Sin embargo, es una novela de la libertad y de la mugre, no una novela sobre la educación y los buenos modales. Es una novela sobre el valor, no una novela sobre la inteligencia, mucho menos sobre la moral.

Si el *Martín Fierro* domina la literatura argentina y su lugar es el centro del canon, la obra de Borges, probablemente el mayor escritor que haya nacido en Latinoamérica, es sólo un paréntesis.

Es curioso que Borges escribiera tanto y tan bien del *Martín Fierro*. No sólo el Borges joven, que en ocasiones suele ser, en el ámbito puramente verbal, nacionalista, sino también el Borges adulto, que en ocasiones se queda extasiado (extrañamente extasiado, como si contemplara las gesticulaciones de la Esfinge) ante las cuatro escenas más memorables de la obra de Hernández, y que en ocasiones incluso escribe cuentos, desganados y perfectos, argumentalmente epigonales de la obra de Hernández. Cuando Borges glosa a Hernández no lo hace con el cariño y la admiración con los que se refiere a Güiraldes, ni con la sorpresa y la resignación que emplea al evocar a aquel monstruo familiar que fue Evaristo Carriego. Con Hernández, o con el *Martín Fierro,* Borges da la impresión de estar actuando, de estar actuando a la perfección, por otra parte, pero en una obra de teatro que le parece desde el principio más que detestable, equivocada. Pero, detestable o equivocada, también le parece irremediable. Su muerte silenciosa en Ginebra es, en este sentido, harto elocuente. Vaya, no sólo es elocuente, su muerte en Ginebra, de hecho, habla hasta por los codos.

Con Borges vivo, la literatura argentina se convierte en lo que la mayoría de los lectores conoce como literatura argentina. Es decir: está Macedonio Fernández, que en ocasiones parece un Valéry porteño; está Güiraldes, que está enfermo y es rico; está Ezequiel Martínez Estrada; está Marechal, que luego se hace peronista; está Mujica Lainez; está Bioy Casares, que escribe la primera novela fantástica y la mejor de Latinoamérica, aunque todos los escritores latinoamericanos se apresuren a negarlo; está Bianco, está el pedante Mallea, está Silvina Ocampo, está Sábato, está Cortázar, que es el mejor; está Roberto Arlt, que fue el más ninguneado de todos. Cuando Borges se muere, se acaba de golpe todo. Es como si se muriera Merlín, aunque los cenáculos literarios de Buenos Aires no eran ciertamente Camelot. Se acaba, sobre todo, el reino del equilibrio. La inteligencia apolínea deja su lugar a la desesperación dionisiaca. El sueño, un sueño muchas veces hipócrita, falso, acomodaticio, cobarde, se convierte en pesadilla, una pesadilla muchas veces honesta, leal, valiente, que actúa sin red de protección, pero pesadilla al fin y al cabo, y, lo que es peor, literariamente pesadillesca, literariamente suicida, literariamente callejón sin salida.

Aunque con el paso de los años es legítimo preguntarse hasta qué punto la pesadilla o la piel de la pesadilla es tan radical como enunciaban sus cultores. Muchos de ellos viven mucho mejor que yo. En este sentido me puedo permitir afirmar que yo soy una rata apolínea y que ellos cada día se asemejan más a unos gatos de angora o gatos siameses despulgados eficientemente por un collar marca Acme o marca Dionisos, que a esta altura de la historia viene a ser lo mismo.

La literatura argentina actual, lamentablemente, tiene tres puntos de referencia. Dos de ellos son públicos. El tercero es secreto. Los tres, de alguna manera, son reacciones antiborgeanas. Los tres, en el fondo, representan un retroceso, son conservadores y no revolucionarios, aunque los tres, o al menos dos de ellos, se postulen como alternativas de un pensamiento de izquierda.

En el primero reina Osvaldo Soriano, que fue un buen novelista menor. Con Soriano hay que tener el cerebro lleno de materia fecal para pensar que a partir de allí se pueda fundar una rama literaria. No quiero decir que Soriano sea malo. Ya lo he dicho: es bueno, es divertido, es, básicamente, un autor de novelas policiales o vagamente policiales, cuya principal virtud, alabada con largueza por la crítica española, siempre tan perspicaz, fue su parquedad a la hora de adjetivar, parquedad que por otra parte perdió a partir de su cuarto o quinto libro. No es mucho para iniciar una escuela. Sospecho que el influjo de Soriano (aparte de su simpatía y generosidad, que dicen fueron grandes) radica en las ventas de sus libros, en su fácil acceso a las masas de lectores, aunque hablar de masas de lectores cuando en realidad estamos hablando de veinte mil personas es sin duda una exageración. Con Soriano los escritores argentinos se dan cuenta de que pueden, ellos también, ganar dinero. No es necesario escribir libros originales, como Cortázar o Bioy, ni novelas totales, como Cortázar o Marechal, ni cuentos perfectos, como Cortázar o Bioy, y sobre todo no es necesario perder el tiempo y la salud en una biblioteca guaranga para que encima nunca te den el Premio Nobel. Basta escribir como Soriano. Un poco de humor, mucha solidaridad, amistad porteña, algo de tango, boxeadores tronados y Marlowe viejo pero firme. ¿Pero firme en dónde?, me pregunto de rodillas y sollozando. ¿Firme en el cielo, firme en el retrete de tu agente literario? ¿Pero vos sos tonto, piltrafilla, vos tenés agente literario? ¿Y un agente literario argentino, para mayor inri?

Si el escritor argentino contesta afirmativamente esta última pregunta podemos tener la certeza de que no va a escribir como Soriano sino como Thomas Mann, como el Thomas Mann de *Fausto*. O, ya mareados por la inmensidad de la pampa, directamente como Goethe.

La segunda línea es más compleja. La segunda línea se inicia con Roberto Arlt, aunque es muy probable que Arlt sea totalmente inocente de este desaguisado. Digamos, modestamente, que Arlt es Jesucristo. Argentina, por supuesto, es Israel, y Buenos Aires, Jerusalén. Arlt nace y vive una vida más bien corta. Si no me equivoco, cuarenta y dos años. Es un contemporáneo de Borges. Éste nace en 1899 y Arlt en 1900. Pero, al contrario que Borges, la familia de Arlt es una familia pobre, y cuando él es adolescente no se va a Ginebra sino que se pone a trabajar. El oficio más frecuentado por Arlt es el periodismo, y a la luz del periodismo es dable ver muchas de sus virtudes, pero también muchos de sus defectos. Arlt es rápido, arriesgado, moldeable, un sobreviviente nato, pero también es un autodidacta, aunque no un autodidacta en el sentido en que lo fue Borges: el aprendizaje de Arlt se desarrolla en el desorden y el caos, en la lectura de pésimas traducciones, en las cloacas y no en las bibliotecas. Arlt es un ruso, un personaje de Dostoievski, mientras que Borges es un inglés, un personaje de Chesterton o Shaw o Stevenson. Incluso a veces, pese a él mismo, Borges parece un personaje de Kipling. En la guerra entre los grupos literarios de Boedo y Florida,

Arlt está con Boedo, aunque tengo la impresión de que su ardor guerrero no fue nunca excesivo. Su obra se compone de dos libros de cuentos y de tres novelas, aunque lo cierto es que escribió cuatro novelas y que los cuentos no recogidos en libro, cuentos aparecidos en periódicos y revistas y que Arlt era capaz de escribir mientras hablaba de mujeres con sus compañeros de redacción, dan por lo menos para otros dos libros. También es autor de unos *Aguafuertes porteños,* en la mejor tradición impresionista francesa, y de unos *Aguafuertes españoles,* estampas de la vida cotidiana de la España de los años treinta, en donde abundan los gitanos, los pobres y las personas generosas. Intentó hacerse rico con negocios que nada tenían que ver con la literatura argentina de entonces, aunque sí con la ciencia ficción, y fracasó siempre, y siempre de forma inapelable. Después se murió, a los cuarenta y dos años, y, como él hubiera dicho, se acabó todo.

Pero no se acabó todo, porque, al igual que Jesucristo, Arlt tuvo a su San Pablo. El San Pablo de Arlt, el fundador de su iglesia, es Ricardo Piglia. A menudo me pregunto: ¿qué hubiera pasado si Piglia, en vez de enamorarse de Arlt, se hubiera enamorado de Gombrowicz? ¿Por qué Piglia no se enamoró de Gombrowicz y sí de Arlt? ¿Por qué Piglia no se dedicó a publicitar la buena nueva gombrowicziana o no se especializó en Juan Emar, ese escritor chileno similar al monumento al soldado desconocido? Misterio. Pero en cualquier caso es Piglia quien eleva a Arlt dentro de su propio ataúd, sobrevolando Buenos Aires, en una imagen muy pigliana o muy arltiana, pero que, en rigor, sólo sucede en la imaginación de Piglia y no en la realidad. No fue una grúa la que bajó el ataúd de Arlt, la escalera era lo suficientemente ancha como para maniobrar, el cadáver de Arlt no era el de un campeón de los pesos pesados.

Con esto no quiero decir que Arlt sea un mal escritor, al contrario, es buenísimo, ni tampoco pretendo decir que

Piglia lo sea, al contrario, Piglia me parece uno de los mejores narradores actuales de Latinoamérica. Lo que pasa es que se me hace difícil soportar el desvarío —un desvarío gangsteril, de la pesada— que Piglia teje alrededor de Arlt, probablemente el único inocente en este asunto. No puedo estar, de ninguna manera, a favor de los malos traductores del ruso, como le dijo Nabokov a Edmund Wilson mientras preparaba su tercer martini, y no puedo aceptar el plagio como una de las bellas artes. La literatura de Arlt, considerada como armario o subterráneo, está bien. Considerada como salón de la casa es una broma macabra. Considerada como cocina, nos promete el envenenamiento. Considerada como lavabo nos acabará produciendo sarna. Considerada como biblioteca es una garantía de la destrucción de la literatura.

O lo que es lo mismo: la literatura de la pesada tiene que existir, pero si sólo existe ella, la literatura se acaba.

Como la literatura solipsista, tan en boga en Europa, hoy que el joven Henry James vuelve a cabalgar a sus anchas. Una literatura del yo, de la subjetividad extrema, claro que tiene que existir y debe existir. Pero si sólo existieran literatos solipsistas toda la literatura terminaría convirtiéndose en un servicio militar obligatorio del mini-yo o en un río de autobiografías, de libros de memorias, de diarios personales, que no tardaría en devenir cloaca, y la literatura también entonces dejaría de existir. Porque ¿a quién demonios le interesan las idas y venidas sentimentales de un profesor? ¿Quién puede decir, sin mentir como un verraco, que es más interesante el día a día de un triste profesor madrileño, por muy atildado que sea, que las pesadillas y los sueños y las ambiciones del insigne y ridículo Carlos Argentino Daneri? Nadie con tres dedos de frente. Ojo: no tengo nada en contra de las autobiografías, siempre y cuando el que la escriba tenga un pene en erección de treinta centímetros. Siempre y cuando la escritora haya sido una puta y a la vejez sea moderadamente rica. Siempre y cuando el pergeñador de semejante artefacto haya tenido una vida singular. De más está decir que entre los solipsistas y los chicos malos de la pesada me quedo con estos últimos. Pero sólo como un mal menor.

La tercera línea en juego de la literatura argentina actual o post-Borges es la que inicia Osvaldo Lamborghini. Ésta es la corriente secreta. Tan secreta como fue la vida de Lamborghini, que murió en Barcelona en 1985, si no recuerdo mal, y dejó como albacea literario a su discípulo más querido, César Aira, que viene a ser lo mismo que si una rata deja como albacea testamentario a un gato con hambre.

Si Arlt, que como escritor es el mejor de los tres, es el sótano de la casa que es la literatura argentina, y Soriano es un jarrón en la habitación de invitados, Lamborghini es una cajita que está puesta sobre una alacena en el sótano. Una cajita de cartón, pequeña, con la superficie llena de polvo. Ahora bien, si uno abre la cajita lo que encuentra en su interior es el infierno. Perdonen que sea tan melodramático. Con la obra de Lamborghini siempre me pasa lo mismo. No hay cómo describirla sin caer en tremendismos. La palabra *crueldad* se ajusta a ella como un guante. La palabra *dureza* también, pero sobre todo la palabra *crueldad*. El lector no avisado puede vislumbrar un juego sadomasoquista propio de esos talleres literarios que las almas caritativas y de vocación pedagógica organizan en los manicomios. Es posible, pero se queda corto. Lamborghini siempre va dos pasos más adelante (o más atrás) que sus perseguidores.

Es extraño pensar en Lamborghini ahora. Murió a los cuarenta y cinco años, es decir que yo ahora soy cuatro años más viejo que él. A veces abro alguno de sus dos libros, editados por Aira —lo cual es un decir, porque lo mismo los pudo haber editado el linotipista o el portero del edificio donde estaba la editorial, la editorial Serbal, de Barcelona—, y a duras penas puedo leerlo, no porque me parezca malo sino porque me da miedo, sobre todo la novela *Tadeys,* una novela insoportable, que leo (dos o tres páginas, ni una más) sólo cuando me siento particularmente valiente. De pocos libros puedo decir que huelan a sangre, a vísceras abiertas, a licores corporales, a actos sin perdón.

Hoy, que está tan de moda hablar de los nihilistas, aunque cuando se habla de éstos la gente se refiere a los terroristas musulmanes, que precisamente de nihilistas no tienen nada de nada, no estaría de más visitar la obra de un verdadero nihilista. El problema con Lamborghini es que se equivocó de profesión. Mejor le hubiera ido trabajando como pistolero a sueldo, o como chapero, o como sepulturero, oficios menos complicados que el de intentar destruir la literatura. La literatura es una máquina acorazada. No se preocupa de los escritores. A veces ni siquiera se da cuenta de que éstos están vivos. Su enemigo es otro, mucho más grande, mucho más poderoso, y que a la postre la terminará venciendo. Pero ésa es otra historia.

Los amigos de Lamborghini están condenados a plagiarlo hasta la náusea, algo que acaso haría feliz al propio Lamborghini si pudiera verlos vomitar. También están condenados a escribir mal, pésimo, excepto Aira, que mantiene una prosa uniforme, gris, que en ocasiones, cuando es fiel a Lamborghini, cristaliza en obras memorables, como el cuento «Cecil Taylor» o la *nouvelle Cómo me hice monja,* pero que en su deriva neovanguardista y rousseliana (y absolutamente acrítica) la mayor parte de las veces sólo es aburrida. Prosa que se devora a sí misma sin solución de continuidad. Acriticismo que se traduce en la aceptación, con matices, ciertamente, de esa figura tropical que es la del escritor latinoamericano profesional, que siempre tiene una alabanza para quien se la pida.

De estas tres líneas, las tres líneas más vivas de la literatura argentina, los tres puntos de partida de la pesada, me temo que resultará vencedora aquella que representa con mayor fidelidad a la canalla sentimental, en palabras de Borges. La canalla sentimental, que ya no es la derecha (en gran medida porque la derecha se dedica a la publicidad y al disfrute de la cocaína y a planificar el hambre y los corralitos, y en materia literaria es analfabeta funcional o se conforma con recitar versos del *Martín Fierro*) sino la izquierda, y que lo que pide a sus intelectuales es soma, lo mismo, precisamente, que recibe de sus amos. Soma, soma, soma Soriano, perdóname, tuyo es el reino.

Arlt y Piglia son punto y aparte. Digamos que es una relación sentimental y que lo mejor es dejarlos tranquilos. Ambos, Arlt sin la menor duda, son parte importante de la literatura argentina y latinoamericana y su destino es cabalgar solos por la pampa habitada por fantasmas. Allí, sin embargo, no hay escuela posible.

Corolario. Hay que releer a Borges otra vez.

Sevilla me mata

1. *El título*. En teoría, y sin que yo tuviera nada que ver en la elección del tema, mi conferencia debía llamarse «De dónde viene la nueva literatura latinoamericana». Si me atengo fielmente al título, la respuesta no sobrepasará los tres minutos. Venimos de la clase media o de un proletariado más o menos asentado o de familias de narcotraficantes de segunda línea que ya no desean más balazos sino respetabilidad. La palabra clave es respetabilidad. Ya lo escribió Pere Gimferrer: antaño los escritores provenían de la clase alta o de la aristocracia y al optar por la literatura optaban, al menos durante un tiempo que podía durar toda la vida o cuatro o cinco años, por el escándalo social, por la destrucción de los valores aprendidos, por la mofa y la crítica permanentes. Por el contrario, ahora, sobre todo en Latinoamérica, los escritores salen de la clase media baja o de las filas del proletariado y lo que desean, al final de la jornada, es un ligero barniz de respetabilidad. Es decir, los escritores ahora buscan el reconocimiento, pero no el reconocimiento de sus pares sino el reconocimiento de lo que se suele llamar «instancias políticas», los detentadores del poder, sea éste del signo que sea (¡a los jóvenes escritores les da lo mismo!), y, a través de éste, el reconocimiento del público, es decir la venta de libros, que hace felices a las editoriales pero que aún hace más felices a los escritores, esos escritores que saben, pues lo vivieron de niños en sus casas, lo duro que es trabajar ocho horas diarias, o nueve o diez, que fueron las horas laborables de sus padres, cuando había trabajo, además, pues peor que trabajar diez horas diarias

es no poder trabajar ninguna y arrastrarse buscando una ocupación (pagada, se entiende) en el laberinto, o, más que laberinto, en el atroz crucigrama latinoamericano. Así que los jóvenes escritores están, como se suele decir, escaldados, y se dedican en cuerpo y alma a vender. Algunos utilizan más el cuerpo, otros utilizan más el alma, pero a fin de cuentas de lo que se trata es de vender. ¿Qué no vende? Ah, eso es importante tenerlo en cuenta. La ruptura no vende. Una escritura que se sumerja con los ojos abiertos no vende. Por ejemplo: Macedonio Fernández no vende. Si Macedonio es uno de los tres maestros que tuvo Borges (y Borges es o debería ser el centro de nuestro canon) es lo de menos. Todo parece indicarnos que deberíamos leerlo, pero Macedonio no vende, así que ignorémoslo. Si Lamborghini no vende, se acabó Lamborghini. Wilcock sólo es conocido en Argentina y únicamente por unos pocos felices lectores. Ignoremos, por lo tanto, a Wilcock. ¿De dónde viene la nueva literatura latinoamericana? La respuesta es sencillísima. Viene del miedo. Viene del horrible (y en cierta forma bastante comprensible) miedo de trabajar en una oficina o vendiendo baratijas en el Paseo Ahumada. Viene del deseo de respetabilidad, que sólo encubre al miedo. Podríamos parecer, para alguien no advertido, figurantes de una película de mafiosos neoyorkinos hablando a cada rato de respeto. Francamente, a primera vista componemos un grupo lamentable de treintañeros y cuarentañeros y uno que otro cincuentañero esperando a Godot, que en este caso es el Nobel, el Rulfo, el Cervantes, el Príncipe de Asturias, el Rómulo Gallegos.

2. *La conferencia debe continuar.* Espero que nadie me tome a mal mis anteriores palabras. Era broma. Lo escribí, lo dije, sin querer. A estas alturas de mi vida ya no quiero más enemigos gratuitos. Estoy aquí porque quiero enseña-

ros a ser hombres. No es verdad. Era broma. En realidad, me muero de envidia cuando os veo. No sólo a vosotros sino a todos los jóvenes escritores latinoamericanos. Tenéis futuro, os lo puedo asegurar. Pero no es verdad. Era broma. Ese futuro es tan gris como la dictadura castrista, como la dictadura de Stroessner, como la dictadura de Pinochet, como los innumerables gobiernos corruptos que se han sucedido uno detrás de otro en nuestra tierra. Espero que a nadie se le ocurra desafiarme a pelear. No puedo hacerlo por prescripción médica. De hecho, cuando acabe esta conferencia pienso encerrarme en mi habitación a ver películas pornográficas. ¿Que quieren que vaya a visitar la Cartuja? Ni de chiste. ¿Que quieren que vaya a un tablao flamenco? Se equivocaron, una vez más, conmigo. Yo sólo voy a un rodeo mexicano o chileno o argentino. Y una vez allí, entre el olor a bosta fresca y copihues, procedo a quedarme dormido y a soñar.

3. *La conferencia debe poner los pies en el suelo.* Es verdad. Pongamos los pies en el suelo. A algunos de los escritores invitados los considero mis amigos. De ellos, por otra parte, sólo espero delicadezas hacia mi persona. A los demás no los conozco, pero a algunos los he leído y de otros tengo excelentes referencias. Por supuesto, faltan escritores sin los cuales no se entendería esta entelequia que por comodidad llamamos nueva literatura latinoamericana. Es de justicia citarlos. Comenzaré por el más difícil, un autor radical donde los haya: Daniel Sada. Y luego debo nombrar a César Aira, a Juan Villoro, a Alan Pauls, a Rodrigo Rey Rosa, a Ibsen Martínez, a Carmen Boullosa, al jovencísimo Antonio Ungar, a los chilenos Gonzalo Contreras, Pedro Lemebel, Jaime Collyer, Alberto Fuguet, a María Moreno, a Mario Bellatin, que tiene la suerte o la desgracia de ser considerado mexicano por los mexicanos y peruano

por los peruanos, y así podría seguir durante un minuto más. El panorama, sobre todo si uno lo ve desde un puente, es prometedor. El río es ancho y caudaloso y por sus aguas asoman las cabezas de por lo menos veinticinco escritores menores de cincuenta, menores de cuarenta, menores de treinta. ¿Cuántos se ahogarán? Yo creo que todos.

4. *La herencia.* El tesoro que nos dejaron nuestros padres o aquellos que creímos nuestros padres putativos es lamentable. En realidad somos como niños atrapados en la mansión de un pedófilo. Alguno de ustedes dirá que es mejor estar a merced de un pedófilo que a merced de un asesino. Sí, es mejor. Pero nuestros pedófilos son también asesinos.

Lecturas y relecturas

Ahora mismo hablaba contigo, Vallejo, por Carlos Henderson

En el último libro de poemas de Carlos Henderson (peruano, 1940), el lector se encuentra con dos tipos de historia y dos tipos de escritura. La visión algo distanciada de toda una lucha (generacional: se trata obviamente de los poetas del 60) entre el poder y la poesía: sus formas comunicantes trabadas ante una realidad que no subvierte el poeta saliendo a alfabetizar en el campo —metáfora de solución mecánica frente a la efectividad de «posibles» vanguardias culturales revolucionarias— ni mucho menos quedándose en una bohemia que perfila un puesto burocrático. Las dos historias: sueño y revisión de la pequeña parte que a los intelectuales tocó cuando la derrota (se pregunta Henderson qué tan pequeña, qué tan grande) y crónica amorosa, económica y cotidiana del exilado en París. El desencanto crítico. Distanciamiento del poeta y análisis tanto ético como estético: abrir nuevas brechas y también pasear un rato solitario por los viejos caminos abandonados, quizás antes de tiempo, piensa Henderson. Los puntos de referencia surgirán a la medida de las necesidades. Desgarrarse, mirar con otros ojos: inserto en un quehacer poético (sigo refiriéndome a la generación del 60) que parecía tener únicamente dos líneas, Hinostroza y Cisneros. Algo de ellos hay por ahí, y también los intentos por parte de Henderson de trascender cierto escepticismo (aunque después del grupo Hora Zero la otra disyuntiva es el silencio). De formas insípidamente brechtianas (*Canciones para mis vecinos, Los días hostiles,* sus dos libros anteriores), el poeta se arriesga en estructuras más complejas, juegos con diversos planos del poema: correspondencias y anticorrespondencias entre formas y contenidos; desbordamiento verbal, a veces hasta alegría de escribir (y de leer), lejos ya del tono quizás intencionadamente menor de sus pasados trabajos. Revisión ética en cuanto se niega a ver problemas que su generación vivió muy de cerca (Heraud y Tello murieron en la guerrilla) de una manera huidiza, lateral; revisión estética porque a partir de unas primarias meditaciones logra formas frescas y complejas, un desarrollo dialéctico del poema y su completa inmersión, «hasta mancharse», en éste; con algunos hallazgos y aportaciones que enriquecen la nueva poesía peruana (los ya mencionados Cisneros e Hinostroza, Pimentel, Ramírez Ruiz, Verástegui); hallazgos que en primera instancia se podrían ubicar en su tratamiento (desdoblamiento) de un lenguaje poco apoyado en metáforas, de aliento largo y sostenido, una manera de observar-participar en la realidad con iguales-confundidas dosis de experiencia y asombro. De la derrota al exilio, del exilio al conocimiento y reconocimiento amoroso, de la desesperación a nuevos puntos de partida, Henderson, a quien más de uno en su país dio por muerto como poeta, se levanta con este libro de cincuenta y cinco páginas creando, a veces demasiado rápido, puentes que nos clarifiquen una de las experiencias poéticas y políticas más vitales de la América Latina. Me expreso como me vienen las palabras eso es todo para empezar a comprender que uno escribe poesía en el segundo en que siente un hálito de vida que llama a la vida. Crónicas del descubrimiento, los paseos anfetamínicos en la ciudad extraña, las comidas en peligro de exterminarse, y resucitando, el museo Gustave Moreau y las muchachas que eternamente aparecen pidiendo autostop, largas cabelleras erizadas, párpados eléctricos: la soledad y el contacto con la joven poesía francesa logran estallar varios de sus poemas. En otros, cuando se empecina en formas más bien caducas, el intelectual como conciencia crítica a secas y no como acción crítica o supercreación crítica, hace sus poemas más tremebundamente parisino-limeños: donde la meditación a ultranza sobre la patria ausente desdibuja cualquier panorama real, verdaderamente comunicante. Sin embargo en este, de hecho su primer libro, Henderson dice: «¡Ufff! ¡Basta! Mientras mordamos la realidad / y la soñemos / reconocer el juego de las deformaciones que nos pone fuera / de todo juego / es ya otro riesgo».

Islas a la deriva, por José Emilio Pacheco

Alguna vez José Emilio Pacheco dijo: «A mí sólo me importa el testimonio del momento que pasa»; como premisa para acercarnos a su último libro esta frase se vuelve en contra de Pacheco. Casi todo lo que pasa en *Islas a la deriva* es testimoniado con una tristeza equiparable a la del cordero en la carnicería. La destrucción, el fuego, son vistos primero desde lejos, es decir, sin que en ningún momento el poeta se inmiscuya con lo que nombra, ya no vamos a decir que transforme el sentido de lo que nombra, y con el tonito aparentemente elegante del que está consciente de lo irremediable. Situaciones con una mecánica excluyente, obras de teatro, jardines reales adonde llega de repente José Emilio con un libro en una mano y una máquina de escribir en la otra: recuerdos anotados después de cenar: «Página en blanco / que de improviso / se ve cubierta / por la escritura de la nieve»: el acto de escribir según las más ñoñas reglas: «Hay un azoro múltiple / extrañeza / de estar aquí / de ser / en un ahora tan feroz / que ni siquiera tiene fecha / ... / ¿Son las últimas horas de este ayer / o el instante en que se abre otro mañana?». Ñoñas reglas en cuanto que la escritura se subordina totalmente por un lado a la forma, por el otro a la situación estática, de un solo plano, sin aventuras experimentales, sin aventuras humanas, el poeta como un inútil cronista de SENSACIONES ARCHICONOCIDAS y que en ningún momento subvierten la cotidiana lectura. Eso para no hablar de la imaginación, que brilla por su ausencia como dijera Nicanor Parra de los poetas que comenzaron a publicar por los cincuenta en Chile. La verdadera imaginación, la que devela, explota, alimenta otras imaginaciones en un juego vertiginoso e infinito. *Islas a la deriva,* aceptable escritura de la conformidad, conformidad de la escritura, chistosa manera de enfrentarse a un poema (muy típica por lo demás de la mayor parte de la poesía mexicana publicada), que considera «cazado» un poema con la «ingeniosa» inserción de dos o tres imágenes que, sin embargo, no tienen el más mínimo movimiento, la más leve profundización dentro de la imagen misma. Todo poema en *Islas a la deriva* es predecible de antemano, y conste que nadie le pide que sorprenda sino que cambie el paisaje ya tan conocido, ya tan cargado de falsedades y estatuas amén de pequeñitas, feas. Sensaciones nuevas le pedimos a los poemas *de ahora* (y recordamos a Saint-Just: «En tiempos de innovación todo lo que no es nuevo es pernicioso») (y recordamos a Desnos gritando: «Estas cositas me enternecen y nada más falso que esta ternura»), sensaciones que se nos den de una manera difícil como decía D. Thomas, y vertiginosas como aerolitos en las venas, y que además de llevarnos a los verdaderos castillos de niños y hadas nos dinamite por dentro (poemas-hostias, poemas-inspirados, poemas-hechizos, parpadeos eléctricos, lavabos que nos guiñen el ojo en las noches rojas y proféticas). Y qué cerca y qué lejos está la poesía mexicana de este libro. Indudablemente Pacheco no sólo es de los mejores poetas de su generación sino tal vez el único. E indudablemente su poesía es lo más digno que produce ese conglomerado académico de poetas tanto de izquierda como de derecha. Pero qué lejos están sus versos de las *experiencias totales* que constituyen el núcleo esencial de una nueva escritura que comienza a desarrollarse en México. Qué gran diferencia entre esta poesía que de una u otra manera adopta siempre posiciones de defensa (de escudo, el oficio; de casco, la realidad fragmentada), con la que no se publica aún: aventura corporal, aventura espacial, aventura revolucionaria: el Che Guevara y Julio Verne:

SENSACIONES NUEVAS COMO FRUTOS DE OTROS PLANETAS SEMBRADOS EN ÉSTE, diría Mario Santiago. En fin, no nos incumbre, no nos toca, no nos inmiscuye el que José Emilio se haga cábalas de si amanece o anochece, si el poema se queda crispado (testimonio de una posición nada vital frente a la vida) en ese punto neutro en donde la palabra es incapaz de hacer cualquier cosa que no sea girar sobre su propia pobreza. La visión de la cotidianidad debe subvertir esa cotidianidad, para que el poema nazca. «Importa el texto y no el poeta, la nueva organización verbal y no el tema», dice Pacheco en la cuarta de forros. Nosotros zorprendidoz noz quedamoz, ¿a qué nueva organización verbal se referirá, si lo único que hay son temas tratados según las archiviejas y permitidas «organizaciones» verbales? De este libro debemos agradecer las traducciones de Cavafis, ciertamente más pasables que las hechas por un poeta español, la sinceridad y las trampitas y la tristeza de José Emilio ante un mundo que se le evapora, sus buenas intenciones: «La poesía no es de nadie: se hace entre todos», y, en última instancia, alegrarnos que él haya sido publicado y no otro infinitamente peor. ¿Crisis de la poesía mexicana? ¿Cuál poesía mexicana? Claro. El aire del continente está cambiando. «¿Y qué es la poesía sino el momento revolucionario del lenguaje, inseparable en tanto que tal de los momentos revolucionarios de la historia y de la historia de la vida personal?»

Juicio final/Andante, por Beltrán Morales

Beltrán no asombra con lo inesperado sino con (y a través de) lo archiconocido. El verso armonioso y raro como un ornitorrinco. La fijeza de la imagen, que sin embargo se interrelaciona de maneras que nos dejan con los pelos de punta: segunda lectura, lecturas múltiples obligatorias para entrar y participar en los juegos que Beltrán propone. Carrusel vertiginoso en cuyo centro el poeta se divierte inmovilizado entre dos palabras, la aventura pequeñita lanzada al espacio en donde baila y hace piruetas y remedos de estructuras complicadísimas. Versos que aparecen en escena después de haberse secado *furiosamente* hasta la última gota de sudor. Poemas en donde Beltrán construye modelos a escala, proposiciones de ritmos, encadenamientos, movimientos que nunca ejecuta hasta sus últimas consecuencias. Poemas semejantes (comparación harto caprichosa) a gemas, a pedazos de roca milenaria, moldeados con el fervor y la neurosis de un viejo artesano. Suspendidos a veces entre los espacios neutros y negros que median entre la afirmación y la negación: el estupor constante: frente a un idioma que traiciona con su movimiento cotidiano, permanente; y frente a las reglas de ese mismo / otro idioma que se inmoviliza delante del espacio sagrado llamado tradición.

> *Desde qué prisma mirar*
> *el mundo, dónde encontrar*
> *la verdad sino en la letra:*
> *cosa saco caso caos saco.*

Relámpagos verbales, restaurantes abiertos y vacíos a medianoche, ironía eficaz y aburrida de sí misma como un escalpelo de mercurio. La mano que no tiembla le deja muy poco margen al azar, las manos que no tiemblan corren el riesgo de aburrirse, y aburrir, demasiado pronto. Probablemente Beltrán se aburra. Lo que sí es seguro, al menos para mí, es que aún no aburre al lector. Simpático, ordena un cosmos, su caprichosísimo cosmos, su dolorosísimo cosmos, sin pararse de su hamaca ácida: una cultura más de biblioteca tropical y demente que de carretera peligrosa y veloz. Como en sus dos libros de poesía anteriores, *Juicio final/Andante* posee una unicidad, un ritmo de lectura único, difícil de lograr; leerlo es viajar hacia dos direcciones a la vez: el frío y el calor dosificados, detenidos en gestos extraños, contemplándose mutuamente.

Beltrán Morales nació en Jinotega, Nicaragua, en 1945, y pertenece a la más nueva promoción de poetas jóvenes (de entre éstos cabe nombrar a Julio Cabrales, Fanor Téllez y Carlos Perezalonso), poetas católicos y buenos, cuidadosos y amables, profundamente influidos por el «exteriorismo» de José Coronel Urtecho y Ernesto Cardenal —yo siempre tirito cuando leo esa *Biografía* que Coronel le hizo a su esposa, esa niña alemana capaz de volver neurótico al más santo—. Beltrán, al contrario de sus compañeros de generación, se autoexilia de los limbos exterioristas, nutriéndose en esa fuente claroscura que es Carlos Martínez Rivas y sobre todo en la antipoesía de Nicanor Parra.

De voz medida y amarga, irónico, constructor de pequeños infiernos verbales, es bastante raro encontrar en Beltrán poemas de amor, y aquí me refiero no sólo a *Juicio final/Andante* sino también a sus dos libros anteriores, *Algún sol* y *Agua regia*. Cosas y objetos de una temporalidad excesiva (y bella) (y atroz) (y sin importancia) se debaten entre las palabras que los fijan. El resultado es un tono festivamente escéptico, que no perdona a nadie ni a nada. Y si en *Algún sol* podía escribir «sin cenar ni leer» cosas para una muchacha, en *Juicio final* ya sólo dice: «Acaba, hembrita cálida, tu prensante labor / de un año entero, eterno, y aprieta el sabio / nudo que me estrangulará. Rápido sí, que / el tiempo se termina y no terminas nunca, / mi homicida: cágate en mi estampa de una vez». Tristones y albureros se divertirán «Avejentados calaches; / / una mujer», como enanos con este libro. Para ellos y como adelanto transcribo este que se llama «Lectura de Onetti»: «Un parto / en la caseta de la bestia; / / la pobreza, el fracaso: / son / exactos los hilos del puñal, / bella / la desolación perfecta».

Pienso que *Juicio final/Andante* viene sobre todo a confirmar una manera personal de sentir y enfrentarse al hecho poético, del que creo es el mejor poeta joven de Nicaragua y uno de los mejores a nivel latinoamericano; pienso también que en este libro Beltrán agota con alevosía y ventaja su onda formal, sin que se le noten siquiera las intenciones de dibujar una puerta en esa pared que ha construido. Su próximo libro, seguramente, vendrá rayoneado de sorpresas. Aunque a lo mejor se dedica a escribir sonetos, uno nunca sabe (hubiera sentenciado pacíficamente Alfonso Cortés).

Déjenlo todo, nuevamente: primer manifiesto del movimiento infrarrealista

«Hasta los confines del sistema solar hay cuatro horas-luz; hasta la estrella más cercana, cuatro horas-luz. Un desmedido océano de vacío. ¿Pero estamos realmente seguros de que sólo haya un vacío? Únicamente sabemos que en este espacio no hay estrellas luminosas; de existir, ¿serían visibles? ¿Y si existiesen cuerpos no luminosos u oscuros? ¿No podría suceder en los mapas celestes, al igual que en los de la Tierra, que estén indicadas las estrellas-ciudades y omitidas las estrellas-pueblos?»

– Escritores soviéticos de ciencia ficción arañándose el rostro a medianoche.

– Los infrasoles (Drummond diría los *alegres muchachos proletarios*).

– Peguero y Boris solitarios en un cuarto lumpen presintiendo a *la maravilla detrás de la puerta*.

– Free Money.

¿Quién ha atravesado la ciudad y por única música sólo ha tenido los silbidos de sus semejantes, sus propias palabras de asombro y rabia?
El tipo hermoso que no sabía
que el orgasmo de las chavas es clitoral
(Busquen, no solamente en los museos hay mierda) (Un proceso de museificación individual) (Certeza de que todo está nombrado, develado) (Miedo a descubrir) (Miedo a los desequilibrios no previstos).

Nuestros parientes más cercanos:
                    los francotiradores, los llaneros solitarios que asolan los cafés de chinos de Latinoamérica, los destazados en supermarkets, en sus tremendas disyuntivas individuo-colectividad; la impotencia de la acción y la búsqueda (a niveles individuales o bien enfangados en contradicciones estéticas) de la acción poética.

– Pequeñitas estrellas luminosas guiñándonos eternamente un ojo desde un lugar del universo llamado *Los Laberintos*.
– Dancing-Club de la miseria.
– Pepito Tequila sollozando su amor por Lisa Underground.
– Chúpaselo, chúpatelo, chupémoselo.
– Y el Horror.

Cortinas de agua, cemento o lata separan una maquinaria cultural, a la que lo mismo le da servir de conciencia o culo de la clase dominante, de un acontecer cultural vivo, fregado, en constante muerte y nacimiento, ignorante de gran parte de la historia y las bellas artes (creador cotidiano de su loquísima *istoria* y de *su alucinante vellas hartes*), cuerpo que por lo pronto experimenta en sí mismo sensaciones nuevas, producto de una época en que nos acercamos a 200 kph al cagadero o a la revolución.
«Nuevas formas, raras formas», como decía entre curioso y risueño el viejo Bertolt.

Las sensaciones no surgen de la nada (obviedad de obviedades), sino de la realidad condicionada, de mil maneras, a un constante fluir.
– Realidad múltiple, ¡nos mareas!
Así, es posible que por una parte se nazca y por otra estemos en las primeras butacas de los últimos coletazos.

Formas de vida y formas de muerte se pasean cotidianamente por la retina. Su choque constante da vida a las formas infrarrealistas: EL OJO DE LA TRANSICIÓN.

Metan a toda la ciudad al manicomio. Dulce hermana, aullidos de tanque, canciones hermafroditas, desiertos de diamante, sólo viviremos una vez y las visiones cada día más gruesas y resbalosas. Dulce hermana, aventones para Monte Albán. Apriétense los cinturones porque se riegan los cadáveres. Una movida de menos.

¿Y la buena cultura burguesa? ¿Y la academia y los incendiarios? ¿Y las vanguardias y sus retaguardias? ¿Y ciertas concepciones del amor, el buen paisaje, la Colt precisa y multinacional?

Como me dijo Saint-Just en un sueño que tuve hace tiempo: Hasta las cabezas de los aristócratas nos pueden servir de armas.

— Una buena parte del mundo va naciendo y otra buena parte muriendo, y todos sabemos que todos tenemos que vivir o todos morir: en esto no hay término medio.
Chirico dice: Es necesario que el pensamiento se aleje de todo lo que se llama lógica y buen sentido, que se aleje de todas las trabas humanas de modo tal que las cosas le aparezcan bajo un nuevo aspecto, como iluminadas por una constelación aparecida por primera vez. Los infrarrealistas dicen: Vamos a meternos de cabeza en *todas* las trabas humanas, de modo tal que las cosas empiecen a moverse *dentro* de uno mismo, una visión alucinante del hombre.
— La Constelación del Bello Pájaro.
— Los infrarrealistas proponen al mundo el indigenismo: un indio loco y tímido.
— Un nuevo lirismo, que en América Latina comienza a crecer, a sustentarse en modos que no dejan de ma-

ravillarnos. La entrada en materia es ya la *entrada en aventura:* el poema como un viaje y el poeta como un héroe develador de héroes. La ternura como un ejercicio de velocidad. Respiración y calor. La experiencia disparada, estructuras que se van devorando a sí mismas, contradicciones locas.

    Si el poeta está inmiscuido, el lector tendrá que inmiscuirse:
    «libros eróticos sin ortografía»

Nos anteceden las MIL VANGUARDIAS DESCUARTIZADAS EN LOS SESENTA
Las 99 flores abiertas como una cabeza abierta.
Las matanzas, los nuevos campos de concentración.
Los Blancos ríos subterráneos, los vientos violetas.
    Son tiempos duros para la poesía, dicen algunos, tomando té, escuchando música en sus departamentos, hablando (escuchando) a los viejos maestros. Son tiempos duros para el hombre, decimos nosotros, volviendo a las barricadas después de una jornada llena de mierda y gases lacrimógenos, descubriendo/creando música *hasta* en los departamentos, mirando largamente los cementerios-que-se-expanden, donde toman desesperadamente una taza de té o se emborrachan de pura rabia o inercia los viejos maestros.
Nos antecede *Hora Zero*
((Cría zambos y te picarán los callos))

Aún estamos en la era cuaternaria. ¿Aún estamos en la era cuaternaria?
Pepito Tequila besa los pezones fosforescentes de Lisa Underground y la ve alejarse por una playa en donde brotan pirámides negras.

Repito:
El poeta como héroe develador de héroes, como el árbol rojo caído que anuncia el principio del bosque.
— Los intentos de una ética-estética consecuente están empedrados de traiciones o sobreviviendas patéticas.
— Y es que el individuo podrá andar mil kilómetros pero a la larga el camino se lo come.
— Nuestra ética es la Revolución, nuestra estética la Vida: una-sola-cosa.

Los burgueses y los pequeños burgueses se las pasan en fiesta. Todos los fines de semana tienen una. El proletariado no tiene fiesta. Sólo funerales con ritmo. Esto va a cambiar. Los explotados tendrán una gran fiesta. Memoria y guillotinas. Intuirla, actuarla ciertas noches, inventarle aristas y rincones húmedos, es como acariciar los ojos ácidos del nuevo espíritu.

Desplazamiento del poema a través de las estaciones de los motines: la poesía produciendo poetas produciendo poemas produciendo poesía. NO un callejón eléctrico / el poeta con los brazos separados del cuerpo / el poema desplazándose lentamente de su Visión a su Revolución. El callejón es un punto múltiple «*Vamos a inventar para descubrir su contradicción, sus formas invisibles de negarse, hasta aclararlo*». Desplazamiento del acto de escribir por zonas nada propicias para el acto de escribir.
¡Rimbaud, vuelve a casa!
Subvertir la realidad cotidiana de la poesía actual. Los encadenamientos que conducen a una realidad circular del poema. Una buena referencia: el loco Kurt Schwitters. Lanke trr gll, o, upa kupa arggg, devienen en línea oficial, investigadores fonéticos codificando el aullido. Los puentes del Ñoba Express son anticodificantes: déjenlo que grite, déjenlo que grite (por favor no vayan a sacar un lápiz ni un

papelito, ni lo graben, si quieren participar griten también), así que déjenlo que grite, a ver qué cara pone cuando acabe, a qué otra cosa increíble pasamos.

Nuestros puentes hacia las estaciones ignoradas. El poema interrelacionando realidad e irrealidad.

Convulsivamente.

¿Qué le puedo pedir a la actual pintura latinoamericana? ¿Qué le puedo pedir al teatro?

Más revelador y plástico es pararse en un parque demolido por el smog y ver a la gente cruzar en grupos (que se comprimen y se expanden) las avenidas, cuando tanto a los automovilistas como a los peatones les urge llegar a sus covachas, y es la hora en que los asesinos salen y las víctimas los siguen.

¿Realmente qué historias me cuentan los pintores?

El vacío interesante, la forma y el color fijos, en el mejor de los casos la parodia de movimiento. Lienzos que sólo servirán de anuncios luminosos en las salas de los ingenieros y médicos que coleccionan.

El pintor se acomoda en una sociedad que cada día es más «pintor» que él mismo, y ahí es donde se encuentra desarmado y se inscribe de payaso.

Si un cuadro de X es encontrado en alguna calle por Mara, ese cuadro adquiere categoría de cosa divertida y comunicante; en un salón es tan decorativo como los sillones de fierro del jardín del burgués / ¿cuestión de retina? / sí y no / pero mejor sería encontrar (y por un tiempo sistematizar azarosamente) el factor detonante, clasista, cien por ciento propositivo de la obra, en yuxtaposición a los valores de «obra» que la están precediendo y condicionando.

—El pintor deja el estudio y CUALQUIER statu quo y se mete de cabeza en la maravilla / o se pone a jugar ajedrez como Duchamp. / Una pintura didáctica para la misma pintura. / Y una pintura de la pobreza, gratis o bastante barata, inacabada, de participación, de cuestionamiento en la participación, de extensiones físicas y espirituales ilimitadas.

La mejor pintura de América Latina es la que aún se hace a niveles inconscientes, el juego, la fiesta, el experimento que nos da una real visión de lo que somos y nos abre a lo que podemos será la mejor pintura de América Latina; es la que pintamos con verdes y rojos y azules sobre nuestros rostros, para reconocernos en la creación incesante de la tribu.

Prueben a dejarlo todo diariamente.

Que los arquitectos dejen de construir escenarios hacia dentro y que abran las manos (o que las empuñen, depende del lugar) hacia *ese espacio* de afuera. Un muro y un techo adquieren utilidad cuando no sólo sirven para dormir o evitar lluvias sino cuando establecen, a partir, por ejemplo, del acto cotidiano del sueño, puentes conscientes entre el hombre y sus creaciones, o la imposibilidad momentánea de éstas.

Para la arquitectura y la escultura los infrarrealistas partimos de dos puntos: la barricada y el lecho.

La verdadera imaginación es aquella que dinamita, elucida, inyecta microbios esmeraldas en otras imaginaciones. En poesía y en lo que sea, la entrada en materia tiene que ser *ya* la entrada en aventura. Crear las herramientas para la subversión cotidiana. Las estaciones subjetivas del ser humano, con sus bellos árboles gigantescos y obscenos, como laboratorios de experimentación. Fijar, entrever situaciones paralelas y tan desgarradoras como un gran arañazo en el pecho, en el rostro. Analogía sin fin de los gestos. Son tantos que cuando aparecen los nuevos ni nos damos cuenta, aunque los estamos haciendo/mirando frente a un espejo.

Noches de tormenta. La percepción se abre mediante una ética-estética llevada hasta lo último.

Las galaxias del amor están apareciendo en la palma de nuestras manos.
— Poetas, suéltense las trenzas (si tienen).
— Quemen sus porquerías y empiecen a amar hasta que lleguen a los poemas incalculables.
— No queremos pinturas cinéticas, sino enormes atardeceres cinéticos.
— Caballos corriendo a 500 kilómetros por hora.
— Ardillas de fuego saltando por árboles de fuego.
— Una apuesta para ver quién pestañea primero, entre el nervio y la pastilla somnífera.

El riesgo siempre está en otra parte. El verdadero poeta es el que siempre está abandonándose. Nunca demasiado tiempo en un mismo lugar, como los guerrilleros, como los ovnis, como los ojos blancos de los prisioneros a cadena perpetua.

Fusión y explosión de dos orillas: la creación como un graffiti resuelto y abierto por un niño loco.
Nada mecánico. Las escalas del asombro. Alguien, tal vez el Bosco, rompe el acuario del amor. Dinero gratis. Dulce hermana. Visiones livianas como cadáveres. *Little boys* tasajeando de besos a diciembre.

A las dos de la mañana, después de haber estado en casa de Mara, escuchamos (Mario Santiago y algunos de nosotros) risas que salían del penthouse de un edificio de 9 pisos. No paraban, se reían y se reían mientras nosotros abajo nos dormíamos apoyados en varias casetas telefónicas. Llegó un momento en que sólo Mario seguía prestando atención a las risas (el penthouse es un bar gay o algo parecido y Darío

Galicia nos había contado que siempre está vigilado por policías). Nosotros hacíamos llamadas telefónicas pero las monedas se hacían de agua. Las risas continuaban. Después de que nos fuimos de esa colonia Mario me contó que realmente nadie se había reído, eran risas grabadas y allá arriba, en el penthouse, un grupo reducido, o quizás un solo homosexual, había escuchado en silencio su disco y nos lo había hecho escuchar.

— La muerte del cisne, el último canto del cisne, el último canto del cisne negro NO ESTÁN en el Bolshoi sino en el dolor y la belleza insoportables de las calles.

— Un arcoíris que principia en un cine de mala muerte y que termina en una fábrica en huelga.

— Que la amnesia nunca nos bese en la boca. Que nunca nos bese.

— Soñamos con utopía y nos despertamos gritando.

— Un pobre vaquero solitario que regresa a su casa, que es la maravilla.

Hacer aparecer las nuevas sensaciones-Subvertir la cotidianidad.

O. K.
DÉJENLO TODO, NUEVAMENTE
LÁNCENSE A LOS CAMINOS

Sobre Xavier Sabater

Xavier tiene una rosa tatuada en el brazo izquierdo: pétalos rojos entre hojas verdes. Los contornos son amarillos y negros. Se la hizo un artesano del tatuaje en Amberes, una noche, cuando era el más joven, y el único español, de un carguero que hacía la ruta del Mar del Norte. Años de 1972, 1973, 1974, lo más lejos posible de España. Es una rosa grande, de colores muy vivos, dibujada con una destreza bastante aceptable entre la mano y el codo. Pétalos con pelo, hojas verdes con pelo, que mantienen sus colores originales en la palidez del antebrazo.

Eran los años en que los jóvenes poetas leían a Dashiell Hammett, Maurice Blanchot y las antologías de Castellet. No es la clave de esos fines de semana, por supuesto; es más, algunos ni siquiera sabían de Blanchot y leían solamente a Castellet, pero más o menos es una *imagen* (entre otras igualmente pulcras) de una situación determinada, que me sirve para delimitar los trabajos de Xavier: él se sale despacito, digamos de una manera ingenua y dulce, de aquellos buenos o malos horizontes. En vez de escribir con faltas ortográficas entre líneas escribe con faltas ortográficas reales. En vez de pensar en literatura piensa en música. Sin embargo no se hace crítico de rock.

Aceptemos que nació dentro de un taxi y que entonces su visión de la vida, además de ser refinada y espectacular, tiene la torpeza del navajero herido en una calle solitaria (donde nada se mueve, ni la herida ni el amanecer) y la velocidad de una carrera de automóviles sintonizada en todos los televisores de esa misma calle citada párrafos arriba. La indiferencia y el amor. Pero también el amok y la hipnosis; los sonámbulos y el falso psiquiatra herido de muerte.

Poesías bajo tierra, su primer libro, está lleno de erratas. Tan lleno de erratas (grandes, regulares, pequeñas, tamaño aurora y tamaño crepúsculo) que a veces pienso si el tipógrafo no estaría loco; por lo menos su incompetencia creó roturas y bifurcaciones (digamos, al estilo de Soto) que añaden al texto un espacio nervioso, un pedazo de guerra y prisas: la suntuosidad distribuyendo al azar, como un rey que ya no espera nada, los acentos y las comas, las eses y zetas, la composición ilegible. Impreso en hojas amarillas con tres o cuatro ilustraciones de Robert Crumb, los poemas, dealiento beatnik, hablan de adolescentes y carreteras, muchachas y ciudades, homosexuales y restaurantes, correspondencias caleidoscópicas que a veces daban autostop al lector y a veces no. Una experiencia ambigua buscada con esperanza valleinclanesca. Y viceversa. Hasta que el vértigo y la ruptura se transformaran en algo así como un caballo, más amable, más rápido.

En sus primeros poemas también están el mareo y los atardeceres lentísimos de una Barcelona portuaria y loca y fuera de la ley (y dentro del artículo de peligrosidad social), narrados por un joven-macho-desesperado mientras la contracultura bailaba flamenco en los fumaderos de opio del barrio chino.

Un aura de Doctor Fu-Man-Chu impúber electrocutado por una banda de rock.

¿Cómo desemparentar a Xavier de los cómix marginales, de Montesol, Ceesepe, Nazario? Poemas publicados en *Star, Ajoblanco,* fanzines y revistas ultraefímeras donde pide a gritos que se lo lleven preso, o algo así. Poemas publicados bajo seudónimo. Poemas dedicados a las flores (juro que es verdad). Poemas censurados. «Esto está mal escrito», le decían, o bien «si publico esto me multan la revista». Puntos de vista que se confundían, en 1972,1973, escribiendo poemas españoles.

Xavier construye revistas. Lo hace con lo peor y más barato y más podrido de la joven literatura barcelonesa. Un sobreviviente de esos meses me dijo que encontrar un equipo peor era imposible. He releído algunos viejos ejemplares inencontrables: francamente no puedo imaginarme las caras de los hipotéticos lectores habidos.

Ácrata, pasota, borracho, hippie, suicida festivo, amateur, sin leer nada, sin mirar los últimos Guinovart, sin escuchar ni de oídas a Cage, repelente, vicioso perdido, gratuito. La única manera, sé que lo ha escrito en alguna página escondida, de ser poeta (de ser un poco poeta la mayor parte posible de tiempo) en lo que era la Reserva Espiritual de Occidente.

A fin de cuentas Xavier es un muchacho típico de su generación y sus primeros trabajos (*Poesías bajo tierra,* algunos poemas sueltos) me parecen verdaderamente importantes en una posible evaluación de la joven poesía española marginal de principios de los setenta, por su agresividad enorme, por su desafío lleno de trizaduras, de lugares comunes dinamitados y vueltos a construir gracias a un estilo (el estilo es un fraude, dijo Willem de Kooning y Xavier al escribir el *Canto sin Remisión* lo sabía) que se autolesiona como místico del Palmar de Troya. En las treinta y dos páginas del libro se repite un único gesto: la voz afásica que dice que no puede más. Alrededor, a manera de turbante, similar a las castañuelas de Zappa, que giran sobre la hoguera, encuentro los insultos, las masturbaciones, las fugas, los muertos, las fotografías, los sueños y los taxis que van dejando refinados regueros de sangre desde Hospitalet hasta la Barceloneta.

«Noches de Sant-Boi», «Comunión», «Antaño recogía las palabras que el viento traía», «Elaboración n.° 3 a oscuras», «Meditabundios», «Un amor nada platónico» (donde veo la sombra de un viejo poema de Bukowski) y buena parte de los *8 Poemas Insubstanciales* son los textos que más me gustan de su segundo libro, *Oscuros silencios de bronce*. Tal vez prolongan lo mejor de su poesía primera: la capacidad de asombro. Los leo como adivinanzas, como chistes, como diario de vida de un tipo catalán que a veces juega conmigo al *flipper* y que tiene, como yo, veinticinco años.

Entre sus dos libros hay muchas botellas de ron, maría, revistas viejas y revistas nuevas, sus viajes, sus amigos, doscientos oficios diferentes (según *él*, y un día de éstos, por pura curiosidad, voy a hacer que me los enumere), peleas, fracasos, recomienzos, en fin, la misma gama de cosas que todo poeta joven y escaso de fortuna tiene que comerse.

¿Sus influencias literarias? No sé. Preferiría decir que no tiene, aunque a veces me parezca clarísimo ver a un Ginsberg y a un Corso mal traducidos en su primer libro y a un John Giorno y a cierto Frank Lima (que no ha leído) en algunas partes de los *Oscuros silencios de bronce*. Pero realmente no lo sé.

Su formación y su información (incluidas las literarias) son callejeras. El rock y Roberto Alcázar & Pedrín en *Poesías bajo tierra* y las noticias sincopadas del periódico de la mañana leído a mediodía junto a tres cervezas (y Roberto Alcázar & Pedrín) en *Oscuros silencios de bronce*.

Lentos poemas de borrachera.

Buenas y peores vivencias.

Xavier es un santo.

Exceso y vacío de mitos.

Pero sobre todo puentes hechos a mano para cruzar a cualquier lado.

«El raro consuelo que da el oficio»

Se ha dicho muchas veces que Malcolm Lowry es autor de una sola obra: *Bajo el volcán,* ante la cual desmerece o no está a la altura el resto de su producción literaria. El error aquí radica en considerar *Bajo el volcán* como parte de una producción literaria. El propio Lowry se encargó de decirlo muchas veces. La vida misma va escribiendo la novela. Desde este punto de vista, *Ultramarina, Lunar Caustic, Escúchanos, oh, Señor, desde el cielo, tu morada, Oscuro como la tumba donde yace mi amigo* y los *Poemas*[*], entre otros escritos, muchos de ellos inconclusos y gran parte inéditos hasta la muerte del autor, conforman un todo, un cuerpo orgánico y a la vez necesariamente fragmentario con *Bajo el volcán*. Esa suma es Malcolm Lowry o un pedazo de él. Aquel vagabundo del Bowery que no escribía poemas ni novelas. Como dice Douglas Day: «Se debe comenzar por comprender que Malcolm Lowry no era en realidad un novelista, excepto por casualidad. Es difícil saber cómo llamarlo: escritor de un diario, compulsivo tomador de notas, poeta manqué, charlatán alcoholista filosofante: cualquiera de estas cosas serviría para empezar, pero sólo para eso». De tal manera que podemos leer sus *Poemas* (los *Selected Poems* que publicó su viuda en la editorial de Ferlinghetti el año 1962) bajo el paisaje torrencial de un cuento abocetado en Italia, en 1948[**].

---

[*] Malcolm Lowry, *Poemas,* Visor, Madrid, 1979. El prólogo y la traducción son de Mariano Antolín Rato, ambos excelentes.
[**] Malcolm Lowry, «El raro consuelo que da el oficio». Este cuento está incluido en el libro de relatos *Escúchanos, oh, Señor, desde el cielo, tu morada.*

Este cuento en apariencia es bastante sencillo. Sigbjorn Wilderness pasea por Roma. Es el mismo personaje de otras narraciones de Lowry, que a la vez es el cónsul y el joven Plantagenet de *Lunar Caustic* y hasta el Kennish Drumgold Cosnahan de «Una Elefanta y el Coliseo»; finalmente todos, el propio Lowry.

Bien. Wilderness pasea por Roma. Sabemos, desde el primer párrafo, que tiene una beca Guggenheim e intuimos que esto de alguna manera ha sido providencial para él. La primera imagen nos lo muestra detenido frente a la casa-museo de Keats. «El joven poeta inglés John Keats murió en esta casa el 24 de febrero de 1821, a la edad de 26 años.» Wilderness saca su libreta y anota la inscripción. Después entra en la casa. Una carta de Severn, el amigo de Keats, a un tal Brown:

> *Estimado Brown:*
> *Ha muerto, murió con la más completa serenidad, fue como si se hubiera quedado dormido. El 23 a las cuatro y media se presentaron las señales de una muerte inminente. «Severn, enderézame porque me muero —moriré fácilmente—. No te aflijas, doy gracias a Dios de que haya llegado.» Lo alcé en mis brazos y las flemas parecían hervirle en la garganta. Esto fue en aumento hasta las once de la noche en que poco a poco se sumió en la muerte tan serenamente que pensé aún que dormía. Pero no me es posible decir más por el momento. Mi pena es tan grande que ya no doy más. No puedo quedarme solo. Hace nueve días que no duermo, desde entonces. El sábado vino un caballero a tomar el yeso de la mano y el pie. El martes hicieron la autopsia. No quedaba nada de los pulmones. Los médicos no querían.*

Wilderness añade en su libreta: «El sábado vino un caballero a tomar el yeso de la mano y el pie —ésta es la parte más siniestra para mí. ¿Quién es ese caballero?».

En el párrafo siguiente se nos cuenta la manera en que Wilderness sale de la casa de Keats hacia un bar romano: «Tenía la impresión de haber avanzado en un solo movimiento, de un solo paso, desde la casa de Keats a este bar, en parte sólo porque había querido evitar el estampar su nombre en el libro de los visitantes».

Sentado delante de una *grappa,* Wilderness revisa su libreta. Ésta adquiere virtudes de pantalla cinematográfica en donde se proyectan y superponen frases, recortes de periódicos, obituarios y necrologías.

Me estoy muriendo, literalmente muriendo por falta de ayuda. Y sin embargo no soy un ocioso, ni he cometido ninguna ofensa contra la sociedad que me hiciera merecedor de suerte tan dura. Por el amor de Dios, tened piedad de mí y salvadme de la muerte.

Es una carta de Poe.

El autor escribe: «La sensación causada por esas notas era en verdad sumamente curiosa. Primero tenía conciencia de sí mismo leyéndolas ahí en ese bar romano, luego de sí mismo en el museo Valentine, en Richmond, Virginia, leyendo las cartas a través del vidrio y copiando fragmentos de ellas, luego el pobre Poe sentado tristemente en algún lado escribiéndolas».

Sigbjorn piensa en determinado momento que ya no se puede «atrapar» a los poetas con frases como: «Por Dios, mándenme ayuda». Los poetas actuales, piensa, no sólo se visten como empleados de banco sino que muchas veces lo son. Eso zanja una parte del problema, pero sólo una parte. Y la nota de la prisión Mamertina: *La de abajo es la verdadera cárcel.*

La celda de abajo, llamada Tullianus, es probablemente la construcción más antigua de Roma. La prisión era utilizada para encarcelar malhechores y enemigos del Estado.

En la celda de abajo se ve el pozo en el que de acuerdo a la tradición san Pedro hizo surgir milagrosamente una fuente para bautizar a los carceleros Processus y Martinianus. Víctimas: políticos, Poncius, rey de los Sanniti. Muerto el año 290 a. C. Giurgurath (Yugurta), Aristobulus, Vercingetorix.

Una relectura

> *Amantes que encontraron su perfecta pasión*
> *en la muerte de Pompeya retornan*
> *y aparecen los unos en los otros*
> *nuevamente con los nombres de vuestros hijos*
> *y vuestras hijas.*
> RICHARD BRAUTIGAN

Después de la fiesta erótica de los sesenta y principios de los setenta —fiesta, es cierto, celebrada con Vietnam en una punta y Mayo del 68 en la otra—, pareciera que la poesía de los ochenta o al menos, para ceñirnos al libro que comentamos, la actual poesía en lengua inglesa, fuera a recalar por largo tiempo en una zona bastante híbrida en lo que atañe al cuerpo expresado en tanto objeto y sujeto del placer, vale decir, la poesía erótica. Comprensible: no todos intentan tener un orgasmo o alabar y/o burlarse del orgasmo del vecino cuando por los aires corre ya el discurso escueto y óseo de la tercera guerra mundial. Aunque, gracias a los ejecutivos de la poesía española, poco es lo que se conoce por estos lares de la actual poesía norteamericana, canadiense e inglesa, podemos arriesgar, confiando en breves y recientes antologías aparecidas aquí y allá, la significativa lejanía de los poetas del escenario actual de los textos (y de la gestualidad limítrofe, donde todo era posible) de las fechas antes mencionadas. Lo lúdico, lo juguetón, lo caliente —todos esos queridos tópicos— parecen haberse retirado a sus cuarteles de invierno. Lowell y Roethke han muerto pero sus discípulos, contumaces, directores de revistas y profesores de universidad, a la larga se han impuesto (la pregunta, claro, es: ¿a quiénes se han impuesto si nadie lee poesía?, y la respuesta: a sus fantasmas). Digamos, con Jean-Luc Godard, que todo, al menos en las capas visibles, ha vuelto a la normalidad. La historia de la poesía es una historia de repliegues. La ebullición que fue el movimiento beatnik, la Escuela de Nueva York, el Black Mountain, la poesía feminista y la poesía del movimiento negro ha regresado a sus subterráneos a juzgar por lo que se publica actualmente. Tal vez esto sea inevitable, tal vez sólo sea una cuestión de tiempo. Mientras tanto, releer aquellos «viejos» textos —poemas que no tienen más de diez, quince años—, cuando, con palabras de Allen Ginsberg, la poesía iba a cambiar el mundo, suele resultar un ejercicio sorpresivo. Y si evidentemente ni esa ni ninguna poesía puede cambiar el mundo, al menos contribuyó a hacer más reales (o irreales, como gustéis) algunas pesadillas, algunos secretos inconfesables de la tribu.

Al margen, siempre resulta aleccionador leer a los poetas de lengua inglesa[*] de ese período determinado, tan distintos de los nuestros, que por erotismo, cuando lo hay, apenas dan una pálida sombra de sus propios miedos; inseguridades «ante» el texto; subdesarrollo sexual que, eso sí, esconden o justifican con mucho Mallarmé, con mucho grito peludo, depende.

La poesía en lengua inglesa, sobre todo la norteamericana, comienza por aceptar el lado cómico de la cosa sexual. También el lado «gallina ciega», la urgencia de tantear a través del cuarto oscuro y no quedarse quieto en un rincón. Desdramatiza el coito como hecho estético poco menos que epopéyico, como se lo intenta escribir por estos lares, buscándole una dimensión más cotidiana, más móvil y por tanto

---

[*] *Celebración. Poesía erótica en lengua inglesa.* Antología de Mauricio Schoijet, Juan Pablos Editor, México DF, 1975.

comprometiendo el texto con su propio autor de una manera arriesgada, tanto para la experiencia estética como para la experiencia ética.

Desde el pansexualismo whitmaniano de Ginsberg:

*Entraré silenciosamente en el dormitorio y me echaré
entre el novio y la novia
esos cuerpos caídos del cielo acostados esperando
desnudos e inquietos,
los brazos apoyados sobre los ojos en la oscuridad,
sepultaré mi rostro en sus espaldas y pechos, respirando
su piel
y acariciaré y besaré el cuello y la boca y descubriré y
conoceré sus dorsos,
piernas alzadas y encogidas para recibir,
sexo en la oscuridad atormentado y agresivo...*

Hasta la ironía de uno de los viejos maestros del propio Ginsberg, Kenneth Rexroth, quien en el pequeño y perfecto poema «Ventajas de la sabiduría» tal vez nos enseñe el arte de la gentileza, la rebeldía y los años:

*Soy un hombre sin ambiciones
y de pocos amigos, totalmente incapaz
de ganarme la vida, haciéndome
más viejo, fugitivo de algún destino justo.
Solitario, mal vestido, ¿qué importa?
A medianoche me hago una jarra
de vino caliente y semillas de cártamo.
En una rasgada bata y vieja gorra
me siento en el frío a escribir poemas
dibujando desnudos en los torcidos márgenes,
copulando con muchachas de dieciséis años
ninfomaníacas de mi imaginación.*

Entre estos dos extremos podemos encontrar poesía feminista, poesía homosexual, poesía de copuladores indiscriminados y poesía de masturbadores natos; vale decir, propuestas desde todos los puntos de la misma y múltiple experiencia; vale decir, podemos encontrar cuerpos de poetas, no «liberados» ni mucho menos, sino proponiendo la liberación del cuerpo del texto, del texto que prolonga la experiencia.

Así, es dable leer de la poeta negra Sonia Sánchez un pequeño poema que seguramente habrá molestado a más de uno:

> *Mi hombre*
> *me dice que estoy*
> *tan llena de dulce*
> *olor a coño, que puede*
> *sentir mi olor cuando me acerco.*
> *Tal vez*
> *yo*
> *debería*
> *embotellarlo*
> *para*
> *venderlo*
> *cuando él*
> *se vaya.*

Y leer, también, el epigrama «Integridad», del gran poeta canadiense Irving Layton, aparentemente opuesto del todo al anterior.

> *Oí a un hombre que decía:*
> *mi examante*
> *era mitad polaca*
> *mitad suiza*
> *y enteramente puta.*

Este poema me lleva a pensar que si de algo carece esta expresión poética es de mojigatería. Estoy pensando, claro, en todos los poetas de habla castellana que al ponerse de moda, por ejemplo, la poesía feminista, se cuidaron de no mostrar el mínimo desliz machista, cosa que por otra parte aparecía hasta en sus comas. Pienso en los poetas que al llegar la moda de la poesía homosexual cambiaron las castañuelas por los timbales griegos y se apresuraron en olvidar la palabra maricón (tan sonora) y reemplazarla por la palabra *gay*. Todos esos profesionales del progreso: ratones tristes del sexo, diferentísimos de ese otro ratón triste del sexo (¿pero quién no lo es?) capaz de mirarse al espejo y sentirse tan oscuro como el suicidio, pero que opta, sin embargo, por el psicoanalista, quien resulta ser un gato. El primero, el ratón a secas, podemos encontrarlo en cualquiera de nuestras revistas. El segundo ratón sin duda vive en Nueva York y puede escribir —lo ha demostrado— versos buenísimos.

La libertad (el riesgo) de nombrar con asombro o sin asombro lo que está «allí». No ya los versos a la amada absoluta, sino a la experiencia, a los visos de conocimiento que no esperan su momento Beatriz para hacerse reales. La descentralización total de la «meta» amorosa; el punto de llegada —El Canto— convertido en estaciones del camino y, además, en estaciones que van hacia todas partes. No el momento hímnico (la corona de la poesía amorosa sobre un cuerpo rígido) sino «los cortocircuitos eróticos que emergen y alteran desde dentro las clasificaciones adquiridas, amenazando los conservadurismos, desmontando los corporativismos locales, llevando los espacios a codearse, a que se abran las vecindades, las conexiones, los desgarramientos»*.

Terminemos la lectura de *Celebración* con este hermoso poema de Jayne West:

---

* Pascal Bruckner y Alain Finkielkraut, *El nuevo desorden amoroso,* Barcelona, Anagrama, 1979.

*Mientras caminaba
el caballero a mi derecha
se dirigió a mí llamándome cerda de gordo culo
sintiendo que ese comentario no era
ni exacto ni apropiado
contesté llamándolo un
lujurioso tratante de putas
no tomando placer en su más recientemente
adquirido título
me proclamó una
perra caliente
dije en respuesta
que mi condición era más deseable que la suya
que era la de un
roñoso chupador de vergas
respondió con fuck you
con lo cual jadeé admirablemente
y continué mi balanceo.*

Apuntes sobre la poesía de Orlando Guillén

Si hubiera algún punto de referencia desde donde mirar el interior de ese animal profundamente derrotado y, sobre todo, desorientado que es la generación de Orlando Guillén, éste sin duda sería el año 1968 y el movimiento estudiantil que culminó en la masacre de Tlatelolco.

Los versos de muchos poetas mexicanos lo registran, más aún aquellos que como Orlando Guillén eran jóvenes y lo vivieron en primera línea. (Guillén tenía entonces veintitrés años y la experiencia, en su sentido de herida y de visión, conmovió a tal grado la cotidianidad que quedó una vez más en la superficie el altar de los sacrificios mortuorios: fue posible leer en las calles y en los gestos lo que antes sólo se leía en las páginas rojas de los periódicos. Pocos fueron los que salieron indemnes, aunque con esto sólo alcance a decir que se agregó una manchita más, extraña ciertamente, a la máscara uniformadora de aquellas celebradas y ya lejanas olimpiadas aztecas.)

Sin embargo, la fisura social, la ambigüedad que quedó en las calles —como asombro y ganas de morder y ser mordido—, no consiguió una palabra poética que la expresara y que al hacerlo volviera a reconocer a los fantasmas que jalonan constantemente a los mexicanos. El movimiento estudiantil se hundió por la represión y por sus enormes contradicciones. La poesía mexicana sólo acertó a rozar lo que esto significaba. No hablo, por supuesto, del quehacer poético de Paz y Huerta (muy a menudo las dos líneas antagónicas por donde se mueve la poesía mexicana), ni de Jaime Sabines que ya demasiados muertos tenía, ni de Becerra que murió demasiado pronto. Lo cierto es que *alguien* tiró de la alfombra —el Estado que reprimía o los estudiantes muertos o el vacío que sobrevino después o todo junto— para que, entre otras muchas cosas, la palabra poética entreviera el hueco que existía en su interior: pozo sin fondo, como en los cuentos infantiles, que ni los versos «clase obrera» ni los versos «metafísicos» (estos últimos profusamente cultivados por los líricos mexicanos de todas las edades) pudieron exorcizar.

La carne es débil y todo volvió, de alguna manera, a la normalidad. Es decir: siguieron escribiendo poemas sobre la masacre, o sobre cualquier acontecimiento que fuera saliendo al paso, pero olvidaron los tatuajes que a partir de la fecha antes mencionada se incorporaron a todos los cuerpos. Tatuajes que remitían a formas verbales con otro tipo de velocidad, que exigían otros riesgos en el discurso, que unían, en una palabra, los momentos revolucionarios de la historia con la historia de la vida personal en términos y territorios (y tal vez esto fue lo que asustó instintivamente la conciencia colectiva de los poetas) no sólo desconocidos para el verbo hacer y el verbo amar en uso, sino inclusive peligrosos. Imposible seguir haciendo nocturnos a lo Villaurrutia, imposible más fotocopias desleídas de Gorostiza y Pellicer.

Es en este sucinto panorama donde me gusta ver y contemplar a Orlando Guillén. En la miseria de la poesía, en los jueguitos de poder de las capillas que controlan la poesía. Allí, en ese paisaje desértico donde los poetas se leen a sí mismos porque de lo contrario nadie los leería y donde los burócratas van y vienen hablando de premios literarios. Me gusta verlo en el contexto de lo limpio (Octavio Paz ha sido el brazo ejecutor de la «limpieza» poética formulada por el grupo Contemporáneos), en el contexto de lo apolíneo (aunque sólo pueda ser representado por un turista mexicano en Venecia o por la fiebre exótica de cualquier ciudadano pequeñoburgués del DF), porque él encarna, para mí, lo sucio y lo dionisiaco. El salvajismo de quien se da cuenta de que estar en México, pese a la transparencia del aire, es lo mismo que estar sentado sobre un polvorín, y lo expresa. Y es en este punto donde comienza el deslinde de Orlando Guillén y del que es fruto el libro que comentamos, *Poesía inédita 1970-1978**. Deslinde, amén de verbal, nervioso, pues no sólo nombra de una manera diferente, aunque en determinadas zonas veamos en él una prolongación de ciertos caminos huertianos, sino que la velocidad de sus imágenes, el juego de sus metáforas, la eclosión polisémica que hay en sus entretejidos nos remiten a una peculiar organicidad de composición y descomposición, orden y desorden, de su entorno cultural. Así, Guillén se desplaza rizomáticamente por el cuerpo del poema, sin permitirse fijar fronteras ni centros. Registra sensaciones. Las aísla. Las dispersa.

Poesía casi sin antecedentes mexicanos, a no ser Salvador Díaz Mirón; curiosa lectura limítrofe, como toda lectura real, de textos del Siglo de Oro, de Rabelais, de Vallejo, de Rubén Darío. Los tres libros que componen este volumen (*Versario pirata, Títulos del miedo,* y *Un muerto rema rayo abajo*) constituyen una rara muestra de coherencia entre un itinerario vital y un itinerario verbal. Entre el canibalismo y la dialéctica, entre una biblioteca que ama y el fuego que la transformará. Si el poeta no quiere andar a tientas, tropezándose con el mismo mármol, sin duda será arriesgado el gesto que asumirá al *nombrar*. ¿Pero nombrar qué? Una especie de suicidio y una manera entre agotada y feliz de aceptar finalmente la caridad. Viaje a través de un campo de batalla: su cuerpo y el cuerpo del poema y el cuerpo de la sociedad. Desacralización, sí, pero efectuada con la precisión y aparatosidad (en el sentido de suntuosidad) de

---

* Orlando Guillén, *Poesía inédita 1970-1978*, Editora del Gobierno del Estado de Veracruz, México, 1979.

un pandillero atrapado. Poesía en el lado oscuro del terror. Poesía cristiana. Poesía que sabe reírse de sí misma. Poesía primero onanista y después erótica. Y qué diferente su erotismo del que encontramos en Paz o en el joven Salvador Novo. Poesía profundamente solitaria. Y poesía política, pese a, y tal vez porque Orlando Guillén siempre habla de sí mismo.

Imposible no reconocerle la puesta en escena de un lenguaje poético *elegante,* que va por intermitencias desde el (anti) urbano *Versario pirata* hasta los sonetos de su breve exilio barcelonés en *Un muerto rema rayo abajo,* pasando por esa demostración brillante de estructura que es el poema largo «En busca del lenguaje marabusino». Todo en su encadenamiento verbal avanza hacia el rito total. Sabe ser elegante hasta en la construcción de una navaja y grosero en la sobreimposición de catedrales y habitaciones de hotel barato.

Hay que reconocerle, asimismo, el valor de asumir ética y estéticamente una poesía voraz y juguetona, clara y salvaje, profundamente imaginativa. Sobre todo al tener en cuenta el panorama actual de las últimas hornadas de la poesía mexicana, que se debaten entre el obligado plagio a Octavio Paz y la buena voluntad.

En la sala de lecturas del infierno

> *No era morir ya por revolucionario, sino, a falta de toda solidaridad política, por loco, por homosexual, por despojado de todo asidero simbólico con el feliz y desdichado mundo de los hombres normales que se salvan los unos a los otros hasta de las culpas más ostentosas gracias a esa invisibilidad que otorga el uniforme.*
> L. M. Panero

Se esté o no de acuerdo con el camino o la falta de camino que recorre Leopoldo María Panero, débese reconocer en todo caso su fulgurancia. Simpático y monstruoso (como tal vez, en sus momentos de debilidad, le gustaría ser leído) es la comunicación aquello que entiende por solidaridad política, en el mismo nivel que las lágrimas, ese lenguaje extraño, limítrofe, del que nos habla Bataille.

¿Qué lectura podría ser válida hoy día para un lector que gusta de la poesía pero que también lee periódicos o escucha al pasar las noticias que sueltan las radios? No es ciertamente fácil *entender* versos que dicen una muerte estrictamente personal en una época (y cuando digo época igual quiero decir una semana tumultuosa) en donde el peligro y la emoción —y sus reflejos— radican casi en cualquier lugar menos en los libros. Nos enfrentamos así a Panero, tanto el lector como el escritor, con casi todas las posibilidades de perder la partida. Queda sentado que *Narciso** nunca podrá competir con

---

* *Narciso*, Visor, Madrid, 1979.

la velocidad de la calle. *Narciso,* en última instancia, es como el ojo de la cerradura de una habitación (en primera instancia) ajena; sin embargo, si miramos con atención, detrás del striptease oscuro se esconde otro objeto, verbal también, de naturaleza veloz.

Y es que *Narciso,* pese a todos sus defectos, tal vez gracias a todas sus imperfecciones (y aquí no puede dejar de murmurar contra sí mismo «¿qué estás diciendo, animal?») cumple una trayectoria en donde la palabra tiene categoría de enfermedad contagiosa, a través de la cual entrevemos no sólo la muerte constante y metafórica con que se rodea a sí mismo L. M. Panero, sino también rumores de jóvenes cuerpos muertos y reales. Tan reales como la proximidad del poeta con ellos. Y tan reales como el viaje a través de los espejos (Tom Sawyer metamorfoseado en Alicia) que el poeta ejecuta, diestro como trapecista, posiblemente por última vez. Porque si después de *Teoría**, *Narciso* es un retroceso técnico para así *asumir* el riesgo lo más descarnadamente posible, después de *Narciso* el asombro tendrá los acentos del viaje de regreso a este lado (¿a cuál?) de la realidad.

Sin duda, para quien esto escribe, el libro de poemas más logrado de Panero es *Teoría* (comparable a los dos espléndidos libros en castellano de Pere Gimferrer). No obstante, lo que en *Narciso* llega a parecernos afasia pura y simple (y tal vez eso era lo que pretendía Panero) por la otra banda son puntos que gana la voz: sola, sin construcciones en que apoyarse, relatando en una jam-session de principio a final una historia donde se entremezclan, con prerrogativas de novela policial, la muerte de una mujer, la muerte de un amigo, la muerte de un sueño. (Solicita tanto la palabra muerte, La Muerte, que a veces pareciera no llamarla sino expulsarla. Lentitud, desgaste, dolor, que en sus matemáticas son iguales a travesía.)

---

* *Teoría,* Lumen, Barcelona, 1973.

Una de las diferencias no pequeñas entre *Narciso* y la colección precedente radica en los usos de la técnica. Lo que en *Teoría* era construcción, laberintos, en *Narciso* es desierto, piedras. Igualmente, lo que en *Teoría* era arquitectura y sorpresa (entendida ésta no como la voluntad artificiosa de *sorprender* sino como la aparición repentina del Asombro) en *Narciso* es habitación a media luz donde todo se distingue con cierta claridad monótona. Monótona, sí, pero las imágenes, los manes tutelares que se suceden a lo largo del discurso de este libro, jamás nos saben a otra cosa que no sea verdad: ente verdadero: desgarramiento que por ser tal posiblemente sustraiga la suntuosidad, la *mirada* entre médico y dandi, carnicero y virgen, a que Panero nos había acostumbrado.

De más está que quien esto escribe diga que considera a Panero como uno de los mejores poetas actuales en lengua castellana. Término ambiguo, pero qué le voy a hacer. ¿La posición de Panero en la poesía española? (Ah, si los lectores de poesía tuviéramos la suerte de que la poesía española de ahora se pareciera a una partida de ajedrez —quiero decir, una partida de ajedrez en donde se aboliera el mate pastor—, la posición de Panero sería exactamente la del peón negro a un escaque de coronarse.) Él y Gimferrer, seguidos seguramente por uno o dos de los antologados en *Nueve novísimos,* permanecen aún en el lugar designado a los ojos de ese cuerpo todavía informe que es la poesía española joven. Tal vez el ojo derecho sea Gimferrer y el ojo izquierdo (parpadeante, enrojecido) Panero.

El lugar común rojo. La inquietud que sus versos apaciguan. Hay poemas en *Narciso* que sólo mediante una lectura superficial nos parecen como películas de miedo. En el contexto de una lectura un poco más arriesgada el aire y los objetos, pero sobre todo su miedo, abandonan el telón blanco cercando al lector con algo que, pese a ser tópico, llamaremos prohibido. Con esa palabra supongo que quiero decir algo parecido a la piedad. Y su contrario. Sin embargo, *Narciso* a veces me aburre. (¿Me exige demasiado?) Se repite. Insiste en fantasmas que un par de versos bien apuntados hubieran solucionado mejor. (Claro, son *sus* fantasmas y tiene todo el derecho de nombrarlos, así como yo tengo todo el derecho de maravillarme con un poema como «Schekina», memorable, y aburrirme con la sexta y octava parte del libro, gratuidades que a veces rondan la torpeza, repetición a bajo voltaje de otras obsesiones.)

Como observación al margen, es curioso constatar que Panero, que reniega y abjura su ser español, resulta a veces, en ciertos poemas, una condensación ascendente (que se desplaza hacia dentro, no hacia afuera como podría ser el caso de un Cernuda) de lo español. Temas, secuencias, figuras del poema: todo como el abrazo a dentelladas de la Mala Conciencia y Bocángel (ese antepasado tutelar escogido por Panero) en la sala de lecturas del infierno. Encuentros y fundiciones. Arquetipos. Como si en un minuto extremadamente puntiagudo la fiesta de disfraces completa hiciera una genuflexión: la impotencia, la violencia, la represión, incluso (cómo no) giros poéticos magníficamente bastardos de una Tradición Lingüística y de Sombras a las que Panero insulta al tiempo que se entrega.

Lo que Panero *toca* no puede ser descrito o criticado mediante una mala aproximación a las yemas de sus dedos. Sin duda *Narciso* se le escapará de las manos a cualquier lector. El dolor que es comunicación (¿y qué dolor no es comunicación?) no se lee. Para la suntuosidad y la afasia tenemos pocos puntos de referencia. No se goza con este libro. No está el crepúsculo pop de *Así se fundó Carnaby Street* ni el laberinto preciso, pulmonar, acerado, de reunión en los lugares peligrosos de las venas que fue *Teoría* —libro que en comparación a su importancia pasó virtualmente desapercibido para los tenaces críticos—. En *Narciso* sólo hay astillas, espacios áridos, borradores que se mueven detrás de paneles de rayos X.

¿Por qué es desconfianza una de las impresiones que causa Panero entre los poetas de su generación y de las anteriores? Recuerdo que un amigo catalán, expresándome su opinión respecto a *Narciso,* dijo que el libro le parecía excesivo. Después añadió algo sobre García Lorca y luego calló. Para mí esa postura es significativa. El libro, ciertamente, es excesivo, se le escabulle entre las piernas al apacible lector de poesía. Las ideas fijas de Panero (me atrevería a decir: las escenas fijas que constantemente levitan a la izquierda del sujeto) no cuadran ni con la costumbre de las imágenes suavemente encadenadas, ni con la sorpresa doméstica del lector de poesía de vanguardia-pero-de-buen-gusto. Panero no tiene buen gusto. Panero es excesivo. Está solo, como los adolescentes de las bocacalles en blanco y negro que nadie filmó nunca. Y es allí donde salta el fantasma de García Lorca, sobre todo aquel que se conmovía hasta las lágrimas de la suerte de las ovejas y vacas en los mataderos que proveen de carne a Nueva York. Llegado a este punto absolutamente nadie está dispuesto a leer a Panero, cuando tal editorial acaba de sacar a fulanito y tal otra a menganito (aunque menganito, pongamos por caso, sea una antología de bardos provenzales cuya vitalidad obscena y solar, gracias a la labor del ubicuo joven académico que ha realizado la edición profusamente anotada, esté reducida a la fotocopia de la verdadera sonrisa). Mueca desesperada, tranquila, humana, que Leopoldo María Panero ha tenido la bondad y la crueldad (pero sobre todo la lealtad) de (re)vivir para nosotros, por, contra, con.

De la inutilidad

> *... quiénes son, borradas*
> *todas las señales del cielo y caída*
> *sobre la tierra una vez más la luna, cuando*
> *ya la noche no puede llamarse noche,*
> *y los hombres se buscan ciegos en la noche,*
> *quiénes entonces, dime quiénes, en el aire sin tiempo*
> *hozan aún y escarban como cerdos en la*
> *llanura sin sueño de la nada, y me*
> *preguntan por mí, por ellos cuando*
> *nada queda por vivir.*
> «Los misteriosos sobrevivientes», L. M. PANERO

Hay abismos y abismos. De repente, como idiotas, nos damos cuenta. Hay editoriales capaces de fosilizar el abismo. También: momentos en que el que escribe y el que lee se aproximan en un desencanto común. Hay ascos y ascos. Puntos de partida cada vez más falsos y cadavéricas metas, cada vez más frecuentes. ¿Qué hacer con la poesía? Casi tan demencial e inútil como decir aquí y ahora qué hacer con la vida. (El problema no es decir qué hacer, etcétera.) En todo caso: no es un problema de forma. No se trata de pintar aviones en llamas en el centro del texto. Por supuesto, también es válido, pero tal vez el cansancio, desde ahora, exija otra puesta en escena, menos preocupada por el entorno, más narcisista, cercana al arrebato del melodrama.

No se va a ninguna parte. Definitivamente no se va a ninguna parte. Los poetas españoles de alrededor de treinta años, los que transforman las estructuras, los que propician otra página en blanco sobre la misma página blanca, los que se bastan de un solo verso para enunciar un estado casi abismo, definitivamente no van a ninguna parte, ni siquiera a su funeral. En el mejor de los casos, pienso en dos o tres buenos artesanos, llegan a una meta solitaria y miserable. Tal vez, entre los poetas, aquéllos capaces de arriesgarlo todo posean la virtud o el defecto de no llegar jamás a la meta, por la sencilla razón de que nunca han estado fuera de ella. Veámoslo así: el fin de la poesía, o la ilusión del fin, como en la danza, es un momento inesperado de inmovilidad desde el cual contemplar o incidir en la coreografía entera. Por supuesto, hay bailarines que el azar, o el demonio, coloca mediante un solo movimiento en la posición desde la cual se comprende la vanidad de cualquier esfuerzo. Son los bailarines inmóviles. La nota discordante (el colgado). Los bailarines invisibles.

No existe la «obra». Menos aún: no existe la «obra poética». Lo que queda, lo que al final o al principio o en medio queda, son tan sólo los fragmentos por siempre inconclusos de algo así como la miseria de la poesía. Busquen, busquen; hasta en los trovadores provenzales hay mierda y soledad.

¿Puede haber empresa más inútil que hacer poesía en la España de los ochenta? (Claro que sí: criticar la que se hace.) La muerte siempre gana, aunque eso no sea, precisamente, lo trágico del asunto. Lo trágico es cuando aún podemos leer esa poesía que se escribe para asombrarnos. (¿Qué es eso: ganas de tomarnos el pelo, exhibicionismo, solidaridad?)

Criminales, prostitutas, jóvenes cansados y pálidos. En ellos podemos, ciertamente, dejar en consigna el riesgo, o lo que la ambigüedad de los intelectuales nombra de esa manera. Pero llegar a la tristeza, a esa soledad no ya desmelenada, sino patética y pobre, aún puede ser un desafío. Subterráneo, como la poesía no escrita sino vivida. Asimismo capaz de testimoniar la larga operación mediante la cual se destroza un espíritu. Empresa, como se verá, relativamente fácil, donde sólo le hace falta al poeta dejar de ser poeta. (No mencionaré los espejos ni los callejones, abismos dentro del abismo de bolsillo, que a veces es la literatura.)

Dos jóvenes poesías españolas, independientemente de que se escriba en castellano, catalán, gallego o euskera. Aquella que se lee en Jorge Guillén y Octavio Paz; hermética o culta; capaz de desplazarse del soneto al bistec semicrudo; los *Nueve novísimos* y los venecianos (Nazario intercalaría un ja-ja); academicistas o de *avant-garde,* cuyo discurso finalmente rodeará al objeto y al sujeto de sí mismos. La otra es la de la aventura. Reflejo en movimiento de la primera. (No se hace poesía, se es poesía.) Maneja el viaje apócrifo con la misma soltura con que un poeta *molt català* maneja el *diccionari Pompeu i Fabra.* Poesía de la dignidad y el vértigo del *outsider,* éste siempre termina demostrando que no en balde ha leído. Esto último supongo que dirime cualquier división.

Al final, sólo poetas que publican sus libros con su dinero o con el dinero de sus amigos o, los menos, con el dinero de algún editor lo suficientemente loco y narcisista. Sólo hay la misma escena filmada con tanta lentitud. El poeta inmóvil. Dos o tres gestos de los que sólo llegaremos a comprender su elegancia, si no su significado. (Panero, en alguna página, nos ha sugerido que tal vez no signifiquen nada.)

Panero no es un marginado ni un maldito. Decir que se atreve a escribir mal es no decir nada. Panero fue algo que seguramente recordarán algunos de sus compañeros de generación, allá cuando escribió *Así se fundó Carnaby Street*[*]. Pero eso no dice nada. ¿Panero es el mejor poeta joven español? Así lo creo, pero bien poco significa eso. ¿De Ory

---

[*] L. M. Panero, *Así se fundó Carnaby Street,* Ocnos, Barcelona, 1970. Después publicaría *Teoría,* Lumen, Barcelona, 1973; libro axial, desde el cual podemos ver su poesía pasada y futura.

es el mejor poeta vivo de España?, ¿el más tragicómico? Quizás. Todo se paga en esta vida, hasta las cosas gratuitas. ¿Decir el mejor poeta joven, el mejor poeta vivo, quiere decir el más apaleado, el más olvidado, etcétera? De todas formas es un sinsentido. El discurso hace muecas delante de su espejito de mano.

Hoy, en poesía, sólo tenemos una certeza: su miseria.

Simplemente atreverse a escribir mal. Traduzcamos: atreverse a oler mal. (En ese cofre está el riesgo, que lo abra el que pueda.)

De *Last River Together** podemos decir que en él Panero literalmente canta, subido a una muralla y con los pies colgando, por fin soberano**.

> *Vosotros, todos vosotros, toda*
> *esa carne que en la calle*
> *se apila, sois*
> *para mí alimento,*
> *todos esos ojos*
> *cubiertos de legañas, como de quien no acaba*
> *jamás de despertar, como*
> *mirando sin ver o bien sólo por sed*
> *de la absurda sanción de otra mirada,*
> *todos vosotros*
> *sois para mí alimento, y el espanto*
> *profundo de tener como espejo*
> *único esos ojos de vidrio, esa niebla*
> *en que se cruzan los muertos, ése*
> *es el precio que pago por mis alimentos.*

---

* L. M. Panero, *Last River Together*, Endymion, Madrid, 1980. Prolonga de alguna manera, digamos, como la música repetitiva, a su anterior libro de poemas *Narciso*, Visor, Madrid, 1979.

** Utilizo el término soberano en el sentido que le da Bataille en *La literatura y el mal*, editado no recuerdo dónde, ni en qué año.

Este poema se llama «El lamento del vampiro». Ni mejor ni peor que otros collares desangrados que por allí se pueden encontrar. Tentado estoy de transcribir más fragmentos. Pero no tiene importancia.

Exilios

Exiliarse no es desaparecer sino empequeñecerse, ir reduciéndose lentamente o de manera vertiginosa hasta alcanzar la altura verdadera, la altura real del ser. Swift, maestro de exilios, lo sabía. Para él *exilio* era el nombre secreto de *viaje*. Muchos exiliados, cargados más de dolor que de razones, rechazarían esta afirmación.

Toda literatura lleva en sí el exilio, lo mismo da que el escritor haya tenido que largarse a los veinte años o que nunca se haya movido de su casa.

Probablemente los primeros exiliados de los que se tiene noticia fueron Adán y Eva. Eso es incontrovertible y nos plantea algunas preguntas: ¿no seremos todos exiliados?, ¿no estaremos todos vagando por tierras extrañas?

El concepto de «tierra extraña» (así como el de «tierra propia») presenta algunas lagunas, abre nuevas interrogantes. ¿La «tierra extraña» es una realidad objetiva, geográfica, o más bien una construcción mental en movimiento permanente?

Recordemos a Alonso de Ercilla.

Ercilla, soldado y noble, tras algunos viajes por Europa, viaja a Chile y combate a los araucanos a las órdenes de Alderete. En 1561, antes de cumplir los treinta años, regresa y se establece en Madrid. Veinte años más tarde publica *La Araucana*, el mejor poema épico de su época, en donde narra el enfrentamiento entre araucanos y españoles con evidente simpatía por los primeros. ¿Estuvo exiliado Ercilla en sus periplos americanos por las tierras de Chile y del Perú? ¿O se sintió exiliado al volver a la Corte y *La Arauca-*

na es el fruto de ese *morbus melancholicus,* de la clara percepción del reino perdido? Y si esto fuera así, que no lo aseguro, ¿qué ha perdido Ercilla en 1589, a sólo cinco años de su muerte, sino la juventud? Y con la juventud, los arduos viajes, la plenitud del ser humano a la intemperie en un continente enorme y desconocido, las largas cabalgatas, las escaramuzas con los indios y los combates, la sombra de Lautaro y de Caupolicán que con el tiempo se agigantan y le hablan a él, a Ercilla, el único poeta y el único sobreviviente de algo que, puesto en papel, será un poema, pero que en la memoria del viejo poeta sólo es una vida o muchas vidas, la misma cosa.

¿Y qué le queda a Ercilla antes de escribir *La Araucana* y morir? A Ercilla le queda algo que tienen todos los verdaderos poetas, si bien en sus formas más extremas y bizarras. Le queda el valor. Un valor que a la hora de la vejez no sirve para nada, como tampoco, entre paréntesis, sirve para nada a la hora de la juventud, pero que a los poetas les sirve para no arrojarse desde un acantilado o no descerrajarse un tiro en la boca, y que, ante una hoja en blanco, sirve para el humilde propósito de la escritura.

El exilio es el valor. El exilio real es el valor real de cada escritor.

Llegado a este punto he de decir que al menos en lo que respecta a la literatura, no creo en el exilio. El exilio es una cuestión de gustos, caracteres, filias, fobias. Para algunos escritores exiliarse es abandonar la casa paterna, para otros abandonar el pueblo o la ciudad de la infancia, para otros, más radicalmente, crecer. Hay exilios que duran toda una vida y otros que duran un fin de semana. Bartleby, que prefiere no irse, es un exiliado absoluto, un extraterrestre en el planeta Tierra. Melville, que siempre se estuvo yendo, no conoció —o no sufrió— la frialdad de la palabra *exilio*. Philip K. Dick, novelista de este siglo, supo reconocer como nadie las perturbaciones del exilio. William Burroughs encarnó cada una de esas perturbaciones.

Probablemente todos, escritores y lectores, empezamos nuestro exilio, o al menos un cierto tipo de exilio, al dejar atrás la infancia. Lo que llevaría a concluir que el ente exiliado, la categoría exiliado, sobre todo en lo que respecta a la literatura, no existe. Existe el inmigrante, el nómade, el viajero, el sonámbulo, pero no el exiliado, puesto que todos los escritores, por el solo hecho de asomarse a la literatura, lo son, y todos los lectores, ante el solo hecho de abrir un libro, también lo son.

Mi país de origen, según algunos escritores nativos, es una isla, la isla más extraña del hemisferio sur. Limita al norte con el desierto de Atacama, del cual los chilenos afirman, sin ninguna duda, que es el más inclemente del mundo; al este con la cordillera de los Andes, según los mismos escritores nativos la más alta de la Tierra y la más infranqueable, aunque de vez en cuando llegan noticias del otro lado que dicen que allí habita una tribu temible e insoportable llamada «los argentinos»; al oeste con el océano Pacífico, la porción de agua más grande del planeta, y al sur con las tierras blancas y mortales de Arturo Gordon Pym, viajero y exiliado *ad honorem*. Mi país de origen es una isla. Pero eso no es lo peor. Mi país de origen es o cree ser la isla de Pascua (de soberanía nacional, por otra parte). Y, como los antiguos pascuenses, los nativos de mi país creen ser el ombligo del mundo, pero a lo bestia.

Los moáis de Chile son los chilenos que miran perplejos hacia los cuatro puntos cardinales.

Hace unos años, pocos años, se quemó en Valparaíso una discoteca de ambiente homosexual. La discoteca —tal vez sólo se trataba de un pub o de un bar— era de madera y el incendio fue de proporciones notables: murieron más de veinte personas. La noticia circuló por algunas agencias. Un chileno residente en París al poco de enterarse le comentó a un amigo mío su asombro por la noticia: según él, en Chile no existían homosexuales, por lo que era absolutamente imposible que se hubiera incendiado un bar de tales características. La noticia sólo podía interpretarse como un error garrafal de la agencia de prensa o como un deseo consciente de hacerle daño al país. Este chileno, alma bendita, vivía en París desde hacía tiempo, no era un campesino de Chillán ni un talador de árboles de Aysén, sino que vivía en la capital de Francia en donde tenía además un trabajo y todos sus papeles en regla. Iba al cine de vez en cuando y de vez en cuando se acostaba con una mujer. A veces leía libros en español y a menudo leía el periódico en francés. Para colmo, creo que era de izquierdas, aunque eso poco tiene que ver con esta historia. Sin embargo no podía creer que en Valparaíso, puerto cantado por Darío y Neruda, se pudieran reunir en un bar más de veinte homosexuales. Probablemente pesaba en su vasta inconsciencia la información recibida en nuestra infancia, es decir que en Chile todos somos valientes, que en Chile no llora nadie y que en Chile sólo hay puros corazones.

En 1973, cuando volví a Los Ángeles, capital de la provincia de Bío-Bío, me dijeron que al *único* homosexual del pueblo, cuyo nombre he olvidado pero que ni por ésas era el único, lo había ido a buscar un grupo de soldados, clientes suyos de toda la vida, se lo habían llevado a la orilla de un río y lo habían matado. A partir de ese momento Los Ángeles estaba liberado de maricones. Ahora todos eran valientes, nadie lloraba, todos eran puros corazones.

Casi todos los escritores chilenos, en algún momento de sus vidas, se han exiliado. A muchos el fantasma de Chile los ha seguido con determinación, les ha dado alcance y los ha devuelto al redil. Otros han conseguido despistar al fantasma, se han ocultado, han cambiado sus nombres y sus costumbres y Chile los ha felizmente olvidado.

A los quince años, en 1968, me fui de Chile rumbo a México. Por entonces el DF, la capital de México, era para mí como la Frontera, ese vasto territorio inexistente en donde la libertad y las metamorfosis constituían el espectáculo de cada día.

Pese a todo, la sombra del país natal no se borró y en el fondo de mi estúpido corazón subsistía la certeza de que en aquellas tierras se fraguaba mi destino.

Volví a Chile a los veinte años, a hacer la revolución, con tan mala fortuna que a los pocos días de llegar a Santiago ocurrió el golpe de Estado y los militares se hicieron con el poder. Mi viaje fue largo y algunas veces he pensado que si me hubiera demorado más en Honduras, por ejemplo, o al coger el barco en Panamá, el golpe de Estado me habría pillado antes de arribar a Chile y mi destino hubiera sido otro.

De todas maneras, y pese a las desgracias colectivas y a las pequeñas desgracias personales, recuerdo los días posteriores al golpe como días plenos, llenos de energía, llenos de erotismo, días y noches en los cuales todo podía suceder. No desearía, en modo alguno, que mi hijo tuviera que vivir unos veinte años como los que viví yo, pero también debo reconocer que mis veinte años fueron inolvidables. La experiencia del amor, del humor negro, de la amistad, de la prisión y del peligro de muerte se condensaron en menos de cinco meses interminables, que viví deslumbrado y aprisa. Durante ese tiempo, en lo que a la literatura respecta, sólo escribí un poema, no malo como los que solía escribir entonces, sino malísimo. Pasados esos cinco meses volví a salir de Chile y nunca más he vuelto.

Ahí empieza el exilio o lo que se suele conocer como exilio, aunque la verdad es que yo no lo sentí así.

En ocasiones el exilio se reduce a que los chilenos me digan que hablo como un español, los mexicanos me digan que hablo como un chileno y los españoles me digan que hablo como un argentino: una cuestión de acento.

Ahora bien, los argentinos, que además de futbolistas exportan escritores, en algunas ocasiones han enfrentado con éxito la dicotomía del exilio. Se han nacionalizado y han adoptado las lenguas de sus nuevos lugares de residencia con una naturalidad que nos lleva a pensar si no serán extraterrestres en lugar de argentinos. Ejemplares son los casos de Copi y Bianciotti.

Pero es que Argentina, además de un país, es, o al menos era, una estación de paso de inmigrantes. Una fábrica de inmigrantes. Pienso, por ejemplo, en Di Stéfano, un ejemplo mayor, y en el Che Guevara, otro ejemplo mayor, y en el caso mucho más extraño de Cantatore, entrenador del Valladolid, que nació en Argentina y habla como argentino, pero que se nacionalizó chileno, algo que resulta sorprendente. Sin embargo, no lo es tanto: Manuel Rojas, uno de los fundadores de la novela chilena contemporánea, también nació en Argentina y en su adolescencia vagabunda marchó a Chile y allí se quedó.

Gombrowicz supo ver en Argentina esa cualidad del exilio y para el exilio: una tierra en donde la Forma se deshace constantemente, tierra no historiada, es decir tierra abierta a la libertad y a la inmadurez.

Estos exilios bizarros no son excepcionales, si hurgamos bien. El narrador argentino Cataño, creo que ése es su nombre aunque no estoy seguro, autor de una novela notable y olvidada, *Las Varonesas,* editada en Seix Barral a finales de los setenta, se marchó a Costa Rica, en donde estuvo viviendo hasta el triunfo de la revolución sandinista, tras lo cual se fue a Managua. ¿Qué llevó a Cataño a Costa Rica? ¿La represión política en Argentina? Probablemente. También es posible que se fuera porque su mujer era costarricense. Puede ser. O porque quisiera vivir en el trópico. O porque en Costa Rica le ofrecieron un trabajo mucho más interesante que cualquiera que hubiera podido tener en Argentina. En cualquier caso piensen ustedes que ahora se tienen que exiliar y se les ofrecen tres destinos: Francia, Italia y Senegal. Cataño escogió Senegal. ¿Dónde está Cataño ahora? No tengo ni idea. Sólo leí de él una novela. Espero que siga escribiendo. Espero que siga vivo.

Los destinos que escogen los exiliados suelen ser extraños. Recuerdo que tras el golpe de Estado chileno, en 1973, pocos refugiados políticos optaron por encaminar sus pasos hacia las embajadas de Bulgaria o de Rumanía, por ejemplo, y muchos fueron los que prefirieron Francia o Italia, aunque la embajada que en mi recuerdo se lleva la palma de oro es la de México, y también la de Suecia, dos países bastante diferentes pero que en el inconsciente colectivo del chileno debían significar los dos extremos de un cuerpo deseable, si bien es cierto que, con el tiempo, la balanza se inclinó del lado mexicano y muchos de los que se habían exiliado en Suecia comenzaron a aparecer por México. Muchos otros, sin embargo, se quedaron en Estocolmo o en Goteborg y, cuando ya vivía en España, los veía aparecer cada verano, de vacaciones y hablando un español que, al menos a mí, me sorprendía, pues era el español que se hablaba en Chile en 1973 y que ya no se habla en ninguna parte, salvo en Suecia.

Enrique Vila-Matas me contó una historia. Hace un tiempo él asistió a una conferencia sobre el exilio. Participaban en ella Mario Benedetti, Cristina Peri Rossi y Augusto Monterroso. Probablemente alguno más, no lo sé. El caso es que Benedetti y Peri Rossi hablaron del exilio como algo atroz, espantoso, etcétera, y cuando le tocó el turno a Monterroso, éste dijo que para él el exilio había sido una experiencia alegre, feliz. Es decir, que se sentía contento de todo lo que le había pasado durante su largo exilio mexicano. Yo no asistí a esa conferencia ni Vila-Matas se extendió en el tema, pero sin ninguna duda estoy de acuerdo con la versión de Monterroso. En el peor de los casos exiliarse es mejor que necesitar exiliarse y no poder hacerlo. El exilio, en la mayoría de los casos, es una decisión voluntaria. Nadie obligó a Thomas Mann a exiliarse. Seguramente las SS hubieran preferido que Thomas Mann no se exiliase. Nadie obligó a James Joyce a exiliarse. Probablemente a los irlandeses de la época de Joyce les daba lo mismo que éste se quedase en Dublín, se fuese, se hiciese cura o se suicidase. En el mejor de los casos el exilio es una opción literaria. Similar a la opción de la escritura. Nadie te obliga a escribir. El escritor entra voluntariamente en ese laberinto, por múltiples razones, claro está, porque no desea morirse, porque desea que lo quieran, etcétera, pero no entra forzado, en última instancia entra tan forzado como un político en la política o como un abogado en el Colegio de Abogados. Con la gran ventaja para el escritor de que un abogado o un político al uso, fuera de su país de origen, se suele comportar como pez fuera del agua, al menos durante un tiempo. Mientras que a un escritor fuera de su país de origen pareciera como si le crecieran alas. Esa misma situación la podemos trasladar a otros ámbitos. ¿Qué hace un político en la cárcel? ¿Qué hace un abogado en el hospital? Cualquier cosa, menos trabajar. ¿Qué hace, en cambio, un escritor en la cárcel y en el hospital? Trabaja. En ocasiones, incluso, trabaja mucho. Y no digamos los poetas. Por supuesto, se puede aducir que en la cárcel las bibliotecas son lamentables y que en los hospitales son a veces inexistentes. Se puede argumentar que el exilio presupone en la mayoría de los casos la pérdida de la biblioteca particular del escritor, entre otras pérdidas materiales, y en algunos casos incluso la pérdida de los papeles del escritor, manuscritos inacabados, proyectos, cartas. No importa. Es mejor perder los manuscritos que perder la vida. En cualquier caso, lo cierto es que el escritor trabaja esté donde esté, incluso cuando duerme, algo que no ocurre con los otros oficios. Los actores, se puede aducir, siempre trabajan, pero no es lo mismo: el escritor escribe y tiene conciencia de escribir, mientras que el actor, en una situación límite, sólo aúlla. Los policías siempre son policías, pero tampoco es lo mismo, una cosa es ser y otra cosa es trabajar. El escritor es y trabaja en cualquier situación. El policía sólo es. Lo mismo se puede aplicar al asesino profesional, al militar, al banquero. Las putas, tal vez, sean las que más se acercan al oficio de la literatura.

Arquíloco, poeta griego del siglo VII antes de Cristo, es ejemplar en este caso. Nacido en la isla de Paros, fue mercenario y según la leyenda murió en combate. Podemos imaginarnos su vida vagabunda por diferentes ciudades de Grecia.

En uno de sus fragmentos, Arquíloco no tiene el menor empacho en decirnos que, en un momento de una batalla, probablemente una escaramuza, abandona sus armas y echa a correr, para los griegos sin ninguna duda el mayor signo de la vergüenza, no digamos ya para un soldado que se tiene que ganar el pan con su valor en la lucha. Arquíloco, en versión de Juan Ferraté, dice:

> *Un tracio es quien lleva, ufano, mi escudo: lo eché,*
> *sin querer, junto a un arbusto, al buen arnés sin reproche,*
> *pero yo me salvé. ¿Qué me importa, a mí, aquel escudo?*
> *¡Bah! Lo vuelvo a comprar que no sea peor.*

Y sobre Arquíloco dice Carlos García Gual: «Hubo de emigrar de su isla para ganarse la vida, como soldado de fortuna, con su lanza. Conoció la guerra como un menester penoso, no como el lugar de las hazañas heroicas. Cuenta en unos versos que hicieron famoso su cinismo cómo escapó de un combate tras arrojar el escudo. Es significativa su desenvoltura al confesar tan bochornoso acto. (El escudo es, en la táctica hoplítica, el arma que protege el flanco del compañero inmediato, el emblema del coraje del guerrero, que nunca debe perderse. «Volved con el escudo o sobre el escudo», se decía en Esparta.) Al poeta, pragmático, le interesaba salvaguardar su vida, no el código del honor ni el renombre».

De Arquíloco es también este fragmento: «No me importan, ni yambos ni placeres». Y éste: «No he celebrado, padre Zeus, mi boda». Y éste: «Cortado el pelo al ras desde los hombros...». Y éste: «De pie estaba, en el filo de onda y viento». Y éste, seguramente de crítica militar: «En Tasos nos reunimos la basura de Grecia». Y éste, el fragmento 54, que sólo podía escribir quien era zarandeado por el destino:

> *Confíate a los dioses en todo: ellos, a veces,*
> *a quien yace en el suelo oscuro, lo levantan*
> *y libran de infortunio; y en cambio, otras, atacan,*
> *y al de más firme asiento lo hacen caer de espaldas;*
> *males sin cuento siguen, y el hombre anda perdido,*
> *faltándole el sustento, enajenado el ánimo.*

Y éste, el fragmento 57, de una crueldad y de una lucidez sin mácula:

> *Pues mil somos, los que les dimos muerte, a siete*
> *cuerpos allá tendidos, que alcanzamos corriendo.*

Y éste:

> *Corazón, corazón, si te turban pesares*
> *invencibles, ¡arriba!, resístele al contrario*
> *ofreciéndole el pecho de frente, y al ardid*
> *del enemigo oponte con firmeza. Y si sales*
> *vencedor, disimula, corazón, no te ufanes,*
> *ni, de salir vencido, te envilezcas llorando*
> *en casa. No les dejes que importen demasiado*
> *a tu dicha en los éxitos, tu pena en los fracasos.*
> *Comprende que en la vida impera la alternancia.*

Y éste, de una tristeza pragmática:

> *Tiene el hombre mortal, Glauco, hijo de Leptines,*
> *los ánimos según se le presenta el día,*
> *e ideas con arreglo a aquello en que trabaja.*

Y éste, en donde brilla la condición del ser:

*Hefesto soberano, te pido de rodillas
que me oigas y me ayudes como buen camarada
y me concedas cuanto sueles tú conceder.*

Y éste, en donde Arquíloco nos da su retrato y luego se pierde en la inmortalidad, una inmortalidad en la que él, ciertamente, no creía: «Me gano mis chuscos de pan con la lanza, y el vino de Ismaros con la lanza, y bebo apoyado en la lanza».

Lecturas antes de volver a Chile

1. Una visión

Los cuentos, en ocasiones, proyectan en la imaginación del lector una secuencia de información que sustituye a la realidad o a la memoria, que es parte de la realidad. Eso lo sabía Juan Rulfo y todo el mundo sabe cómo acabó Juan Rulfo. Estos cuentos, que ahora los lectores tienen entre sus manos, provocaron en mí algo parecido. Durante varios días me vi inmerso en una visión poliédrica de un Chile (pues sospecho que todos, incluso «Tulipanes amarillos», se refieren a Chile) desconocido para mí, aunque en ocasiones vagamente familiar, capaz de desazonar al lector más fiero. A la desazón, por suerte, siguió la sorpresa, y a la sorpresa siguió la admiración.

2. Los cuentos

«Queso de cabeza», de Francisco Peralta, es un relato en donde el cielo parece a punto de rasgarse. Es decir: es un relato atmosférico. Narra con frialdad y aparente objetividad un viaje en automóvil de dos personas mayores y dos adolescentes. El viaje es un viaje corto, de la ciudad al campo. Todo el relato se diría atravesado por el miedo. Los relámpagos están en alguna parte del cielo, pero no se ven. Por momentos, «Queso de cabeza» es un ejemplo de cómo se debe escribir un cuento. La contención, en Peralta, más que una virtud es un arte marcial.

El cuento de Mario Toledo Schmidt, «Perro, ladrón y marido (por obligación)», es todo lo contrario. Su mayor virtud es la alegría de narrar, el humor que aflora en cada línea. Aquí no hay amenazas sino hechos, no hay equívocos sino desmesura. Quiero creer que Toledo Schmidt es un lector de Bioy Casares. Su texto es el más irónico de esta antología.

«Señora con turbante», de Sergio Gómez, también es un cuento feliz. Narra desde la inocencia senil o desde una santidad senil, el primer y último amor de un hombre. Su delicadeza —y su efectividad— se resuelve en las últimas líneas, que explican también el título.

«El Cielo», de Nona Fernández Silanes, es el primer texto salvaje de esta antología. Aquí entramos en una desmesura sin componentes megaliterarios, a tumba abierta, en donde cada minuto (y por lo tanto cada línea) es vital o mortal de necesidad. Y resulta curioso, al menos para mí, que los otros dos textos salvajes, «Somnium», de Larissa Contreras y «Caída del catre», de Marissa Colombara —cuyos nombres son semejantes—, también estén escritos por mujeres. Curioso y prometedor. De los tres, sin embargo, «El Cielo» es el que reúne los mayores riesgos. De hecho es uno de los mejores cuentos de este libro. Su escritura está siempre tensada al máximo.

«Tulipanes amarillos», de Mariana Novoa Avaria, comparte con «Queso de cabeza» la atmósfera ominosa, aquello que va a pasar, que sospechamos que va a pasar y que finalmente no pasa. Su escenografía, no obstante, es más distendida. La acción transcurre en un *loft* de Nueva York y el lector hasta es posible que se sienta identificado con Jim, el compañero norteamericano de la chilena Su. Pero sólo los lectores perversos.

«Caída del catre», de Marissa Colombara, indaga con un lenguaje que me recuerda a Nicanor Parra y a Diego Maquieira en los múltiples rostros crueles del deseo. Su seudónimo fue el de Godofredo, sin duda una muestra más de su humor negrísimo. En una apuesta, yo jamás hubiera adivinado que se trataba de una mujer y es que sólo había un cincuenta por ciento de posibilidades de error. Una sola frase del relato lo define: «No me importa invertir las coordenadas del día y de la noche, no tengo hijos que abastecer, ni marido, perro o gato que sacar a dar vueltas inútiles». El adjetivo «inútil» aquí tiene una fuerza lapidaria. De Marissa Colombara se puede esperar todo.

«Breve desenlace para una historia ridícula», de Armando Trujillo Gallegos, nos lleva, una vez más, a los entrañables y patéticos talleres literarios. Quien narra la historia es un hombre de mediana edad, asiduo a uno de estos talleres, que jamás ha escrito nada ni le interesa escribir nada.

«Un bar en Puerto Ordaz», de Antonio Viñes Lobato, se encierra en una situación algunos grados más sórdida. Un extorturador y su utopía tropical, que es una diacronía de la nieve y de la suciedad. Todo el cuento parece un sueño en blanco y negro. La parada de la micro, en donde los dos extorturadores esperan, se asemeja a una sala de torturas: ambos espacios están descritos desde la desolación.

«Somnium», de Larissa Contreras, es un cuento raro. El más abstracto de la antología, uno de los más difíciles, por momentos remite al Billard de las mutilaciones y por momentos a Diamela Eltit. Como en el texto de Nona Fernández Silanes, una vez más nos encontramos en el umbral de la pesadilla femenina.

«Estrip-tis», de Sebastián Reyes, relata un asesinato. La narradora, una adolescente de clase baja, no le hace ascos a la violencia pero defiende su virginidad contra viento y marea.

«La enfermedad de González», de Juan Pablo Donoso Valenzuela, ofrece un planteamiento defensivo que no carece de interés. Lo mejor es el final, cuando el texto se disgrega en una fiesta (me resisto a llamarlo malón) en donde la enfermedad del pobre González se olvida.

En «La Rosa lo roza», de María Olivia Recart, tenemos un personaje, el del carabinero protagonista, creíble por increíble.

«Juego de cartas», de Mauricio Electorat, es un cuento de equivocaciones. Su acción transcurre en París. Creo recordar que Electorat es o fue un poeta nada desdeñable.

«El Pelito Ortague y los días jueves», de Luis López-Aliaga Roncagliolo, es un texto donde se combina el modo naturalista con un cierto tipo de humor chileno, tal vez sudamericano: la chacota o la talla elevadas a género literario.

3. EL LECTOR PIDE PERDÓN

Lo más razonable es pedir perdón pues lo más probable es que me haya equivocado. Hay tres cuentos que yo hubiera incluido en este libro. Si no están es por la falta de comunicación que hubo con el resto del jurado.

No tengo fax, no tengo *e-mail*. Es posible que entre los cuentos que no leí hubiera alguno buenísimo. Es posible que entre los cuentos que sí leí también hubiera uno buenísimo. Tener que escoger de ese caldo obstinadamente vivo sólo catorce muestras desechando las restantes contribuye al error. Entre el balbuceo y el discurso bien estructurado sólo media la palabra «bien». Lo que no es gran cosa.

Notas alrededor de Jaime Bayly

Hay palabras en las novelas de Bayly que continuamente aparecen y que no dejan de parecerme misteriosas. *Disforzados,* por ejemplo. Siempre he querido saber el significado exacto de esta palabra. En los libros de Bayly la entiendo, claro, pero no con exactitud. Además, ¡qué a menudo se disfuerzan sus personajes! Tan a menudo como se engríen, que viene de la palabra *engreído,* y que es una actividad a la que los personajes de Bayly se entregan con devoción: allí todos se engríen o buscan que los engrían o son engreídos por quien no desean o engríen a quien no deben y para colmo en el momento más inoportuno.

Hay una escena en *Yo amo a mi mami,* la escena final del capítulo de Annie, que nos da una idea cabal del talento de Bayly como narrador. En esta escena Jimmy y su madre se dirigen en coche al aeropuerto a despedir a Annie que se va a vivir a Estados Unidos. La escena comienza con Jimmy pidiéndole a su madre que lo lleve al aeropuerto. La madre se hace de rogar. Dice que primero va a hacer unos ejercicios (gimnásticos, aunque puede que también espirituales), luego se dará una ducha y después lo llevará. De pronto, el tiempo comienza a correr en contra de ellos y la madre y el niño cogen el coche y salen deprisa. El trayecto, desde la casa, en una urbanización llamada Los Cóndores, hasta el aeropuerto, es un trayecto por la imposibilidad latinoamericana, es decir: por el desierto, por los espacios yermos de un continente sin salida. La descripción del coche de la madre de Jimmy y de la carretera es como un espejismo lanzado a través de otros espejismos.

En el camino apenas pasan cosas. La madre acelera, pero acelera en tercera, pues una dama nunca pone cuarta. En determinado momento atropellan a un perro. Al llegar al aeropuerto un policía quiere ver el brevete de la madre, supongo que el brevete es el permiso de conducir, y ésta no lo tiene y termina sobornando al policía por el expeditivo método de comprarle todos los números de una lotería imaginaria. Para entonces Annie y sus padres ya están en la sala de embarque y Jimmy sólo puede despedirse de ella desde la terraza, con gestos y con gritos. Curiosamente, la que más grita es la madre de Jimmy (la madre de Annie es su mejor amiga y por motivos ajenos la relación entre ambas se fue deteriorando) y en los gritos de esta mujer desmesurada podemos atisbar, en una sola mirada, todo su miedo, toda su calidez y todas sus frustraciones.

¿De dónde sale Bayly? A primera vista sus antecedentes literarios son claros. Bayly viene directamente de Vargas Llosa, sobre todo de *Conversación en La Catedral,* novela que es, entre otras muchas cosas, un muestrario completísimo de casi todas las hablas peruanas. El oído de Vargas Llosa encuentra en el oído de Bayly a su discípulo más aventajado. *Yo amo a mi mami,* por otra parte, a mí me recuerda *Un mundo para Julius,* de Bryce Echenique. Por descontado, pesa más la prosa de Vargas Llosa que la de Bryce Echenique, aunque el peso de este último no es desdeñable. Con Bryce, Bayly comparte el impulso de lanzarse a tumba abierta, dejando para después o para ya mismo, para el mismo acto de escribir, el planteamiento formal de la novela: Bryce y Bayly son devoradores de páginas en blanco. No es ésta su única similitud: ambos poseen un sentido del humor que da la impresión de ser indomable, ambos son autobiográficos (o eso parece, con ciertas autobiografías uno hace bien no fiándose del todo), ambos tienen un apellido inglés, lo que no es poco decir en un país como Perú, y ambos son «varones y sentimentales», como dice la letra de una canción.

Por supuesto, hay cosas que los diferencian e incluso que los alejan, pero no creo que éste sea el momento de hacer un inventario de esas disimilitudes. Se me ocurre, por el contrario, otro punto en donde son semejantes: la ternura, una cierta mirada compasiva que algunos reconocen en Bryce pero no quieren reconocer en Bayly. Sobre la compasión baylyana, sin embargo, que en ocasiones se disfraza de ferocidad y de cinismo, hablaré más adelante.

Una aclaración, posiblemente gratuita. Hay que ser muy valiente para escribir sobre la homosexualidad en Perú. Hay que ser muy valiente para escribir *desde* la homosexualidad en Perú. Sobre todo si uno lo hace sin pedir perdón a nadie, ni a la derecha ni a la izquierda, que en este punto se parecen como dos gotas de agua o como Pili y Mili, lo que nos tendría que llevar a pensar que la izquierda *no* es tal izquierda, aunque la derecha sí que es tal derecha.

Hace poco, hablando con Jesús Ferrero, éste me relató el episodio de un viaje que hizo a Guatemala. Ferrero llega a Guatemala, toma un taxi, pues nadie lo ha ido a esperar al aeropuerto, y penetra en la ciudad desconocida. Está anocheciendo y las calles, magnificadas por la oscuridad y el alumbrado público, que hemos de suponer deficiente o tal vez excesivo, se interconectan como si el taxi avanzara por un laberinto. De pronto el taxista se detiene, no sabemos si dudoso o atemorizado, a consultar un mapa de la ciudad y Ferrero observa por la ventanilla del coche a un grupo de travestis reunidos alrededor de una hoguera en medio de una calle lateral. Aquí es, dice el taxista, bájese. Ferrero se baja, con su maleta en la mano, y se queda solo en medio de una avenida por la que no circula ni un alma. El taxi arranca y los travestis más feroces del mundo se acercan a él. Son indios o mestizos. Son indios o mestizos urbanos que las convulsiones del país arrastraron hacia la capital. Son mujeres de mala vida que habitan en cuerpos de hombres violados. Son hombres que habitan en cuerpos extraños y en una ciudad también extraña, que ellos inútilmente intentan remodelar a su imagen: una ciudad alienígena dentro de una capital centroamericana con un pasado sangriento. En cualquier caso no parecen en absoluto travestis europeos. Son, a los travestis europeos, lo que un velocirraptor a una garza. Y estos bárbaros se acercan a Ferrero con movimientos de guerrilla urbana, lo cercan, lo rodean, anulan sus posibles vías de escape y entonces, cuando lo peor parece cernirse sobre el novelista, ellos *hablan* con él, cruzan unas palabras sobre arquitectura colonial, por ejemplo, o sobre el entramado de las calles de Ciudad de Guatemala, y le preguntan de dónde viene, y luego le indican, con una amabilidad que no puedo sino llamar amabilidad maya o cortesía precolombina, la dirección correcta, e incluso lo acompañan un trecho, porque a esas horas y en esa parte de la ciudad todo es peligroso, aunque para ellos *nada* es peligroso.

Palabras de Bayly. Así como hay gestos disforzados, en las novelas de Bayly hay muchos patas. Esta palabra siempre me ha parecido misteriosa. Un pata es un amigo. ¿De dónde viene la palabra *pata*? Seca, fácil de pronunciar, la única palabra que está a su altura es la mexicana *cuate*, que también significa amigo y cuya etimología, asimismo, ignoro, aunque todo indica que *cuate* significa «gemelo».

Los patas de Bayly no son como los cuates de Rulfo, está claro, ni como los patas de Salazar Bondy, el cual creo que jamás empleó este término, aunque comparten esa disposición territorial crepuscular, en donde los patas y los cuates más bien parecen salidos del infierno, pero son lo único que tenemos, lo único en lo que podemos confiar.

Personajes de Bayly. En *Yo amo a mi mami* vuelve a aparecer el que a mí me parece el personaje más entrañable de toda su obra, el abuelo, el papapa, que ya aparecía en *Los últimos días de La Prensa*. Una de las características del papapa es que cuando va al baño a defecar dice «voy a alimentar a los chilenos». Ofensa mayúscula y al mismo tiempo juguetona. Creo que en *Los últimos días de La Prensa* también lo decía. A mí, como chileno, esta expresión me parece encantadora. Su yerno, el padre de Jimmy, por el contrario, es un admirador de Pinochet. Esto quiere decir que cuando el padre de Jimmy va al baño no está, al menos conscientemente, alimentando a los chilenos.

Hay quienes reprochan a Bayly su descuido por la forma. En ocasiones, raras, yo he sido uno de ellos. Pero en realidad creo que Bayly no descuida tanto el aspecto formal como a simple vista puede parecer. Yo creo que Bayly intenta buscar, sobre todo a partir de su tercera novela, una forma que se adecúe a su potencia narrativa, a su flujo verbal inagotable. Porque aquí hay que aclarar algo: la fuerza de Bayly como narrador, la fuerza como dialoguista, la capacidad de Bayly para salir de cualquier atolladero, es extraordinaria. Cualquier escritor se daría por satisfecho con eso. Nadie le exige a Balzac que sea Stendhal. A Balzac sólo se le exige que sea Dios. A Bayly no hay que exigirle forma sino mundos, muchedumbres, telenovelas de la vida real, humor a raudales, a Bayly hay que exigirle lo que él ya nos da: el oído más portentoso de la nueva narrativa en español, una mirada a menudo conmovedora que se mira a sí misma sin autocomplacencia y que mira a los otros con humor e ironía y también con ternura, una ternura de superviviente evocadora de un tiempo que ya pasó y que probablemente sólo existió en los sueños del narrador, un Perú agónico o un Perú que ya sólo es el rescoldo de lo que fue.

Qué alivio leer a Bayly después de tantos personajes hieráticos o patéticos que confundían realismo con dogmatismo, información con proclama. Qué alivio la literatura de Bayly después de la cola interminable de machitos latinoamericanos sin nada de talento, de pitucos de prosa encorsetada, de tonantes héroes burocráticos del proletariado. Qué alivio leer a alguien que tiene la voluntad narrativa de no esquivar casi nada.

Maquiavélico o ingenuo Bayly. Estas palabras las escribo unas horas antes de hacer la presentación y después de leer en *El País* de hoy, jueves 25 de marzo, lo que dijo Bayly anteayer a la prensa madrileña, es decir que *Yo amo a mi mami* era una novela-regalo para su madre. Con regalos de este tipo uno se asegura enemigos para siempre. Menos mal que el regalo es para su madre, aunque si mi hijo, dentro de quince años, me hiciera un regalo de estas características, creo que tendríamos un problema. Bueno, también se puede argumentar que Bayly le regala a su madre un retrato de su abuelo, éste sí un retrato-regalo esplendoroso. Y al final también se puede decir que sí, que el regalo es para la madre: un espejo terrible pero cierto, un espejo en donde circula esta señora limeña, en donde da botes y bandazos, todo dentro de una coherencia temible, un espejo en donde tiembla esta señora limeña perdida en el limbo, pero viva, en cierta manera viva, con sus contradicciones y sus manías, con sus vicios y pequeñas virtudes, y todo gracias a su hijo, el idiota de la familia.

La prosa de Bayly, que no dudaría en calificar de luminosa (luminosa y valiente, pero no con la luminosidad del desierto o del bosque, sino con la luminosidad de los atardeceres urbanos, y no con el valor temerario ni con el valor fúnebre, sino con el valor de quien tiene que enfrentarse consigo mismo y no perder la alegría), no es un fenómeno aislado en las letras de habla española. A Bayly hay que leerlo, *también,* en este contexto: el de una narrativa en donde por primera vez caminan en cierto modo juntas las novelas que se producen a este y al otro lado del Atlántico. A diferencia del grupo del boom, integrado únicamente por latinoamericanos, en el conglomerado aún vacilante de la narrativa del fin del milenio caben españoles y latinoamericanos y el influjo va en ambas direcciones, como lo demuestra, por ejemplo, la literatura de Enrique Vila-Matas, César Aira y Javier Marías, catalán, argentino y madrileño, probablemente los tres autores más adelantados en la frontera del nuevo territorio a explorar. ¿Cuál es ese nuevo territorio? El mismo de siempre, pero otro, que es una forma de decir que no lo sé. En cualquier caso es el territorio en donde están los huesos de Cervantes y de Valle-Inclán y es el territorio no hollado, el territorio de los muertos y el territorio de la aventura. Y creo que hacia él avanzan por lo menos diez escritores de cuyos libros puede decirse que están vivos, y uno de ellos es Jaime Bayly.

[El Premio Rómulo Gallegos]

Bolaño por Bolaño

Nací en 1953, el año en que murió Stalin y Dylan Thomas. En 1973 estuve ocho días detenido por los militares golpistas de mi país y en el gimnasio en donde tenían a los presos políticos encontré una revista inglesa con un reportaje fotográfico de la casa de Dylan Thomas en Gales. Yo creía que Dylan Thomas había muerto pobre y la casa me pareció magnífica, casi como una casa encantada en medio del bosque. No había ningún reportaje sobre Stalin. Pero esa noche soñé con Stalin y Dylan Thomas: ambos estaban en un bar de Ciudad de México, sentados a una mesa pequeña y redonda, una mesa para echar un pulso, pero ellos no echaban un pulso sino que competían para ver quién de los dos aguantaba más bebiendo. El poeta galés bebía whisky y el dictador soviético vodka. A medida que el sueño transcurría, sin embargo, el único que parecía cada vez más mareado, cada vez más al borde de la náusea, era yo. Eso por lo que respecta a mi nacimiento. Por lo que respecta a mis libros debo decir que he publicado cinco poemarios, un volumen de cuentos y siete novelas. Mis poemas casi no los conoce nadie, lo que probablemente esté bien. Mis libros de prosa tienen algunos lectores fieles, lo que probablemente sea inmerecido. En *Consejos de un discípulo de Morrison a un fanático de Joyce* (1984, escrita en colaboración con Antoni García Porta), hablo de la violencia. En *La pista de hielo* (1993), hablo de la belleza, que dura poco y cuyo final suele ser desastroso. En *La literatura nazi* *en América* (1996), hablo de la miseria y de la soberanía de la práctica literaria. En *Estrella distante* (1996), intento una aproximación, muy modesta, al mal absoluto. En *Los detectives salvajes* (1998), hablo de la aventura, que siempre es inesperada. En *Amuleto* (1999), procuro entregar al lector la voz arrebatada de una uruguaya con vocación de griega. Omito mi tercera novela, *Monsieur Pain,* cuyo argumento es indescifrable. Aunque vivo desde hace más de veinte años en Europa, mi única nacionalidad es la chilena, lo que no es ningún obstáculo para que me sienta profundamente español y latinoamericano. En mi vida he vivido en tres países: Chile, México y España. He ejercido casi todos los oficios del mundo, salvo los tres o cuatro que alguien con cierto decoro se negará siempre a ejercer. Mi mujer se llama Carolina López y mi hijo Lautaro Bolaño[*]. Ambos son catalanes. En Cataluña, también, aprendí el difícil arte de la tolerancia. Soy mucho más feliz leyendo que escribiendo.

Acerca de *Los detectives salvajes*[**]

Terminar una novela conlleva algunos, no muchos, placeres, y uno de éstos es empezar a olvidarse de ella, recordarla como un sueño o una pesadilla que se va desdibujando, y que nos permite enfrentar nuevos libros, nuevos días, sin el lastre de aquello que con toda probabilidad pudimos haber hecho mejor y no hicimos. Kafka, que es el mejor escritor de este siglo, tenía razón cuando pidió a su amigo que quemara toda su obra. El encargo se lo hizo a Brod, por

---

[*] La redacción de este texto es anterior al nacimiento de Alexandra Bolaño, en marzo de 2001. *(N. de los E.)*
[**] Texto del programa de mano del acto de otorgamiento del Premio Rómulo Gallegos. *(N. de los E.)*

un lado, y también se lo hizo a Dora, su amiga. Brod era escritor y no cumplió la promesa dada a Kafka. Dora era más bien iletrada, y posiblemente quería a Kafka más que Brod, y se *supone* que realizó al pie de la letra el pedido de su amante. Todos los escritores, sobre todo en ese día-llanura que es el día después o lo que nosotros, vanamente, creemos el día después, tenemos en nuestro interior dos demonios o querubines llamados Brod y Dora. Siempre uno es más grande que otro. Generalmente Brod es más grande o más potente que Dora. En mi caso no. Dora es bastante más grande que Brod y Dora consigue que olvide lo que he escrito para que me dedique a escribir algo nuevo, sin retortijones de vergüenza o arrepentimiento. Así que *Los detectives salvajes* están más o menos olvidados. Apenas puedo aventurar unas pocas consideraciones acerca de ella. Por un lado creo ver en esta novela una lectura, una más de las tantas que se han hecho en la estela del *Huckleberry Finn* de Mark Twain; el Mississippi de *Los detectives* es el flujo de voces de la segunda parte de la novela. También es la transcripción, más o menos fiel, de un segmento de la vida del poeta mexicano Mario Santiago, de quien tuve la dicha de ser su amigo. En este sentido la novela intenta reflejar una cierta derrota generacional y también la felicidad de una generación, felicidad que en ocasiones fue el valor y los límites del valor. Decir que estoy en deuda permanente con la obra de Borges y Cortázar es una obviedad. Creo que mi novela tiene casi tantas lecturas como voces hay en ella. Se puede leer como una agonía. También se puede leer como un juego.

Nuestro guía en el desfiladero

Todos los novelistas americanos, incluidos los autores de lengua española, en algún momento de sus vidas consiguen vislumbrar dos libros recortados en el horizonte, que son dos caminos, dos estructuras y sobre todo dos argumentos. En ocasiones: dos destinos. Uno es *Moby Dick,* de Melville, el otro es *Las aventuras de Huckleberry Finn,* de Mark Twain.

El primero es la llave de esos territorios que por convención o por comodidad llamaremos los territorios del mal, allí donde el hombre se debate consigo mismo y con lo desconocido y generalmente acaba derrotado; el segundo es la llave de la aventura o de la felicidad, un territorio menos acotado, humilde e innumerable, en donde el personaje o los personajes ponen en movimiento la cotidianidad, la echan a rodar, y los resultados son imprevisibles y, al mismo tiempo, reconocibles y cercanos.

Sabemos que no cualquiera puede ser Ismael y sólo uno entre cincuenta millones el capitán Ahab. Lo sabemos y no nos inquieta, aunque si lo pensáramos bien debería inquietarnos. Pero delegamos. Huckleberry Finn, sin embargo, puede ser cualquiera, y eso, que nos lo debería hacer más entrañable si cabe, nos horroriza con esa clase de horror con que a veces recordamos algunos pasajes de nuestra adolescencia, una adolescencia, la de Huck y la nuestra, llena de fuerza, de curiosidad, llena de ignorancia y de empuje, cuando mentir no era una costumbre apenas censurada por algo que difícilmente se podría llamar moral, sino la mejor manera de sobrevivir, de una forma o de otra, en el Mississippi o en el río turbulento y portátil de nuestras vidas sin forma, es decir de nuestras jóvenes vidas, cuando aún, a semejanza de Huck, éramos pobres y libres.

Todos los escritores americanos beben en esos dos pozos relampagueantes. Todos buscan en esas dos selvas su propio rostro perdido. El valor, la osadía, la felicidad del que nada tiene que perder o del que tiene mucho que perder pero al que su generosidad o su locura lo impelen a arriesgarlo todo, con una elegancia que nada tiene en común con la elegancia europea (es decir con el punto de vista europeo o con la forma literaria europea): estos señores ya son completamente americanos, una imposibilidad, se lo mire como se lo mire, un acto voluntarista, una entelequia que ni Melville ni Twain construyen conscientemente (al menos no este último), pero que la caza de la ballena, con ese barco terrible lleno de seres variopintos, y el errabundaje aguas abajo del Mississippi ponen en pie de forma automática. He aquí a los padres fundadores. De Homero a Whitman y de Whitman a los sinsabores de un esclavo y a la locura de un capitán ballenero. Sin transición, sin método, a la manera del nuevo e indómito mundo.

¿Qué nos quiso decir Melville? Eso es un enigma que aún permanece oscuro porque Melville es un enigma y también un escritor de mayor calado que Twain. ¿Qué nos quiso decir Twain? Muchas cosas, todas razonablemente descodificadas: que la vida sólo merece la pena ser vivida en la adolescencia y que la adolescencia, el territorio de la inmadurez, puede prolongarse tan lejos como se prolongue la libertad del individuo. A simple vista parece poco para un padre fundador. No lo es si el discurso (que es el discurso de Thoreau y de Rousseau, que fue un padre nefasto) se apoya en el vigor y el humor, y en estos terrenos a Mark Twain no hay quien le haga sombra, su vigor, que se apoya en el habla y los giros populares, es único, su sentido del humor negrísimo, también.

Nadie se salva cuando Twain coge la pluma, nadie se salva cuando Twain arroja a una vida vagabunda a su hijo Huck, río abajo por el Mississippi que tanto quiso, en busca de la libertad y de la libertad de Jim, un negro que busca escapar de la esclavitud, y el viaje de estos dos camaradas de desgracias, que junto con la singladura de Ismael en el *Pequod* es la quintaesencia de todos los viajes, es un viaje de aprendizaje y de plenitud, pero también es un viaje absurdo, pues en lugar de navegar río arriba o coger la desembocadura del Ohio y dirigirse hacia los Estados abolicionistas, navegan río abajo, directamente hacia el corazón de los Estados esclavistas, y eso, que a cualquiera hubiera puesto al borde de la depresión o de un ataque de nervios, a Huck, que huye de su padre, y a Jim, que huye de la sociedad, apenas si les disturba un poco sus vidas a bordo de la balsa en donde vivirán aventuras y conocerán a personajes increíbles y naufragarán y volverán a salir a flote.

Sobrevivir. Ésa es una de las magias que el lector encuentra en esta novela. Capacidad para sobrevivir. Leída con atención y leída por lo menos diez veces, hasta es posible que algo de esa magia se desprenda de sus páginas y comience a circular por la sangre del que lee.

La otra magia es la de la amistad. Cuando Huck, después de hacerle una broma a Jim, descubre con pesar que lo ha ofendido o cuando ambos se dedican a recordar las cosas buenas que han dejado atrás —Jim: su familia, Huck: a Tom Sawyer y poco más—, o cuando más usualmente se dedican a haraganear en la balsa, durmiendo o pescando o realizando los trabajos que requiere mantener la balsa en buen estado, o cuando ambos pasan por momentos de peligro, lo que finalmente queda es una lección de amistad, una amistad que es también una lección de civilización de dos seres totalmente marginales, que se tienen el uno al otro y que se cuidan sin ternezas ni blanduras de ningún tipo, como se cuidan entre sí algunos fuera de la ley, es decir más allá de los límites de la gente decente, pues *Las aventuras de Huckleberry Finn* no es una novela para gente decente sino más bien todo lo contrario, y eso es curioso, pues el éxito de esta novela entre la gente decente, que al fin y al cabo son los compradores y consumidores de novela, fue enorme, la novela se vendió (y se sigue vendiendo) en cantidades astronómicas, lo que dice mucho de las pulsiones secretas de la gente decente o de la clase media, esa clase media hacia la que todos nos encaminamos, como soñaba Borges, y sin duda se leyó poco en los círculos más frecuentados por Huck, es decir entre los adolescentes hijos de padres alcohólicos y maltratadores, huidos de casa, o entre los estafadores y malhechores, o en el círculo de los negros, aunque según Chester Himes la suerte de *Las aventuras de Huckleberry Finn* en las bibliotecas de las cárceles de Estados Unidos no es mala.

Mientras escribo estas líneas leo en el periódico que hoy dan en la televisión una película llamada *De vuelta en Hannibal: el retorno de Tom Sawyer y Huckleberry Finn*. La trama es digna del desaforado deseo de felicidad americano, es decir, es digna de Walt Disney, que produce la película, y de la soledad de todos nosotros. La sinopsis que daba el periódico era la siguiente: con el paso de los años, Tom Sawyer se ha convertido en un abogado y Huck en periodista, y ambos vuelven a Hannibal para ayudar a Jim, cuyo oficio no se nos revela pero que probablemente ya no es esclavo. Tal vez Jim se ha hecho curandero o tiene una pequeña granja. Tom Sawyer abogado es posible. De hecho, es muy posible. ¿Pero Huck periodista? Eso ya es hilar demasiado fino.

¿Quién fue Mark Twain, que en la jerga de los pilotos del Mississippi significa *dos brazas*? Al principio fue Samuel Langhorne Clemens, su nombre real, y también Thomas Jefferson Snodgrass, un seudónimo de corta vida, y nació en Florida, Missouri, en 1835, aunque su infancia y adolescencia transcurrieron en Hannibal, un poblado en las márgenes del Mississippi. Desde muy joven trabajó en una imprenta propiedad de su hermano Orion, de quien luego sería secretario particular en Nevada en donde Orion era a su vez secretario del gobernador, lo que nos pinta a Orion no sólo como un hombre de empresa sino también como un tipo espabilado, es decir como un político. Fue piloto fluvial en el Mississippi hasta el comienzo de la guerra civil y de esa época queda un libro que es deudor de su época pero que al mismo tiempo atraviesa todas las épocas, un libro raro, *Viejos tiempos en el Mississippi,* en cuyo primer párrafo podemos leer una declaración de principios digna de Tom Sawyer, aunque no de Huckleberry Finn: «Cuando yo era chico, no había entre nuestros camaradas del pueblo, situado en la orilla occidental del río Mississippi, más que una ambición permanente: la de ser marinos de un barco de vapor. Sentíamos ambiciones transitorias de distintas clases, pero sólo fueron transitorias. La llegada y la marcha del circo nos dejó a todos con el deseo ardiente de ser payasos; el primer espectáculo de un grupo de negros cantores que vimos por nuestros andurriales nos dejó a todos ansiosos de imitar aquel tipo de vida; de cuando en cuando nos ganaba la esperanza de que, si vivíamos lo suficiente y éramos buenos, Dios nos permitiría ser piratas. Estas ambiciones se esfumaron cada una a su debido tiempo, pero la ambición de ser marino de un barco a vapor permanecía inalterable».

La ambición de ser marino se transformó en la pasión por el Mississippi y por los viajes: el oeste, primero en Nevada, con su sagaz hermano, hasta llegar a California desde donde embarcó hacia Hawái, un viaje singular para su época, aunque en realidad todos los viajes de Twain fueron singulares, incluso los que realizó por el interior de Nueva Inglaterra, ya flamante esposo de Olivia Langdon, una chica guapa y rica y que jamás lo entendió y a la que él no hizo, por otra parte, el más mínimo esfuerzo por entender, llegando a formar lo que en aquella época se llamaba un matrimonio raro (o singular, como sus viajes) y que en ésta se suele llamar un matrimonio desastroso y encima tocado por la adversidad, una adversidad que cualquier otro escritor no hubiera podido soportar y que posiblemente Twain tampoco soportó. Otro, más sensible, se hubiera suicidado, pero Twain creía que el suicidio era una redundancia: su desprecio por el género humano creció como empalizada, como coraza, todo lo malo podía llegar a su vida que él no se inmutaría pues lo esperaba y lo presentía y vivía como los gladiadores cuya divisa era *nec spe, nec metu* («sin miedo ni esperanza»).

Al escribir sobre una foto de Twain, Javier Marías dice: «En camisón o camisa, escribe metido en la cama, y en su caso hay que pensar que, a diferencia de Mallarmé o Dickens, ni siquiera finge, sino que en verdad está escribiendo, aplicado, alguna palabra, pues él no está para perder el tiempo. Es imposible que no supiera que lo estaban retratando, pero ésa es la impresión que da, de no saber o de no importarle. La cama está en orden, no semeja la de un enfermo, pues las de éstos están siempre hundidas y desarregladas, las almohadas planas. Al espectador, por eso, no le queda más remedio que preguntarse si acaso Mark Twain vivía en el lecho».

Al cariñoso comentario de Marías se le escapan algunos detalles significativos. Twain sí estaba enfermo. Su cabellera (uno no puede llamar pelo a esa mata de pelo) es exactamente la misma que la de su juventud, con la única diferencia del color, lo que dice bastante de la imagen que Twain tenía de sí mismo. Y, por último, las muñecas, esas enormes muñecas de leñador desproporcionadas para el tamaño de las manos, relativamente pequeñas, unas muñecas prodigiosas, como de dibujo animado. Los escritores escriben con las manos y con los ojos. Twain, viejo y enfermo, descreído de todo, incluso de su propia literatura, escribe con las muñecas y con los ojos, como si en éstas se concentrara su fuerza de viajero permanente.

Pero ésas no son las muñecas de Huckleberry Finn, son las de Tom Sawyer. Y ésa es la primera desgracia de Mark Twain y también es nuestro goce y disfrute, hipócritas lectores, porque parece cierto que si Twain se hubiera convertido en Huck en algún momento de su azarosa vida, seguramente no habría escrito nada o casi nada, pues los niños y los hombres como Huck no escriben, ocupados, saciados por la vida sin más, una vida en donde no se pescan ballenas sino bagres en el río que divide Estados Unidos en dos mitades, hacia el este el crepúsculo, la civilización, lo que desesperadamente intenta ser historia y ser historiado, y hacia el oeste la claridad de la ceguera y del mito, lo que está más allá de los libros y de la historia, aquello que interiormente más tememos. A un lado la tierra de Tom, que sentará la cabeza, que incluso puede que triunfe y que seguramente tendrá descendencia; al otro lado la tierra de Huck, el salvaje, el perezoso, el hijo de un alcohólico y maltratador, es decir el huérfano integral, que nunca triunfará y que desaparecerá sin dejar huella, salvo en la memoria de los amigos, sus camaradas de desgracia, y en la memoria ardiente de Twain.

No, Mark Twain no sentía demasiado aprecio por los hombres. Hay una página en *Las aventuras de Huckleberry Finn* que merece ser escrita con letras de oro en los muros de todas las cantinas (y escuelas) del mundo. Esta página prefigura la mitad de la obra completa de Faulkner y la mitad de la obra completa de Hemingway, y sobre todo prefigura lo que ambos, Faulkner y Hemingway, quisieron ser. La página es sencilla. Narra un duelo y sus posteriores consecuencias. Comienza con un borracho cuya afición es insultar y amenazar a la gente. Una mañana el borracho va a desafiar al tendero del pueblo.

Boggs se acercó a caballo a la tienda más grande del pueblo, y agachó la cabeza para poder mirar por debajo del toldo de los soportales, y gritó:

—¡Sal a la calle, Sherburn! ¡Sal de ahí y enfréntate con el hombre a quien has estafado! Tú eres el perro que busco, y ¡voy a agarrarte además!

Y así seguía, llamándole a Sherburn todo lo que se le venía a la boca; y la calle entera estaba atestada de gente que escuchaba y reía y lo pasaba bien. Al rato, un hombre de aspecto orgulloso, de unos cincuenta y cinco años, y que también, sin duda, era con mucho el hombre mejor vestido del pueblo, salió un paso afuera de la tienda, y la muchedumbre se hizo a un lado para que se adelantara. Se dirigió a Boggs, muy calmado y lento, y le dijo:

—Estoy cansado de este asunto, pero lo aguantaré hasta la una. Hasta la una, ¿oyes?, no más. Si se te ocurre abrir la boca contra mí sólo una vez después de esa hora, te aseguro que no podrás viajar tan lejos que no te encuentre.

Después Sherburn, de quien se nos ha dicho sólo unas líneas antes que es coronel, el viejo coronel Sherburn, vuelve a la tienda y Boggs sigue paseando a caballo por el pueblo insultándolo a grito pelado. La gente ya no se ríe. Cuando Boggs regresa a la tienda (en donde ya no necesita agachar la cabeza para saber si Sherburn está en el interior), sigue con las injurias. Algunos intentan calmarlo. Le advierten que faltan quince minutos para la una. Pero Boggs no les hace caso. Antes ha visto a Huck Finn y le ha preguntado: «¿De dónde eres tú, muchacho? ¿Estás listo para morir?». Huck no le contesta. Y ahora algunas personas intentan convencer al borracho de que se vaya a su casa, pero Boggs «tiró el sombrero al barro y pasó el caballo por encima de él, y al poco rato se alejó enfurecido calle abajo con el pelo cano volando al aire», una descripción que sin dejar de ser sórdida, tal como la situación lo merece, alcanza al mismo tiempo una altura épica, porque Twain sabe que toda épica es sórdida, y que lo único que puede paliar algo la inmensa tristeza de toda épica es el humor. Y así calle arriba y calle abajo Boggs sigue insultando a Sherburn, sin que nadie consiga hacerle desmontar del caballo ni callar, hasta que a alguien se le ocurre pensar en su hija, la única capaz de convencerlo, y en busca de ella parten y luego Boggs desaparece durante unos minutos y cuando Huck lo vuelve a ver ya ha desmontado, va a pie, no camina con mucha seguridad, marcha más bien nervioso, y dos amigos lo llevan uno de cada brazo: «Estaba callado y parecía nervioso; y no ofrecía resistencia sino que también él se daba prisa». Entonces se oye una voz que grita el nombre de Boggs y todos se vuelven y allí está el coronel Sherburn y Twain lo describe en medio de la calle, quieto, con una pistola levantada en la mano derecha, una pistola con la que no apunta a nadie sino al cielo, como un duelista clásico, y entonces por el otro extremo de la calle aparece la hija de Boggs, pero Boggs y sus acompañantes no la ven, se han dado vuelta y lo único que ven es a Sherburn con la pistola levantada, una pistola «cuyos dos gatillos estaban amartillados», es decir una pistola de duelista, una pistola de dos balas, y los acompañantes de Boggs se echan a un lado y sólo entonces la pistola de Sherburn baja y apunta al desventurado borracho y éste alcanza a alzar ambas manos en un gesto más de súplica que de rendición y dice: «Oh, señor, no dispares», y de inmediato, sin ninguna transición, se oye el balazo y Boggs se tambalea hacia atrás, «como agarrándose al aire», y luego Sherburn dispara otra vez «y Boggs cayó de espaldas contra el suelo». A partir de este momento la escena es caótica, la hija de Boggs llora, la muchedumbre se agolpa alrededor del agonizante, Sherburn ha arrojado su pistola al suelo «con aire descuidado» y se ha ido, la gente traslada a Boggs a una farmacia, lo tienden en el suelo, le ponen una Biblia debajo de la cabeza y otra Biblia, abierta, sobre el pecho, y luego Boggs muere. Y cuando Boggs muere la gente empieza a hablar, a comentar el asesinato, a dar sus versiones, y al cabo de un rato alguien, una voz anónima entre la muchedumbre, dice que deberían linchar a Sherburn, y casi de inmediato todos están de acuerdo, todo el pueblo está de acuerdo, y todos se dirigen hacia la casa de Sherburn «enloquecidos y gritando y echando mano a todas las cuerdas de tender la ropa que encontraron para ahorcarle».

Y ahí acaba el capítulo XXI, en donde el lector tiene la sensación de estar asistiendo a algo completamente real, no literario, es decir profundamente literario, uno de los mejores de *Las aventuras de Huckleberry Finn,* y a partir de ahí empieza el capítulo XXII, en cuyas primeras páginas Twain nos habla con lucidez sobre el valor y sobre la masa, como si hubiera leído el día anterior *Masa y poder,* de Canetti, y en donde también nos habla sobre la soledad y sobre la dignidad más desesperada del mundo, y en donde Twain se traviste de capitán Ahab.

La escena es, en medio del caos de un linchamiento, escueta. La turba llega a la casa de Sherburn. Hay un pequeño jardín. La turba se instala, gritando («no se podían ni oír los propios pensamientos con el ruido que hacía aquella gente») detrás de la cerca. Alguien grita derribad la cerca. «Hubo un estruendo de gente que aplastaba y arrancaba y destrozaba la madera, y la cerca cayó y las primeras filas de la muchedumbre empezaron a avanzar como una ola.» Sólo entonces aparece Sherburn. Está sobre el tejado del porche y lleva un fusil de dos cañones y está inmóvil «y perfectamente tranquilo», mirando a los que destrozan su cerca, que al verlo allí en lo alto se quedan, a su vez, quietos. Durante un rato no pasa nada. La inmovilidad es perfecta. La turbamulta abajo y el coronel Sherburn arriba, mirando. Al cabo Sherburn suelta una risa y dice:

¡La mera idea de que vosotros *vais a linchar a alguien es divertida! ¡La idea de que pensáis que tenéis coraje suficiente para linchar a un* hombre*! Como sois lo bastante valientes, claro, para embrear y emplumar a pobres mujeres desamparadas y sin amigos que pasan por aquí, ¿eso os hace pensar que tenéis agallas para poner las manos en un* hombre*? Pues yo os digo que un* hombre *está muy a salvo en manos de diez mil tipos de vuestra especie..., mientras sea la luz del día y no le sorprendáis por la espalda.*

¿Os conozco bien a vosotros? Os conozco hasta la médula. Yo nací y me crie aquí en el Sur, y he vivido también en el Norte; así que conozco cómo sois los tipos corrientes en todas partes. El hombre corriente es un cobarde. En el Norte se deja pisotear por cualquiera, sabéis, y se va a casa a rezar pidiendo un espíritu humilde para aguantarlo. En el Sur un hombre solo ha asaltado a plena luz del día una diligencia llena de hombres y les ha robado a todos. Vuestros periódicos os llaman tanto gente valiente a veces, que pensáis que sois más valientes que cualquiera, pero lo cierto es que sois sólo igual de valientes que los otros, y ni una gota más. ¿Por qué creéis que vuestros jurados no ahorcan a los asesinos? Porque temen que los amigos del muerto les peguen un tiro por la espalda, en la oscuridad..., y eso es precisamente lo que harían, naturalmente.

Por eso los absuelven siempre; y luego un hombre *se hace acompañar de un centenar de cobardes enmascarados, y linchan al tipo. Vuestro error es que no habéis traído con vosotros a un* hombre*; ésa es una equivocación, y otra es que no habéis venido en la oscuridad con las máscaras puestas. Mejor dicho, habéis traído a una* parte *de un hombre, ese Buck Harkness, y si no le hubierais tenido para poneros en marcha, se os habría ido todo en fanfarronerías.*

No habéis querido venir. Al hombre corriente no le gustan ni las dificultades ni el peligro. A vosotros no os gustan ni las dificultades ni el peligro. Pero si sólo medio hombre, como

Buck Harkness, va y os grita: «¡Linchadlo, linchadlo!», tenéis miedo a echaros atrás, miedo a que se os descubra tal y como sois, cobardes, y por eso levantáis el grito y os agarráis a los faldones de ese medio hombre, y venís acá enloquecidos, jurando las cosas que vais a hacer. La cosa más lamentable que hay es una masa de gente; un ejército no es más que eso: una masa; y no luchan con el valor que es suyo de nacimiento, sino con el valor que les presta su masa y sus oficiales. Pero una masa sin un hombre a la cabeza está por debajo del calificativo de lamentable. Ahora, lo que debéis hacer es meter el rabo entre las piernas e iros a casa y esconderos en un agujero. Si va a haber un linchamiento verdadero, se hará de noche, al estilo del Sur; y los que se presenten al linchamiento llevarán sus máscaras puestas, y traerán a un hombre. Ahora, marchaos..., y llevaos a vuestro hombre. Y al decir esto apoyó el fusil en el brazo izquierdo y lo amartilló.

La muchedumbre fue echándose hacia atrás y al fin se desbandó, y todos se fueron corriendo por todas partes...

Sin duda Mark Twain no tenía en gran estima el valor de las personas. Conocía y podía distinguir a los cobardes allí donde los viera. No mejor opinión tenía de sus colegas escritores, en quienes apreciaba el aroma de la impostura. El coronel Sherburn, que es un hombre paciente, también es un asesino al que no le tiembla el pulso a la hora de matar a un borracho fanfarrón que incluso levanta las manos en el instante crucial de su muerte («Oh, señor, no dispares»), como si todo hubiera sido una broma, una representación teatral que ha ido demasiado lejos. Sherburn adolece de cierta inflexibilidad que hoy consideraríamos políticamente incorrecta. Pero es un hombre y se comporta como tal, mientras los demás se comportan como masa, los que pretenden lincharlo, o como actores, el infortunado Boggs, dispuesto a recitar su papel pero no a cumplir su palabra, el mismo Boggs que sin desmontar del caballo le ha preguntado a Huck: «¿De dónde eres tú, muchacho? ¿Estás listo para morir?».

Twain siempre estuvo listo para morir. Sólo así se entiende su humor.

Una proposición modesta

Todo hace pensar que entraremos en el nuevo milenio bajo la admonición de la palabra *abyecto,* que viene del latín *abjectus,* que significa bajo, humilde, según el sabio Joan Corominas, que vivió sus últimos años en un pueblo de la costa mediterránea, a sólo unos pocos kilómetros de mi pueblo.

El 11 de septiembre de 1973 planea sobre nosotros como el penúltimo cóndor chileno e incluso como un huemul alado, una bestia salida de *El libro de los seres imaginarios,* escrito por Borges en colaboración con María Guerrero en 1967, en donde hay un capítulo, «Un animal soñado por Kafka», que transcribe literalmente las palabras del escritor de Praga. Dice así: «Es un animal con una gran cola, de muchos metros de largo, parecida a la del zorro. A veces me gustaría tener su cola en la mano, pero es imposible; el animal está siempre en movimiento, la cola siempre de un lado para otro. El animal tiene algo de canguro, pero la cabeza chica y oval no es característica y tiene algo de humana; sólo los dientes tienen fuerza expresiva, ya los oculte o los muestre. Suelo tener la impresión de que el animal quiere amaestrarme; si no, qué propósito puede tener retirarme la cola cuando quiero agarrarla, y luego esperar tranquilamente que ésta vuelva a atraerme, y luego volver a saltar».

A veces tengo la impresión de que el 11 de septiembre nos quiere amaestrar. A veces tengo la impresión fatal de que el 11 de septiembre nos ha amaestrado de forma irreversible.

¿Qué hubiera pasado si el 11 de septiembre no hubiera existido? La pregunta es necia, pero a veces es necesario hacerse preguntas necias, o es inevitable, o va emparejado con nuestro talante perezoso. ¿Qué hubiera pasado? Bueno, muchas cosas. La historia de Latinoamérica sería distinta. Pero en lo esencial creo que todo seguiría igual, en Chile, en Latinoamérica. Se puede argüir: no hubiera habido desaparecidos. No, no los hubiera habido. Ni caravana de la muerte. Ni fusilamientos. Conocí a una mirista, en México, a la que torturaron metiéndole ratas por la vagina. Era una chica joven, sólo un poco mayor que yo, es decir debía de tener unos veintidós o veintitrés años, y según me contaron se murió de tristeza, como en una novela decimonónica de principios del siglo xix. Sin 11 de septiembre eso no hubiera pasado. ¿Qué hubiera habido? Otro tipo de represión, tal vez. Tal vez habría conocido a esa mirista no en México sino en un campo de concentración en el sur de Chile, adonde ella hubiera llegado por ser izquierdista, es decir por tener una «enfermedad infantil», y yo por ser escritor sin conciencia de clase o sin sentido histórico. ¿Eso hubiera sido mejor? Creo que sí. Digamos que ese baño de horror es menos pegajoso que el baño de horror real e histórico que finalmente tuvimos.

Hace poco estuve en Chile y tuve la oportunidad de presenciar dos o tres diálogos televisivos entre políticos de diversas tendencias. Los diálogos, si a eso se le puede llamar diálogo, aunque más bien eran minidebates, no en la acepción de controversia sino en la acepción de contienda y combate, consistían en una exhibición pública de paciencia por parte de los políticos de centro y de izquierda y una demostración de mala educación, cuando no de histerismo de salvapatrias, por parte de los políticos de derecha. Tuve la impresión (posiblemente fantástica) de que unos, precisamente aquellos que gozaban del favor mayoritario de los electores, mantenían una actitud de reos recién liberados y por tanto aún sujetos al arbitrio más imaginario que real de sus excarceleros, y los otros, los que gozaban del favor de muchos menos electores, mantenían una actitud de soberbia, de caballeros heridos en lo más profundo, pero también de niños mal educados, de niños matones dispuestos a no dejar pasar ni una a sus adversarios, olvidando por completo que la política es por encima de todo el arte del diálogo y de la tolerancia.

Y es aquí donde vuelve la palabra *abyecto*. Una abyección dura y pesada y que por momentos parece irremediable. Es cierto que la izquierda cometió, por acción o por omisión, infinidad de crímenes. Exigirles a los políticos de izquierda chilenos (que por acción, sospecho, han cometido poquísimos crímenes) entonar un *mea culpa* permanente por los campos de concentración estalinistas es desde cualquier óptica una exigencia desmesurada. Hacia eso, sin embargo, parece tender el discurso político. La penitencia incesante que sustituye el intercambio o la exposición de ideas. Pero la penitencia tampoco es tal penitencia. La penitencia en realidad encubre una esencia de la patria: el ridículo y la cursilería, la espeluznante gravedad de los chilenos vestida con los ropajes de lo cursi, de lo siútico, de la estudiada ramplonería.

A veces, cuando me da por pensar en cosas inútiles, me pregunto si siempre fuimos así. No lo sé. La izquierda cometió crímenes verbales en Chile (una especialidad de la izquierda latinoamericana), crímenes morales, y probablemente mató a personas. Pero no le metió ratas vivas por la vagina a ninguna muchacha. No tuvo tiempo para crear su *mal,* no tuvo tiempo para crear sus campos de trabajos forzados. ¿Es posible que si hubiera tenido tiempo lo hubiera hecho? Claro que es posible. Nada en la historia de nuestro siglo nos permite suponer una historia paralela más optimista. Pero lo cierto es que los campos de concentración en Chile no son obra de la izquierda, ni los fusilamientos, ni las torturas, ni los desaparecidos, ni la represión. Todo eso lo hizo la derecha. Todo eso es obra del gobierno golpista.

Sin embargo entraremos en el tercer milenio con los políticos de izquierda pidiendo perdón, lo que tampoco es tan malo, e incluso, si se piensa detenidamente, resulta hasta recomendable, a condición de que sean *todos* los políticos los que pidan perdón, los de izquierda y los de derecha y los de centro, por todos los crímenes reales que cometieron sus padres y abuelos aquí y en otros países, sobre todo en otros países (¡eso por supuesto!), y que pidan perdón también por la sarta de mentiras que sus padres y abuelos contaron y que ellos están dispuestos a seguir contando, y por los ocultamientos y por las puñaladas a traición, es decir por la espalda, y entonces tendríamos un bonito panorama, como solía decir Hart Crane, todos los políticos de un país pidiendo perdón, e incluso compitiendo para ver quién lo pide de forma más convincente o más estentórea.

Por supuesto, yo preferiría que entráramos en el siglo XXI (que, por otra parte, nada significa) de forma más civilizada, tal vez discutiendo, que también quiere decir *escuchando* y *reflexionando,* pero si eso no fuera posible, como todo parece indicar, no estaría mal, al menos sería un mal menor, entrar en el tercer milenio pidiendo perdón a diestra y siniestra, y ya que estamos, de paso, hacerle una estatua a Nicanor Parra en la Plaza Italia, una a Nicanor y otra a Neruda, pero de espaldas.

Llegado a este punto, lo presiento, más de un presunto lector se dirá a sí mismo (y luego correrá a comunicárselo a su más próximo congénere): Bolaño dice que Parra es el poeta de la derecha y Neruda el de la izquierda.

Algunos no saben leer.

Los cachorros, una vez más

En el recuerdo de mis lecturas juveniles hay cuatro novelas cortas escritas por autores que más bien solían escribir novelas largas, cuatro novelas que al cabo de los años conservan toda su carga explosiva original, como si tras estallar en una primera lectura volvieran a estallar en una segunda y en una tercera lectura y así sucesivamente, sin llegar nunca a agotarse. Son, sin lugar a dudas, obras perfectas. Las cuatro hablan de derrotas, pero convierten la derrota en una especie de agujero negro: el lector que meta su cabeza allí sale temblando, helado de frío o cubierto de sudor. Son perfectas y son ácidas. Son precisas: la mano que maneja la pluma es la de un neurocirujano. Y son también una fiesta del movimiento: la velocidad de sus páginas hasta entonces era inédita en la literatura de lengua española. Estas novelas son *El coronel no tiene quien le escriba,* de García Márquez, *El perseguidor,* de Julio Cortázar, *El lugar sin límites,* de José Donoso, y *Los cachorros,* de Vargas Llosa.

No creo que sea casual que los cuatro autores se conocieran y fueran amigos, que miraran con curiosidad lo que los otros iban escribiendo, y que estas cuatro joyas se escribieran, si la memoria no me engaña, en la década del sesenta (aunque puede que *El perseguidor* sea de los cincuenta), prodigiosa para los latinoamericanos, con todo lo que arrastra de bueno y de malo ese adjetivo.

Con estas cuatro novelas (si sus autores no hubieran escrito nada más, que no es el caso) sería suficiente para crear una literatura. De las cuatro, *Los cachorros* es probablemente la más ácida, la que tiene el ritmo más endiablado y en donde las voces, la multiplicidad de hablas, está más viva. También es la más complicada, al menos desde el punto de vista formal. Escrita la primera versión en 1965, es decir cuando Vargas Llosa tenía veintinueve años y era el más joven de los autores del boom, la versión definitiva data de 1966 y se publica originalmente en Lumen acompañada de fotografías de Xavier Miserachs. En apariencia *Los cachorros* no puede ser más sencilla. Narra, desde diferentes voces, desde diferentes ángulos (uno estaría tentado a decir *torsiones,* las que realiza el escritor y que a menudo son ejemplos prácticos, y magistrales, de todo cuanto puede hacerse con nuestro idioma), la vida de Pichula Cuéllar, un chico de la clase media alta limeña, y la narra desde las voces de sus amigos de infancia, chicos semejantes a Pichula Cuéllar, residentes o ciudadanos del barrio limeño de Miraflores, algo que deja su rúbrica, los futuros señores del Perú.

Pero Pichula Cuéllar sufre un accidente que lo marcará por el resto de su vida y que lo hace diferente: la novela es la profundización en esa *diferencia*. Es el intento colectivo por explicar esa diferencia, el progresivo distanciamiento de Pichula Cuéllar de sus iguales hasta alcanzar una distancia abismal, de relato de terror mezclado con el relato de costumbres. Una distancia, por otra parte, pendular, con flujos y reflujos, pues si bien Cuéllar se va alejando de sus iguales, no por ello deja de ser uno más del grupo, y en esa medida sus intentos de aproximación suelen ser más dolorosos, más reveladores de la fotografía de conjunto, que su distanciamiento radical. El descenso a los infiernos, narrado entre gritos y susurros, es de alguna manera el descenso a otro tipo de infierno al que se verán abocados los narradores. De hecho, lo que aterroriza a los narradores es que Pichula Cuéllar es uno de ellos, y que empeña, de forma natural, su voluntad de ser uno de ellos, y que únicamente la fatalidad lo hace diferente. En esa diferencia, los narradores pueden verse a sí mismos en su real estatura, el infierno al que ellos hubieran podido llegar y no llegan.

Toda anomalía es infernal, aunque tras la destrucción de Cuéllar lo que las voces que arman el relato tienen ante sí es la planicie de la madurez, la tranquila destrucción de sus cuerpos, la resignada y total aceptación de una mediocridad burguesa a la que Cuéllar se ha sustraído mediante el horror, un precio sin duda demasiado alto, el único precio posible, como parece sugerirnos en algunos momentos el joven Vargas Llosa.

He hablado antes de la velocidad que tienen *Los cachorros* y sus tres hermanas gemelas. No hablé de su musicalidad, una musicalidad sustentada en el habla cotidiana, en las voces que puntúan el relato, y que se imbrica con la velocidad del texto. Velocidad y musicalidad son dos constantes en *Los cachorros* y de alguna manera este ejercicio magistral sobre la velocidad y la musicalidad le sirve a Vargas Llosa de ensayo para la que poco después sería una de sus grandes novelas y una de las mejores escritas en español del siglo XX: *Conversación en La Catedral* (publicada en 1969), cuya forma, original y arriesgada, guarda más de un parecido con *Los cachorros*.

Los jefes es el primer libro de Vargas Llosa. Entre sus relatos hay uno en donde aparece por primera vez el sargento Lituma, que recorre como un camaleón toda la obra de Vargas Llosa; otro cuenta los flecos de una traición, otro la maligna broma de un viejo, otro un doble duelo, otro un episodio caciquil. Todos son fríos y objetivos. En todos se vislumbra una dignidad desesperada.

Pimentel en el recuerdo

Fue la poeta Diana Bellesi quien me regaló *Kenacort y Valium 10,* el primer libro de Jorge Pimentel, hace ya muchos años, en 1971 o 1972, en México DF. A Diana le gustaba la poesía de Pimentel, a quien conocía personalmente, y a mí me gustaba Diana, los viajes de Diana, las conversaciones de Diana, las lecturas de Diana, y por supuesto también me gustó el libro de Pimentel. En 1974, después de una temporada en Chile y de haber vuelto a México, conocí a Mario Santiago. Él también había leído *Kenacort* (probablemente éramos los únicos en el DF que conocíamos la poesía de Pimentel) y uno de los territorios en donde se cimentó nuestra amistad fue en la lectura y la relectura de esa poesía convulsa y beligerante y en los caminos múltiples que se abrían a partir de ella y que Mario y yo discutíamos hasta que empezaba a amanecer en el DF, unos amaneceres de absoluto privilegio.

Recuerdo que éramos pobres, no habíamos cumplido los veintidós años, llevábamos el pelo muy largo y teníamos unas bibliotecas magníficas, cuyos libros no solíamos prestar. No siempre estábamos de acuerdo en todo. A Mario le gustaba la poesía norteamericana, a mí la francesa. Mario leía ensayo, yo narrativa. El filósofo de Mario era Nietzsche, el mío Pascal. Pero en otros puntos nuestro acuerdo era completo, aunque difiriéramos en algunos detalles. Uno de esos puntos era Hora Zero y Pimentel, al que pronto se agregaría Ramírez Ruiz, a quien Mario leyó con mucho más cuidado que yo, y Nájar, Cerna, Tulio Mora y Verástegui. En general, estábamos de acuerdo en que la joven poesía peruana era de lejos la mejor que se hacía en Latinoamérica en aquel momento, y cuando fundamos el infrarrealismo lo hicimos pensando no poco en Hora Zero, un grupo del cual nos sentíamos arte y parte. No sé cómo, un día Mario apareció con un ejemplar de *Estos trece,* la antología de Oviedo, y otro día con *En los extramuros del mundo,* de Verástegui. La sorpresa mayor, sin embargo, fue cuando consiguió *Ave Soul,* de Pimentel.

Ahora que lo pienso, ya no estoy tan seguro de si fue Mario o si fui yo quien apareció con el libro. Su lectura, de eso sí estoy seguro, fue una revelación superior a la que nos había causado *Kenacort*. En éste se esbozaban una serie de caminos hasta ese momento intransitados por los que debían internarse los valientes, si es que eran valientes. En *Ave Soul* el camino a través de lo desconocido estaba allí, en sus páginas, listo para ser leído por quien quisiera leerlo. Los poemas eran de una sencillez y de una energía desarmantes. Como si Pimentel hubiera descubierto una forma de escribir poesía que surgía directamente del Romancero, pero en donde era apreciable también una lectura a fondo de la vanguardia y de los grandes poetas de nuestra lengua, empezando por Darío y Martí, Huidobro, Neruda, Borges, Martín Adán (a quien supongo que Pimentel no aprecia) y sobre todo Vallejo. Pero también era discernible, por debajo de esas voces, otra voz mucho más profunda, también mucho más maleable, una voz capaz de encarnar una infinidad de voces, incluso voces antagónicas, y que era la voz de Walt Whitman, es decir la voz que marca la poesía de nuestro continente. Bajo el influjo de esas lecturas que son una cultura (pero que también son una pregunta sin respuesta) aparecía *Ave Soul,* un libro de pocas páginas, pero inmaculado, arriesgado, con una expresión de madurez nada habitual en la poesía de aquellos años y tampoco en la de éstos, que fue recibido, por otra parte, no con tambores ni reseñas ni premios, y que cumplió sobradamente con el primer requisito parriano de una obra maestra: pasar inadvertida.

Pero Mario y yo no estábamos dispuestos a que unos poemas que nos parecían excelentes pasaran inadvertidos y distribuimos unos cuantos en algunas revistas mexicanas. En *Cambio,* que entonces dirigía Miguel Donoso Pareja, salió en un número el monólogo del sargento de Aguas Verdes y luego otro, pero para entonces Mario se había marchado a París y yo a Barcelona, y ya no me acuerdo de qué poema se trataba. En mi antología *Muchachos desnudos bajo el arcoíris de fuego* hay varios. Actualmente un grupo de poetas mexicanos de vez en cuando saca algún poema de *Ave Soul* en revistas de existencia efímera. Y es curioso: esos poemas de Pimentel que siguen apareciendo en revistas mexicanas parecen (y en realidad son) más nuevos, en el sentido de que ofrecen alternativas poéticas y en el sentido de su puro goce estético, que la mayoría de los poemas que se acumulan en ese tipo de revistas cuya única razón de ser es la vicaria satisfacción de egos un tanto desbocados. Quiero decir: los poemas de *Ave Soul* no han envejecido un ápice. Siguen tan frescos y legibles como cuando Pimentel los escribió. ¿De cuántos poetas latinoamericanos podemos decir lo mismo? Todos esos libros que ganaron premios, tanto en la margen izquierda como derecha de la política, los premios municipales, los premios Casa de las Américas, han envejecido de forma notable. El libro de Pimentel, por el contrario, aún está allí, como pan fresco recién salido del horno, y la tragicomedia es que nadie se ha dado cuenta.

A veces incluso pienso que ni el propio Pimentel se dio cuenta. El camino de *Ave Soul,* con esos poemas de estirpe whitmaniana, pero que ya eran otra cosa, con sus monólogos extraordinarios como el ya citado del sargento de Aguas Verdes o el de la madre que está en el hospital y cuyo hijo va a morir, poemas que transitan de la telenovela al documental sociológico, del romance medieval a la revisión de la novela realsocialista, del manifiesto (como el magnífico «Camino pedregoso») a la manifestación de alta cultura, haciendo suyo el hibridaje y el humor, queda interrumpido de forma abrupta, como si Pimentel se hubiera visto abocado a tareas más urgentes o como si Pimentel hubiera decidido abandonar la literatura. Entre *Ave Soul,* publicado en 1973, y *Palomino,* su siguiente libro, hay diez años. Y entre *Ave Soul* y *Tromba de agosto* hay veinte años. Yo no he leído *Palomino.* Sí he leído *Tromba de agosto.*

No hay libro más distinto de *Ave Soul* que éste. Es como si Pimentel, olvidadas las exploraciones, el camino abierto con *Ave Soul,* volviera al punto de partida e iniciara una nueva exploración, pero en dirección opuesta. Todo lo que en *Ave Soul* era figurativismo, aquí es arte abstracto. Pimentel no imita formas ni géneros, no hay Whitman ni películas en cines de barrio, no hay humor, sino sarcasmo, no hay viajes ni caballos en la llanura ni alabardas, sino una serie de movimientos complejos, heridas y desesperación. En *Tromba de agosto* Pimentel parte de Vallejo (en *Ave Soul* el punto de partida era la cultura) y llega, o al menos en algunos poemas llega, a una zona oscura en donde intuimos se agitan bultos que son seres humanos. Esos seres humanos en *Ave Soul* hablaban, explicaban sus historias de folletín, a veces incluso danzaban. En *Tromba de agosto* simplemente están allí, como figuras de un mural gigantesco, y lo único que nos comunican es el horror.

Llegado a este punto, lo más pertinente sería preguntarme si me gusta *Tromba de agosto.* Tal vez sí, aunque mucho me temo que eso es lo de menos. Más importante sería decir que no es un libro hecho para gustar, de la misma manera que *Ave Soul* era un libro seductor desde su primera página. *Tromba de agosto* es un libro poderoso, lleno de desvarío y de rabia, y por eso mismo es un libro que no ofrece continuidad. A nadie en su sano juicio le gustan la mierda y el crimen, pero existen, están allí, y durante muchos años fueron la única escenografía latinoamericana.

Como flechas lanzadas en direcciones opuestas por el mismo arquero, *Tromba de agosto* y *Ave Soul* encarnan dos propuestas. Una nos dejará ciegos y probablemente abrirá la puerta al silencio, que es tal vez lo que nos merecemos. La otra nos abrirá los ojos y dejará entrar todas las voces posibles, las proscritas y las no proscritas, el gran teatro del mundo. Lo sorprendente es que ambos libros los haya escrito el mismo autor. Constatar este hecho nos da una medida cabal de su enorme estatura poética.

Bomarzo

Durante la primera mitad del siglo XX, en Buenos Aires, vivieron y formaron parte de una misma generación, y por lo tanto se conocieron, escritores de la talla de Roberto Arlt, Ernesto Sábato, Julio Cortázar, Adolfo Bioy Casares, José Bianco, Eduardo Mallea, Jorge Luis Borges. Algunos tuvieron como maestro a Macedonio Fernández. Como si esto no bastara, un día llegó a la Argentina Witold Gombrowicz y allí se quedó. A este grupo disímil perteneció Manuel Mujica Lainez, a simple vista el menos profesional de todos, en el sentido en que nos es difícil imaginar a Mujica Lainez como un escritor que vive de y para la literatura, sino más bien todo lo contrario, es decir un hombre que vive de rentas y que dedica sus ocios, por otra parte escasos, a escribir novelas sin otra ambición que la de ser leídas por su amplio grupo de amigos. Sin embargo, Mujica Lainez fue tal vez el más prolífico de los narradores argentinos de su tiempo. No el más ambicioso ni el más seminal (un papel reservado probablemente a Cortázar y Sábato), ni el más cercano a la realidad argentina (un papel que se le puede adjudicar, según baje o suba el grado de delirio, a Arlt, a Cortázar, a Sábato, a Bioy), ni el más adelantado en concebir estructuras literarias capaces de internarse por territorios ignotos (como Borges y Cortázar), ni el que más ahonda en el misterio de la lengua (reino absoluto de Borges, que además de ser un gran prosista, no hay que olvidarlo, fue un gran poeta). Mujica Lainez, en este sentido, fue de una discreción absoluta. De hecho, su figura, junto a la de esos escritores irrepetibles y gigantescos como Borges, Cortázar, Arlt, Bioy Casares y Sábato, parece empequeñecerse y buscar un refugio tranquilo en la literatura estrictamente argentina, el refugio de las literaturas provincianas, pero esta impresión, a poco que se lea su obra, resulta absolutamente equivocada.

Desde su primera novela, *Don Galaz de Buenos Aires* (1938), es dable hallar en las páginas de Mujica Láinez dos constantes que lo acompañarán durante toda su vida de escritor. Por un lado un manejo exquisito del idioma, que es preciso, rico, lleno de variantes, sin caer nunca en el español recargado y castizo. Por otro lado, y esto es posiblemente lo que de verdad importa, una disposición feliz ante el hecho de narrar. Es verdad que nunca asumió riesgos muy grandes y que comparado a los grandes narradores latinoamericanos del siglo XX su obra, de alguna manera, es la obra de un autor menor. Pero ¡qué lujo de autor menor! Capaz de escribir, por ejemplo, *Misteriosa Buenos Aires*, o *El viaje de los siete demonios,* o *El unicornio,* o *Los viajeros,* todos ellos libros gratos de leer, libros discretos (y también algo nerviosos) como su autor, y suficientes como para asegurarle su nombradía al lado de autores, asimismo menores, como Mallea o José Bianco.

Pero Mujica Lainez aún nos tenía reservada su mayor sorpresa y esta sorpresa es *Bomarzo*. Publicada en 1962, la novela obtuvo el Premio Nacional de Literatura argentino y después el Premio John F. Kennedy, en 1964, premio compartido con *Rayuela,* de Cortázar, el cual (como nos recuerda Marcos Ricardo Barnatán) le sugirió a Mujica la posibilidad de publicar ambas novelas en una edición conjunta y con un título único, que podía ser *Ramarzo* o *Boyuela*.

Mi generación, de más está decirlo, se enamoró de *Rayuela,* porque eso era lo justo y lo necesario y lo que nos salvaba, y sólo leímos *Bomarzo* algunos años después, casi como un ejercicio de arqueología. Contra lo que esperábamos, no salimos indemnes de esta lectura, entre otras cosas porque nadie o casi nadie puede salir indemne de cualquier lectura y mucho menos si son las más de seiscientas páginas de *Bomarzo,* una novela feliz, es decir una novela que hará feliz a todo lector mínimamente sensible, es decir inocente, y que no le enseñará nada a ningún escritor joven. La vida y aventuras del duque de Orsini, las mil aventuras del duque y sus incontables desgracias y hazañas son el escenario en donde se despliega una escritura, un arte de narrar, que al tiempo que recuerda a los clásicos del siglo xix introduce lujos apócrifos del siglo xvi, el siglo del monstruoso y angelical Orsini.

A simple vista *Bomarzo* se asemeja a una novela de resistencia, a una novela de supervivencia, a una novela histórica, a una novela de intriga, a un folletón. Puede que sea, efectivamente, todas esas cosas. Pero también es muchas cosas más: es una novela sobre el arte y es una novela sobre la decadencia, es una novela sobre el lujo de novelar y es una novela sobre la exquisita inutilidad de la novela. También es, entre líneas, el comentario o el epílogo jocoso que Mujica Lainez hace de sí mismo y de su familia. Y también es, por supuesto, una novela para leer en voz alta y en familia, aunque esta última posibilidad siempre conlleva el riesgo de que los niños huyan en tropel.

Después de *Bomarzo* poco más es lo que le restaba por decir a Mujica. Viajó mucho y como un señor por diferentes lugares del planeta. Escribió *De milagros y melancolías* y *El gran teatro,* aparentemente sin la más mínima dificultad. Y antes de morir, en 1984, a la edad de setenta y cuatro años, tuvo tiempo para escribir y publicar, en 1982, *El escarabajo,* una novela de más de quinientas páginas que narra las vicisitudes de los poseedores de un talismán egipcio a través del tiempo, y que es una obra inteligente, bien escrita, grata de leer (posiblemente grata de escribir), con dosificadas gotas de humor, dolor y algo de turismo, una novela feliz como la mayoría de sus obras.

Ocho segundos con Nicanor Parra

Sólo estoy seguro de una cosa con respecto a la poesía de Nicanor Parra en este nuevo siglo: pervivirá. Esto, por supuesto, significa muy poco y Parra es el primero en saberlo. No obstante, pervivirá, junto con la poesía de Borges, de Vallejo, de Cernuda y algunos otros. Pero esto, es necesario decirlo, no importa demasiado.

La apuesta de Parra, la sonda que proyecta Parra hacia el futuro, es demasiado compleja para ser tratada aquí. También es demasiado oscura. Posee la oscuridad del movimiento. El actor que habla o que gesticula, sin embargo, es perfectamente visible. Sus atributos, sus ropajes, los símbolos que lo acompañan como tumores son corrientes: es el poeta que duerme sentado en una silla, el galán que se pierde en un cementerio, el conferenciante que se mesa los cabellos hasta arrancárselos, el valiente que se atreve a orinar de rodillas, el eremita que ve pasar los años, el estadístico atribulado. No estaría de más que para leer a Parra uno contestara la pregunta que se hace y nos hace Wittgenstein: ¿esta mano es una mano o no es una mano? (La pregunta debe uno hacérsela mirando su propia mano.)

Me pregunto quién escribirá ese libro que Parra tenía pensado y que nunca escribió: una historia de la Segunda Guerra Mundial contada o cantada batalla tras batalla, campo de concentración tras campo de concentración, exhaustivamente, un poema que de alguna forma se convertía en el reverso instantáneo del *Canto general* de Neruda y del que Parra sólo conserva un texto, el *Manifiesto,* en donde expone su ideario poético, un ideario que el mismo Parra ha ignorado cuantas veces ha creído necesario, entre otras cosas porque para eso, precisamente, están los idearios: para dar una vaga idea del territorio inexplorado en el que se internan, y no muy a menudo, los escritores verdaderos, pero que a la hora de los riesgos y peligros concretos sirve de muy poco.

El que sea valiente que siga a Parra. Sólo los jóvenes son valientes, sólo los jóvenes tienen el espíritu puro entre los puros. Pero Parra no escribe una poesía juvenil. Parra no escribe sobre la pureza. Sobre el dolor y la soledad sí que escribe; sobre los desafíos inútiles y necesarios; sobre las palabras condenadas a disgregarse así como también la tribu está condenada a disgregarse. Parra escribe como si al día siguiente fuera a ser electrocutado. El poeta mexicano Mario Santiago, hasta donde sé, fue el único que hizo una lectura lúcida de su obra. Los demás sólo hemos visto un meteorito oscuro. Primer requisito de una obra maestra: pasar inadvertida.

Hay momentos en la travesía de un poeta en los que a éste no le queda más remedio que improvisar. Aunque el poeta sea capaz de recitar de memoria a Gonzalo de Berceo o conozca como nadie los heptasílabos y endecasílabos de Garcilaso, hay momentos en que lo único que puede hacer es arrojarse al abismo o enfrentarse desnudo ante un clan de chilenos aparentemente educados. Por supuesto, hay que saber atenerse a las consecuencias. Primer requisito de una obra maestra: pasar inadvertida.

Un apunte político: Parra ha conseguido sobrevivir. No es gran cosa, pero algo es. No han podido con él ni la izquierda chilena de convicciones profundamente derechistas ni la derecha chilena neonazi y ahora desmemoriada. No han podido con él la izquierda latinoamericana neoestalinista ni la derecha latinoamericana ahora globalizada y hasta hace poco cómplice silenciosa de la represión y el genocidio. No han podido con él ni los mediocres profesores latinoamericanos que pululan por los campus de las universidades norteamericanas ni los zombis que pasean por la aldea de Santiago. Ni siquiera los seguidores de Parra han podido con Parra. Es más, yo diría, llevado seguramente por el entusiasmo, que no sólo Parra, sino también sus hermanos, con Violeta a la cabeza, y sus rabelesianos padres, han llevado a la práctica una de las máximas ambiciones de la poesía de todos los tiempos: joderle la paciencia al público.

Versos tomados al azar: «Es un error creer que las estrellas puedan servir para curar el cáncer», dijo Parra. Tiene más razón que un santo. «A propósito de escopeta, les recuerdo que el alma es inmortal», dijo Parra. Tiene más razón que un santo. Y así podríamos seguir hasta que no quedara nadie. Les recuerdo, de todas maneras, que Parra también es escultor. O artista visual. Estas puntualizaciones son perfectamente inútiles. Parra también es crítico literario. Una vez resumió en tres versos toda la historia de la literatura chilena. Son éstos: «Los cuatro grandes poetas de Chile / son tres: / Alonso de Ercilla y Rubén Darío».

La poesía de las primeras décadas del siglo XXI será una poesía híbrida, como ya lo está siendo la narrativa. Posiblemente nos encaminamos, con una lentitud espantosa, hacia nuevos temblores formales. En ese futuro incierto nuestros hijos contemplarán el encuentro sobre una mesa de operaciones del poeta que duerme en una silla con el pájaro negro del desierto, aquel que se alimenta de los parásitos de los camellos. En cierta ocasión, en los últimos años de su vida, Breton habló de la necesidad de que el surrealismo pasara a la clandestinidad, se sumergiera en las cloacas de las ciudades y de las bibliotecas. Luego no volvió a tocar nunca más el tema. No importa quién lo dijo: LA HORA DE SENTAR CABEZA NO LLEGARÁ JAMÁS.

El principio del apocalipsis

Historia de Mayta, como casi todas las obras de Vargas Llosa (excepción hecha de su novela erótica), se presta a más de una o dos lecturas. Se puede leer como el sueño de unos jóvenes pobres e ingenuos, que no tarda en convertirse en pesadilla, y se puede leer, también, como el transcurso obstinado de una pesadilla que, para sorpresa de todos, cada vez se hace más soportable, más cotidiana, más triste y más irremediable, y también acepta una lectura como nota a pie de página, tanto por su estructura como por su argumento o discurso, de su obra maestra *Conversación en La Catedral,* e incluso se puede leer como epílogo o como estudio agregado o como excrecencia de otra de sus grandes obras, *La guerra del fin del mundo,* novela ésta cuya lectura, en los tiempos que corren, a mí al menos me resulta más reveladora que *El corazón de las tinieblas* de Conrad, que el propio Vargas Llosa recomienda para aproximarnos al enfrentamiento entre Oriente y Occidente, entre civilización y barbarie.

Por supuesto, también se puede leer como un cuadro de una situación cultural y política no sólo peruana sino latinoamericana, la de los años que van desde finales de los cincuenta y principios de los sesenta, con las primeras luchas armadas, luchas hechas en nombre de la revolución y por tanto de la Ilustración, hasta los años ochenta, la época de Sendero Luminoso y las guerrillas milenaristas, en donde se desata, sobre todo en Perú, aquello que se dio en llamar el horror latinoamericano.

Historia de Mayta nos pone en la peor de las situaciones. La guerrilla avanza por todas partes, barriéndolo todo, tanto a los representantes de la derecha como a los de la izquierda no dogmática, con un trasfondo que se asemeja a ciertas pinturas de Brueghel o a una invasión de extraterrestres. El paisaje, ciertamente, es exagerado, pero en modo alguno inverosímil. Los limeños viven en una suerte de estado de sitio permanente y la violencia extrema es ejercida no sólo por la guerrilla milenarista sino también por la Policía y el Ejército y también por los escuadrones de la muerte. En medio de este caos, un escritor o un periodista, que puede ser Vargas Llosa o no, se decide a escribir la historia de la primera guerrilla peruana, iniciada en 1958, antes incluso de la toma del poder por Fidel Castro.

Y aquí aparece Mayta, cuyo retrato es, posiblemente, el logro mayor de esta novela. Mayta no es un muchacho, pero se comporta como un muchacho, es decir, Mayta permanece en una especie de adolescencia premeditada, no se sabe a ciencia cierta si buscada o aceptada con resignación. Mayta es, objetivamente, un inadaptado, pero no es violento ni manipulador ni mucho menos un nihilista. Mayta milita en un partido trotskista de siete miembros, escisión de otro partido trotskista de veinte, pero antes lo ha hecho en el partido comunista y antes en el APRA, y de todos se ha marchado por su natural disposición a disentir y a dudar. A Mayta le gustaría ducharse todos los días pero en el cuarto que alquila no hay ducha y se tiene que conformar con ir a los baños públicos una vez cada tres días. Mayta es gordo y nadie diría de él que es atractivo y también es homosexual en una época en que ser homosexual estaba considerado, en Perú y en Latinoamérica, una desviación infame.

Por tanto Mayta oculta su homosexualidad, sobre todo a sus compañeros (pues la izquierda y la derecha, tratándose de temas sexuales, siempre han marchado como hermanos siameses en Latinoamérica), y la sublima o la aplasta bajo una montaña de trabajos de propaganda o militancia o alimenticios que asume con la disposición de un santo. En gran medida, eso es lo que es Mayta: un santo contemporáneo, tentado por el diablo en el desierto, cuyo grado de solidaridad (o de prístina fe) es tan grande que se antoja monstruoso.

Bastaría con esto para que la novela de Vargas Llosa fuera memorable. Pero hay más: el joven alférez que inspira la guerrilla, un caudillo ingenuo e impetuoso cuya fragilidad, intuida desde el primer momento, mientras suena en un pickup un mambo o un bolero, se advierte con los caracteres del fin de la inocencia; los compañeros reciclados de Mayta y sus distintas versiones de éste; las pequeñas historias que el periodista va escuchando y que, en apariencia, nada tienen que ver con la novela pero que constituyen, todas juntas, un entramado riquísimo; la historia del profesor Ubilluz, una posible versión del intelectual criollo y provinciano por excelencia; la composición de la novela, tan similar a un rompecabezas que se va armando en el abismo; el sentido del humor de Vargas Llosa, que salta, a la manera balzaquiana, incluso por encima de sus propias convicciones políticas; las convicciones políticas que ceden, como sólo les sucede a los escritores verdaderos, ante las convicciones literarias. Y finalmente la simpatía y la piedad, que acaso otros llamen objetividad, por sus propios personajes.

Sobre Bruno Montané

Su poesía está hecha de pinceladas suspendidas en el aire. A veces son sólo apuntes, otras veces miniaturas, en ocasiones largos poemas existencialistas reducidos a ocho o doce versos. Su poesía está hecha de sangre suspendida en el aire. Su voluntad, o su disposición ante el mundo o ante la cultura, se debate entre polos irreconciliables. De esta dilatada lucha ha sabido extraer versos paradójicos. Escribe como un naturalista que cree en muy pocas cosas y que sin embargo sigue haciendo su trabajo con tesón, un tesón que en ocasiones se confunde con la indiferencia. Para mí es uno de los mejores poetas chilenos actuales.

Vuelve el *man* a Venezuela

Hace poco, en Santiago de Chile, hablé con una prima lejana a la que hacía más de veinte años que no veía. Me llevó en coche desde el hotel en que me alojaba hasta el centro y aprovechó para contarme lo que había hecho en esos veinte años. Por supuesto, como toda chilena que se precie, dijo que también ella había viajado y procedió a relatarme minuciosamente una estancia de casi un año en Venezuela, en donde trabajó de chaperona de una reina de belleza, no me quedó claro si de la mismísima Miss Venezuela o de cualquier otra de las tantas reinas que brillan y pululan por la rica geografía de aquel país. El discurso de mi prima, otrora joven pinochetista de cacerolada y hoy entusiasta de la quema de banderas españolas (lo que no fue óbice para que, en todo lo que duró el trayecto hasta el centro de Santiago, tratara a mi mujer española con corrección e incluso con cariño), resultó, como era de esperar, lo suficientemente vago como para que finalmente no me enterara de si su reina de la belleza obtuvo el cetro al que pretendía o no, y terminó derivando hacia el peligro inminente que representaba para Venezuela la posibilidad de que Hugo Chávez alcanzara la presidencia de la República. Mi prima, lo comprendí de golpe, había quedado prendada de Venezuela y entre sus proyectos estaba el de volver allí y tal vez establecerse en Caracas durante algunos años, disfrutando de la extraterritorialidad de un puesto ambiguo (¿qué es ser chaperona de una reina de la belleza?, ¿en qué consiste el trabajo?, ¿tiene alguna similitud con el de jefe de prensa de una editorial o se parece más al de aguatero de un burdel?) y del clima y del pseudoprestigio continental de los chilenos, en el pasado los ingleses de Sudamérica, hoy un híbrido de prusianos y taiwaneses, en ambos casos sinónimo de disciplina, puntualidad y discreción, virtudes al parecer escasas en aquellas latitudes. Y entonces aparecía la figura de Hugo Chávez, el exgolpista, y todo se ponía a temblar. Al advertirle a mi prima que Chávez, si accedía al poder, lo haría mediante las urnas, y que en Chile habíamos padecido un gobierno golpista durante un montón de años, ésta volteó ferozmente la cabeza (yo iba en el asiento trasero) y tras reconocerme y reflexionar que al fin y al cabo era yo quien había hablado y no un intruso, se calmó, evitó una colisión inminente con un microbús y procedió a explicarme por enésima vez la diferencia que hay entre un militar chileno, es decir un militar de verdad, de talante y de raíz europeas, y un militar venezolano o colombiano o mexicano, para no mencionar a los militares ecuatorianos, bolivianos o peruanos, que son militares más bien de opereta, blancos de medio pelo o mestizos bestiales, y si no me crees no hay más que mirar las fotos, dijo mi prima, los labios abombados, las narices de indios, los ojos que destilan resentimiento.

Probablemente mi prima tenía razón. El exteniente coronel Hugo Chávez tiene unos ojos más bien aindiados, la nariz no puede ocultar su origen semita y la quijada de caballo, con esos dientes que parecen aptos para comer carne cruda o tubérculos misteriosos, nos ofrecen la imagen de una figura mucho más latinoamericana que europea. No sé cuándo partieron de España los antepasados del exparacaidista, pero intuyo que, ya fuera hace mucho o hace poco, el aire de los trópicos hizo mella en ellos y se mezclaron generosamente con el pueblo que los acogió. Puede que ahora Chávez, alcanzada finalmente la respetabilidad, se invente una genealogía sin tantos sobresaltos. Espero que no. Su biografía, por lo pronto, abunda en ellos: nacido en 1954 en Sabaneta de Barinas (lo que lo convierte en el presidente más joven de Venezuela), su infancia reúne todos los tópicos de la infancia del niño aldeano, es decir su infancia es feliz, es agreste, e irremediablemente lo prepara para el ejercicio del machismo más extremo. Las malas lenguas dicen que está atrapado en el vicio de la lectura. No sería la primera vez que un militar sabe leer, pero yo francamente desconfío de las lecturas de los hombres de armas latinoamericanos. Durante los dos años que permaneció en prisión, tras la intentona golpista de 1992, además de escribir un libro que gozaría de éxito y en el que glosa su ideario político (horror: el *Mein Kampf* también se escribió en la cárcel), se dedicó al ejercicio de la pintura, lo que contradice esa pasión lectora con que sus asesores pretenden revestirlo. En la cárcel se lee o se pinta, pero no ambas cosas. Está claro que no ha leído a Proust. Parece cierto que ha leído a Vargas Llosa. Ahora bien, una laguna literaria no hace a nadie un peligro para la democracia. O tal vez sí, pero no en primera instancia.

Hugo Chávez, por otra parte, no es el general paraguayo Lino Oviedo ni tiene el pasado del general boliviano Bánzer, este último un ejemplo viviente de *realpolitik* o un ejemplo viviente de que el ser humano, mientras aliente, es materia propicia al cambio. Chávez, más bien, está emparentado con los militares peruanos que derrocaron a Belaúnde en el 68, y con Omar Torrijos, y sobre todo desciende de esa estirpe de militares bolivarianos y populistas que en momentos cruciales se erigen como salvadores de la patria, lo que no deja de provocar más de un escalofrío de aprensión. Creer, sin embargo, que Chávez es una figura semejante a la de Perón y que tras su elección va a llevar al país a una dictadura de corte fascista, como piensa el escritor Juan Liscano, a simple vista parece exagerado. En 1982, antes de cumplir treinta años, durante la crisis del pago de la deuda externa, Chávez fue uno de los fundadores del Movimiento Bolivariano Revolucionario, crítico ante el hundimiento económico del país, hundimiento que en 1989 propiciaría la revuelta popular conocida como el «caracazo», y entre las filas de su actual partido, el Movimiento V República (MVR), además de intelectuales de izquierda y sindicalistas cuenta con la presencia del exguerrillero Douglas Bravo, un hombre que en los sesenta se convirtió en leyenda y que fue de los primeros en Latinoamérica en darse cuenta que la vía armada se había agotado. El peligro está en que bajo el ala de hombres como Chávez se suelen cobijar personajes como el general Noriega, hoy preso en Florida. Pero todo esto poco significa para quienes no tienen nada o para quienes, como la clase media venezolana, cada día más empobrecida, ven cerrarse una por una todas las posibilidades de progreso. Para ellos, Chávez es el hombre que viene a poner fin a cuarenta años de bipartidismo, los últimos veinte nefastos para la economía del país, con el hundimiento del precio del petróleo, una corrupción cada vez más generalizada, el trabajo precario como panacea laboral, un empobrecimiento paulatino, cuando no en picada libre, de grandes estratos de la población, y la producción masiva de interminables telenovelas que han terminado por agotar la paciencia de la ciudadanía.

La preparación, por otra parte, de los oponentes de Chávez para estas últimas elecciones ha resultado a la postre nefasta, con la retirada del socialdemócrata de AD y del democratacristiano del Copei en beneficio del centroderechista independiente Salas Römer, la otra sorpresa, si bien relativa, de estas elecciones, para no hablar de la candidata Irene Sáez, ex Miss Mundo, con una plataforma electoral que publicitaba no sé si inocente o cínicamente la familia, el orden y la amistad. Todo esto ha pesado en el electorado venezolano. ¿Qué ocurrirá a partir de ahora? Eso nadie lo sabe, ni el propio exparacaidista ni sus asesores, ni siquiera el FMI o los analistas de la Casa Blanca. Entre las promesas de Chávez está la de convocar una asamblea constituyente mediante la cual fundar la quinta república. Ése puede ser el momento de la verdad. Por ahora vuelve el hombre a Venezuela porque así lo han querido los venezolanos, vuelve el *man* después de perder en dos ocasiones. Él ya lo dijo al entregarse en 1992: «Me rindo, por ahora». Ese «por ahora» ha quedado atrás y hoy los vendedores ambulantes de Caracas hacen su agosto vendiendo boinas rojas que la gente compra para saludar al hombre y recordar así a los paracaidistas que intentaron tomar el poder infructuosamente durante el gobierno infame de Carlos Andrés Pérez. Yo no sé quién es Chávez. Sí sé qué significa, al menos hoy, al menos en los próximos tres meses, para la mayoría de los venezolanos. El sueño del cambio, el sueño de que las cosas no pueden empeorar y de que a partir de ahora todo irá mejor, aunque lo cierto es que siempre se puede empeorar. En cualquier caso, mi prima, chaperona pinochetista de estirpe prusiano-taiwanesa, no volverá a Venezuela en los próximos días.

Los perdidos

Es difícil hablar de una figura emblemática, una figura que nos sirva de símbolo o de puente entre el siglo xx y el siglo xxi. Sobre todo en Latinoamérica, en donde por una parte han abundado las figuras emblemáticas de efectos nefastos y las figuras emblemáticas trágicas y las figuras emblemáticas caricaturescas, los padres de la patria tanto de derechas como de izquierdas que han sumido al continente en algo que podría ser una mezcla de pantano de arenas movedizas y Las Vegas. Pero se me ocurre ahora que esa figura podría ser Rodrigo Lira y que si Rodrigo Lira leyera esto se pondría a reír. Su vida fue sin duda un alarde de discreción, sólo que la discreción, en Rodrigo, no poseía las connotaciones que suele tener en el resto del planeta o al menos en Latinoamérica, en donde es sinónimo de silencio y también de castración. La discreción, para Rodrigo Lira, era una mezcla peligrosa de elegancia y tristeza. Una elegancia y una tristeza que podían ser extremas, que acostumbraban a ser extremas, y que en público (y supongo que también en la privacidad, que en este caso es decir en la soledad irrestricta) aparecían armadas de pies a cabeza con el humor más cáustico, como si Rodrigo fuera un caballero medieval perdido en un sueño que pronto se transformó en pesadilla. Era poeta, por supuesto. A veces uno está tentado a creer que fue el último poeta de Chile, uno de los últimos poetas de Latinoamérica. Nació en 1949, es decir tenía veinticuatro años cuando ocurrió el golpe militar. Por sus textos el lector tiene a veces la impresión de que su mundo, la geografía por la que se movía, estaba circunscrito a algunas facultades universitarias y a unas pocas bibliotecas santiaguinas, ciudad de la que era originario. Muchos de sus poemas son comentarios marginales a la obra de algunos poetas chilenos mayores, a los que frecuentó y a los que agotó la paciencia: a simple vista parecen bromas, lecturas frívolas, insultos proferidos por un tipo relativamente joven que no quiere crecer, que no quiere entrar en el mundo adulto. Detrás de las invectivas, detrás de la risa que provoca en el poeta el carnaval inmóvil de la literatura, es posible encontrar otras cosas, entre ellas el horror y una mirada profética que anuncia el fin de la dictadura pero no el fin de la estupidez, el fin de la presencia militar pero no el fin de las arenas movedizas y del silencio que la presencia militar ha instalado, todo hace pensar que para siempre o para un tiempo tan prolongado que es, a efectos de una vida humana, semejante a la eternidad, en la vida civil chilena. Profético, visionario, a Rodrigo Lira, sin embargo, son otras cosas las que de verdad le interesan. Le interesan algunas mujeres que indefectiblemente lo dejan o ni siquiera le hablan. Le interesa su pelo, que va perdiendo, y a medida que la calvicie crece sus patillas, antes diminutas, van creciendo también, hasta conformar unas patillas voluminosas, patillas de prócer de la Independencia. Le interesan las camisas floreadas. Le interesan algunos libros que son como agujeros negros, o que simulan serlo. Le interesa la sociabilidad: podemos imaginar a un tipo simpático, atento, culto, sensible, que es un buen hijo y un buen amigo, un joven siempre dispuesto a escuchar, un joven siempre dispuesto a ayudar, aunque en el fondo ese joven es una bomba de tiempo, ese joven escucha con *otro oído,* ese joven nos ayuda con *otro tipo* de solidaridad. Le interesa el habla popular, el argot, el slang chileno que es nuestra pobreza, pero que también es una de las pocas riquezas que nos quedan (el argot, el sexo, la desmesura automática), aunque tras su argot se esconde, como un terrorista acorralado, el panorama último de lo que los dueños de la patria llaman patria: un territorio antes arrebatado a la muerte y que ahora la muerte reconquista con lentos pasos de gigante. Y escribe y a veces, raramente, publica, pero lee sus poemas, y en esto Rodrigo Lira es similar a tantos poetas latinoamericanos que en las décadas del setenta y del ochenta vagan y leen sus poemas, sólo que Rodrigo Lira, a diferencia de la mayoría de sus contemporáneos, no es un habitante involuntario de un sueño incomprensible, sino un habitante voluntario, alguien que tiene los ojos abiertos en medio de la pesadilla. Su discreción, sin embargo, esa discreción que lo hace ser un pájaro raro, lo lleva también a dulcificar en la medida de lo posible la alteridad que las buenas conciencias intentan hacer pasar por normalidad. Le gusta pasear, le gusta leer sus poemas en público, procura vestirse bien, al menos procura aparecer aseado en la medida de lo posible. En 1981 decide suicidarse. Para quitar hierro al asunto, en su misiva final explica que se mata para protestar contra la reciente subida del pan. O del azúcar. No lo recuerdo. Escribo esta nota sin libros de consulta. Enrique Lihn es de los pocos que han escrito algo acerca de Rodrigo Lira, cuando éste ya estaba muerto, y no tengo a mano el texto de Lihn. Creo recordar que se metió en una bañera llena de agua caliente y que se cortó las venas. Siempre me ha parecido ésa una forma muy valiente y reflexiva de morir. La muerte no llega de súbito, sino lentamente, el suicida tiene mucho tiempo para pensar, para recordar los buenos y malos momentos, para despedirse mentalmente de los seres queridos u odiados, para recitar de memoria algún verso, para llorar. En el caso de Rodrigo Lira, no me extrañaría que también hubiera tenido tiempo para reírse. Lo mejor de Latinoamérica son nuestros suicidas, voluntarios o no. Tenemos los peores políticos del mundo, los peores capitalistas del mundo, los peores escritores del mundo. En Europa somos conocidos por nuestras quejas y por nuestras lágrimas de cocodrilo. Latinoamérica es lo más parecido que hay a la colonia penitenciaria de Kafka. Tratamos de engañar a algunos europeos cándidos y a algunos europeos ignorantes con obras pésimas, en donde apelamos a su buena voluntad, a lo políticamente correcto, a las historias del buen salvaje, al exotismo. Nuestros universitarios e intelectuales lo único que quieren es dar clases en alguna universidad perdida del Medio Oeste norteamericano, así como antes la meta era viajar y vivir a cuenta del mecenazgo neoestalinista, lo que para nosotros constituía un logro sin precedentes. Somos expertos en conseguir becas, becas que a veces nos conceden más por lástima que por merecimientos. Nuestro discurso de la riqueza es lo más parecido que hay a un libro barato de autoayuda. Nuestro discurso de la pobreza es un discurso imaginario en donde sólo resuenan voces de locos que hablan de resentimiento y frustración. Odiamos a los argentinos porque los argentinos son lo más parecido que hay en nuestros lares a los europeos. Los argentinos nos odian porque somos el espejo en donde ellos se ven como lo que son, es decir como americanos. Somos racistas en el sentido más puro: es decir somos racistas porque estamos muertos de miedo. Pero tenemos suicidas ejemplares. Pienso en Violeta Parra, que compuso algunas de las mejores canciones de nuestro continente y que se peleó con todos y con todo y que se descerrajó un balazo junto a la carpa en donde cada noche cantaba y aullaba. Pienso en Alfonsina Storni, la mujer más talentosa de Argentina, que se ahogó en el Río de la Plata. Pienso en Jorge Cuesta, escritor mexicano y homosexual, que antes de meter la cabeza en una bolsa, se emasculó y clavó sus testículos en la puerta de su dormitorio, como un último regalo no correspondido. Estos suicidas ejemplares y sus hermanos gemelos, los que permanecen bajo la tormenta (entre otras cosas no porque les guste permanecer allí sino porque no tienen otro sitio adonde ir), hacen pensar que no todo está perdido, como la ola de neoliberalismo y el nuevo rebrote clerical pretenden elevar a categoría de dogma. Somos hijos de la Ilustración, decía Rodrigo Lira mientras paseaba por un Santiago que más que nada parecía un cementerio de otro planeta. Es decir, somos seres humanos razonables (pobres, pero razonables), no entelequias salidas de un manual de realismo mágico, no postales para consumo externo y abyecto disfraz interno. Es decir: somos seres que pueden optar en un momento histórico por la libertad y también, aunque resulte paradójico, por la vida. A los innumerables asesinados por la represión hay que añadir a los suicidados por la razón, a favor de la razón, que es también el lugar donde vive el humor. Eso lo sabía Rodrigo Lira, que como tantos poetas latinoamericanos murió sin publicar nunca. En 1984, en una pequeña editorial, apareció un conjunto de sus poemas titulado *Proyecto de Obras completas*. El libro, en 1998, era imposible encontrarlo en ninguna librería. Nadie, sin embargo, se ha tomado la molestia de reeditarlo. En Chile se editan bastantes libros, la gran mayoría muy malos. La elegancia de Rodrigo Lira, su desdén, lo hace inasequible para los editores. Los cobardes no editan a los valientes.

A la intemperie

Hace muchos años, cuando era joven, un amigo me mostró una antología de poesía contemporánea en lengua española, de las muchas que cada año circulan por ahí con más pena que gloria. Ésta había sido hecha en Chile, uno de los antólogos era un poeta de cierta valía y su particularidad consistía en que al menos la mitad de sus páginas estaban dedicadas a la poesía chilena. Es decir que si la antología tenía trescientas páginas, treinta estaban dedicadas a la poesía española, veinte a la argentina, veinte a la mexicana, cinco a la uruguaya, cinco a la nicaragüense, tal vez diez a la peruana (y no estaba Martín Adán), tres a la colombiana, una a la ecuatoriana, y así hasta llegar a las ciento cincuenta páginas. En las otras ciento cincuenta pastaban a sus anchas los poetas chilenos. Esta antología, de cuyo nombre y de cuyos autores prefiero no acordarme, define bastante bien la percepción que de sí misma tuvo en un tiempo la poesía chilena. Los poetas eran pobres pero eran los poetas. Los poetas vivían del mecenazgo estatal pero eran los poetas. Hasta que todo se acabó. Entonces los poetas chilenos bajaron del Olimpo chileno (un Olimpo que por otra parte, salvando los nombres de los cinco grandes, que tal vez sólo sean cuatro y puede que sólo tres, poca importancia tenía en otras latitudes), en fila india, a regañadientes, entre perplejos y atemorizados, y vieron cómo en su vieja residencia, la famosa Casa de las Becas, se instalaba una pléyade de escritores que a sí mismos se llamaban los narradores, las narradotrices, e incluso los nuevos narradores. Los recién llegados, como era de suponer, no tardaron en explicar este cambio de inquilinato con la palabra mágica de la modernidad o de la posmodernidad. Los narradores (a falta de cineastas) son modernos y por lo tanto son el espejo real en que una sociedad moderna debe contemplarse. Los poetas, que hasta ese momento cultivaban con esmero, salvo algunas excepciones, la estética apocalíptica mezclada con el más grosero de los nacionalismos, no dijeron ni pío. Abandonaron el campo y se rindieron a la evidencia de las listas de ventas. Hoy Chile ya no es un país de poetas. Hoy difícilmente a un par de poetas chilenos se les ocurriría hacer una antología de la poesía contemporánea en lengua española en donde los chilenos coparan más de la mitad de las páginas. Esa soberana ignorancia, ese provincianismo amatonado hoy es patrimonio exclusivo de la narrativa chilena. Los poetas, los pobres poetas chilenos de entre treinta y cincuenta y cinco años, hoy inclinan la cabeza y no saben qué ha pasado, por qué de repente se ha puesto a llover, qué hacen ellos allí, parados en el campo, con la mente en blanco y sin saber hacia dónde echar a correr. Y eso, que en cualquier otra parte podría ser una pesadilla, en Chile es bueno. El estatus literario adquirido por medio de transas y triquiñuelas voló hecho añicos. La respetabilidad de la poesía se redujo a un puñado de polvo. Ahora los poetas chilenos viven una vez más en la intemperie. Y pueden volver a leer poesía. E incluso pueden leer o releer a algunos poetas chilenos. Y pueden darse cuenta de que lo que escribían no era malo. Y en algunos no sólo no era malo sino que incluso resulta bueno. Y pueden volver a escribir poesía.

Procedencia de los textos

Colaboraciones periodísticas

El estridentismo: revista *Plural,* 61, n.º 1. México, octubre de 1976, pp. 48-50.

La nueva poesía latinoamericana: ¿crisis o renacimiento? [autores Roberto Bolaño y Jorge Alejandro Boccanera]: revista *Plural,* 68. México, mayo de 1977, pp. 41-49; revista *Variedades,* 11 de septiembre de 1997, pp. 27-30.

¿Quién es el valiente?: suplemento *Babelia* de *El País.* España, 31 de enero de 1998; Roberto Bolaño, *Entre paréntesis,* Barcelona, Anagrama, 2004.

Consejos sobre el arte de escribir cuentos: revista *Quimera,* n.º 166. España, febrero de 1998, p. 66; Roberto Bolaño, *Entre paréntesis,* Barcelona, Anagrama, 2004.

Dimas Luna, príncipe: *Diari de Girona.* España, 27 de diciembre de 1998; Roberto Bolaño, *Entre paréntesis,* Barcelona, Anagrama, 2004.

Cuento de Navidad en Blanes: *Diari de Girona.* España, 3 de enero de 1999; Roberto Bolaño, *Entre paréntesis,* Barcelona, Anagrama, 2004.

La mejor banda: *Diari de Girona.* España, 10 de enero de 1999; Roberto Bolaño, *Entre paréntesis,* Barcelona, Anagrama, 2004.

El fantasma de Àngel Planells: *Diari de Girona.* España, 17 de enero de 1999; Roberto Bolaño, *Entre paréntesis,* Barcelona, Anagrama, 2004.

Una casa para siempre: Diari de Girona. España, 24 de enero de 1999; *Las Últimas Noticias.* Chile, 7 de enero de

2001; Roberto Bolaño, *Entre paréntesis,* Barcelona, Anagrama, 2004.

El rapsoda de Blanes: *Diari de Girona.* España, 31 de enero de 1999; *Las Últimas Noticias.* Chile, 21 de enero de 2001; Roberto Bolaño, *Entre paréntesis,* Barcelona, Anagrama, 2004.

Fragmentos de un regreso al país natal: revista *Paula.* Chile, febrero de 1999; Roberto Bolaño, *Entre paréntesis,* Barcelona, Anagrama, 2004.

Palabras del espacio exterior: *El Periódico. Revista de Libros. España,* 5 de febrero de 1999; Roberto Bolaño, *Entre paréntesis,* Barcelona, Anagrama, 2004.

El invierno de las lectoras: *Diari de Girona.* España, 7 de febrero de 1999; Roberto Bolaño, *Entre paréntesis,* Barcelona, Anagrama, 2004.

El antepasado: *Diari de Girona.* España, 14 de febrero de 1999; *Las Últimas Noticias.* Chile, 11 de febrero de 2001; *Unomásuno,* enero de 2001; Roberto Bolaño, *Entre paréntesis,* Barcelona, Anagrama, 2004.

Los pasteleros: *Diari de Girona.* España, 21 de febrero de 1999; Roberto Bolaño, *Entre paréntesis,* Barcelona, Anagrama, 2004.

Los inventores delirantes: *El Periódico. Revista de Libros. España,* 26 de febrero de 1999; Roberto Bolaño, *Entre paréntesis,* Barcelona, Anagrama, 2004.

El valor: *Diari de Girona.* España, 28 de febrero de 1999; *Las Últimas Noticias.* Chile, 19 de noviembre de 2000; Roberto Bolaño, *Entre paréntesis,* Barcelona, Anagrama, 2004.

Wilcock: *Diari de Girona.* España, 7 de marzo de 1999; *Las Últimas Noticias.* Chile, 26 de noviembre de 2000; Roberto Bolaño, *Entre paréntesis,* Barcelona, Anagrama, 2004.

La librera: *Diari de Girona.* España, 14 de marzo de 1999; Roberto Bolaño, *Entre paréntesis,* Barcelona, Anagrama, 2004.

Tomeo: *Diari de Girona*. España, 21 de marzo de 1999; Roberto Bolaño, *Entre paréntesis,* Barcelona, Anagrama, 2004.

Ernesto Cardenal: *Diari de Girona*. España, 28 de marzo de 1999; *Las Últimas Noticias*. Chile, 21 de marzo de 2001; Roberto Bolaño, *Entre paréntesis,* Barcelona, Anagrama, 2004.

Los libros de memorias: *Diari de Girona*. España, 4 de abril de 1999; Roberto Bolaño, *Entre paréntesis,* Barcelona, Anagrama, 2004.

La primavera en Blanes: *Diari de Girona*. España, 11 de abril de 1999; Roberto Bolaño, *Entre paréntesis,* Barcelona, Anagrama, 2004.

El increíble César Aira: *Diari de Girona*. España, 18 de abril de 1999; *Las Últimas Noticias*. Chile, 20 de agosto de 2000; *Unomásuno,* suplemento *Sábado*. México, 9 de septiembre de 2000; Roberto Bolaño, *Entre paréntesis,* Barcelona, Anagrama, 2004.

El pasillo sin salida aparente: *Ajoblanco,* n.º 116. España, mayo de 1999, pp. 54-57; Roberto Bolaño, *Entre paréntesis,* Barcelona, Anagrama, 2004.

Una tarde con Huidobro y Parra: *Diari de Girona*. España, 2 de mayo de 1999; *Las Últimas Noticias*. Chile, 30 de julio de 2000; *Unomásuno,* suplemento *Sábado*. México, 9 de septiembre de 2000; Roberto Bolaño, *Entre paréntesis,* Barcelona, Anagrama, 2004.

Recuerdos de Juan Villoro: *Diari de Girona*. España, 9 de mayo de 1999; *Las Últimas Noticias*. Chile, 27 de agosto de 2000; revista *Equis*. México, 21 de enero de 2000; Roberto Bolaño, *Entre paréntesis,* Barcelona, Anagrama, 2004.

Ferdydurke en catalán: *Diari de Girona*. España, 16 de mayo de 1999; Roberto Bolaño, *Entre paréntesis,* Barcelona, Anagrama, 2004.

Sara y Steva: *Diari de Girona*. España, 23 de mayo de 1999; *Las Últimas Noticias*. Chile, 1 de octubre de 2000; *Uno-*

másuno, suplemento *Sábado.* México, 9 de septiembre de 2000; Roberto Bolaño, *Entre paréntesis,* Barcelona, Anagrama, 2004.

El estilete de Rodrigo Rey Rosa: *Diari de Girona.* España, 30 de mayo de 1999; *Las Últimas Noticias.* Chile, 17 de septiembre de 2000; Roberto Bolaño, *Entre paréntesis,* Barcelona, Anagrama, 2004.

Berlín: *Diari de Girona.* España, 6 de junio de 1999; Roberto Bolaño, *Entre paréntesis,* Barcelona, Anagrama, 2004.

Lichtenberg ante la muerte: *Diari de Girona.* España, 13 de junio de 1999; *Las Últimas Noticias.* Chile, 6 de agosto de 2000; *Unomásuno,* suplemento *Sábado.* México, 9 de septiembre de 2000; Roberto Bolaño, *Entre paréntesis,* Barcelona, Anagrama, 2004.

Civilización: *Diari de Girona.* España, 20 de junio de 1999; Roberto Bolaño, *Entre paréntesis,* Barcelona, Anagrama, 2004.

La poeta Olvido García Valdés: *Diari de Girona.* España, 27 de junio de 1999; Roberto Bolaño, *Entre paréntesis,* Barcelona, Anagrama, 2004.

Roberto Brodsky: *Diari de Girona.* España, 4 de julio de 1999; Roberto Bolaño, *Entre paréntesis,* Barcelona, Anagrama, 2004.

Puigdevall, el raro: *Diari de Girona.* España, 11 de julio de 1999; *Las Últimas Noticias.* Chile, 3 de diciembre de 2000; Roberto Bolaño, *Entre paréntesis,* Barcelona, Anagrama, 2004.

Historias de julio: *Diari de Girona.* España, 18 de julio de 1999; Roberto Bolaño, *Entre paréntesis,* Barcelona, Anagrama, 2004.

Javier Cercas vuelve a casa: *Diari de Girona.* España, 25 de julio de 1999; *Las Últimas Noticias.* Chile, 10 de diciembre de 2000; Roberto Bolaño, *Entre paréntesis,* Barcelona, Anagrama, 2004.

Sol y calavera: *Diari de Girona.* España, 1 de agosto de 1999; *Las Últimas Noticias.* Chile, 22 de octubre de 2000; Roberto Bolaño, *Entre paréntesis,* Barcelona, Anagrama, 2004.

El bibliotecario valiente: *El Metropolitano,* suplemento *Diagonal.* Chile, 22 de agosto de 1999; Roberto Bolaño, *Entre paréntesis,* Barcelona, Anagrama, 2004.

Borges y los cuervos: *Diari de Girona.* España, 10 de octubre de 1999; *Las Últimas Noticias.* Chile, 9 de octubre de 2000; Roberto Bolaño, *Entre paréntesis,* Barcelona, Anagrama, 2004.

El asunto de Sinaloa: Diari de Girona. España, 17 de octubre de 1999; *Las Últimas Noticias.* Chile, 23 de octubre de 2000; Roberto Bolaño, *Entre paréntesis,* Barcelona, Anagrama, 2004.

A. G. Porta: *Diari de Girona.* España, 24 de octubre de 1999; Roberto Bolaño, *Entre paréntesis,* Barcelona, Anagrama, 2004.

El alma vendida al diablo: *Diari de Girona.* España, 31 de octubre de 1999; *Las Últimas Noticias.* Chile, 4 de febrero de 2001; Roberto Bolaño, *Entre paréntesis,* Barcelona, Anagrama, 2004.

Son raros los amigos: *Diari de Girona.* España, 7 de noviembre de 1999; Roberto Bolaño, *Entre paréntesis,* Barcelona, Anagrama, 2004.

Osvaldo Lamborghini: mártir: *Diari de Girona.* España, 14 de noviembre de 1999; *Las Últimas Noticias.* Chile, 24 de septiembre de 2000; *Unomásuno,* suplemento *Sábado.* México, 9 de septiembre de 2000; Roberto Bolaño, *Entre paréntesis,* Barcelona, Anagrama, 2004.

Neruda: *Diari de Girona.* España, 21 de noviembre de 1999; *Las Últimas Noticias.* Chile, 24 de diciembre de 2000; Roberto Bolaño, *Entre paréntesis,* Barcelona, Anagrama, 2004.

Hannibal, de Thomas Harris: *Diari de Girona.* España, 28 de noviembre de 1999; *Las Últimas Noticias.* Chile, 3 de septiembre de 2000; Roberto Bolaño, *Entre paréntesis,* Barcelona, Anagrama, 2004.

La poesía chilena y la intemperie: *Litoral,* n.º 223-224. España, noviembre de 1999, p. 9; Roberto Bolaño, *Entre paréntesis,* Barcelona, Anagrama, 2004.

El misterio transparente de José Donoso: *Reforma,* suplemento literario *Hoja por hoja.* Chile, noviembre de 1999; Roberto Bolaño, *Entre paréntesis,* Barcelona, Anagrama, 2004.

Mosley: *Diari de Girona.* España, 5 de diciembre de 1999; *Las Últimas Noticias.* Chile, 8 de octubre de 2000; Roberto Bolaño, *Entre paréntesis,* Barcelona, Anagrama, 2004.

Aviones: *Diari de Girona.* España, 12 de diciembre de 1999; Roberto Bolaño, *Entre paréntesis,* Barcelona, Anagrama, 2004.

El siglo de Grass: *Diari de Girona.* España, 19 de diciembre de 1999; *Las Últimas Noticias.* Chile, 14 de enero de 2001; Roberto Bolaño, *Entre paréntesis,* Barcelona, Anagrama, 2004.

Burroughs: *Diari de Girona.* España, 27 de diciembre de 1999; *Las Últimas Noticias.* Chile, 5 de noviembre de 2000; *Unomásuno,* suplemento *Sábado.* México, 9 de septiembre de 2000; Roberto Bolaño, *Entre paréntesis,* Barcelona, Anagrama, 2004.

La Selva Marítima: *El País,* suplemento *El Viajero.* España, 9 de enero de 2000; Roberto Bolaño, *Entre paréntesis,* Barcelona, Anagrama, 2004.

Pezoa Véliz: *Diari de Girona.* España, 9 de enero de 2000; *Las Últimas Noticias.* Chile, 31 de diciembre de 2000; Roberto Bolaño, *Entre paréntesis,* Barcelona, Anagrama, 2004.

Pinochet y Crusoe: *Diari de Girona.* España, 16 de enero de 2000; *Página 12.* Argentina, 16 de enero de 2000.

Neuman, tocado por la gracia: *Diari de Girona.* España, 5 de marzo de 2000; *Las Últimas Noticias.* Chile, 12 de noviembre de 2000; *Unomásuno,* suplemento *Sábado.*

México, 9 de septiembre de 2000; Roberto Bolaño, *Entre paréntesis,* Barcelona, Anagrama, 2004.

Miguel Casado: poeta: *Diari de Girona.* España, 12 de marzo de 2000; *Las Últimas Noticias.* Chile, 10 de septiembre de 2000; *Unomásuno,* suplemento *Sábado.* México, 9 de septiembre de 2000; Roberto Bolaño, *Entre paréntesis,* Barcelona, Anagrama, 2004.

El último libro de Vila-Matas: *Diari de Girona.* España, 17 de marzo de 2000; *Unomásuno,* suplemento *Sábado.* México, 11 de noviembre de 2000; Roberto Bolaño, *Entre paréntesis,* Barcelona, Anagrama, 2004.

Ana María Navales: *Diari de Girona.* España, 19 de marzo de 2000; Roberto Bolaño, *Entre paréntesis,* Barcelona, Anagrama, 2004.

Castellanos Moya: *Diari de Girona.* España, 26 de marzo de 2000.

Los Ángeles del Infierno: *Diari de Girona.* España, 2 de abril de 2000; Roberto Bolaño, *Entre paréntesis,* Barcelona, Anagrama, 2004.

Sergio Pitol: *Las Últimas Noticias.* Chile, 13 de agosto de 2000; Roberto Bolaño, *Entre paréntesis,* Barcelona, Anagrama, 2004.

Viena y la sombra de una mujer: *El País,* suplemento *El Viajero.* España, 25 de agosto de 2000; Roberto Bolaño, *Entre paréntesis,* Barcelona, Anagrama, 2004.

La novela como puzzle: *Unomásuno.* México, 1 de enero de 2001; *Las Últimas Noticias.* Chile, 18 de febrero de 2001; Roberto Bolaño, *Entre paréntesis,* Barcelona, Anagrama, 2004.

Un cuento perfecto: *Las Últimas Noticias.* Chile, 28 de febrero de 2001; Roberto Bolaño, *Entre paréntesis,* Barcelona, Anagrama, 2004.

Alphonse Daudet: *Las Últimas Noticias.* Chile, 7 de marzo de 2001; Roberto Bolaño, *Entre paréntesis,* Barcelona, Anagrama, 2004.

Jonathan Swift: *Las Últimas Noticias.* Chile, 14 de marzo de 2001; Roberto Bolaño, *Entre paréntesis,* Barcelona, Anagrama, 2004.

En busca del Torico de Teruel: *El País,* suplemento *El Viajero.* España, 25 de marzo de 2001; Roberto Bolaño, *Entre paréntesis,* Barcelona, Anagrama, 2004.

Un narrador en la intimidad: *Clarín,* revista Ñ. Argentina, 25 de marzo de 2001; Roberto Bolaño, *Entre paréntesis,* Barcelona, Anagrama, 2004.

Una novela de Turgueniev: *Las Últimas Noticias.* Chile, 28 de marzo de 2001; Roberto Bolaño, *Entre paréntesis,* Barcelona, Anagrama, 2004.

Horacio Castellanos Moya: la voluntad de estilo: la voluntad de estilo: *Milenio.* México, 7 de abril de 2001; Roberto Bolaño, *Entre paréntesis,* Barcelona, Anagrama, 2004.

Borges y Paracelso: *Las Últimas Noticias.* Chile, 11 de abril de 2001; Roberto Bolaño, *Entre paréntesis,* Barcelona, Anagrama, 2004.

La última novela de Javier Cercas: *Las Últimas Noticias.* Chile, 18 de abril de 2001; Roberto Bolaño, *Entre paréntesis,* Barcelona, Anagrama, 2004.

Braque: *El día y la noche: Las Últimas Noticias.* Chile, 2 de mayo de 2001; Roberto Bolaño, *Entre paréntesis,* Barcelona, Anagrama, 2004.

Il Sodoma: *Las Últimas Noticias.* Chile, 9 de mayo de 2001; revista *Cambio.* México, 24 de junio de 2001; Roberto Bolaño, *Entre paréntesis,* Barcelona, Anagrama, 2004.

Autores que se alejan: *Las Últimas Noticias.* Chile, 18 de mayo de 2001: revista *Cambio.* México, 25 de agosto de 2001; Roberto Bolaño, *Entre paréntesis,* Barcelona, Anagrama, 2004.

Philip K. Dick: *Las Últimas Noticias.* Chile, 23 de mayo de 2001; Roberto Bolaño, *Entre paréntesis,* Barcelona, Anagrama, 2004.

El libro que sobrevive: *Las Últimas Noticias*. Chile, 30 de mayo de 2001; Roberto Bolaño, *Entre paréntesis,* Barcelona, Anagrama, 2004.

Meridiano de sangre: Las Últimas Noticias. Chile, 6 de junio de 2001; Roberto Bolaño, *Entre paréntesis,* Barcelona, Anagrama, 2004.

Trovadores: *Las Últimas Noticias*. Chile, 13 de junio de 2001; Roberto Bolaño, *Entre paréntesis,* Barcelona, Anagrama, 2004.

Herralde: *Las Últimas Noticias*. Chile, 20 de junio de 2001; Roberto Bolaño, *Entre paréntesis,* Barcelona, Anagrama, 2004.

Conjeturas sobre una frase de Breton: *Las Últimas Noticias*. Chile, 27 de junio de 2001; revista *Cambio*. México, 22 de julio de 2001; Roberto Bolaño, *Entre paréntesis,* Barcelona, Anagrama, 2004.

Intento de agotar a los mecenas: *Las Últimas Noticias*. Chile, 4 de julio de 2001; Roberto Bolaño, *Entre paréntesis,* Barcelona, Anagrama, 2004.

El último lugar del mapa: *El Mundo,* suplemento *Viajes*. España, 2 de noviembre de 2001; Roberto Bolaño, *Entre paréntesis,* Barcelona, Anagrama, 2004.

Las palabras y los gestos: *El País,* 21 de enero de 2002; Roberto Bolaño, *Entre paréntesis,* Barcelona, Anagrama, 2004.

Un paseo por el abismo: *Las Últimas Noticias*. Chile, 22 de mayo de 2002; *Página 12*. Argentina, 28 de abril de 2002; *Reforma,* 19 de mayo de 2002; Roberto Bolaño, *Entre paréntesis,* Barcelona, Anagrama, 2004.

Sobre la literatura, el Premio Nacional de Literatura y los raros consuelos del oficio: *Las Últimas Noticias*. Chile, 27 de agosto de 2002; Roberto Bolaño, *Entre paréntesis,* Barcelona, Anagrama, 2004.

Jim: *Las Últimas Noticias*. Chile, 9 de septiembre de 2002; *El gaucho insufrible,* 2003; Roberto Bolaño, *Entre paréntesis,* Barcelona, Anagrama, 2004.

El suicidio de Gabriel Ferrater: *Las Últimas Noticias*. Chile, 16 de septiembre de 2002; revista *Turia*, n.º 63-64. España, marzo de 2003; Roberto Bolaño, *Entre paréntesis*, Barcelona, Anagrama, 2004.

Rodrigo Rey Rosa en Mali, creo: *Las Últimas Noticias*. Chile, 23 de septiembre de 2002; Roberto Bolaño, *Entre paréntesis*, Barcelona, Anagrama, 2004.

Unas pocas palabras para Enrique Lihn: *Las Últimas Noticias*. Chile, 30 de septiembre de 2002; Roberto Bolaño, *Entre paréntesis*, Barcelona, Anagrama, 2004.

Todos los temas con Fresán: *Las Últimas Noticias*. Chile, 7 de octubre de 2002; Roberto Bolaño, *Entre paréntesis*, Barcelona, Anagrama, 2004.

Recuerdos de Los Ángeles: *Las Últimas Noticias*. Chile, 14 de octubre de 2002; Roberto Bolaño, *Entre paréntesis*, Barcelona, Anagrama, 2004.

Sobre el expandido virus del escritor amigo del presidente: *El Mercurio*, suplemento *Revista de Libros*. Chile, 19 de octubre de 2002.

Autobiografías: Amis & Ellroy: *Las Últimas Noticias*. Chile, 21 de octubre de 2002; Roberto Bolaño, *Entre paréntesis*, Barcelona, Anagrama, 2004.

Ese extraño señor Alan Pauls: *Las Últimas Noticias*. Chile, 28 de octubre de 2002; *Reforma*. México, 8 de noviembre de 2002; Roberto Bolaño, *Entre paréntesis*, Barcelona, Anagrama, 2004.

Javier Aspurúa en su propio funeral: *Las Últimas Noticias*. Chile, 4 de noviembre de 2002; Roberto Bolaño, *Entre paréntesis*, Barcelona, Anagrama, 2004.

Para llegar de verdad a Madrid: *Las Últimas Noticias*. Chile, 18 de noviembre de 2002; Roberto Bolaño, *Entre paréntesis*, Barcelona, Anagrama, 2004.

El Bukowski de La Habana: *Las Últimas Noticias*. Chile, 25 de noviembre de 2002; Roberto Bolaño, *Entre paréntesis*, Barcelona, Anagrama, 2004.

Sergio González Rodríguez bajo el huracán: *Las Últimas Noticias.* Chile, 2 de diciembre de 2002; Roberto Bolaño, *Entre paréntesis,* Barcelona, Anagrama, 2004.

84, Charing Cross Road: *Las Últimas Noticias.* Chile, 16 de diciembre de 2002; Roberto Bolaño, *Entre paréntesis,* Barcelona, Anagrama, 2004.

Jaume Vallcorba y los premios: *Las Últimas Noticias.* Chile, 23 de diciembre de 2002; Roberto Bolaño, *Entre paréntesis,* Barcelona, Anagrama, 2004.

Tiziano retrata a un hombre enfermo: *Las Últimas Noticias.* Chile, 30 de diciembre de 2002; Roberto Bolaño, *Entre paréntesis,* Barcelona, Anagrama, 2004.

Hojas escritas en la escalera de Jacob: *Las Últimas Noticias.* Chile, 6 de enero de 2003; Roberto Bolaño, *Entre paréntesis,* Barcelona, Anagrama, 2004.

La traducción es un yunque: *Las Últimas Noticias.* Chile, 13 de enero de 2003; Roberto Bolaño, *Entre paréntesis,* Barcelona, Anagrama, 2004.

El humor en el rellano: *Las Últimas Noticias.* Chile, 20 de enero de 2003; Roberto Bolaño, *Entre paréntesis,* Barcelona, Anagrama, 2004.

La literatura chilena: Roberto Bolaño, *Entre paréntesis,* Barcelona, Anagrama, 2004.

Volando con Lauda Air: inédito.

Conferencias y discursos

Discurso de Caracas: leído en Caracas, Venezuela, en la ceremonia de concesión del Premio Rómulo Gallegos por *Los detectives salvajes.* Revista *Diagonal.* Chile, 5 de septiembre de 1999; revista *Letras libres.* México, octubre de 1999; revista *Lateral.* España, noviembre de 1999; Roberto Bolaño, *Entre paréntesis,* Barcelona, Anagrama, 2004.

Literatura y exilio: leído en Viena, Austria, en el marco del simposio «Europa y América Latina: literatura, migración e identidad», organizado por la Sociedad Austriaca para la Literatura, el 3 de abril de 2000. *Unomásuno,* suplemento *Sábado.* México, 3 de abril de 2000; revista Turia, n.º 54. España, noviembre de 2000, pp. 41-46; revista Ateneo, n.º 15. Chile, 2001, pp. 42-44; Roberto Bolaño, *Entre paréntesis,* Barcelona, Anagrama, 2004.

Derivas de la pesada: leído en el marco de «Kosmópolis. I Fiesta Internacional de la Literatura», celebrada en el Centre de Cultura Contemporànea de Barcelona (CCCB), el 14 de diciembre de 2002; Roberto Bolaño, *Entre paréntesis,* Barcelona, Anagrama, 2004; Roberto Bolaño, *El secreto del mal,* Barcelona, Anagrama, 2007.

Sevilla me mata: discurso inacabado, escrito por el autor para el I Encuentro de Escritores Latinoamericanos organizado por la editorial Seix Barral y celebrado en Sevilla el mes de junio de 2003. Palabra de América, Barcelona, Seix Barral, 2003; Roberto Bolaño, *Entre paréntesis,* Barcelona, Anagrama, 2004.

Lecturas y relecturas

Ahora mismo hablaba contigo, Vallejo, por Carlos Henderson: revista *Cambio,* n.º 4. México, julio/agosto/septiembre de 1976, pp. 94-95.

Islas a la deriva, por José Emilio Pacheco: revista *Cambio,* n.º 5. México, octubre/noviembre/diciembre de 1976, pp. 89-90.

Juicio final/Andante, por Beltrán Morales: revista *Cambio,* n.º 6. México, enero/febrero/marzo de 1977, pp. 92-93.

Déjenlo todo, nuevamente: primer manifiesto del movimiento infrarrealista: revista *Correspondencia Infra,* n.º 1, octubre/noviembre de 1977, pp. 5-11.

Sobre Xavier Sabater: prólogo a Xavier Sabater, *Oscuros silencios de bronce,* Barcelona, La Cloaca, 1978.

«El raro consuelo que da el oficio»: revista *Jano Crítica.* España, 1979, pp. 132-133.

Una relectura: revista *Jano Crítica.* España, 1979, pp. 121-122.

Apuntes sobre la poesía de Orlando Guillén: revista *Jano Crítica.* España, 1979, pp. 79-80.

En la sala de lecturas del infierno: revista *Jano Crítica.* España, 1979.

De la inutilidad: revista *Jano Crítica.* España, 1980.

Exilios: [1997]; Roberto Bolaño, *Entre paréntesis,* Barcelona, Anagrama, 2006.

Lecturas antes de volver a Chile: prólogo al libro de relatos colectivo *Queso de cabeza y otros cuentos,* Madrid, Alfaguara, 1998.

Notas alrededor de Jaime Bayly: revista *Lateral,* n.º 53. España, mayo de 1999, p. 37; Roberto Bolaño, *Entre paréntesis,* Barcelona, Anagrama, 2006.

[El Premio Rómulo Gallegos]: programa de mano preparado para la ceremonia de entrega del Premio Rómulo Gallegos en Caracas. Venezuela, octubre de 1999; Roberto Bolaño, *Entre paréntesis,* Barcelona, Anagrama, 2006.

Nuestro guía en el desfiladero: prólogo a Mark Twain, *Las aventuras de Huckleberry Finn,* Barcelona, Círculo de Lectores, 1999; Roberto Bolaño, *Entre paréntesis,* Barcelona, Anagrama, 2006.

Una proposición modesta: incluido en el volumen colectivo *Chile en la mira. Proposiciones y conjuros para sobrellevar el fin de siglo,* Santiago, Chile, Planeta, 1999, pp. 213-218; Roberto Bolaño, *Entre paréntesis,* Barcelona, Anagrama, 2006.

Los cachorros, una vez más: *El Mundo.* España, 11 de agosto de 2000; Roberto Bolaño, *Entre paréntesis,* Barcelona, Anagrama, 2006.

Pimentel en el recuerdo: prólogo a Jorge Pimentel, *Ave Soul,* Lima, Doble Príncipe, 2000.

Bomarzo: prólogo a Manuel Mujica Lainez, *Bomarzo,* Madrid, El Mundo, 2001; *El Mundo.* España, 6 de abril de 2001; Roberto Bolaño, *Entre paréntesis,* Barcelona, Anagrama, 2004.

Ocho segundos con Nicanor Parra: texto del catálogo de la exposición de Nicanor Parra *Artefactos visuales. Dirección obligada.* Madrid, Fundación Telefónica, 25 de abril-10 de junio de 2001; *Las Últimas Noticias.* Chile, 25 de abril de 2001; Roberto Bolaño, *Entre paréntesis,* Barcelona, Anagrama, 2004.

El principio del apocalipsis: prólogo a Mario Vargas Llosa, *Historia de Mayta,* Madrid, El Mundo, 2001; Roberto Bolaño, *Entre paréntesis,* Barcelona, Anagrama, 2004.

Sobre Bruno Montané: nota de solapa en Bruno Montané, *El maletín de Stevenson,* México DF, El Aduanero, 2002; Roberto Bolaño, *Entre paréntesis,* Barcelona, Anagrama, 2004.

Vuelve el *man* a Venezuela: texto inédito.

Los perdidos: Roberto Bolaño, *Entre paréntesis,* Barcelona, Anagrama, 2004.

A la intemperie: Roberto Bolaño, *Entre paréntesis,* Barcelona, Anagrama, 2004.

Documentos del archivo
de Roberto Bolaño
relacionados con
A la intemperie

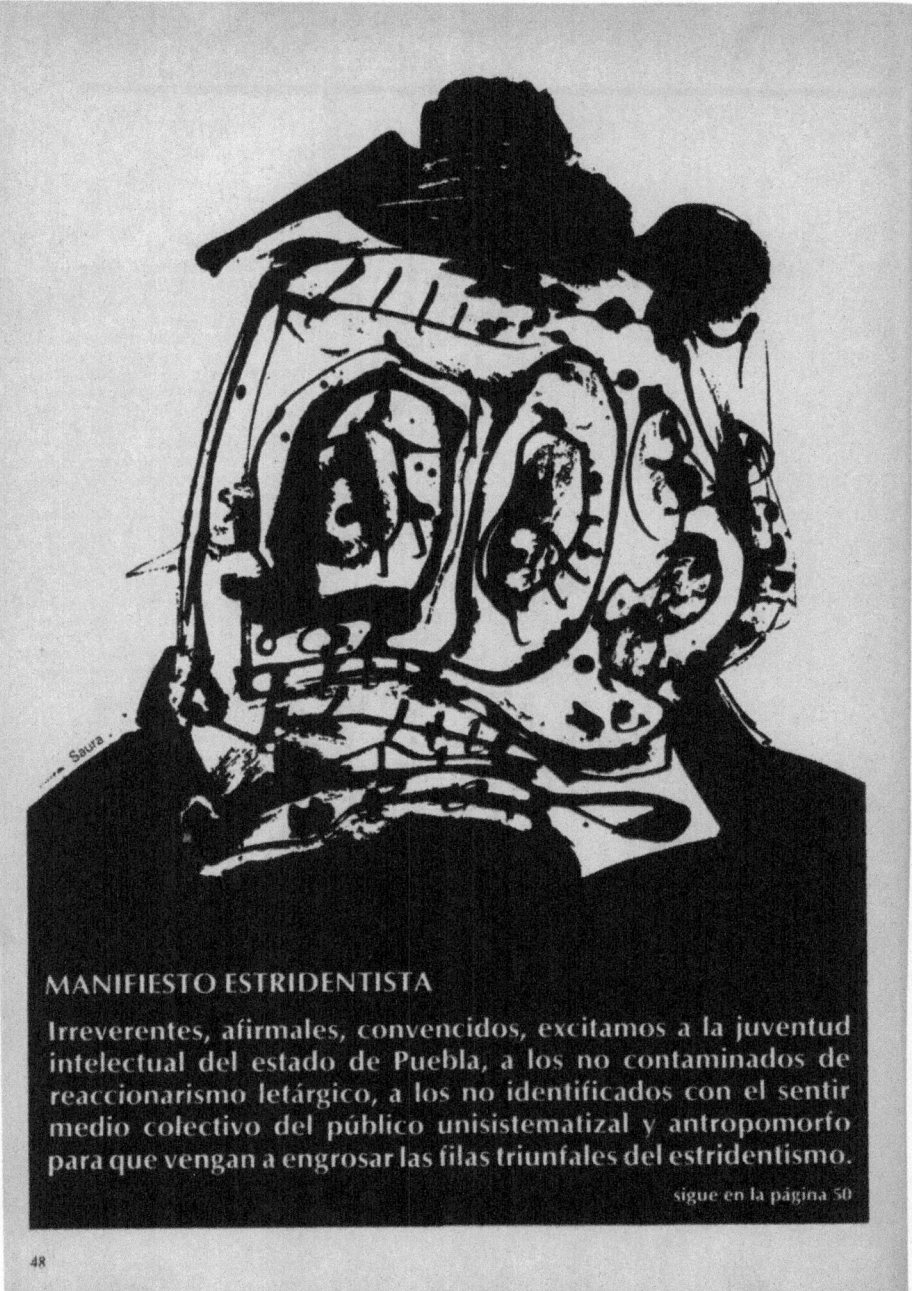

Comienzo del manifiesto estridentista publicado en la revista *Plural*, 61, n.º 1, México, octubre de 1976, pp. 48-50, con el título «El estridentismo».

Inicio del artículo «La nueva poesía latinoamericana: ¿crisis o renacimiento?», escrito a cuatro manos por Roberto Bolaño y el poeta y periodista argentino Alejandro Boccanera, y publicado en la revista *Plural,* 68, México, mayo de 1977, pp. 41-49. Ese mismo año apareció una versión reducida del mismo en la revista *Variedades,* 11 de septiembre de 1997, pp. 27-30.

EDITORIAL

ERC trenca el silenci del cas Treball

ROBERTO
BOLAÑO

La poeta Olvido García Valdés

Reflexions davant un cadàver

JOSEP MARIA GIRONELLA

Página del *Diari de Girona* del domingo 27 de junio de 1999 donde apareció la columna «La poeta Olvido García Valdés». Todas las columnas que Roberto Bolaño escribió para este periódico entre 1988 y 2000 fueron creadas en castellano y publicadas en catalán.

Las Últimas Noticias / Miércoles 25 de abril de 2001
TIEMPO LIBRE 43

Inauguran exposición de "Trabajos prácticos" del poeta

Nicanor Parra, artista visual, se toma Madrid

267 piezas de antipoesía encarnada en objetos tan domésticos como insólitos componen la muestra de la obra plástica del autor de "Versos de salón". El montaje podrá ser visto en Chile dentro de cuatro meses.

GREGORIO GOMAZ

La exposición "Parra en la Telefónica", que hoy se inaugura en la sede madrileña de esa empresa (y que en agosto se podrá ver en la casa santiaguina de la misma entidad), da cuenta de una faceta poco conocida del enormísimo poeta chileno: su trabajo como artista plástico.

También: Extensiones naturales de la paradoja permanente que es su poesía, los artefactos visuales de Nicanor Parra incluyen objetos cotidianos (como una marraqueta o una botella de Coca-Cola) e íconos que representan lugares comunes de la cultura (imágenes de Marx, de Cristo o de la Estatua de la Libertad) cuyos sentidos originales son pulverizados por leyendas escritas por el poeta con su propia e inconfundible caligrafía. Por ejemplo, una reproducción de la Venus de

El poeta y uno de sus artefactos visuales: una vulgar piedra con la inscripción, de su puño y letra, de la fórmula de la teoría de la relatividad.

Milo proveniente de la industria popular del kitsch luce colgada de un cartel con una letra garrapateada: "Soy frígida. Sólo me muevo con fines de lucro".

El poeta ha llamado "Trabajos prácticos" a estas piezas visuales, con las cuales ha ido atiborrando sus casas de La Reina, Isla Negra y Las Cruces. Realizadas muchas veces con materiales domésticos, perecibles, cuando no de desecho, las obras no pretenden perdurar, por lo que cualquiera las puede rearmar a bajo costo, pues lo que importa en un determinado caso no es el matamoscas, sino la idea que lo acompaña y que dice: "Armas nucleares no. Basta & sobra con un matamoscas".

En ese sentido, la propuesta de Parra se acercaría claramente al área del arte conceptual, que a su vez arranca del dadaísmo y de Marcel Duchamp, en la medida en que cuestiona el arte como inspiración de elegidos y lo postula como terreno donde ejercer una crítica a las iniquidades de la cultura dominante.

Nicanor Parra llegó a Madrid junto a su hija Colombina, y en una conferencia de prensa le preguntaron por sus vinculaciones con Joan Brossa, artista catalán de vanguardia también famoso por sus explosivos objetos hechos de cosa nada. Con su ladino estilo, el poeta aclaró que respecto del influyente español él no era "ni maestro ni discípulo" y que sus artefactos eran consecuencia directa de sus antipoemas, "que trasladaron la atención del oído al ojo". Aludía así a sus impugnaciones de la poesía entendida como mera y decorativa musicalización.

En la exhibición de Madrid, compuesta por 267 piezas, la serie de "Trabajos prácticos" está acompañada por las famosas "bandejitas" del poeta, que son literalmente bandejitas de ésas que se usan para los pasteles y sobre las cuales Parra ha desarrollado un especulador personaje consistente en un corazón con brazos.

Como, en virtud de su precariedad material, muchas obras se habían perdido o dañado, para esta magna exposición Parra se abocó a rearmarlas, de paso puso al día el repertorio que debiera figurar en el futuro "antimuseo" que ha proyectado para su casa de Isla Negra, donde la competencia con el museo de Neruda por los turistas sería otro de sus chistes perpetuos.

ENTRE PARÉNTESIS

Ocho segundos de Nicanor Parra*

Roberto Bolaño

Sólo estoy seguro de una cosa con respecto a la poesía de Nicanor Parra en este nuevo siglo: pervivirá. Esto, por supuesto, significa muy poco y Parra es el primero en saberlo. No obstante, pervivirá, junto con la poesía de Borges, de Vallejo, de Cernuda y algunos otros. Pero esto, es necesario decirlo, no importa demasiado.

La apuesta de Parra, la sonda que proyecta Parra hacia el futuro, es demasiado compleja para ser tratada aquí. También: es demasiado oscura. Posee la oscuridad del movimiento. El actor que habla o gesticula, sin embargo, es perfectamente visible. Sus ademanes, sus ropajes, los símbolos que lo acompañan como rumores son corrientes en el poeta que duerme sentado en una silla, el galán que se pierde en un cementerio, el conferenciante que se mesa los cabellos hasta arrancárselos, el valiente que se atreve a orinar de rodillas, el eremita que ve pasar los años, el estadístico atribulado. No estaría de más que para leer a Parra uno contestara la pregunta que se hace y nos hace Wittgenstein: "¿Esta mano es una mano o no es una mano?". (La pregunta debe uno hacérsela mirando su propia mano).

Me pregunto quién escribiría ese libro que Parra tenía pensado y que nunca escribió: una historia de la segunda guerra mundial contada o cantada batalla tras batalla, campo de concentración tras campo de concentración, exhaustivamente, un poema que de alguna forma se convertía en el reverso instantáneo del "Canto general" de Neruda y del que Parra sólo conserva un texto, el "Manifiesto", en donde expone su ideario poético, un ideario que el mismo Parra ha ignorado cuantas veces ha creído necesario, entre otras cosas porque para eso, precisamente, están los ideales: para dar una vaga idea del territorio inexplorado en el que se internan, y no muy a menudo, los escritores verdaderos, pero que a la hora de los riesgos y peligros concretos sirve de muy poco.

El que sea valiente que siga a Parra. Sólo los jóvenes son valientes, sólo los jóvenes tienen el espíritu puro entre los puros. Pero Parra no escribe una poesía juvenil. Parra no escribe sobre la pureza. Sobre el dolor y la soledad sí que escribe; sobre los desafíos inútiles y necesarios; sobre las palabras condenadas a disgregarse así como también la tribu está condenada a disgregarse. Parra escribe como si al día siguiente fuera a ser electrocutado. El poeta mexicano Mario Santiago, hasta donde sé, fue el único que hizo una lectura lúcida de su obra. Los demás sólo hemos visto un asteroide en un meteoro oscuro. Primer requisito de una obra maestra: pasar inadvertida.

Hay momentos en la travesía de un poeta en la que a éste no le queda más remedio que improvisar. Aunque el poeta sea capaz de recitar de memoria a Gonzalo de Berceo o conozca como nadie los heptasílabos y endecasílabos de Garcilaso, hay momentos en que lo único que puede hacer es arrojarse al abismo o enfrentarse desnudo ante un clan de chilenos aparentemente educados. Por supuesto, hay que saber atenerse a las consecuencias. Primer requisito de una obra maestra: pasar inadvertida.

Un apunte político: Para ha conseguido sobrevivir. No es gran cosa, pero algo es. No han podido con él ni la izquierda chilena de convicciones profundamente derechistas ni la derecha chilena neonazi y ahora desmemoriada. No han podido con él la izquierda latinoamericana neostalinista ni la derecha latinoamericana ahora globalizada y hasta hace poco cómplice silenciosa de la represión y el genocidio. No han podido con él ni los mediocres profesores latinoamericanos que pululan por los campus de las universidades norteamericanas ni los zombies que pasean por la aldea de Santiago. Ni siquiera los seguidores de Parra han podido con Parra. Es más, yo diría, llevado seguramente por el entusiasmo, que no sólo Parra, sino también sus hermanos, con Violeta a la cabeza, y sus rabelesianos padres, han llevado a la práctica una de las máximas ambiciones de la poesía de todos los tiempos: joderle la paciencia al público.

Versos tomados al azar. Es un error creer que las estrellas puedan servir para curar el cáncer, dijo Parra. Tiene más razón que un santo. A propósito de escopeta, les recuerdo que el alma es inmortal, dijo Parra. Tiene más razón que un santo. Y así podríamos seguir hasta que no quedara nadie. Le recuerdo, de todas maneras, que Parra también es escultor. Parra también es artista visual. Estas puntualizaciones son perfectamente inútiles. Parra también es crítico literario. Una vez resumió en tres versos toda la historia de la literatura chilena. Son estos: "Los cuatro grandes poetas de Chile/ Son tres/ Alonso de Ercilla y Rubén Darío".

La poesía de las primeras décadas del siglo XXI será una poesía híbrida, como ya lo está siendo la narrativa. Posiblemente nos encaminamos, con una lentitud espantosa, hacia nuevos temblores formales. En ese futuro incierto nuestros hijos contemplarán el encuentro sobre una mesa de operaciones del poeta que duerme en una silla con el pájaro negro del desierto, aquel que se alimenta de los parásitos de los camellos. En cierta ocasión, en los últimos años de su vida, Breton habló de la necesidad de que el surrealismo pasara a la clandestinidad, se sumergiera en las cloacas de las ciudades y de las bibliotecas. Luego no volvió a tocar nunca más el tema. No importa. El alma se lo dijo: LA HORA DE SENTAR CABEZA NO LLEGARÁ JAMÁS.

*Prólogo del catálogo de la exposición de Parra que se inaugura hoy en Madrid.

Roberto Bolaño escribió inicialmente este texto para el catálogo de la exposición de Nicanor Parra *Artefactos visuales. Dirección obligada* que tuvo lugar entre el 25 de abril y el 10 de junio de 2001 en Fundación Telefónica de Madrid, pero también lo publicó como columna en su serie *Entre paréntesis* del diario chileno *Las Últimas Noticias* el mismo 25 de abril de 2001.

Su breve novela *La captura* (Extemporáneos, 112 páginas) muestra ciertos rasgos orientales de lentitud en la narración, tiene una estructura lineal sumamente sólida, y se maneja en una prosa sorprendentemente sencilla. Narrada por un niño, la historia transcurre en una isla japonesa (probablemente Shinoku, donde nació el autor) hacia los finales de la Segunda Guerra Mundial, y muestra de qué manera a los pacíficos habitantes de una pequeña aldea les llegan también los ecos del conflicto, cuando en las cercanías cae un avión "enemigo" y logran capturar vivo a un soldado negro que pasa de ahí en adelante a convertirse en la novedad y el foco de atención tanto de los niños como de los adultos. Encierran al hombre en un sótano y lo alimentan en escenas mudas, como si se tratara de un animal doméstico. Luego se dirigen al pueblo vecino a dar cuenta de "la captura" a las autoridades. Pero como las cosas andan muy desorganizadas, lo único que sacan en limpio es la orden de mantener al negro encerrado hasta nuevas instrucciones.

Sin embargo, el protagonista, el pequeño narrador de la historia, orgulloso de ser quien diariamente le lleva los alimentos, libera primero al soldado de una trampa con la que lo mantenían atado, y lo saca luego a la luz. El negro comienza entonces a tomar sol, a dar paseos, a bañarse en el arroyo. "Se había convertido, al igual que los perros de caza, que los niños y que los árboles, en un ingrediente más de la vida cotidiana de la aldea." Pero llega fatalmente el día en que aparecen las autoridades del pueblo a cobrar la presa. El soldado, a manera de defensa, se refugia en su sótano tomando al niño como rehén: "Enojo, humillación y la frustrante tristeza de ser traicionado, corrían por mi cuerpo quemándolo como fuego"...

Aunque la trama es de gran sencillez, se respira en *La captura* una atmósfera especial, una violencia latente que hemos captado también en muchas otras novelas japonesas, y se advierten asimismo ciertos elementos de truculencia sin duda típicos de la literatura tradicional de ese país. La escena, por ejemplo en que niños y niñas, bañándose desnudos con el negro en el arroyo, e impresionados por su "robusto falo", le tren una cabra para que la utilice sexualmente, lo que para risa de los muchachos el negro intenta sin demasiado éxito. La misma partida de la novela, cuando el niño y su hermano menor caminan por un crematorio buscando huesos humanos de forma bonita para hacer medallones, nos introduce ya en un medio por el cual ronda cierto misterio, cierta sobrecarga de tensión.

La captura, aunque sólo hoy podemos conocerla en español —por lo demás en excelente traducción directa de Oscar Montes— es una de las primeras obras de Kenzaburo (la escribió a los veintidós años) y constituye un vaticinio preciso de lo que fue posteriormente la carrera literaria de este autor, que antes de los 35 años había visto ya publicadas sus obras completas. Digamos, las que hasta entonces llevaba escritas.

Poli Délano

ISLAS A LA DERIVA, por José Emilio Pacheco, Siglo XXI Editores, México, D. F., 1976.

Alguna vez José Emilio Pacheco dijo: *a mí sólo me importa el testimonio del momento que pasa;* como premisa para acercarnos a su último libro esta frase se vuelve en contra de Pacheco. Casi todo lo que pasa en *Islas a la deriva* es testimoniado con una tristeza equiparable a la del cordero en la carnicería. La destrucción, el fuego, son vistos primero desde lejos, es decir, sin que en ningún momento el poeta se inmiscuya con lo que nombra, ya no vamos a decir que transforme el sentido de lo que nombra, y con un tonito aparentemente elegante del que está consciente de lo irremediable. Situaciones con una mecánica excluyente, obras de teatro, jardines reales a donde llega de repente José Emilio con un libro en una mano y una máquina de escribir en la otra: recuerdos anotados después de cenar: "Página en blanco / que de improviso / se ve cubierta / por la escritura de la nieve"; el acto de escribir según las más ñoñas reglas: "Hay un azoro múltiple / extrañeza / de estar aquí / de ser / en un ahora tan feroz / que ni siquiera tiene fecha / ... / ¿Son las últimas horas de este ayer / o el *instante en que se abre otro mañana?*" Ñoñas reglas en cuanto que la escritura se subordina totalmente por un lado a la forma, y el otro a la situación estática, de un solo plano, sin aventuras experimentales, sin aventuras humanas, el poeta como un inútil cronista de SENSACIONES ARCHICONOCIDAS y que en ningún momento subvierten la cotidiana lectura. Eso para no hablar de la imaginación, que brilla por su ausencia como dijera Nicanor Parra de los poetas que comenzaron a publicar por los cincuenta en Chile. La verdadera imaginación, la que devela, explota, alimenta otras imaginaciones en un juego vertiginoso e infinito. *Islas a la deriva*, aceptable escritura de la conformidad, conformidad de la escritura, chistosa manera de enfrentarse a un poema (muy típica por lo demás de la mayor parte de la poesía mexicana publicada), que considera "cazado" un poema con la "ingeniosa" inserción de dos o tres imágenes que, sin embargo, no tienen el más mínimo movimiento, la más leve profundización dentro de la imagen misma. Todo poema en *Islas a la deriva* es predecible de antemano, y conste que nadie le pide que sorprenda sino que cambie el paisaje ya tan conocido, ya tan cargado de falsedades y estatuas amén de pequeñitas, feas. Sensaciones nuevas le pedimos a los poemas de ahora (y recordamos a Saint-Just: *en tiempos de innovación todo lo que no es nuevo es pernicioso*) (y recordamos a Desnos gritando: *estas cositas me enternecen y nada más falso que esta ternura*), sensaciones que se nos den de una manera difícil como decía D. Thomas, y vertiginosas como aerolitos en las venas, y que además de llevarnos a las verdaderos castillos de niños y hadas nos dinamite por dentro (poemas-hostias, poemas-inspirados, poemas-hechizos, parpadeos eléctricos, lavabos que nos guiñen el ojo en las noches rojas y proféticas). Y qué cerca y qué lejos está la poesía mexicana de este libro. Indudablemente Pacheco no sólo es de los mejores poetas de su generación sino tal vez el único. E indudablemente su poesía es lo más digno que produce ese conglomerado académico de poetas tanto de izquierda como de derecha. Pero qué lejos están sus versos de *las experiencias totales* que constituye el núcleo esencial de una nueva escritura que comienza a desarrollarse en México. Qué gran diferencia entre esta poesía que de una u otra manera adopta siempre posiciones de defensa (de escudo, de casco, de realidad fragmentada), con la que no se podría aún: aventura corporal, aventura espacial, aventura revolucionaria: de Che Guevara y Julio Verne: SENSACIONES NUEVAS COMO FRUTOS

DEJENLO TODO, NUEVAMENTE

primer manifiesto del movimiento infrarrealista

"Hasta los confines del sistema solar hay cuatro horas-luz; hasta la estrella más cercana, cuatro horas-luz. Un desmedido océano de vacío. Pero estamos realmente seguros de que sólo haya un vacío? Unicamente sabemos que en este espacio no hay estrellas luminosas; de existir, ¿serían visibles? ¿Y si existiesen cuerpos no luminosos u oscuros? ¿No podría suceder en los mapas celestes, al igual que en los de la Tierra, que estén indicadas las estrellas-ciudades y omitidas las estrellas-pueblos?"

—Escritores soviéticos de ciencia ficción arañándose el rostro a medianoche.
—Los infrasoles (Drummond diría los **alegres muchachos proletarios**).
—Peguero y Boris solitarios en un cuarto lumpen presintiendo a la maravilla detrás de la puerta.
—Free Money.

¿Quién ha atravesado la ciudad y por única música sólo ha tenido los silbidos de sus semejantes, sus propias palabras de asombro y rabia?
El tipo hermoso que no sabía
que el orgasmo de las chavas es clitoral
(Busquen, no solamente en los museos hay mierda) (Un proceso de musetificación individual) (Certeza de que todo está nombrado, develado) (Miedo a descubrir) (Miedo a los desequilibrios no previstos).

Nuestros parientes más cercanos:
los francotiradores, los llaneros solitarios que asolan los cafés de chinos de latinoamérica, los destazados en supermarkets, en sus tremendas disyuntivas individuo-colectividad; la impotencia de la acción y la búsqueda (a niveles individuales o bien enfangados en contradicciones estéticas) de la acción poética.

Comienzo del primer manifiesto del movimiento infrarrealista publicado en la revista *Correspondencia Infra*, n.º 1, octubre/noviembre de 1977, pp. 5-11.

Índice

Prólogo, por Jorge Volpi . . . 7
Nota de los editores . . . 13

Colaboraciones periodísticas

El estridentismo . . . 17
La nueva poesía latinoamericana:
   ¿crisis o renacimiento? . . . 22
¿Quién es el valiente? . . . 38
Consejos sobre el arte de escribir cuentos . . . 42
Dimas Luna, príncipe . . . 44
Cuento de Navidad en Blanes . . . 45
La mejor banda . . . 47
El fantasma de Àngel Planells . . . 49
Una casa para siempre . . . 51
El rapsoda de Blanes . . . 53
Fragmentos de un regreso al país natal . . . 55
Palabras del espacio exterior . . . 69
El invierno de las lectoras . . . 72
El antepasado . . . 74
Los pasteleros . . . 76
Los inventores delirantes . . . 78
El valor . . . 81
Wilcock . . . 83
La librera . . . 85
Tomeo . . . 87
Ernesto Cardenal . . . 89

Los libros de memorias	91
La primavera en Blanes	92
El increíble César Aira	94
El pasillo sin salida aparente	96
Una tarde con Huidobro y Parra	105
Recuerdos de Juan Villoro	107
Ferdydurke en catalán	109
Sara y Steva	111
El estilete de Rodrigo Rey Rosa	113
Berlín	115
Lichtenberg ante la muerte	118
Civilización	120
La poeta Olvido García Valdés	122
Roberto Brodsky	125
Puigdevall, el raro	127
Historias de julio	129
Javier Cercas vuelve a casa	131
Sol y calavera	133
El bibliotecario valiente	134
Borges y los cuervos	137
El asunto de Sinaloa	139
A. G. Porta	141
El alma vendida al diablo	143
Son raros los amigos	145
Osvaldo Lamborghini: mártir	147
Neruda	149
Hannibal, de Thomas Harris	151
La poesía chilena y la intemperie	153
El misterio transparente de José Donoso	155
Mosley	158
Aviones	160
El siglo de Grass	162
Burroughs	164
La Selva Marítima	166
Pezoa Véliz	172

Pinochet y Crusoe	174
Neuman, tocado por la gracia	176
Miguel Casado: poeta	178
El último libro de Vila-Matas	180
Ana María Navales	183
Castellanos Moya	185
Los Ángeles del Infierno	187
Sergio Pitol	189
Viena y la sombra de una mujer	191
La novela como puzzle	195
Un cuento perfecto	197
Alphonse Daudet	200
Jonathan Swift	202
En busca del Torico de Teruel	205
Un narrador en la intimidad	210
Una novela de Turgueniev	213
Horacio Castellanos Moya: la voluntad de estilo	216
Borges y Paracelso	219
La última novela de Javier Cercas	222
Braque: *El día y la noche*	225
Il Sodoma	227
Autores que se alejan	229
Philip K. Dick	231
El libro que sobrevive	234
Meridiano de sangre	237
Trovadores	239
Herralde	241
Conjeturas sobre una frase de Breton	244
Intento de agotar a los mecenas	247
El último lugar del mapa	250
Las palabras y los gestos	255
Un paseo por el abismo	257
Sobre la literatura, el Premio Nacional de Literatura y los raros consuelos del oficio	261
Jim	265

El suicidio de Gabriel Ferrater   267
Rodrigo Rey Rosa en Mali, creo   269
Unas pocas palabras para Enrique Lihn   271
Todos los temas con Fresán   274
Recuerdos de Los Ángeles   276
Sobre el expandido virus del escritor amigo
    del presidente   278
Autobiografías: Amis & Ellroy   279
Ese extraño señor Alan Pauls   281
Javier Aspurúa en su propio funeral   284
Para llegar de verdad a Madrid   287
El Bukowski de La Habana   289
Sergio González Rodríguez bajo el huracán   292
84, Charing Cross Road   294
Jaume Vallcorba y los premios   296
Tiziano retrata a un hombre enfermo   298
Hojas escritas en la escalera de Jacob   300
La traducción es un yunque   302
El humor en el rellano   305
La literatura chilena   307
Volando con Lauda Air   310

Conferencias y discursos

Discurso de Caracas   315
Literatura y exilio   325
Derivas de la pesada   333
Sevilla me mata   342

Lecturas y relecturas

Ahora mismo hablaba contigo, Vallejo,
    por Carlos Henderson   349

Islas a la deriva, por José Emilio Pacheco	352
Juicio final/Andante, por Beltrán Morales	355
Déjenlo todo, nuevamente: primer manifiesto del movimiento infrarrealista	358
Sobre Xavier Sabater	367
«El raro consuelo que da el oficio»	371
Una relectura	375
Apuntes sobre la poesía de Orlando Guillén	381
En la sala de lecturas del infierno	385
De la inutilidad	390
Exilios	395
Lecturas antes de volver a Chile	406
Notas alrededor de Jaime Bayly	410
[El Premio Rómulo Gallegos]	417
Nuestro guía en el desfiladero	420
Una proposición modesta	433
Los cachorros, una vez más	437
Pimentel en el recuerdo	440
Bomarzo	445
Ocho segundos con Nicanor Parra	448
El principio del apocalipsis	451
Sobre Bruno Montané	454
Vuelve el *man* a Venezuela	455
Los perdidos	460
A la intemperie	465
Procedencia de los textos	467
Documentos del archivo de Roberto Bolaño relacionados con A la intemperie	481

Este libro se terminó
de imprimir en
Casarrubuelos, Madrid,
en el mes de
febrero de 2024